Inhalt

III. BUCH
Rebellen, Mystiker
und Exilanten

IV. BUCH
Endspiele

Constantly risking absurdity
   and death
whenever he performs
   above the heads of his audience
the poet like an acrobat
   climbs on rime
   to a high wire of his own making
and balancing on eyebeams
   above a sea of faces
paces his way
   to the other side of day
performing entrechats
   and sleight-of-foot tricks
and other high theatrics...

                    Lawrence Ferlinghetti *

I. BUCH

Die Kinder der großen amerikanischen Wüste

Ein Kind der Straße 1

(1926–1946) **Neal Cassady**

> ... and I am waiting
> for a rebirth of wonder
> and I am waiting for someone
> to really discover America
> and wail
> and I am waiting
> for the discovery
> of a new symbolic western frontier
> and I am waiting
> for the American Eagle
> to really spread its wings
> and straighten up and fly right ...
> *Lawrence Ferlinghetti* [1]

... geboren am 8. Februar 1926 in Salt Lake City auf der Durchreise.

Die Eltern, Neal Cassady sr. und dessen Ehefrau Maude, sind auf der Fahrt nach Kalifornien.

Für Maude ist es die zweite Ehe. Sie stammt von einer Farm in der Nähe von Duluth, Minnesota. Sie war mit dreizehn als Dienstmädchen zu einer wohlhabenden Familie in Sioux City in Iowa geschickt worden. Damals war sie drall und hübsch wie eine gutgeratene Süßkartoffel, aufgeweckt und charmant. Sie hat es verstanden, ihre Arbeitgeber für sich einzunehmen. Sie haben sie behandelt wie ihre eigene Tochter. Maude hat James Kenneth Daly geheiratet, einen wohlhabenden Mann irischer Abstammung, der als Lokalpolitiker Karriere gemacht hatte und 1919 unter dem Motto ‹Mit eisernem Besen gegen Bürokraten mit Ärmelschonern und die Stadträte mit den weiten Taschen› Bürgermeister wird. James Daly liebte dicksämiges Bier, Hammelbraten und die Entenjagd.

1922, er muß sich demnächst wieder zur Wahl stellen, stirbt er nach einem Schlaganfall, noch nicht ganz vierzig...

In den fünfzehn Jahren Ehe hat er mit Maude acht Kinder gezeugt. Das letzte der Kinder wird geboren, als sein Erzeuger schon unter der Erde ist. Die junge Witwe verträgt sich nicht mit ihrer Schwiegermutter, deswegen zieht sie schließlich um nach Des Moines. Hier lernt sie Neal Cassady kennen, einen Mann Anfang dreißig, Vagabund und Trunkenbold, der des Lebens Höhen und Tiefen gesehen hat. Als sie ihn trifft, ist er kurzfristig wieder einmal obenauf und führt gerade den größten Friseursalon am Ort. Zehn Stühle. Die örtliche Prominenz seift er selbst ein, verpaßt ihr eigenhändig einen Fassonschnitt. Zu seinen Kunden gehört ein Golflehrer. Der verschafft ihm Zutritt zum örtlichen Country Club. Dort begegnet Neal Maude. Maude hört gern Musik. Neal sr. führt sie zu den sonntäglichen Platzkonzerten aus. Er macht Maude den Hof, schläft ein paarmal mit ihr.

‹Du könntest mich eigentlich heiraten›, hat sie an einem Sonntagnachmittag lachend gesagt. ‹Ich bin nämlich schwanger.›

‹Wird gemacht, Darling.›

Neal gibt sich als Gentleman.

‹Aber ich will auch ein Dach über dem Kopf. Das bin ich meinen Kindern schuldig.›

Neal kauft einen Ford-Lastwagen und errichtet auf der Ladefläche eine Art Haus.

In diesem Gefährt bricht das Paar, begleitet von den zwei jüngsten Kindern, der fünfjährigen Betty und dem dreijährigen Jimmy, mitten im Winter nach Hollywood auf. Die älteren Kinder bleiben zurück, sich selbst überlassen.

In Salt Lake City bringt Maude das Baby zur Welt. Man hält sich nur so lange in der Stadt auf, bis die Wöchnerin wieder reisefähig ist.

In Hollywood angekommen, kauft das Paar einen Friseursalon. Es dauert nicht lange, und Neal verfällt wieder in seine alten Gewohnheiten. Er öffnet und schließt den Laden, wann es ihm paßt, stromert herum, spielt, schwadroniert, trinkt.

1928 verkauft er das Geschäft für weit weniger, als er seinerzeit dafür bezahlt hat. Er geht nach Denver. Dort lebt ein Bruder von Maude. Der Schwager arbeitet bei der Railway Express Company und findet, Denver sei für seine Schwester und Neal gerade der rechte Ort, um sich niederzulassen.

Ein alter Schuster vermietet für ein Jahr sein kleines Haus an Neal, der in der Schuhmacherwerkstatt zwei Friseurstühle aufstellt.

Die beiden winzigen Hinterzimmer füllen sich. Die Kleinen, Jimmy, Betty und Neal jr., sind von Anfang an dabei. Dann rückt die Brut der Älteren aus Des Moines an: Bill, Ralph, Jack und Mae. Die dreizehnjährige Evelyn hat sich schon selbständig gemacht.

Für neun Personen sind die zwei Räume hinter dem geteilten Ladengeschäft zu klein. Es gibt nicht genügend Betten. Überall liegen Kleider herum. In der Küche muß in zwei Schichten gegessen werden.

Die älteren Jungen sind sich bald darüber im klaren, daß der Stiefvater ein Versager ist. Sie machen sich selbständig.

Bill, der Älteste, zu diesem Zeitpunkt einundzwanzig, heiratet die Witwe eines reichen Mannes. Sie bringt ein Speise- und Tanzlokal außerhalb von Denver mit in die Ehe. Er bildet sich selbst zum Barkeeper aus.

Ralph, der Zweitälteste, ist ein hübscher, aber zu Gewalttätigkeiten neigender Junge. Er ist achtzehn und ist bald für einen Mann tätig, der nur Sam genannt wird und in der Larimer Street in *downtown* Denver schwarz Schnaps brennt.

Zu Ralphs Aufgaben gehört es unter anderem, die Getränke auszufahren. Einer der besten Kunden der illegalen Destille ist ein gewisser Black Barlow, der im Gebirge eine hübsche Ranch besitzt. Dort wird der sechzehnjährige Jack, eines der Kinder aus Maudes erster Ehe, Wachmann.

Kaum hat sein großer Bruder ihm diesen Job verschafft, kommt es auf der Ranch zu einer Razzia der Bundespolizei. Die Schnapsfahnder nehmen Jack fest und stecken ihn für einige Zeit ins Gefängnis. Kaum ist er wieder in Freiheit, nimmt er seinen Job beim Alkoholschmuggel wieder auf. Jack und Ralph bringen es zu einem neuen Ford und versorgen Bill mit dem schwarzgebrannten Whiskey.

In der Ehe von Maude und Neal sr. kriselt es. Die älteren Söhne verdienen mehr Geld als der Stiefvater. Sie stecken hin und wieder der Mutter etwas zu, aber Neal sr. verachten sie.

Im Sommer 1929 sieht es noch einmal ganz gut aus. Jack und Ralph haben ein neues, ordentliches Haus gekauft. Neal sr. hat

Arbeit in einem Friseursalon mit wohlhabender Kundschaft. Er übernimmt nun sogar die Zahlung der monatlich fälligen Hypothekenzinsen. Ralph und Jack verdienen weiter nicht schlecht beim *bootlegging*. Die beiden Mädchen Mae und Betty gehen in eine ordentliche Schule. Neal jr. ist nun drei Jahre alt.

Dann, im Oktober 1929, wird alles anders. Nach dem großen Börsenkrach hat niemand mehr Geld in Denver. Neal sr. wird arbeitslos. Das Geschäft mit dem Schwarzgebrannten bricht zusammen. In Bills Speise- und Tanzlokal bleiben die Kunden aus. Der Barkeeper und seine Frau ziehen auf einen Autohof.

Neal, Maude und die Kleinen wohnen jetzt in einer Zweizimmerwohnung über einer lärmenden Molkerei. Mae und Betty werden in ein katholisches Waisenhaus gesteckt. Maude ist wieder schwanger. Im Mai 1930 bringt sie ihr zehntes Kind zur Welt, ein Mädchen, Shirley Jean.

Neal sr. findet oft nur am Samstag Arbeit. Auch jetzt noch stecken Jack und Ralph der Mutter hin und wieder ein paar Dollar zu, aber es gibt Tage, an denen nur eine Mahlzeit auf den Tisch kommt. Einen Block weiter liegt eine Kuchenfabrik. Am Sonntag schneidet Neal dort hinter heruntergelassenen Vorhängen den mittleren Angestellten die Haare und wird dafür mit Kuchen bezahlt.

Anfang 1932 ist Neal sr. eigentlich ständig ohne Arbeit; wann immer er einen Cent in die Hände bekommt, gibt er ihn für Alkohol aus. Ein paarmal stiehlt er das Geld, das die großen Jungen der Mutter gegeben haben. Als es herauskommt, verprügeln sie ihn. Maude ist das Zusammenleben mit ihm endgültig leid. Die Eheleute trennen sich.

Die Mutter zieht mit dem neunjährigen Jimmy und dem Baby Shirley ins Snowden, einen Block mit Sozialwohnungen in der Innenstadt. Der große Neal haut ab in die Slums und nimmt den kleinen Neal mit. Bald residieren sie in einem Nachtasyl an der Ecke 16th und Market Street, dem Metropolitan.

Das Gebäude ist vom Einsturz bedroht. Seine Bewohner sind Säufer, Landstreicher, Schwachsinnige und Invaliden, die sich mit Betteln in der Innenstadt durchs Leben schlagen.

Es gibt keine Zimmer, sondern nur Gelasse: zwischen dreißig und vierzig Schlafzellen, die man pro Nacht für zehn oder fünfundzwanzig Cent mietet.

Vater und Sohn hausen in einem der größeren Räume, für die man pro Woche einen Dollar zahlt.

Untervermietet haben sie einen Schlafplatz auf einer Plattform über dem Knie einer Rohrleitung.

Dort haust der Krüppel Shorty, der keine Beine mehr hat, ein erschreckend häßlicher, aber sanftmütiger Mensch. Die Haut ist überkrustet von Schmutz. Das Gesicht hat keine Stirn. Sein Mund zeigt beim Grinsen die Stümpfe schwarz gewordener Zähne. Er hat einen schmalen Körper und überschlanke Arme.

Mit einem Brett auf Rädern, auf dem er sich mit Stöcken abstößt, fährt er jeden Morgen zu seinem Platz vor einem Restaurant in der Larimer Street. Seine täglichen Einnahmen als Bettler reichen gerade hin, um sich etwas zu essen und billigen Fusel zu kaufen. Heimgekehrt in sein Gelaß, trinkt er sich in den Schlaf. Sind seine Einnahmen schlecht, masturbiert er. Sein verspritzter Same erinnert den kleinen Neal an auf dem Flur verschüttetes Eiweiß.

Geweckt wird Neal jr. jeden Morgen von dem Schlag der Turmuhr des Kaufhauses Daniels and Fisher.

Während der Vater in dem Bett ohne Laken weiterpennt, taumelt der Junge in den Waschraum, wo sich ein Dutzend Männer duschen und sich über die Plätze vor dem Spiegel streiten.

Kaffee, Brot und Haferflocken, sein Frühstück, erhält der Junge im Haus der Bürgermission, wo man an die zweihundert Obdachlose speist, die dafür zweimal in der Woche am Gottesdienst teilnehmen müssen.

Von der Armenspeisung läuft Neal zur Schule, die etwa eine Meile entfernt liegt. Während die Schulstunden meist ohne besondere Zwischenfälle verlaufen — er besitzt eine rasche Auffassungsgabe, ist an Wissen interessiert und keiner von denen, die die Lehrer auf dem Kieker haben —, ist der Weg in die Schule und wieder heim jedesmal ein Abenteuer. Da gibt es Abkürzungen über die Feuerleitern der Slumgebäude, Spaziergänge über Dächer, durch Zwischenräume, an Spukhäusern vorbei. Gewandtheit, Ausdauer und Willensanstrengung sind dabei erforderlich. Balancieren auf den Randkanten der Bürgersteige. Wassertrinken an einem hohen Brunnen, ohne daß dabei die Schuhe naß werden. Einen alten schmutzigen Tennisball immer in Bewegung halten, und bei all dem sich die Zeit unterwegs so einteilen, daß man auf dem Hinweg auf die Sekunde beim Läuten der Glocke zur Stelle ist.

Er gewöhnt sich daran, draußen ständig zu rennen und nur noch normal zu laufen, wenn er mit einem Erwachsenen unterwegs ist.

Aber am liebsten ist er doch im Metropolitan. Die Insassen des Asyls sind alle nett zu dem Jungen. Sein Auftauchen bedeutet eine Ablenkung, einen Lichtblick in ihrem desillusionierten, trübseligen Leben.

Im Innenhof wird es am Abend lebendig. Die Runde der Glücksspieler versammelt sich. Der kleine Neal kiebitzt mal hier, mal dort, oder er zielt mit seinen aus Stricknadeln selbstgemachten Wurfpfeilen auf die Sprünge im Steinfußboden oder die Sitzflächen leerer Stühle.

Am Samstag arbeitet der Vater am dritten Stuhl in Zazas Friseursalon in der Larimer Street. Es ist dem jungen Neal erlaubt, dort herumzusitzen, den Duft von Talkum und Pomade einzuatmen und in den Illustrierten zu blättern, die für die Kunden ausliegen. Gleich nebenan liegt das schmutzige Zaza-Filmtheater, in dem es ranzig riecht und dessen verbilligte Vorstellungen Neal besucht. Er sieht Western, Tanzfilme mit Fred Astaire und Ginger Rogers, er sieht *King Kong* und lernt von den älteren Jungen den Reim ‹King Kong plays Ping Pong with his Ding Dong›. Samstag, das bedeutet eine üppige Mahlzeit in einem Schnellimbiß, der für sein schmutziges Besteck berüchtigt ist. Samstag, das bedeutet, daß der Vater sich Fusel kauft und schon angetrunken mit dem Jungen in die Nachtvorstellung des Kinos geht.

Und am Sonntag im Winter gibt es in der Halle des Metropolitan genug zu erleben, aber laß es Frühling werden, dann ziehen Vater und Sohn jeden Feiertag hinunter in das halbverfallene Industrieviertel von Denver. Ihr Weg führt vorbei am Singer-Nähmaschinenwerk, an einem Möbelspeicher, an der Union Train Station und dem ausgedehnten Gleisgelände zwischen der 1st und der 14th Street. Und dann kommen sie an den South Platte River, der sich unter der Brücke aus Eisen und Holz dahinschlängelt. Stundenlang kann Neal jr. dort stehen und flache Steine über die Wasserfläche hinflitzen lassen.

Am Fluß, unter den Brücken, findet der Junge auch allerlei Abfall: Flaschen, für die man ein paar Cent bekommt, Speichen von alten Fahrrädern, rostige Metallteile von aufgegebenen Maschinen, die man beim Altwarenhändler los wird. Einmal findet er dort einen ganzen Stapel alter Tageszeitungen, zweihundert Nummern von einem bestimmten Tag, noch mit Schnur darum.

Mehr noch beschäftigen die Phantasie des Jungen die Szenerien der riesigen, allmählich verfallenden Industriebauten. Beispielsweise das Gebäude der Pride-of-The-Rocky-Getreidemühle mit seinen gewaltigen Kellern und den drei Stockwerken voller Maschinenungetüme, die so eng zusammengerückt stehen, daß die Durchgänge wie Löcher für die Gespenster von Maulwürfen wirken. Noch viele Jahre später wird er sich an die unheimliche Atmosphäre in diesen Industriebauten mit magischer Eindringlichkeit erinnern können:

‹...Über den in Unordnung geratenen, teilweise zerbrochenen Maschinenteilen... und über dem gesamten, wie schlafend daliegenden Gebäude lag eine Staubschicht, die sich über ein Dutzend Jahre hin angesammelt hatte. Erschreckenderweise war es toter Staub, und obwohl er knöcheltief war, wirbelte ich weder ein Körnchen davon auf, noch drang etwas davon in meine Schuhe, während ich in meiner bestürzten Traumverlorenheit da herumschlich. Alles war tot, still, keine Bewegung, kein Laut, außer einem einzigen, dem von Hunderten durch die Sonne ihre Energie beziehenden Fliegen, die um mich summten. Ich kam mir vor wie in einem Grab, so isoliert war ich durch die dicken Mauern des von Zügen überratterten Viadukts in der 20. Street, der nur ein paar Yards entfernt lag. Am bedrückendsten aber war vielleicht der Gedanke, daß die Hitze hier bis in den Sommer immer mehr zunehmen würde, bis ihre Schwere so übermächtig wäre, daß es kein Entkommen mehr gab.›[2]

In den nächsten Jahren seines Lebens wandert Neal zwischen Vater- und Mutterwelt hin und her. Auch das Snowden ist alles andere als ein ordentliches Haus. Im Metropolitan hausen Vagabunden, im Snowden kleine Gauner. Typen, die mal gesessen haben, Perverse, Prostituierte, Süchtige. Und im Keller haben Ralph und Jack ihr Lager, Freizeit-Mafiosi, die sich der Horde Kinder im Haus für Diebstähle bedienen und die Leute aus der Nachbarschaft nach ihrer Pfeife tanzen lassen.

Noch schlimmere Erfahrungen macht Neal jr. mit Jim. Der Bruder stachelt den Kleinen an, sich zu prügeln, wobei Neal meist den kürzeren zieht. Jim tötet einen Wurf junger Katzen, indem er sie in der Kloschüssel hinunterspült. Oder er heißt Neal auf ein unbebautes Grundstück mitkommen. Unterwegs fangen sie Katzen ein, die dort der Kleine am Schwanz packen und in die Luft werfen muß, als Zielscheibe für Jims Schüsse.

Und dann ist da das Geheimnis des Wandbettes. Ein Bett, das aus einem Holzgestell besteht, das man im Mittelteil eines Schrankes verschwinden lassen kann. Jim empfindet eine teuflische Freude daran, den Kleinen darauf festzubinden und ihn gegen die Wand zu kippen. Dreißig Zentimeter Zwischenraum bleiben. Ein Grab. Der Geruch von Kalk, verschwitztem Bettzeug. Die Dunkelheit. Bis zu einer Stunde läßt Jim ihn in diesem Gefängnis, und wehe, Neal würde versuchen, sich zu befreien oder mit einem Klagelaut die Mutter auf sich aufmerksam zu machen. Das würde ihm hinterher nur eine Tracht Prügel von Jim eintragen. Also sitzt er seine Zeit in dem Wandgefängnis eingeschüchtert und geduldig ab. Manchmal wird ihm schwindlig, alles dreht sich, bis er einem schönen Nichts entgegentreibt. Er lernt, diesen Zustand bewußt herbeizuführen, indem er über längere Zeit den Atem anhält. Einen Augenblick zu lange, und er wäre hinüber. Aber das ist gerade der Spaß dabei. Hilflos zu sein und dabei doch Macht zu haben über Leben und Tod. Da ist Neal sieben, acht Jahre alt. Die Eltern haben sich darauf verständigt: Während der Schulzeit soll der Junge bei der Mutter bleiben und nur die neunzig Tage im Sommer beim Vater sein.

In den Sommerferien nimmt ihn Neal sr. zu einer seiner Tausend-Meilen-Sausen durch den Westen mit, nach Nebraska, bis nach Kalifornien. Immer wieder erlebt der Junge Augenblicke panischer Angst. So, als Vater und Sohn wieder einmal auf der Suche nach einer Mitfahrgelegenheit auf dem Gleisfeld eines Rangierbahnhofes herumlaufen. Eine Lokomotive taucht vor ihnen auf, und der Alte hat den einen Fuß in einer Weiche eingeklemmt. Um nicht überrollt zu werden, bleibt ihm schließlich nichts anderes übrig, als den Schuh zu opfern und, an einem Fuß nur noch den Strumpf, davonzuhumpeln.

Der Vater will sich in San Jose, Kalifornien, als Gelegenheitsarbeiter für die Pflaumen- und Aprikosenernte anwerben lassen. Er wird abgewiesen, weil er ein Kind bei sich hat.

‹Ein häßlicher Italiener um die fünfzig, in schmierigen Hosen,

18

schmutzigem Unterhemd und abgetreten, fettbespritzten Schuhen (in der Hitze war das alles, was er trug, denn er besorgte das Braten in seiner Grillbar selbst), tippte Vater leicht an und teilte ihm mit, daß er von unserer Notlage gehört habe. Er erbot sich, so lange für mich zu sorgen, wie Papa brauchte, um ein Sümmchen zusammenzubringen. Vater war von einer solchen günstigen Lösung sehr entzückt und ganz dafür, aber ich sträubte mich auf das heftigste, trotz wortreicher Bitten und Beruhigungen mit begleitendem Klaps auf Kopf und Schultern, während der verzweifelte Vater stärker zu einer Entscheidung drängte, weil er sah, daß die Arbeitsabteilung schon zum Abmarsch bereit war – der angehende Samariter meinte, er würde uns zu seiner Taverne auf der anderen Straßenseite begleiten, und dort begann ich, als ich unter den Blicken fremder Leute zu einer Brauselimonade genötigt wurde, zu schwanken. Danach war es für sie leicht, also aßen Papa und ich ein paar eilige Bissen einer tränenverschwommenen Mahlzeit miteinander, gratis, wobei der Gastgeber, mein neuer Papa, mit Lächeln und Segenssprüchen um uns herumschwebte, dann bestieg Papa den Lastwagen mit der Männerfracht, und mit einem schwachen Winken seiner Hand hatte ich ihn für einen Monat verloren.›[3]

Zwar hat der Junge Sehnsucht nach seinem Vater, aber Sehnsucht und Freude über das Leben wie auf einem Schloß aus einem Film schließen einander nicht aus. Der Adoptivvater fährt zudem einen funkelnagelneuen Cadillac V-16, und als Neal zum erstenmal neben ihm Platz nehmen darf, entzündet sich seine lebenslange Begeisterung für Automobile.

Im Haus des Italieners gibt es eine den Jungen verhätschelnde Haushälterin, die schmackhafte, Neal nach dem Hobo-Leben geradezu üppig erscheinende Mahlzeiten auf den Tisch bringt.

Sein Bett kommt ihm enorm groß und ‹zu weich und sauber, um wahr zu sein›, vor.

Er wird einer bettlägrigen Frau mittleren Alters vorgeführt.

Offenbar hat ihn der Grillbarbesitzer tatsächlich aus keinem anderen Grund als dem mitgenommen, daß er kinderlieb ist. Aber Neal jr. verläßt nie die Angst, der Wohltäter plane seinen Tod. Als der Vater endlich wieder auftaucht, eröffnet der Italiener ihnen, er wolle Neal jr. adoptieren, ihn aufs College schicken und ihn zu seinem Erben einsetzen.

Als erwachsener Mann wird sich Neal nicht mehr daran erinnern können, was seinen Vater veranlaßte, dieses Angebot auszuschlagen. Vielleicht wollte er einfach der Gesellschaft seines Sohnes nicht verlustig gehen. Der Italiener schenkt dem Jungen zum Abschied einen echten Degen mit juwelenbesetztem Griff. Der wunderliche Gegenstand wird ihm im folgenden Jahr von einem Vagabunden gestohlen, der ihn versetzt, um sich Alkohol zu kaufen.

Auf die Wochen bei dem wohlhabenden Italiener folgt eine Zeit mit einer verwitweten Wanderarbeiterin aus Oklahoma, die der Vater beim Obstpflücken kennengelernt und in die er sich verliebt hat. Das Paar nimmt eine Mietwohnung in Los Angeles. Die Frau hat einen Sohn in Neals Alter. In Erinnerung bleibt Neal, wie er mit dem gleichaltrigen Jungen auf einem Hügel sitzt, von dem aus sie auf die kilometerlangen Lichterreihen der Stadt unter sich hinschauen. Sie unterhalten sich über die ‹jeweiligen tödlichen Vorzüge meines schönen neuen Messers und seines rostigen, aber echten 32er Revolvers (einziges Andenken, das ihm von einem unbekannten Vater hinterlassen worden war), und wie hitzig unsere Streitigkeiten auch wurden, als jeder von uns die springenden Punkte unserer Waffen anführte – meine Stärke war die Lautlosigkeit des Messers…›[4]

Der Aufenthalt 1933 in Kalifornien dehnt sich dann noch bis kurz vor Weihnachten hin aus. Neal sr. hat sich entschlossen, diesmal nicht als Hobo zu reisen. Er gibt eine Armutserklärung ab und beantragt Reisehilfe. Neal geht unterdessen in Los Angeles auch zur Schule, in eine Schule, in der jeder Tag mit einem Treueid auf die Fahne beginnt und sich im Flirt mit einer bewunderten Mitschülerin herausstellt, daß er farbenblind ist.

Seine ersten sexuellen Erfahrungen sammelt Neal, als er neun oder zehn Jahre alt ist. Doktorspiele mit einem um ein paar Jahre älteren Mädchen im Snowden. Von der Feuerleiter aus beobachtet er, wie eine Amateurprostituierte ihren Kunden empfängt und ihn abfertigt. Dann ist er wieder beim Vater. Eines Abends nimmt Neal sr. den Jungen zu einem seiner Saufkumpane mit, einem schwachsinnigen Deutschen, der mit einem Stall voller Kinder in einer Scheune auf dem Land haust. Spät in der Nacht entwickelt sich ein munteres Treiben. Während der Familienvater sich bewußtlos betrunken hat und wie tot daliegt, klettert

Neal sr. mit der Hausfrau ins Heu. Die älteren Jungen fallen über ihre kleinen Schwestern her. Zuerst fürchtet Neal jr., sie würden die Mädchen umbringen, aber dann kommt es ihm so vor, als ob die sogar Spaß an dem hätten, was sich bei diesem Ringkampf nackter Leiber unter Gekicher und Gestöhn abspielt. Gegen Morgen wird es dann ernst. Der Ehemann ist wieder bei Sinnen und überrascht Neal sr. mit seiner Frau beim Beischlaf. Die beiden Männer prügeln sich. Vater und Sohn machen sich hastig davon. ‹Spielverderber›, murmelt Neal sr.

Sein erstes Auto stiehlt Neal jr. – da ist er vierzehn. Im Lauf der nächsten vier Jahre wird er an die fünfhundert Wagen entwenden, mit ihnen eine Spritztour machen und Mädchen oder Jungen, die er mitgenommen hat, auf dem Rücksitz vögeln. Manche Wagen fährt er zu Schrott und läßt sie am Straßenrand stehen, andere bringt er wieder dorthin zurück, wo er sie gestohlen hat. Immer wieder wird er von der Polizei geschnappt und vorübergehend ins Arbeitslager oder Jugendgefängnis eingewiesen. Das kann ihn nicht zähmen. Sex ist für ihn längst zu einem im Kampf ums Überleben verwendbaren Tauschobjekt geworden. Er vögelt das schwachsinnig-gutmütige Dienstmädchen reicher Leute, die in die Ferien gefahren sind, und handelt sich dafür jeden Tag zwei warme Mahlzeiten ein.

Neal ist ein Gauner, aber seine Gaunereien zeugen von kreativer Phantasie, sind so ungewöhnlich in einem Land, in dem auch noch die Halb- und Unterwelt eisern bemüht ist, gewissen Normen zu entsprechen, daß er immer wieder Erfolg damit haben wird, weil die Menschen von ihm beeindruckt sind.

Mit fünfzehn betritt er in Baumwollhosen, Turnschuhen ohne Strümpfe und in einem khakifarbenen Armeehemd einen Billardsalon im Stadtzentrum von Denver, um den ersten einer langen Reihe eindrucksvoller Bauernfängertricks zu landen.

Über mehr als zwei Wochen hat er in den Salon immer wieder hereingeschaut. Er hat sich dort umgesehen und den besten Spieler seines Alters ausgespäht. Der junge Bursche heißt Jim Holmes. In einer Ansprache, die einem Flibustier im Senat in Washington zur Ehre gereichen würde, macht er dem Billard-Virtuosen einen Vorschlag: Holmes soll ihn all seine Tricks lehren, er wird ihn dafür in Literatur und Philosophie unterrichten. ‹Ich kann dir die Handlung aller Shakespeare-Komödien erzählen... oder möchtest du die Sonette hören... Nietzsche? Ich könnte dir erklären, was der verrückte Deutsche gedacht hat. Soll ich? Jetzt sag nur nicht: Das interessiert mich nicht. Es ist scharf, Mann. Irre scharf.› Am nächsten Tag spielt tausend Meilen von Denver entfernt ein berühmtes Football-Team. Neal verspricht, als Dreingabe Holmes und seine Freunde die gesamte Strecke hin und zurück zu chauffieren, wenn Holmes für das Benzin aufkommt.

Heller Wahnsinn. Lodernde Lebendigkeit. Die schöne Gewalttätigkeit und Intensität eines Wildfeuers. Später wird Holmes sagen: ‹Es ist schwierig, jemandem eine Vorstellung von Neal zu vermitteln. Man trifft nicht häufig solche Leute. Wann begegnet man schon jemandem, der sich so völlig aussetzt.› Jim Holmes erzählt später auch:

‹Er steckte voller Energie, ein gutaussehender Mann mit einem starken Körper, ehe er ihn zerstörte. Er konnte nächtelang ohne Schlaf auskommen... was ihm gefiel, war, ständig etwas zu tun, in Bewegung zu sein. Er lebte immer voll und ganz in der Gegenwart, in diesem bestimmten Augenblick.›[5]

Holmes kommt ihm hinter seine Tricks: ‹Gleichgültig, was der Betreffende tat, oder wer er war, Neal ging jeden auf die gleiche Art an. Zum Beispiel, wenn du ein junges Mädchen warst, das aufs College wollte, sagte er sofort: Nun, das ist ja großartig. Das ist das Beste, was dir passieren kann. Es war eine Technik. Er war nicht eigentlich ein Betrüger. Er respektierte das Individuum. Und es begann immer mit ganz trivialen Dingen. Wenn du einen Plattenspieler daheim hattest, sagte er: Würde es dir was ausmachen, mich mit zu dir heim zu nehmen. Ich besitze keinen Plattenspieler. Ich hatte mal einen vor einem Jahr. Ich würde so gern mal wieder Coleman Hawkins hören. Neal hatte eine Art zu reden, mit der er Menschen einfach um den Finger wickeln konnte. Es besaß eine natürliche Begabung, andere auf sich zu fixieren. Ziemlich einzigartig.›[6]

Auch Jim Holmes erliegt dieser Faszination. Er nimmt Neal mit heim, gibt ihm etwas zu essen, schenkt ihm einen braunen Tweedanzug und bringt ihm bei, wie man beim Kartenspiel betrügt. Außerdem findet Neal bei Holmes für die nächsten Jahre eine Bleibe.

Aber es gibt nun schon mindestens zwei Neals, den selbstsicheren, dreisten, wild-lebendigen und den verstörten, von Alpträumen heimgesuchten.

Zwischen seinen Auszeiten im Loch wieder einmal auf freiem Fuß, hat Neal einen fürchterlichen Traum. Er sieht sich darin nicht länger jung, sondern als ein Mann um die vierzig, in einem zerrissenen T-Shirt und Bierbauch, spärlichem Haar, aufgedunsenem Gesicht. Es fehlen ihm schon ein paar Zähne. Er betritt ein Pfandhaus, um dort eine Matratze für Schnapsgeld zu versetzen. Plötzlich wird er von seinem Vater verfolgt. Der trägt die übliche alte schwarze Baseballmütze und hat, ganz untypisch, eine eindrucksvolle Erektion. Neal sr. verlangt seinen Anteil aus dem Matratzengeschäft und verfolgt seinen Sohn, bis dieser mit Magenschmerzen aus seinem Traum erwacht.

Neal nimmt sich vor, sein Leben zu ändern. Das Reformprogramm, das er aufstellt, sieht vor: Morgens um sieben aufstehen. Danach Putzmann im Zaza-Friseursalon. Ausfegen. Den verstopften Abfluß von Haaren reinigen. Um acht eine Tour Zeitungaustragen. Um neun irgendwo ein Frühstück schnorren. ‹Süße, dein Honig ist immer noch der beste weit und breit.› Mit einer Zuckerschnute: ‹Welchen Honig meinst du, den auf dem Tisch oder den aus meinem Spalt?› Er leckt genüßlich die beiden Finger ab, mit denen er eben noch in ihr herumgegraben hat.

‹Klar doch, der aus deinem Spalt... der beste Honig östlich der Rockies.›

Um zehn in der Public Library Schopenhauer lesen. Um elf Wagen waschen in der Rocky-Mountain-Garage. Zu Mittag mit dem Fahrrad zum Lunch zu Freunden. Dafür muß er den Abwasch erledigen. Dann wieder in die Bücherei. Ab vier in den Billardsalon (zwecks Entspannung), um elf noch einen Zeitungsstand nach ein paar Münzen filzen und an einem Straßenstand zwei Tacos mit Chilisauce erstehen. Geschlafen wird bei der mitleidigen Schwachsinnigen.

Am Morgen klingelt es, draußen hat sich ein Mann aufgebaut... in einem Anzug, wie ihn Manager aus den höheren Etagen tragen. Neal steht da – nackt. Er fragte mürrisch-skeptisch: ‹Was wollen Sie denn hier?› Der Mann hebt einen Schlüsselbund: ‹Tut mir leid. Die Wohnung gehört leider mir.›

Auch eine Art, sich kennenzulernen. Der Mann in dem dunklen Anzug ist ein Hochschullehrer, zur Aufbesserung seiner Bezüge auch als Wohnungsmakler tätig.

Für diesen Justin B. Mannerly ist Neal Cassady ein exotischer Schmetterling, den er sich gern mal unter dem Vergrößerungsglas betrachten möchte, denn diese Spezies steht in keinem Bestimmungsbuch. Was ihn neugierig werden läßt, ist eine merkwürdige Eigenart dieser Spezies: der Junge hat einen Bildungseifer, wie ihn Mannerly sich für manchen seiner Studenten wünschen würde. Und Neal merkt sich den Namen eines ehemaligen Schülers Mannerlys, der in New York an der Columbia University studiert. Der Name lautet Hal Chase. Bald ist der seltene Schmetterling wieder davongeflattert. In eine Reformschule, auf eine Straffarm. Das übliche Delikt: Autodiebstahl. Anfang 1945 kommt Neal wieder auf freien Fuß. Er betritt mit dem Mädchen, das ihn zu dieser Zeit aushält, Walgreen's Drugstore in Denver. Er sieht eine süße, etwas töricht dreinblickende Blondine. Das Honigtopflächeln. Er sagt zu seiner Begleiterin: ‹Dieses Mädchen werde ich heiraten.› Das Mädchen heißt LuAnne und ist fünfzehn, er ist jetzt neunzehn. Fünf Monate später sind sie tatsächlich verheiratet. LuAnne entzieht sich durch die Eheschließung den Nachstellungen ihres Stiefvaters. LuAnne und Neal laufen aus Denver davon. Sie trampen nach Nebraska, wo LuAnne eine Anstellung als Dienstmädchen bei einem blinden Rechtsanwalt findet und Neal einen Job als Tellerwäscher annimmt. Sie leben in einem winzigen Zimmer, für das sie im Monat zwölf Dollar Miete zahlen. In der Nacht findet Neal häufig keinen Schlaf. Dann zitiert er Shakespeare oder liest seiner jungen Frau Proust vor.

‹Und nun, Schatz, möchte ich, daß du mir so genau wie möglich die Wirkung dieser Sätze auf deinen Gefühlszustand beschreibst…!›

Schließlich siedelt das Paar nach Sidney in Nebraska über, wo LuAnne für eine Tante arbeitet, aber sich bald von der alten Frau ausgenutzt fühlt.

Mitte 1946 beschließt Neal, er habe nun vom Mittelwesten entschieden genug gesehen. LuAnne stiehlt ihrer Tante hundert Dollar. Neal schließt den Wagen des Onkels kurz.

Sie nehmen sich vor, auf der Ranch eines Freundes in Sterling, Colorado, Station zu machen. Aber dann erfaßt Neal der Reiserausch. Sie fahren durch ein Unwetter. Er bindet sich ein Taschentuch über die Augen, um sich so gegen die sichtbehindernden Hagelschauer zu schützen, lehnt sich aus dem Seitenfenster. Nach einer Weile wendet er sich kurz um und schreit LuAnne zu: ‹Ich seh jetzt klar. Wir fahren durch bis nach New York, Schatz! Hab die Adressen von Hal Chase und Ed White. Und, verstehst du: Sie werden uns mit so herrlich poetischen Menschen wie diesem Allen Ginsberg und Jack Kerouac bekannt machen. Yiiippee!›

Die langen Schatten des Wahnsinns 2

(1926–1944) **Allen Ginsberg**

> ... City of horrors,
> New York much like hell.
> *Allen Ginsberg* [1]

... geboren am 3. Juni 1926 im Beth Israel Hospital in Newark im Staate New Jersey. Der Vater, Louis Ginsberg, ist Sohn jüdischer Einwanderer aus Lwow (Lemberg) in Galizien, die 1880 nach Newark kamen, wo sie Verwandte hatten. In Amerika angekommen, kauft sich Allens Großvater Pferd und Wagen und beginnt eine Wäscherei zu betreiben. Er heiratet Rebecca Schechtman, deren Eltern 1870 aus der Ukraine in die Vereinigten Staaten eingewandert sind.

Während Louis von klein auf Sozialist ist – als Kind hat ihn sein Vater zu den Vorträgen von Eugene Victor Debs, dem Gründer der IWW (Industrial Workers of the World) mitgenommen –, ist seine Frau Naomi Kommunistin. Naomi stammt ebenfalls aus einer jüdischen Familie. Ihr Vater Mendel Livergang – sein Name wird bei seiner Einreise in die USA in Morris Levy abgeändert – hat sich in Rußland der Einberufung zum Militär dadurch entzogen, daß er aus seinem Heimatdorf in die Großstadt Witebsk übersiedelt ist, in der damals die Juden ein Drittel der gesamten Bevölkerung ausmachten. Während die Juden im Süden eher einem sozialistisch getönten Zionismus zuneigten, wurde die Judenschaft von Witebsk durch Einflüsse aus dem Deutschen Kaiserreich marxistisch. 1905 war es in der Stadt, in der als junger Mann auch der Maler Marc Chagall gelebt hat, zu einem Pogrom gekommen. Mendel hatte sich daraufhin entschlossen, mit seiner Familie nach Amerika auszuwandern. Dort ließ er sich in der Orchard Street, in einem alten jüdischen Viertel von Manhattan, nieder und eröffnete einen Laden, in dem man Eiscreme und süßes Gebäck kaufen konnte. Später zog die Familie Naomis aus den Slums der Lower Eastside nach Newark. Noch auf der High-School mit siebzehn begegnete Naomi ihrem späteren Mann, der wie sie selbst auch Lehrer werden wollte.

Von Anfang an gibt es zwischen Louis' Familie und Naomi Konflikte, bei denen die unterschiedlichen politischen Ansichten zumindest das auslösende Moment sind. Naomi ist inzwischen in die Kommunistische Partei eingetreten. Die Sozialisten befürworten einen Kriegseintritt der USA, die Kommunisten sind dagegen.

1918 stirbt Naomis Mutter Judith, als Opfer der Grippeepidemie, die damals von Europa nach Amerika übergreift. Naomi erleidet einen Nervenzusammenbruch. Sie ist überempfindlich gegen Licht und muß drei Wochen in einem abgedunkelten Raum liegen, ehe sie ihre Tätigkeit an einer Schule für geistig behinderte Kinder wieder aufnehmen kann.

Louis und Naomi beschließen, trotz Widerstands der Eltern des Bräutigams zu heiraten. 1919, nach ihrer Eheschließung, ziehen sie nach Newark. Das junge Paar gibt sich betont fortschrittlich. Louis schreibt Gedichte, und es gelingt ihm, seine ersten Verse zu veröffentlichen. Zusammen mit seiner Frau tritt er der Poetry Society of America bei.

1921 wird ein Sohn geboren, der den Namen Eugene erhält, 1926 ein zweiter, Allen. Der Vorname ist von dem seines Urgroßvaters abgeleitet, der S'rul Avrum hieß.

1929 muß sich Naomi einer Operation an der Bauchspeicheldrüse unterziehen. Abermals hat sie einen Nervenzusammenbruch und kommt vorübergehend in ein Sanatorium. Louis übersiedelt zunächst ohne seine Frau nach Paterson in New Jersey, wo er eine Stellung als Englischlehrer annimmt. Die Ginsbergs wohnen in einem heruntergekommenen jüdischen Viertel. Vor dem Haus kreuzt eine Eisenbahnlinie die Straße, auf der anderen Seite des Schienenstrangs steht das Backsteingebäude einer Seidenfabrik.

Allen, der auf der Straße im Sand Murmeln spielt, fürchtet sich vor Geistern. Als er in die Schule kommt, ist die Mutter immer noch im Sanatorium. Am ersten Schultag macht das Kind ein solches Geschrei, daß man den Vater rufen muß, der es mit heimnimmt. Es ist nicht leicht für Louis, neben seiner Tätigkeit als Lehrer auch noch für die beiden kleinen Jungen zu sorgen.

Den Sommer verbringen Eugene und Allen mit Naomi in einem Ferienlager der Kommunistischen Partei bei Monroe Lake im Staat New York, einem paradiesischen Ort für Stadtkinder, die hier draußen nackt in den Wiesen herumtollen und in den Bächen Fische fangen.

Louis, der seine Frau und die Kinder jeweils am Wochenende besuchen kommt, ist unangenehm berührt von den Propagandamalereien im Speisesaal, auf denen die Kapitalisten mit bluttropfenden Händen dargestellt werden. Weil es aber Naomi und den Kindern in der ländlichen Umgebung so gut gefällt, erhebt Louis keine Einwände, als seine Frau auch im zweiten Jahr mit ihren beiden Söhnen in dieses Lager fährt.

Nach Ende der Ferien stürzt sich Naomi mit einem Eifer, der nichts Gutes vermuten läßt, in die Parteiarbeit und wird vorübergehend sogar Sekretärin des Ortsvereins. Louis muß deswegen um seine Anstellung als Lehrer fürchten. Zu Parteiversammlungen nimmt Naomi häufig ihre beiden Söhne mit.

Das erste Lied, das Allen lernt, ist das Kampflied der amerikanischen Kommunisten *The Red Flag*. Er selbst hat die Atmosphäre dieser Zeit in einem Gedicht mit dem Titel ‹Amerika› so beschrieben: ‹... als ich sieben war nahm mich meine Mama mit zu den Versammlungen der Kommunistischen Zelle sie verkauften uns Garbanzos, für jedes Ticket bekam man eine Handvoll, der Eintritt kostete fünf Cents und die Reden gabs umsonst alle waren engelhaft und hatten ein Herz für die Arbeiter es war alles war so aufrichtig du kannst dir gar nicht vorstellen, was für eine gute Sache die Partei 1935 war, Scott Nearing war ein großer alter Mann ein richtiger *Mensch* Mother Bloor rührte mich zu Tränen einmal sah ich den Israel Amter ganz aus der Nähe. Das müssen wohl alles Spione gewesen sein.›[2]

1934 ziehen die Ginsbergs wieder einmal um. In der Haledon Avenue mieten sie nun ein ganzes Haus. Die beiden Brüder schlafen in einem Bett. Wenn Allen sich bei Gene ankuscheln will, gefällt das dem Bruder nicht.

In der Nacht wacht Allen manchmal plötzlich von Straßengeräuschen auf und versucht, sich die riesigen Entfernungen von der Erde zu den Sternen vorzustellen.

Er hat Tagträume, ist in Earl, den blondhaarigen Anführer einer Jungenbande, verliebt, steht manchmal vor dessen Haus. Er denkt sich aus, wie herrlich es wäre, eine Zauberformel zu kennen. Er wünscht sich Dollars, ein weißes Pferd, ein Schloß mit einem Kerker: ‹Ich inspiziere meine nackten Opfer / gefesselt und verkehrt herum aufgehängt/meine Fingerspitzen fordern Zustimmung an ihren Hüften/während ich ihre unbehaarten Wangen küssen kann, soviel ich will... ich gehe mit meinen starken Wächtern vorbei, gebeugt/den Hintern herausgestreckt, damit sie mir zustimmend draufklatschen.›³ Häufig hat er solche Unterwerfungsphantasien.

In der Familie gibt es jetzt immer öfter Streit. Die Schwiegereltern machen Naomi dafür verantwortlich, daß ihr Sohn Schulden hat. Naomis Mißtrauen gegen ihre Schwiegermutter wächst.

Naomi läuft daheim nackt durch die Wohnung. Louis ist nicht prüde, aber dieses Bedürfnis bei ihr wird immer mehr zu einem neurotischen Exhibitionismus, der auch die Kinder verschreckt.

Immer deutlicher zeichnen sich bei ihr Symptome einer paranoiden Schizophrenie ab. Sie hört Stimmen, macht überspannte Bemerkungen, reagiert übertrieben mißtrauisch.

Bald muß sie wieder in eine Anstalt. Louis' Geldmittel sind erschöpft, deswegen kommt diesmal ein Privatsanatorium nicht in Frage. Louis läßt sie in das Staatliche Krankenhaus Greystone in New Jersey einweisen.

Greystone ist ein riesiger Bau, eine Kaserne, anonym, unheimlich. Die dort bei Geisteskrankheiten angewandte Therapie besteht in der Verabreichung von Insulin und in Elektroschocks. Vierzigmal wird Naomi Stromstößen ausgesetzt, die ihre Phantasien dämpfen, aber sie gleichzeitig zutiefst verängstigen.

Im Vertrauen auf die Sachkenntnis der Ärzte läßt Louis die Behandlung seiner Frau mit Elektroschocks weiter zu. Erst 1936 kehrt Naomi wieder zu der Familie heim.

Allen trägt jetzt eine Brille mit dicken Gläsern und eine Zahnspange. Ein häßlicher Junge – weich, schwammig, unbeholfen. Sein Lieblingsschriftsteller ist Edgar Allan Poe, sein Lieblingsbuch *Dr. Doolittle*. Als sein Motto gibt das Jahrgangsbuch der Schule an: ‹Tu, was du willst, wenn du es willst.›⁴ Sein Freund Morton vertraut ihm an, wenn er in der Schule Mädchen sähe, würde er sich am liebsten auf sie stürzen. Ob auch Allen solche Wünsche überkämen? Nein, solche Empfindungen sind Allen fremd.

Im Haus von Mortons Eltern gehen vier Jungen ins Badezimmer. Allen ist auch mit dabei. Morton setzt sich auf die Toilette, einer der Jungen kniet sich vor ihn hin und küßt Mortons Penis.

1937, Allen ist jetzt elf, verdüstert sich die Atmosphäre daheim immer mehr. Naomi hat erneut einen Schub. Sie beschuldigt ihre Schwiegermutter, ihr ständig nachzuspionieren; das Geld für ihren Aufenthalt in der Anstalt habe Louis in Wahrheit seiner Mutter gegeben.

Wenn Louis auf solche Anschuldigungen nicht reagiert, macht Naomi dunkle Anspielungen auf eine Liebesaffäre mit einem anderen Mann in den ersten Jahren ihrer Ehe. Häufig schwänzt Allen die Schule, um daheim auf seine Mutter aufzupassen.

Eines Nachts schließt Naomi sich im Badezimmer ein und weigert sich herauszukommen. Louis Ginsberg muß die Tür aufbrechen. Drinnen steht seine Frau, starr und mit entgeistertem Blick. Das Blut rinnt ihr von beiden Handgelenken. Die Kinder warten im Nachthemd zitternd im Flur. Schließlich ruft der Jüngere: ‹Mama verliert ihr Blut. Mama muß sterben.› Louis schließt die Tür. Seine Geduld mit der Kranken ist bewunderungswürdig.

Die erstaunliche Toleranz gegenüber Wahnsinn und Abweichungen von der Norm, die Allen Ginsberg zeit seines Lebens an den Tag legen wird – hier dürfte sie ihre Wurzeln haben.

Im Herbst 1939: Die Deutschen fallen in Polen ein. Naomi ist über drei Jahre in Greystone interniert gewesen. Noch einmal holt Louis sie heim. Sie ist desorientiert, verkriecht sich ins Schlafzimmer. Allen geht zu ihr. Ein Augenblick, der die ganze Misere verrät: ‹Sie ging ins Schlafzimmer, um sich aufs Bett zu legen, zu grübeln, zu schlafen, sich zu verstecken – Ich leg mich zu ihr, um sie nicht allein zu lassen – leg mich auf das Bett neben sie – die Jalousien sind heruntergelassen, dämmrig, später Nachmittag – Louis im Vorderzimmer am Schreibtisch, wartet – vielleicht drauf, daß das Hühnchen zum Abendessen kocht.

«Hab keine Angst vor mir, weil ich aus der Irrenanstalt zurückkomme – ich bin deine Mutter –»

Arme Liebe, verloren – eine Furcht – ich liege da. Hab gesagt: «Ich lieb dich, Naomi» – steif, neben ihrem Arm. Ich hätte weinen können.›[5]

Die politischen Streitigkeiten zwischen den Eltern leben wieder auf.

Naomi verteidigt den Überfall der Sowjetunion auf Finnland. Louis kann auch nicht immer den Mund halten.

Allen geht inzwischen auf die High-School, bekommt gute Noten in Englisch, arbeitet an der Schülerzeitung mit. Er debattiert über Hitler, denkt auf dem Heimweg von einer Theatervorstellung, von den merkwürdigen Mustern der Hecken und geheimnisvollen Schatten befremdet, über die Ausdehnung des Universums nach... vielleicht, daß das Ende Mauern aus Gummi sind. Aber wie kann das das Ende sein? Jenseits der Gummiwand ist doch wohl auch noch etwas?

Sich selbst sieht er so: ‹Starke Brille und ein dünnes Gesicht mit vorstehenden Zähnen, geht zum Zahnarzt, um sie richten zu lassen. Eine Art mentaler Ghoul, völlig losgelöst vom Kontakt mit der Wirklichkeit, existierte er in einer Welt der Zeitungen und der Ästhetik: Beethoven, Leadbelly, Ma Rainey und Bessie Smith.›[6] Er schreibt Gedichte, getraut sich sogar, sie in der Klasse vorzulesen. Seine Englischlehrerin macht ihn mit der Lyrik Walt Whitmans bekannt. Der langschwingende Rhythmus in den Zeilen dieser Verse, die Aufforderung zum Ungehorsam, die Rebellion gegen von den Mächtigen geforderte Anpassung, die hymnische Begeisterung über die Magie der Wirklichkeit rühren ihn an. So denkt, so atmet auch er. Whitman definiert seine politischen Ideale.

Im Winter 1941 wird Naomis Zustand wieder bedenklich. Gibt es Suppe zu den Mahlzeiten, behauptet sie, ihre Schwiegermutter habe Gift hineingeschüttet. Es überkommen sie rätselhafte Anfälle, ein Versagen verschiedenster Körperfunktionen... Bilder, die sich Allen unvergeßlich einprägen.

‹Eines Nachts, plötzlicher Anfall – ihre Geräusche im Badezimmer – wie ein Krächzen ihrer Seele – Auswurf und rote Kotze kommt ihr aus dem Mund – wäßriger Durchfall explodiert aus ihrem Hintern – auf allen vieren vor der Toilette – Urin läuft zwischen ihren Beinen davon...›[7]

Wenn Allen von der Schule wegbleibt, um bei ihr zu wachen, erzählt sie ihm ihre Angstphantasien: Allein Buba, der Schwiegermutter, ist es zuzuschreiben, daß man ihr in Greystone vierzig Elektroschocks verabreicht hat.

In der Zimmerdecke sind Drähte eingebaut. Jedes Wort, das sie ausspricht, wird von Präsident Roosevelt persönlich abgehört. Allen holt einen Besenstiel und klopft damit die Zimmerdecke ab, um seiner Mutter zu beweisen, daß da nichts ist. Doch, beharrte sie. Sie hört sie doch reden. Sie geben ihr Namen, heißen sie eine Hure, befehlen dem Agenten, sie zu töten.

Dann springt sie auf und rennt zum Fenster. Die Stimmen haben ihr gesagt, daß der Agent unten auf der Straße steht.

Allen tritt hinter ihr ans Fenster. Es ist ihr zuzutrauen, daß sie sich hinabstürzt. An einer Bushaltestelle warten ein paar Leute. Der eine Mann sieht aus wie ein Bankangestellter, er trägt einen eleganten Hut. Das ist er, ruft Naomi. Sie öffnet das Fenster, schreit: Fort mit dir, du Mistkerl.

Dann plötzlich erklärt sie, sie sei so müde, brauche Ruhe, müsse sich erholen.

Allen muß den Hausarzt anrufen, den sie anfleht, sie in eine Klinik in Lakewood einzuliefern. Erstaunlicherweise stimmt der Arzt ihrem Ansinnen zu.

Naomi packt einen Koffer, weigert sich, den Lift zu benutzen, weil sie fürchtet, der Fahrstuhlführer könne ihr Weggehen den Spitzeln melden.

Auf der Straße hält sie sich den hochgestellten Kragen ihres Mantels vor den Mund, um sich so gegen die von ihrer Schwiegermutter ausgestreuten Bazillen zu schützen.

Naomi und der fünfzehnjährige Allen sprechen in mehreren Sanatorien vor. Sie werden aber überall abgewiesen.

Endlich gelingt es Allen, die Aufnahme der Mutter durchzusetzen. Man führt sie in ein Zimmer unter dem Dach. Allen raunt der Mutter zu, sie solle sich still verhalten. Hier sei sie in Sicherheit. Er werde jetzt heimfahren, um Louis zu verständigen.

Nein, ruft sie, Louis dürfe nichts erfahren. Er werde sonst sofort Spione ausschicken, um sie überwachen zu lassen. Er werde sie vergiften. Der einzige Grund, warum er sie überhaupt am Leben gelassen habe, sei der, daß er sie früher geliebt habe. Ginge es nach seiner Mutter, sei sie schon längst tot.

Als Allen sie einigermaßen beruhigt hat, tritt er die lange Rückfahrt nach Paterson an.

Daheim wartete der Vater schon verängstigt. Um zwei Uhr nachts kommt ein Telefonanruf. Naomi ist barfuß hinunter in die Empfangshalle gekommen, hat an Türen geklopft und alte Frauen in ihren Zimmern erschreckt. Dann hat sie sich verbarrikadiert. Sie hat Mussolini, Hitler und ihre Schwiegermutter verwünscht.

Die bestürzten Pfleger verlangen von Louis, daß er seine Frau sofort abholen kommt.

Um halb sieben Uhr morgens macht er sich von Paterson mit dem Bus über Newark auf den Weg.

Auf dem Weg von der Anstalt zur Busstation hat er alle Mühe, ihrer Herr zu werden. Sie stürzt in eine Apotheke und verlangt dort eine Bluttransfusion. Louis kann sie endlich beruhigen und zur Bushaltestelle führen. Aber als der Bus ankommt, weigert sich der Fahrer, die offensichtlich gemeingefährliche Frau einsteigen zu lassen. Louis telefoniert mit Greystone und setzt durch, daß man seine Frau dort aufnimmt. In der Staatlichen Nervenheilanstalt bleibt sie während der nächsten zwei Jahre.

Allen wird sechzehn. Er beobachtet Sterne. Er polemisiert gegen die Anhänger der Isolationspolitik. Er hört Musik: Gershwin und Aaron Copland. Sein Bruder Eugene, der von der Lehrerausbildung zum Jurastudium gewechselt hat, wird zur Armee einberufen. Allen betätigt sich bei der Zivilverteidigung. Er arbeitet als Laufbursche in der Öffentlichen Bibliothek und verdient dreizehn Cent in der Stunde. Einmal schleicht er sich heimlich in das Büro der Bibliothekarin, entnimmt aus dem Giftschrank den Krafft-Ebing und schlägt darin das Stichwort ‹Homosexualität› nach.

Er will herausfinden, ob er schwul ist. Wenn er sich verliebt, sind es immer Jungen. Einer, für den er besonders schwärmt, heißt Paul Roth. Er ist ein halbes Jahr älter als Allen und geht mit einem Stipendium an die Columbia University in New York.

Allen will seinem Idol dorthin folgen und bewirbt sich ebenfalls an dieser Universität. Er bekommt ein Stipendium.

An dem Tag, an dem er mit der Fähre von Hoboken nach Manhattan übersetzt, legt er vor sich selbst den Schwur ab, sein Leben dem Dienst an der Arbeiterklasse zu widmen.

Er besteht die Aufnahmeprüfung. Aber dem Jungen, in den er verliebt ist, begegnet er an der Universität selten. Er hört Jura. Er ist entschlossen, Anwalt für Arbeitsrecht zu werden.

In Columbia sind die Kriegsmarinekadetten eingezogen. Die zivilen Studenten hat man ausgelagert.

Allen wird in einem großen Apartmenthaus des Union-Theological-Seminars, einen halben Block vom Campus entfernt, untergebracht.

Einige Tage vor Weihnachten 1943 hört er aus einer der Studentenbuden auf seinem Flur ein Musikstück, das ihn interessiert. Er klopft. Es öffnet ihm ein engelsgesichtiger junger Mann mit blondem Haar und hohlen Wangen. – Man könnte meinen, er trinke nichts anderes als Wind und statt Fleisch esse er einen Haufen Schatten, geht es Allen durch den Kopf.

‹Was spielst du denn da?› fragt er.

‹Gefällt es dir?›

‹Ich würde sagen, es ist das Klarinettenquintett von Brahms.›

‹Richtig. Daß es jemanden gibt, der so etwas zu schätzen weiß›, wundert sich der andere und bittet ihn zu sich herein. Der Kommilitone stellt sich vor. Lucien Carr. In den Bücherregalen sieht Allen französische Bücher. Flaubert, Rimbaud. Carr stellt zwei Gläser auf den Tisch und schenkt Rotwein ein. Die beiden werden Freunde. Sie treffen sich immer öfter zu langen Gesprächen. Carr stammt aus einer wohlhabenden Familie aus St. Louis, wo sein Großvater mütterlicherseits mit Jute und Hanffasern handelte. Als Lucien noch ein Kind war, hatte der Vater die Familie verlassen.

Lucien ist zwei Jahre älter als Allen. Er hat eine Schule für verhaltensgestörte Kinder besucht, hat später an der renommierten Universität von Chicago sein Studium begonnen und ist im Herbst nach Columbia gekommen.

Für Allen wird Rimbaud, mit dessen Gedichten ihn Carr bekannt macht, zur großen Entdeckung, zum Tor in die europäische Moderne. Bei ihm stößt er auf Sätze, auf die sich später die Literaten der Beat Generation berufen werden. Sein Tagebuch verzeichnet, was ihm nun als Aufgabe und Eigenart des Dichters erscheint:

‹Der Dichter wird ein Seher durch ein langes *dérangement* aller Sinne. Alle Formen der Liebe, des Leidens, des Wahnsinns hat er durchlaufen. Er sucht sich selbst, gibt sich allen Giften in sich hin, behält aber nur die Quintessenz. Unbeschreibliche Qual, zu der er all seinen Glauben braucht, all seine übermenschliche Kraft, da er unter den Menschen zum großen Patienten wird, zum großen Kriminellen, zum großen Verfluchten – und zum überragenden Gelehrten. Denn wonach es ihn verlangt, ist das Unbekannte.›[8]

Es wird zugleich sein Lebensprogramm für die nächsten Jahre. Noch zögert Allen, ob er sich auf ein solches Boheme-Leben, wie es Lucien predigt, einlassen soll. Hat er sich nicht vorgenommen, ein Anwalt und Verteidiger des Proletariats zu werden?

Langsam verflüchtigen sich Allens idealistische Träume. Er sieht, daß sich die Literatur der europäischen Moderne mit Themen beschäftigt, die auch ihn persönlich beunruhigen: Wahnsinn, Außenseitertum, das, was der Spießer abartig zu nennen pflegt.

Ja doch, auch er ist ein Abartiger, ein Außenseiter. Er will es nur immer noch nicht wahrhaben.

Daheim hat sich auch einiges geändert. Nachdem beide Söhne aus dem Haus sind, nachdem Louis zweiundzwanzig Jahre an der Seite von Naomi vor allem aus Verantwortungsbewußtsein und Pflichtgefühl ausgehalten hat, sie seine Liebe längst nicht mehr erwidert, ihn ständig mit Anschuldigungen und Verdächtigungen überhäuft, ist er am Ende seiner psychischen Kraft. Mehrmals hat Naomi nach solchen Anfällen von Mißtrauen die gemeinsame Wohnung verlassen. Jetzt zieht sie endgültig aus, kriecht bei ihrer Schwester Eleanor in der Bronx unter. Ihren Lebensunterhalt verdient sie mit Adressenschreiben. Auf Außenstehende wirkt sie normal, voller Selbstvertrauen, geradezu fröhlich. Aber immer wieder hat sie Anfälle, bei denen sie dann Stimmen hört und die alten Ängste sie wieder überwältigen. Sie wird schließlich die Geliebte eines Vertrauensarztes der Marinegewerkschaft, bei dem sie als Sprechstundenhilfe arbeitet.

Daß es irgendwann zwischen den Eltern zum Bruch kommen würde, war vorauszusehen gewesen. Insofern geht Allen die Trennung der Eltern jetzt auch nicht übermäßig nahe. Er besucht hin und wieder sowohl den Vater in Paterson als auch die Mutter bei ihrem neuen Freund. Mehr und mehr nehmen ihn die Gespräche und die Lebensart seiner neuen Bekannten an der Universität gefangen.

Mit Lucien Carr besucht er zum erstenmal das New Yorker Künstlerviertel Greenwich Village, dem damals noch ein Hauch Verworfenheit anhaftete.

Durch Lucien lernt Allen einen hochaufgeschossenen, rotbärtigen Mann kennen, der David Kammerer heißt: eine tragische Gestalt.

Kammerer hatte sich in Lucien Carr verliebt, als er diesen als Kind auf einem Spielplatz sah. Seither ist er ihm überallhin gefolgt. Hier in New York schlägt er sich mit Gelegenheitsarbeiten durch. Er ist zu jedem Opfer bereit, wenn er nur in Luciens Nähe sein kann. Das Verhältnis der beiden ist spannungsreich, weil es kaum ein Mädchen gibt, auf das der schöne Lucien mit seinen grünen Katzenaugen keinen Eindruck machen würde.

Bei Allen löst das Verhältnis der beiden Männer zwiespältige Empfindungen aus. Einerseits kommt es ihm geradezu wie eine Offenbarung vor, daß sich jemand ganz offen zu seiner von der Gesellschaft tabuisierten Neigung bekennt. Andererseits hat die Besessenheit Kammerers und die Distanzierung, mit der Carr darauf reagiert, für ihn etwas Erschreckendes. Angesichts dieses Verhältnisses wird ihm klar, in welche Enttäuschungen und Leiden seine Veranlagung auch ihn stürzen wird.

Als sie Kammerer aufsuchen, hat der einen Freund aus St. Louis zu Besuch: einen großen, dünnen Mann mit aschgrauer Haut, sandfarbenem Haar und zusammengekniffenen Lippen, die ab und zu nervös zucken. Allen, der zu diesem Zeitpunkt siebzehn ist, kommt der Besucher uralt vor. In Wirklichkeit ist der Gast, der gleich um die Ecke wohnt, damals dreißig Jahre.

Die Rede kommt auf eine Schlägerei zwischen Kammerer und einem betrunkenen Maler, bei der dessen Atelier völlig verwüstet worden ist. Lucien hat dabei dem Maler ein Stück vom Ohrläppchen abgebissen und darauf seine Zähne auch noch in Kammerers Schulter gegraben.

‹Mit den Worten des unsterblichen Barden›, zitiert der Gast, der sich als William Seward Burroughs vorgestellt hat, ‹ein Gegenstand, zu ausgehungert für mein Schwert.›[9]

Daß jemand offenbar für alle Gelegenheiten ein passendes Shakespearezitat aus dem Ärmel schütteln kann, beeindruckt Allen ungemein. So beginnt seine Freundschaft mit William Burroughs.

Ein Sohn aus gutem Hause **3**

(1914–1944) **William Burroughs**

> Once started out
> to walk around the world
> but ended in Brooklyn.
> That Bridge was too much for me
> I have engaged in silence
> exile and cunning.
>
> *Lawrence Ferlinghetti* [1]

… geboren am 5. Februar 1914 in St. Louis. In der Reihe seiner Vorfahren treten uns zwei bekannte Typen der amerikanischen Bevölkerung des 19. Jahrhunderts entgegen: der Yankee-Erfinder und der Prediger aus dem Süden.

Der Großvater väterlicherseits war Mechaniker gewesen. Er hatte Patente auf Eisenbahnweichen und auf ein Papiermesser angemeldet, ohne Geld damit zu verdienen. Häufig war er arbeitslos. Sein Sohn William wurde mit achtzehn nach der High-School Bankangestellter. Als solcher war er Tag für Tag acht Stunden damit beschäftigt, Zahlenkolonnen abzuschreiben und zu addieren. Tausender, die zu Millionen kommen, von denen Hunderter abgezogen und erneut Tausender dazugezählt werden.

Eine langweilige, monotone Arbeit. Sieben Jahre blieb William bei der Bank. Dann war seine Gesundheit ruiniert. Tuberkulose. So schwer, daß er seinen Beruf aufgeben mußte.

Er erinnerte sich an die Erfindertradition in der Familie.

Es war die Zeit, in der man mit einem neuen Produkt, das sich in Massenproduktion herstellen ließ, von heute auf morgen reich werden konnte.

Die erste Schreibmaschine 1868.

Das erste Telefon 1876.

Die Registrierkasse 1879.

Der Füllfederhalter 1884.

William Seward Burroughs erfand eine Rechenmaschine, die mit der Drehbewegung einer Kurbel eine Reihe von Zahlen addieren konnte und die Rechenoperation sofort ausdruckte. Später kam ein breiter Wagen dazu, der das Buchhaltungsjournal beförderte.

Von dem bis heute üblichen Papierstreifen ließen sich alle Geschäftsvorgänge eines Tages ablesen.

Zusammen mit einem anderen Erfinder, dem Kanadier Joseph Boyer, gründete er mit einem Startkapital von 100 000 Dollar die American Arithmeter Company. Später wurde das Kapital nach dem Willen der Aktienbesitzer auf 200 000 Dollar erhöht.

William Seward Burroughs I. hatte inzwischen geheiratet. Die Krankheit hatte ihn nicht daran gehindert, Kinder in die Welt zu setzen, vier an der Zahl, die Söhne Mortimer und Horace und zwei Töchter.

Die Wundermaschine hatte einen Konstruktionsfehler. Je nachdem, wie heftig man die Kurbel bewegte, wurden verschiedenartige Summen ausgedruckt.

Eines Tages betrat Burroughs leicht alkoholisiert das Lager der Firma und warf alle noch nicht verkauften und zurückgesandten Maschinen aus dem Fenster hinunter auf den Hof.

Er fing noch einmal an zu probieren und zu zeichnen.

Ein Metallzylinder mit einem Kolben wurde eingefügt, in dem zwei kleine Löcher den Ölfluß regulieren. Damit war sichergestellt, daß der Schaftmechanismus sich immer gleichmäßig bewegte, gleichgültig welche Kraft auf die Kurbel einwirkte.

Die verbesserte Maschine, die 1891 für 425 Dollar angeboten wurde, war nun wirklich der Traum eines jeden Buchhalters.

Während Burroughs' Vermögen wuchs, ging es mit seiner Gesundheit immer mehr bergab. Er zog mit der Familie nach Citronelle in Alabama, ein Ort, von großen Pinienwäldern umgeben. Frische Luft war immer noch das einzige Heilmittel gegen Tuberkulose, das man zu jener Zeit kannte. Aber Ruhe und gute Luft konnten seine zerstörten Lungen auch nicht mehr retten. William Burroughs I. starb mit einundvierzig Jahren im September 1898.

Inzwischen hatte sich die Firma unter Boyers Leitung gut entwickelt. Sie war nach Detroit umgezogen, beschäftigte 1904 465 Angestellte und verkaufte in diesem Jahr 7800 Additionsmaschinen. Das Vermögen der Gesellschaft, die sich inzwischen Burroughs Adding Machine Company nannte, wuchs bis zum Jahr

1920 auf 430 Millionen Dollar an. Aber davon profitierten Burroughs' Nachkommen kaum noch. William Seward I. hatte beim Umzug in den Süden einen guten Teil seiner Kapitalanteile abgestoßen und den verbleibenden Rest in eine Treuhandgesellschaft eingebracht.

Die Manager der weiter aufstrebenden Gesellschaft überredeten die Kinder der Erfinder, ihre Anteile zu verkaufen. Sie bekamen dabei für die Wertpapiere, die bald eine Million und noch später ein vielfaches dieser Summe gebracht hätten, ganze 100 000 Dollar.

William Burroughs II. hat später einmal ausgerechnet, daß das Aktienpaket seines Vaters in den dreißiger und vierziger Jahren um die 20 Millionen Dollar wert gewesen wäre. Daß er in seinen Geschichten das kapitalistische Zeitalter als von Gangstern beherrscht darstellen wird, scheint angesichts solcher Erfahrungen in der eigenen Familie begreiflich.

Die Mutter Burroughs' II., Laura, stammte aus einer Familie von Pachtbauern und Predigern aus dem amerikanischen Süden. Ihr Vater, James Wideman Lee, wurde methodistischer Pfarrer in St. Louis in einem Viertel der reichen Leute, seine Frau Eufala leitete die Women's Temperance Union. Man sagte von ihr, sie hätte einen ihrer Söhne lieber tot als betrunken heimkommen sehen.

Ein Wahlspruch der Predigersippe Lee lautete: ‹Wenn du das Spiel des Lebens gewinnen und den Gott ehren willst, der dich geschaffen hat, mußt du hart und zielstrebig arbeiten.›[2]

Wer solche Sonntagsschulweisheit im Sinne einer neuen Zeit zu interpretieren verstand, war Ivy Ledbetter Lee, der Bruder der Mutter. Von ihm erzählt man, er habe noch den skrupellosesten Kapitalisten in einen nur auf Wohltätigkeit sinnenden Philanthropen umzudichten vermocht. Seine dreist-schamlosen Lügen trugen ihm den Spitznamen ‹Poison Ivy› ein.

Wenn William Burroughs' Großvater der Erfinder der Addiermaschine ist, so ist Ivy der Schöpfer der modernen Public Relations.

Ein paar Jahre arbeitete er als Zeitungsschreiber in New York, tatsächlich aber als Presseagent des großen Geldes.

Im Oktober 1913 kam es in den USA bei einem Streik der Bergleute in Colorado zum sogenannten Ludlow-Massaker, bei dem durch Polizei und Staatsmiliz zwei Frauen und elf Kinder getötet wurden. Die Mehrheitseigentümer der Kohlegruben waren die Rockefellers. Im ganzen Land hatten sie eine schlechte Presse, worauf der bis dahin eher menschenscheue und in *splendid isolation* lebende John D. Rockefeller jr. plötzlich Volksnähe demonstrierte. Er besuchte die Bergarbeiter, tanzte mit deren Frauen, hielt Reden, die vor Verständnis für die soziale Not seiner Arbeiter und Angestellten nur so trieften.

1915 wurde Ivy Lee endgültig Rockefellers Public-Relations-Chef. Die Fähigkeit, Kapitalisten, die über Leichen gingen, in den Augen der Öffentlichkeit als Altruisten dastehen zu lassen, war die Ware, mit der Ivy Lee handelte.

Doch auch dem Erfinder der Public Relations unterliefen in seinen öffentlichen Beziehungen Fehler.

1933 kamen in Deutschland die Nationalsozialisten an die Macht.

Für ein Jahresgehalt von 33 000 Dollar ließ sich Lee von der IG Farben anwerben, um Adolf Hitler, den Führer eines neuen Deutschland, in den USA populär zu machen. Lee reiste nach Europa, wurde Hitler und Goebbels vorgestellt. Er riet den Nazigrößen im Grund zu nichts anderem, als was er auch schon Rockefeller geraten hatte: In der Öffentlichkeit darf nicht der Eindruck entstehen, daß man es mit Unmenschen zu tun hat.

Dem Außenminister Ribbentrop empfiehlt er, die deutschen Wiederaufrüstungspläne einfach abzustreiten. Und Hitler solle erklären, die SS sei nun einfach nötig, um die Kommunisten in Schach zu halten.

Gegen ein Deutschland, das berechenbar war, würde niemand in Europa oder Amerika etwas einzuwenden haben.

Allmählich aber entpuppten sich die Nazis keineswegs als jene netten Burschen, als die Lee sie der amerikanischen Öffentlichkeit hatte verkaufen wollen. Er wurde als Presseagent der IG Farben enttarnt. Sein Ruf war endgültig dahin, als er 1934 vor dem Ausschuß für Unamerikanische Aktivitäten zugeben mußte, beträchtliche Summen aus Deutschland bekommen zu haben, um Hitler mit seinen Werbetricks in ein günstiges Licht zu rücken. Um den süßen Geschmack des Erfolgs gebracht und nun gar als Staatsfeind gebrandmarkt, starb er verbittert im Oktober 1934 mit erst 57 Jahren an einer Gehirnblutung.

Laura Lee und Mortimer Burroughs heirateten 1910. Der junge Ehemann arbeitete noch für kurze Zeit als Vertreter für die Burroughs Company. Nach dem Verkauf seiner Firmenanteile eröffnete er ein Geschäft für Glasscheiben. Das Ehepaar hatte zwei Söhne, Mortimer jr., der 1911 geboren wurde, und William Seward II., der drei Jahre später zur Welt kam. Man lebte in einem Viertel der High-Society, ohne selbst recht dazuzugehören. Die Ehe der Eltern scheint glücklich gewesen zu sein, aber es ist eine Familie, in der man Gefühle nicht zeigt. Mort, der Ältere, schlägt nach dem Vater, ist von gedrungener Statur, wirkt gesund. Billy ist dünn, bleich, sieht eher der Mutter ähnlich und wird rasch zum schwarzen Schaf der Familie.

Billys Entwicklung verläuft von Anfang an kompliziert. Schon sehr früh scheint es Eindrücke und Einflüsse gegeben zu haben, die ihn in die Rolle des Außenseiters und Rebellen drängten.

Gefährlich wird sich in dieser Familie, in der zwischen den Eltern nie ein lautes Wort fällt, aber ein eher frostig-formelles Klima herrscht, der Einfluß von zwei Frauengestalten ausgewirkt haben, denen etwas Unheimliches anhaftet, die aber im Halbdunkel frühester Erinnerungen bleiben.

Da ist eine alte irische Köchin, die Burroughs retrospektiv mit einer der Hexen aus *Macbeth* vergleichen wird. Von ihr lernt er Praktiken des Magisch-Unheimlichen, beispielsweise einen Ruf, um Kröten anzulocken, oder einen Zauber, um jemandem das Augenlicht zu nehmen.

Schädigender und das kindliche Bewußtsein nachhaltiger beeindruckend sind die sexuellen Stimulationen, mit denen die Kinderfrau Mary Evans den Jungen an sich zu binden versucht.

Offenbar gibt es da eine verschüttete Schlüsselszene, einen Vorfall, der sich bei Billy im Alter von vier Jahren abgespielt haben könnte, obgleich Burroughs ihn sich auch in späteren Jahren bei psychoanalytischen Behandlungen nie mehr klar und deutlich ins Bewußtsein zu rufen vermocht hat. So bleibt es eine Mutmaßung, daß Mary Evans das Kind veranlaßt hat, mit ihrem Freund stellvertretend für sie sexuell zu verkehren. Die Eltern merken offenbar nicht, daß diese Mary Evans trotz ihrer untadeligen Referenzen eine Person mit perversen Neigungen ist. Bill hingegen leidet unter dem Mangel an Kontakt mit seinen Eltern. Er hat manchmal das Empfinden, überhaupt keine Eltern zu haben.

Billy mag unter anderem auch die unsichere soziale Position seiner Familie gespürt haben.

Die Türsteher in den Häusern seiner Spielgefährten aus reichen Familien wollen ihn nicht hereinlassen. Wenn er in einem Geschäft einkauft, wird ihm das Wechselgeld wortlos, ohne Höflichkeitsbezeugungen zugeschoben.

Von der siebten bis zur zehnten Klasse besucht Billy eine Privatschule in St. Louis. Auch hier bleibt er isoliert, zumal er sich nicht für Sport interessiert. Der Lateinunterricht ist ihm verhaßt. Die Hausaufgaben erledigt er widerwillig. Er sitzt in der Klasse ganz hinten und zielt in den Schulstunden mit einem Bleistift auf seine Mitschülerinnen und Mitschüler.

1927, Billy ist nun dreizehn, wird St. Louis von einem Tornado heimgesucht. Der Sturm bringt ganze Häuserblocks zum Einsturz. Dreihundert Menschen kommen ums Leben. Auf die öffentliche Katastrophe folgt eine persönliche.

Mit vierzehn experimentiert Billy im Keller mit Chemikalien. Es kommt zu einer Explosion. Der Vater, der sich im Nebenraum aufhält, fährt den verletzten Jungen sofort ins Krankenhaus. Die Operation unter Morphium dauert zwei Stunden. Sechs Wochen muß Billy im Krankenhaus bleiben.

Seine Vorliebe für Sprengstoff und Waffen scheint danach eher noch zugenommen zu haben. Er bastelt eine Bombe und legt sie seinem Klassenlehrer vor das Fenster. Der Sprengkörper wird entdeckt, ehe er Schaden anrichtet. Die Frau des Lehrers verständigt Billys Mutter, und er muß sich entschuldigen gehen.

1929, nachdem der Vater seine Firmenanteile zu Geld gemacht hat, reisen die Burroughs nach Frankreich. Billy geht mit seinem Vater und seinem Bruder auf die Entenjagd. Gewehre, überhaupt jede Art von Waffen, imponieren dem Jungen schon damals ungemein. Aus Europa bringt er einen Stockdegen mit heim.

Wieder in St. Louis, verliebt er sich in einen hübschen, braunäugigen Lockenkopf, Kells Elvins. Der Vater ist ein ehemaliger Kongreßabgeordneter, Rechtsanwalt und rabiater Antisemit.

Billy scheint sich zu diesem Zeitpunkt darüber klargewesen zu sein, daß er homosexuell veranlagt ist. Er lehnt später alle psychologischen Erklärungen ab und ist davon überzeugt, er sei so geboren worden.

Der bewunderte Kells ist alles das, was er nicht ist, aber zu sein wünscht: sportlich, populär, ein großer Frauenheld.

Jemand, der Genugtuung dabei empfindet, Frauen zu verführen, ohne sie eigentlich zu mögen, dem es große Lust bereitet, sie zu demütigen.

Ein Lehrer, der das Verhältnis der beiden zueinander beobachtet, sagte zu Billy: ‹Du bist ja sein Sklave.›[3]

Es wird eine lebenslange Freundschaft.

Immer wieder werden sich ihre Wege kreuzen.

Ohne Zweifel findet Billy das Leben in St. Louis langweilig und die Atmosphäre in seinem Elternhaus wenig herzlich.

Mit dreizehn Jahren entdeckt er ein Buch, das seine Lebensentwürfe und seine Wünsche nachhaltig beeinflußt. Es stimuliert sein langanhaltendes Interesse am kriminellen Milieu und am Verbrechen. Der Autor nennt sich Jack Black, der Titel lautet: *You can't win*. Es handelt sich um die Memoiren eines berufsmäßigen Diebes und Rauschgiftsüchtigen. Einer von Burroughs' Biographen, Ted Morgan, beschreibt den Inhalt und seine Wirkung auf Burroughs wie folgt: ‹Jack Black verläßt die Schule mit vierzehn. Er arbeitet in einem Zigarrengeschäft, in dessen Hinterzimmer Poker gespielt und gewürfelt wird. Er dient den Halunken als Laufbursche, und ihm gefällt deren farbige Ausdrucksweise: «Wenn es immer Suppe regnet, hat es keinen Zweck, daß ich mir einen Zinnlöffel kaufe» oder «Ich habe eine Reihe Schulden, länger als die Wäscheleine einer Witwe». Jack wird ein Einbrecher und macht die Bekanntschaft von Salt Chunk Mary, einer Hehlerin, die alles Diebesgut aufkauft und verkauft, aber «ehrlicher ist als eine goldene Guinee».›[4]

Salt Chunk Mary gehört zur Johnson-Familie, einer Gruppe von Gaunern mit einem eigenen Verhaltenskodex. Die Johnsons verlassen sich nur auf Angehörige des eigenen Klans. Sie sind gegenüber ihrer Sippschaft loyal und ehrlich und helfen sich, wenn einer von ihnen in Schwierigkeiten gerät. Sie mögen Outlaws und Diebe sein, aber gemäß den Gesetzen, die sie sich selbst gegeben haben, sind sie rechtschaffen, und auf ihr Wort ist Verlaß. Die Johnsons wurden für Billy zum Vorbild für seine individuelle Moral. Vor allem imponierte ihm der Kontrast zu der Heuchelei, der Geschäftigkeit und der doppelten Moral der guten Bürger in St. Louis.

Natürlich romantisiert der Heranwachsende das kriminelle Milieu. Um es in der Realität kennenzulernen, wird er sich in den nächsten Jahrzehnten seines Lebens immer wieder in Abenteuer einlassen, deren Gefährlichkeit er mit seinem scharfen analytischen Verstand zweifellos abzuschätzen vermag. Warum – so liegt es nahe zu fragen – läßt er sich dennoch darauf ein?

Er vermeint zu spüren, daß dieser Jack Black und diese Salt Chunk Mary, Gold Tooth und Foot und Half George und all die anderen Leute seines Schlages sind. Er ist nicht mehr allein. Die Johnsons werden zu einem Teil seiner persönlichen Mythologie.

Um diese Zeit beginnt Billy selbst zu schreiben.

‹Sein erster literarischer Versuch nannte sich «Die Autobiographie eines Wolfes». Man lachte ihn aus und sagte: «Du meinst wohl die Biographie eines Wolfes.» Aber nein, ihm ging es um eine autobiographische Erzählung, in der er ein junger Wolf ist und mit seinem rothaarigen Wolfsgespielen Jerry in einer kühlen Kalksteinhöhle haust, wo sie sich gegenseitig das Blut ablekken, sie sind damit verschmiert von Kopf bis Fuß, denn sie haben in der Nacht ausgiebig Schafe gerissen und sich prächtig amüsiert. Sie lachen über die dummen Rancher, die nicht ahnen, daß sie ihnen die vergifteten Fleischstücke oft meilenweit wegschleppen und am Farmhaus über den Zaun schleudern, wo dann alsbald die Hofhunde daran verrecken. Als die Sonne aufgeht, kuscheln sie sich aneinander und sinken zufrieden rülpsend in den Schlaf.

Doch das Idyll nimmt ein jähes Ende. Jerry wird von einem Jäger erledigt, der Wölfe gegen Prämien abschießt. Audrey, traurig über den Verlust seines Gespielen und überdies von Staupe befallen und entsprechend geschwächt, wird von einem Grizzly erwischt und gefressen.›[5]

So schildert Burroughs fast fünfzig Jahre später diesen ersten literarischen Versuch und auch dessen Fortschreibung: Aus Jerry, dem rothaarigen Wolf, wird der Saure Kid, ein Saxophonist im knallroten Hemd, der sich plötzlich eine Zitrone in den Mund schiebt und damit eine Entgleisung auslöst:

‹Ein Crescendo saurer Töne von Saxophonen und Trompetern. Die Sängerin steht mit offenem Mund da. Speichelfäden hängen ihr vom Kinn wie bei einer Kuh mit Maul- und Klauenseuche. Kellner und Rausschmeißer nähern sich von mehreren

Seiten. Der Saure Kid spuckt die Zitrone aus, geht auf alle viere herunter und verwandelt sich in einen dürren, sehnigen, rothaarigen Wolf. Er bleckt die Zähne zu einem wölfischen Grinsen und springt mit einem Satz aus dem nächsten Fenster hinaus in die Sommernacht. Der Saure Kid demolierte nun Kirchenlieder, Nationalhymnen, irische Tenöre, jodelnde Cowboys... bei einer Wahlkundgebung von Gouverneur Wallace macht er Old Glory mit seiner Zitrone zur Schnecke...›[6]

Die nächste Steigerung – diesmal attackiert der Saure Kid die schwüle Erotik mancher Tierfilme – besteht in der Zurschaustellung von Sexualität, und zwar auf eine Weise, die für eine puritanische Gesellschaft schockierend sein muß:

‹Er geht auf alle viere herunter, bleckt grinsend die Zähne und ejakuliert. Reißzähne brechen aus seinem blutenden Gaumen. Kiefer, Mund und Nase schieben sich vor und werden zu einer Schnauze, rotes Fell sprießt ihm am Rücken herunter und endet in einem buschigen roten Schweif, der seine schmalen, sehnigen Lenden peitscht, seine Eier ziehen sich zusammen, der Saft schießt ihm in langen Spritzern aus seinem roten wölfischen Phallus, ein Zittern durchläuft seinen Körper, sein Atem dringt keuchend durch die gebleckten Zähne, seine Augen leuchten auf in einem knalligen Zitronengelb, ein beißender Geruch entströmt seinem dampfenden Fell, ein Gestank nach verschmortem Zelluloid und animalischen Ausdünstungen. Mit einem Satz springt er aus einem unsichtbaren Fenster und verschwindet in einer Sommernacht um 1920. Aus weiter Ferne hört man den klagenden Pfiff einer Lokomotive.›[7]

Zurück zu den ersten Schreibversuchen des Vierzehn-, Fünfzehnjährigen.

Nach der wölfischen Autobiographie, und tatsächlich ist er ja ein *lonesome wolf*, sind es aktionsreiche Western, die alle schon jene faktische Direktheit haben, für die Burroughs' spätere literarische Werke berüchtigt sind.

Offenbar werden hier Lüste ausgelebt, die sich einzugestehen dem Schreibenden sonst verboten ist.

Billy liest seine Geschichten in der Schule vor. Er spielt sogar mit dem Gedanken, sie an ein Magazin mit dem Titel *True Confessions* zu schicken.

Häufig kommt in diesen Texten der die reale Welt aus den Angeln hebende Einfluß von Rauschgift vor, und immer spielen sie in exotischen Milieus.

In der neueren Psychiatrie ist die These aufgestellt worden, daß die Affinität zu Drogen einen Überschuß an Phantasie bei der betreffenden Person zur Voraussetzung habe. So entstände eine Enttäuschung über die reale Welt. Aus ihr wiederum ergäbe sich ein stark ausgeprägtes Verlangen nach Phantastischem, das nur unter dem Einfluß der Droge seine Erfüllung findet.

Es ist in diesem Zusammenhang interessant, wie Burroughs sich als Jugendlicher den Beruf eines Autors vorgestellt hat: ‹Schriftsteller waren reich und berühmt. Sie machten sich ein bequemes Leben in Singapur und Rangun, trugen gelbe Seidenanzüge und rauchten Opium. Sie schnupften Kokain in Mayfair, erkundeten gefährliche Sumpfgebiete in Begleitung eines treu ergebenen Eingeborenenjungen und wohnten in der Kasbah von Tanger, wo sie Haschisch rauchten und lässig eine zahme Gazelle streichelten.›[8]

Bezeichnenderweise ist es ein Aufsatz mit dem Titel ‹Persönlicher Magnetismus›, der als erstes Stück Prosa aus der Feder des Vierzehnjährigen in der Schulzeitung erscheint.

Tatsächlich werden die für seine Psyche bezeichnenden Obsessionen und ihre literarische Verarbeitung schon in seiner Pubertät erkennbar.

‹Ist es mir nun gelungen, andere mit nichts als einem Blick zu kontrollieren? Oh, gewiß doch, aber ich hatte nicht den Mut, es auch wirklich zu tun. Aber hier will ich erklären, wie man es macht: Man muß dem Opfer geradewegs in die Augen schauen und mit tiefer, ernster Stimme sagen: «Ich rede, und du hast zuzuhören», dann muß man den Blick noch intensivieren: «Du kannst mir nicht entkommen.» Nachdem ich mein Opfer völlig unterworfen hatte, hätte ich sagen sollen: «Du kannst mir nicht entkommen. Hebe dich hinweg von mir, Satan.» Man stelle sich vor, ich hätte das mit Mr. Baker gemacht.›[9]

Auch der besondere Burroughssche Humor – Ungeheuerliches mit gleichgültigem Gesicht von sich zu geben – deutet sich hier schon an.

Skandalöse Bücher zu schreiben und ihre Veröffentlichung zu erzwingen, ist schließlich auch eine Möglichkeit, sich über andere Gewalt zu verschaffen.

1929 ist das letzte Jahr, das Billy in St. Louis verbringt. Er leidet häufig unter Trigeminusschmerzen und Asthmaanfällen, die durch einen Aufenthalt in einem trockenen und warmen Klima ausgeheilt werden sollen. Deswegen hat die Mutter ihn für die letzten beiden Jahre der High-School am Ranch School College eines gewissen Pond Ashley bei Los Alamos in New Mexico angemeldet. Er hat dort schon an einem Ferienlager teilgenommen.

Die Schule, auf die Billy da geschickt wird, samt dem Mann, der sie betreibt, muten an wie satirische Erfindungen eines Romanautors, der sich vorgenommen hat, den kapitalistisch-imperialistischen Zeitgeist in den USA der dreißiger Jahre zu geißeln.

Ponds Erziehungskonzept war simpel, imponierte aber den Superreichen im Land ganz ungemein. In seiner Schule sollten aus Muttersöhnchen harte Männer werden. Nicht Buchwissen wollte diese Anstalt vermitteln, sondern ihre Schüler auf den Lebenskampf im Ellbogenkapitalismus vorbereiten. Das Überlebenstraining inmitten einer nahezu unberührten Natur würde die Heranwachsenden fit machen für die Schlammschlachten in Wirtschaft und Politik. Die Schule gab sich ganz bewußt antiintellektuell, propagierte, einem falsch verstandenen Darwinismus folgend, das Recht der Stärksten.

Als Schuldirektor stellte Ashley Pond 1917 den Iren A. J. Connell ein, der zuvor Ranger im Santa Fe National Forest und Master der Santa Fe National Boy Scouts gewesen war.

Connell gab sich gern den Anschein eines harten Mannes.

‹Selbstverständlich gibt es so etwas wie menschenfressende Haie nicht. Was aber die Krokodile betrifft, so verspeisen sie höchstens mal ab und an ein zartes Niggerbüblein, sagen wir so an die zwanzigtausend im Jahr.›[10]

Sein Zimmer in der Ranch School glich dem Salon einer Madame in einem Bordell. Parfümwolken zogen zwischen Seidentapeten umher. Ständig brannten Räucherstäbchen, und aus dem Grammophon erklang der *Bolero* von Ravel.

Billy Burroughs kommt die Schule von Anfang an wie ein Gefängnis vor. Das einzige, was ihm dort gefällt, ist, daß es einen Schießplatz gibt. Er wird ein guter Schütze und verbringt Stunden damit, mit Wurfmessern auf Pfosten und Baumstämme zu zielen.

Im März 1930 kommt ihn die Mutter besuchen. Sie nimmt ihn

und seinen Klassenkameraden, Rogers Scudder, mit nach Santa Fe, wo die Jungen allein umherspazieren. Billy geht in einen Drugstore und verlangt Chlorhydrat. Der Apotheker fragt, wozu er die Chemikalie brauche. Billy antwortet mit Grabesstimme: Um Selbstmord zu begehen. Der Apotheker nimmt an, der Junge mache einen Witz. Er händigt ihm ein Fläschchen Chlorhydrat aus. Einige Tage später nimmt Billy eine Dosis ein, die zu seinem Tod hätte führen können. Dem Schulpersonal fällt auf, daß er plötzlich taumelt. Man pumpt ihm den Magen aus. Er wird gerettet.

Als der Direktor erfährt, daß Scudder von dem Kauf des Giftes gewußt hat, bestellt er ihn zu sich und schimpft ihn aus:

‹Verdammt, du hattest kein Recht, uns davon nichts zu sagen... du hättest wissen müssen, daß er etwas Verrücktes vorhat. Alles kommt nur daher, daß dem Jungen von seiner Mutter eingeredet wird, er sei ein Genie. Dabei ist er auch nur ein Menschenaffe.›

In einem Brief an Billys Vater drückt Connell die Überzeugung aus, Billy werde dergleichen nie wieder tun.

Der Erzfeind des Jungen unter den Lehrern ist ein Veteran aus dem Ersten Weltkrieg namens Henry Bosworth, der Mathematik und Boxen unterrichtet.

Billy mag nicht boxen. Bosworth hält ihn für einen Drückeberger.

Billy liest in seinem Zimmer die spielkartengroßen Ausgaben der Blue Books, eine Reihe, in der französische Freigeister wie Anatole France und Guy de Maupassant erscheinen.

Die Bücher werden konfisziert. Lesen gilt in Los Alamos als dekadent und weibisch.

Auf einem Radausflug fahren die Jungen unvermutet in ein Wespennest. Billy wird viermal gestochen. Obwohl Bosworth einen Erste-Hilfe-Kasten bei sich hat, denkt er nicht daran, ihn zu verarzten.

Billys Rache besteht darin, daß er eine einen Pariser Boy-Scout darstellende, lebensgroße Puppe, die gewöhnlich am Eingang des Schulgebäudes steht, im Speisesaal über dem Kamin aufhängt... mit einem Schild um den Hals: Bozzy-bitch. Gott verdamme ihn.[11]

Natürlich sickert durch, wer der Übeltäter ist. Ein dritter Zwischenfall ereignet sich in Santa Fe. Ab und zu verbringen dort Gruppen von Schülern mit einem Lehrer ein Wochenende im berühmten La Fonda Hotel.

An einem Samstagabend verläßt Bill heimlich sein Zimmer. Er schleicht sich in die Stadt, um Schnaps zu besorgen.

Er trifft auf der Straße auf eine Mexikanerin, die behauptet, ihm Alkohol verkaufen zu können.

Die Frau und der Junge erregen die Aufmerksamkeit eines Polizisten, der sie anhält und kontrolliert. Der Ordnungshüter will Burroughs' Ausweis sehen. Den hat Billy nicht bei sich, also wird er wegen Landstreicherei festgenommen und verbringt die Nacht auf der Polizeiwache, während der die Gruppe der Schüler begleitende Lehrer in Santa Fe überall nach ihm sucht.

Erst am Morgen gelingt es Billy, der Polizei klarzumachen, daß er ein Schüler aus Los Alamos ist.

Billy verliebt sich in einen seiner Mitschüler, Danny Franklin. Ein paarmal treiben sie es unter den Laken beim Licht einer Taschenlampe miteinander. Dann findet Danny keinen Spaß mehr daran, oder sein Gewissen regt sich. Jedenfalls will er plötzlich nicht mehr mitspielen. Was Billy weit mehr kränkt: Danny spricht nicht mehr mit ihm... verspottet ihn sogar vor den anderen Jungen.

Dem Direktor bleibt nicht verborgen, daß etwas mit seinem Schüler nicht in Ordnung ist. Um was es sich genau handelt, darüber tappt er angeblich völlig im dunkeln, will es vielleicht auch gar nicht wissen.

Für Juni steht die Schlußprüfung an.

Am 9. April kommt Mrs. Burroughs aus St. Louis herüber.

Billy erklärt ihr, er könne unmöglich länger auf der Schule bleiben, wolle mit ihr heimkommen.

Nach langem Zögern gesteht er ihr den wahren Grund.

Sie ist entsetzt.

Homosexualität ist in den Augen der Gesellschaftsschicht, aus der sie stammt, ein Laster, das man nicht einmal beim Namen nennen darf. Überstürzt reisen Mutter und Sohn ab. Ein Fußleiden Billys dient als Vorwand.

Ein Nervenarzt, an den sich die Mutter in St. Louis wendet, verweist auf die alten Griechen, bei denen das angebliche Laster weit verbreitet war, und versichert Laura, ihr Sohn befinde sich in einer Übergangsphase; die Sache werde sich mit der Zeit auswachsen.

Als Billy seine Sachen aus der Schule nachgeschickt werden, findet er darunter seine Tagebücher. Er liest nach, was er geschrieben hat, und ist entsetzt und beschämt bei der Vorstellung, seine Klassenkameraden könnten es gelesen haben. Er verbrennt die Hefte. Ekel gegenüber allem Geschriebenen überkommt ihn. Es wird neun Jahre dauern, bis er sich dazu durchringt, wieder etwas zu schreiben.

Für Burroughs wird die Tatsache, daß er an jenem Ort zur Schule gegangen ist, an dem später die furchtbarste aller Massenvernichtungswaffen entwickelt wird, seit deren Einsatz in Nagasaki und Hiroshima von metaphorischer Bedeutung sein. Für ihn ist die Entwicklung der Atombombe eine Art moderner faustischer Pakt, in dem Amerika seine Seele an das (teuflische) Prinzip der Macht verkauft und seine Unschuld verloren hat.

Das Amerika der Ära vor der Bombe wird in seinem Bewußtsein nostalgisch verklärt. Vor der Bombe war sein Amerika ein sicherer und beschützter Ort, ein Land, das seine eigenen Wege ging, seine eigenen Träume verfolgte. Wozu Amerika danach wurde, davon ist in seinen Schriften und in seinen Äußerungen immer wieder die Rede. In einem Restaurant in New York wird er einmal gefragt, was er bestellen wolle. Seine Antwort: ‹Einen Barsch aus dem Lake Huron, gefangen im Jahr 1920.›[12]

Ein Jahr auf einer Tutoring-Schule gibt Billy trotz der nicht abgeschlossenen High-School die Möglichkeit, sich im September 1932 in Harvard zu immatrikulieren.

Im November dieses Jahres wird Franklin Delano Roosevelt zum erstenmal zum Präsidenten der USA gewählt. Sein vielleicht aussichtsreichster Rivale, der Populist Huey Long aus Louisiana, ist kurz zuvor einem Mordanschlag zum Opfer gefallen. Mit Roosevelts Amtszeit und seinem New-Deal-Programm enden für die USA die Jahre der Depression. Es geht langsam wieder aufwärts.

Burroughs hört in Harvard zunächst Literatur, Linguistik und Anthropologie.

Er belegt Vorlesungen über Chaucer und Shakespeare. Letzteres bei George Lyman Kittredge, einem amüsanten Mann, der, ohne den Doktorgrad zu haben, an der Universität lehrt.

Kittredge hat die Angewohnheit, vor seinen Studenten lange Passagen aus Shakespeares Stücken zu rezitieren, die sich Burroughs, der ein ungewöhnlich gutes Gedächtnis besitzt, für immer einprägen. Er hört T. S. Eliot mit einer kritischen Vorlesung über die Romantiker. Im übrigen verläuft sein Studentenleben nach dem Motto: ‹Sofern Harvard sich mir gegenüber anständig verhält, gedenke ich mich gegenüber Harvard ebenfalls anständig zu verhalten.›[13]

Freilich geht das immer noch Hand in Hand mit ziemlich exzentrischen Vorlieben. So hält er sich beispielsweise, dazu angeregt durch eine Kurzgeschichte von Saki, in der ein zehnjähriger Junge ein solches Tier abrichtet, um seine ungeliebte Gouvernante zu beißen, in seiner Studentenbude ein Frettchen, über das die Putzfrau oder der Hausmeister erschrecken, wenn es plötzlich aus einer Ritze der Sofabezüge auftaucht.

Eine gefährlichere Situation beschwört Bills Vorliebe für Schußwaffen herauf. Obwohl es gegen die Hausordnung verstößt, bewahrt er in seinem Schreibtisch einen 32er Revolver auf. Eines Tages sind einige Freunde und Bekannte bei ihm. Die jungen Männer albern herum. Billy zieht seine Waffe; er ist völlig sicher, daß sie nicht geladen ist. Er legt auf einen seiner Freunde an, der macht eine Art Ausfallbewegung. Billy drückt ab, ein Schuß löst sich und schlägt in die Wand. Erst jetzt erinnert sich Burroughs, daß er die Waffe noch in St. Louis geladen hatte, als er meinte, in der Nacht im Haus einen Einbrecher herumschleichen zu hören.

Burroughs ist noch während seiner Studentenzeit von erstaunlicher sexueller Naivität. Er hat bis dahin weder mit einer Frau noch mit einem Mann sexuell verkehrt, abgesehen von den Spielereien mit dem von ihm bewunderten Mitschüler in Los Alamos. Er hat eine geradezu ammenmärchenhafte Vorstellung vom Geburtsvorgang: Bis ihn seine Freunde an der Universität aufklären, ist er fest davon überzeugt, Kinder kämen durch den Nabel der Mutter zur Welt.

Da er sich nicht getraut, Kontakte zu anderen Homosexuellen aufzunehmen, besucht er, als er während der Ferien nach St. Louis kommt, dort ein Bordell, dessen Kuppelmutter ihn an Salt Chunk Mary erinnert. Er läßt sich immer von dem gleichen Mädchen bedienen, muß gewöhnlich auf sie in einem kleinen

Raum warten, um nicht auf der Treppe ehrbaren Bürgern der Stadt zu begegnen, die ebenfalls hier verkehren.

Zu Beginn des Semesters wieder in Harvard, wagt er nun endlich, eine sexuelle Beziehung einzugehen, die seinen tatsächlichen Neigungen entspricht, und bezahlt teuer dafür. Er holt sich die Syphilis, deren Symptome erst nach einer gewissen Zeit sichtbar werden.

Im Juni 1936 legt Burroughs in Harvard sein Abschlußexamen ab. Daß er damit in die gesellschaftliche Elite des Landes aufgenommen ist, bedeutet ihm wenig.

Die Belohnung der Eltern für den graduierten Sohn besteht darin, ihm eine Reise nach Europa zu spendieren, die er zusammen mit einem Freund, Bob Miller, antritt. Sie fahren zunächst nach Paris, dann nach Wien. Sie erleben ein Österreich, in dem schon die Braunhemden marschieren. Sie bewundern die schönen jungen Männer, die sich in den Strandbädern an der Donau tummeln, und reisen dann nach Budapest weiter, wo sie in dem Hotel König von Ungarn landen, in einem Haus, in dem Frauen unerwünscht sind.

Von Wien fahren die Freunde nach Dubrovnik und machen dort die Bekanntschaft einer fünfunddreißigjährigen Frau, die burschikos-männlich auftritt, aber auch erfreulich unkonventionell ist. Sie heißt Ilse Hertzfeld, stammt aus einer jüdischen Kaufmannsfamilie und war mit einem Arzt namens Klapper verheiratet. Das Aufführungsverbot für die Musik Mendelssohns war für sie Warnzeichen genug gewesen, um 1934 aus Deutschland fortzugehen. In Dubrovnik hat sie sich von Dr. Klapper scheiden lassen, der hier ohne entsprechende Niederlassungserlaubnis weiter praktiziert. Ilse bringt sich mit Englischstunden und als Fremdenführerin durch. Die Beziehung zwischen den beiden jungen Männern und ihr beruht auf gemeinsamen intellektuellen Interessen und ihrer aller Abneigung gegen gesellschaftliche Konventionen.

Bill hat sich plötzlich entschlossen, Medizin zu studieren. Für ein Studium in den USA fehlt ihm dazu der Schein des Vorkurses. In Wien bestehen derartige Auflagen nicht. Seine Eltern schikken ihm monatlich 200 Dollar. Damit kann er bei dem günstigen Wechselkurs der amerikanischen Währung in Europa ohne Schwierigkeiten auskommen. Zu schaffen macht ihm immer noch seine Syphilis, die er weiter behandeln lassen muß. Er besucht in Wien medizinische Vorlesungen. Sein schlechter Gesundheitszustand und das von faschistischen Gewaltakten verdüsterte gesellschaftliche Klima Österreichs deprimieren ihn. Mit lautstarken Demonstrationen und Bombenanschlägen versuchen die Nazis den Anschluß des Landes ans ‹Reich› vorzubereiten.

Im Frühjahr 1937 muß Burroughs sich einer Blinddarmoperation unterziehen. Um sich zu erholen, fährt er wieder nach Dubrovnik. Er sieht Ilse wieder. Sie ist in Panik. Ihr Visum für Jugoslawien läuft ab. Da sie Jüdin ist, wird es nicht erneuert werden. Die Kriegsgefahr in Europa wächst. Sie macht sich keine Illusionen darüber, was ihr blühen wird, wenn die Deutschen das Land besetzen.

Bill und Ilse einigen sich auf eine Scheinehe, die für beide Teile ihre Vorteile haben könnte. Ilse wird durch die Heirat amerikanische Staatsbürgerin, ihn wird die Tatsache, daß er verheiratet ist, vor möglichen Schwierigkeiten als Homosexueller schützen. Gewiß belustigt ihn auch die Vorstellung, auf diese Weise eine bürgerliche Institution wie die Ehe zu persiflieren. Seine Eltern sind bestürzt, als sie davon hören, daß ihr dreiundzwanzigjähriger Sohn eine Fünfunddreißigjährige heiraten will. Aber Bill beharrt auf der Heirat. Er reist mit Ilse nach Athen. Die bürgerliche Trauung vollzieht der amerikanische Konsul, kirchlich getraut werden sie von einem griechisch-orthodoxen Priester. Der erste Pope, bei dem sie vorsprechen, hatte sich geweigert. Der zweite, der ihnen dann schließlich doch noch den kirchlichen Segen gibt, ist mit zehn Dollar bestochen worden.

Noch liegen die nötigen Papiere für die Einreise der Ehefrau in die USA nicht vor. Ilse kehrt also vorerst nach Dubrovnik zurück, und Billy eilt heim, um seine Eltern zu beruhigen.

Den Plan eines Medizinstudiums in Wien hat er unterdessen aufgegeben. Wegen des zunehmenden Drucks der Nazis auf Österreich sieht er für sich Schwierigkeiten voraus, denen er sich nicht aussetzen will.

Er erfährt, daß sein Freund Kells, von seiner Frau geschieden, allein in einem kleinen Haus in Harvard lebt. Er beschließt, zu ihm zu ziehen und eine Universitätskarriere in Ethnologie anzustreben. Bald jedoch wird ihm klar, daß er dem akademischen Klüngel und den Intrigen an einer Universität nicht gewachsen ist.

Das offenbar glückliche Zusammenleben mit Kells bringt ihn wieder dazu zu schreiben. Die beiden verfassen eine groteske Geschichte über den Untergang der *Titanic*, einen Text, der in seiner Mischung von Slapstick, Surrealismus und schwarzem Humor Burroughs' spätere Sichtweise der Welt als eines absurden Comic vorwegnimmt. Die beiden jungen Männer schicken den Text an *Esquire*. Die Redaktion lehnt ihn mit der Begründung ab: ‹Zu verdreht, aber dann auch wiederum nicht wirksam genug für uns.›[14]

Diesmal sollten sechs Jahre vergehen, ehe sich Burroughs abermals daranmacht, etwas zu schreiben.

Die nächsten Jahre in seinem Leben gleichen dem Zickzackkurs eines Schiffes, das von niemandem gesteuert wird.

Wir erleben einen Mann, der sich dem Entree ins bürgerliche Leben verweigert, aber auch nicht recht weiß, was er sonst mit sich anfangen soll.

So macht er Erfahrungen mal hier und mal dort, und wie unterschiedlich und ungewöhnlich, ja lächerlich sie im einzelnen auch sein mögen: sie geben ihm Selbstvertrauen und verhelfen ihm zu einer unkonventionellen Art von Lebensweisheit. Den *American way of life* wird er von nun an nur noch zynisch-sarkastisch sehen und kommentieren.

Burroughs entwickelt einen schwarzen Humor, der ihn zusammen mit seiner anarchistisch-kriminellen Energie und seiner formalen Experimentierfreudigkeit als Chronisten des außer Kontrolle geratenen Bösen, der Suchtverfallenheit und des Autoritären geradezu prädestiniert. Er beginnt zu dieser Zeit mit seinen *observer notes*, Aufzeichnungen über bestimmte soziale Milieus und die zugehörigen Menschen, ein Einfall, der ihm wahrscheinlich durch seine anthropologischen und völkerkundlichen Studien nahegelegt worden ist.

Er muß dafür sorgen, daß Ilse Klapper in die USA einreisen kann. Er wird von der Einwanderungsbehörde scharf befragt, ob die Ehe vielleicht nur eingegangen worden sei, um Ilse die Einreise zu ermöglichen. Mit todernstem Gesicht erklärt er, er liebe seine Frau und wolle mit ihr leben.

In Amerika im Frühjahr 1939 eingetroffen, wird Ilse die Sekretärin des aus Nazideutschland emigrierten Schriftstellers Ernst Toller, der in den zurückliegenden Monaten versucht hat, eine humanitäre Hilfsaktion für die zivilen Opfer des spanischen Bürgerkriegs ins Leben zu rufen. Da bricht nach einer erneuten nationalspanischen Offensive die spanische Republik endgültig zusammen. Bei seiner selbstgestellten Aufgabe gescheitert, von den Nazis verfolgt, von seiner jungen Frau verlassen und von der Vorstellung bedrängt, als Künstler in den Vereinigten Staaten in Vergessenheit zu geraten, begeht Toller Selbstmord.

Ilse findet ihn, als sie einmal verspätet vom Lunch ins Büro kommt, im Badezimmer. Er hat sich mit dem Gürtel seines Bademantels erhängt.

Die Erklärung, die Burroughs für das Ereignis gibt, von dem er durch Ilse erfährt, ist typisch für seine Sichtweise der Wirklichkeit. Er erzählt ihr, daß Ratten zweierlei nicht ertragen könnten, nämlich ins Wasser geworfen oder ihrer Schnauzhaare beraubt zu werden. Toller sei beides widerfahren.

Ilse findet eine neue Anstellung bei einem österreichischen Schauspieler. Seinem Biographen erzählt Burroughs später: ‹Sie hat nie einen Cent von mir verlangt.›

In die zweite Hälfte des Jahres 1939 fällt Burroughs' intensive Beschäftigung mit den Lehren Alfred Korzybskis.

Korzybski bezeichnet einen der Fixpunkte europäisch-abendländischen Denkens, nämlich das Entweder/Oder der aristotelischen Philosophie, als grundsätzlichen Irrtum, weil so zwischen der Realität und der Sprache eine Kluft entstehe. Korzybski sagt die politische Herrschaft der Naturwissenschaften und die Manipulation menschlicher Physis und Psyche durch sie voraus – Gedanken, die sich fiktional verarbeitet in Burroughs' Romanen wiederfinden.

Zu dieser Zeit verliebt sich Burroughs in New York in einen schönen, aber intellektuell anspruchslosen jungen Mann namens Jack Anderson, der als Laufbursche arbeitet und als Sexualpartner von Frauen und Männern dazuverdient.

Burroughs, nun endgültig von seiner Syphilis geheilt, entwickelt für das windige Bürschchen, das ihn schlecht behandelt, eine wilde Leidenschaft. Er trennt sich mit dem Sägeblatt einer Geflügelschere ein Glied vom kleinen Finger der linken Hand ab. Er will damit Anderson, der ihn ständig mit anderen Männern und Frauen betrügt, die Intensität seiner Gefühle beweisen.

Daraufhin kommt er wieder zur Vernunft. Er geht zu seinem Psychiater und fordert den Mann dazu auf, das Stück Finger wieder anzunähen. Burroughs findet sich schließlich in der städtischen Irrenanstalt wieder, in der ihn eine Psychiaterin als schizophren-paranoiden Fall diagnostiziert.

Sein Vater muß nach New York kommen. Er veranlaßt beim Direktor die Überweisung seines Sohnes in eine Privatklinik. Die Eltern, offensichtlich daran gewöhnt, in den ungewöhnlichsten Situationen einspringen zu müssen, holen ihren Sohn nach St. Louis und beschäftigen ihn als Fahrer und Boten in ihrem Gartenbaubetrieb.

Der Zweite Weltkrieg ist ausgebrochen. Amerika mobilisiert seine Streitkräfte. Bei der Marine wird Bill abgewiesen, weil er kurzsichtig ist und Plattfüße hat.

Burroughs bewirbt sich bei der Luftwaffe und wird angenommen. Er absolviert trotz seiner Kurzsichtigkeit hundert Flugstunden in einer Piper und legt seine Flugprüfung ab. Erst dann kommt man ihm auf die Schliche und mustert ihn aus.

Dann versucht er es bei einer Spionageabteilung der Armee. Er hat Pech. Einer der Ausbilder dort ist sein ehemaliger Hausmeister aus Harvard, der auf ihn nicht gut zu sprechen ist.

Nachdem es mit dem Dienst fürs Vaterland nicht geklappt hat, bringt der Vater Bill schließlich bei einem Bekannten unter, der in New York eine Werbeagentur betreibt. Burroughs lebt nun mit Anderson zusammen. Von Zeit zu Zeit muß er die Beschimpfungen von dessen ehemaligen Freundinnen über sich ergehen lassen, die sich nicht damit abfinden wollen, daß ein Mann sie verdrängt hat.

Am 7. Dezember 1941 treten die USA in den Krieg ein. Anderson wird eingezogen. Auch Burroughs erhält 1942 einen Gestellungsbefehl. Der Gedanke, eventuell an die Front geschickt zu werden, versetzt ihn in Panik. Seine Mutter kennt einen Arzt, der Bill für wehruntauglich erklärt und ein entsprechendes Attest ausstellt. Im September 1942 geht Burroughs nach Chicago und lebt dort in einem Viertel, dessen Taschendiebe, Spieler und Gescheiterte aus dem Lieblingsbuch seiner Kindheit *You Can't Win* entsprungen zu sein scheinen.

Er beteiligt sich an den in diesem Viertel üblichen Würfelspielen. Als er damit nicht genügend Geld verdient, läßt er sich als

Kammerjäger anwerben. Die zehn Unterschriften von Kunden, die er pro Tag in der Firma nachweisen muß, um in der Woche 50 Dollar ausgezahlt zu bekommen, beschafft er sich, indem er manchmal auch Leute unterschreiben läßt, bei denen er nicht tätig geworden ist. Er behält diesen Job acht Monate. Seine Spezialität ist die Vertilgung von Wanzen in Bettzeug. Er sieht in unzählige Wohnungen, lernt die merkwürdigsten Leute kennen und denkt an Tschechow, der einmal gesagt haben soll, er sei nur deswegen Arzt geworden, weil ihm die Hausbesuche Einblick in die verschiedensten Gruppen der Gesellschaft verschafften.

Im Herbst dieses Jahres tauchen zwei Freunde aus St. Louis bei ihm in Chicago auf: der siebzehnjährige Lucien Carr und der Lucien sklavisch ergebene David Kammerer.

Inzwischen brodeln in Burroughs wieder kriminelle Phantasien. Einmal entwickelt er Pläne zum Überfall eines Geldtransports. Ein andermal will er die Kasse eines türkischen Bades berauben, erfährt aber an dem für den Überfall vorgesehenen Tag gerade noch rechtzeitig, daß das Geld, auf das er es abgesehen hatte, schon fortgeschafft worden ist.

Carr unternimmt einen Selbstmordversuch, bei dem er den Kopf in die Backröhre eines Ofens steckt. Die Gründe für seine Tat bleiben undurchsichtig. Nachdem er in die psychiatrische Station eines Krankenhauses eingeliefert worden ist, erscheint seine Mutter in Chicago. Um ihren Sohn von seinen windigen Bekannten loszueisen, überredet sie ihn, sich für das nächste Semester an der Columbia University in New York einschreiben zu lassen.

Aber dort stecken die drei bald wieder zusammen. Sie wohnen nicht weit voneinander entfernt im Village.

Bald ist Burroughs so etwas wie der literarische Guru einer Gruppe junger Männer und Frauen, die sich bei ihm psychologischen Rat holen und von seiner Belesenheit profitieren. Unter der Bedingung, daß er seine psychiatrische Behandlung nicht vernachlässigt, überweisen ihm seine Eltern immer noch jeden Monat 200 Dollar. Manchmal arbeitet er, um etwas dazuzuverdienen, als Barkeeper in einem der zwielichtigen Restaurants am Times Square, in denen Prostituierte, Dealer, Einbrecher und deren Hehler verkehren.

Immer noch übt das kriminelle Milieu eine starke Anziehungskraft auf ihn aus. Er würde gern reisen, aber dafür reichen seine Geldmittel nicht hin.

Bei einem Treffen mit Lucien Carr überlegt er laut, ob er nicht vielleicht zur Handelsmarine gehen solle.

Carr kennt einen jungen Mann, der zur See gefahren ist. Er heißt Jack Kerouac. Burroughs und Kerouac treffen sich. Gleich bei ihrer ersten Begegnung erfährt Burroughs, daß Kerouac schreibt, und empfiehlt ihm, Spenglers *Untergang des Abendlandes* zu lesen.

Allen Ginsberg, William Burroughs, Jack Kerouac – etwas später wird noch Neal Cassady zu der Gruppe stoßen –, die Autoren, die man einmal die Beat generation nennen wird, sind an dem ersten Schnittpunkt ihrer Schicksale, in Manhattan, versammelt. Wer die Geschichten ihrer Herkunft und ihrer Kindheit in der großen amerikanischen Wüste, wer die Erfahrungen kennt, die sie bis dahin in ihrer Jugend gemacht haben, ahnt, welch sozialer und psychologischer Sprengstoff sich mit und in dieser Gruppe zusammengebraut hat. Die Lunte brennt… *beat:* das heißt geschlagen, am Boden liegend, spielt aber gleichzeitig auf das englische Wort *beatitude* an, was mit Glückseligkeit zu übersetzen wäre. In einer Gesellschaft, deren Gründerväter den Anspruch erhoben, jeder Bürger sei mit gewissen unveräußerlichen Rechten ausgestattet, darunter das Anrecht auf Glück, versuchen sie, wider den Strich von Konformität und Normen lebend, mit dieser Forderung auf eine neue radikale Art und Weise ernst zu machen. Sie definieren neu, was Glück ist in Amerika.

Und sie reden und erzählen von diesem ihrem Glück in Gedichten, Manifesten, Romanen und Erzählungen, die die etablierten Literaten und Literaturwissenschaftler nicht weniger irritieren als den auf Gesetz und Ordnung pochenden Spießbürger, den *square.*

Zu ihrem Wortführer wird in diesen Jahren ein junger Mann, der schon von seiner äußeren Erscheinung her, erst recht aber durch seine Lebendigkeit, sein Bedürfnis nach Mobilität und seine leidenschaftlich und risikoreich praktizierte Sinnsuche auf sich aufmerksam macht. Sein Name ist Jack Kerouac.

Der Traum
vom Glück der Ferne

4

(1922–1944) **Jack Kerouac**

> I was an American Boy
> I read the American Boy Magazine
> and became a boy scout
> in the suburbs.
> I thought I was Tom Sawyer
> catching crayfish in the Bronx River
> and imagining the Mississippi.
> *Lawrence Ferlinghetti* [1]

… geboren als drittes Kind seiner Eltern am 12. März 1922 in der Kleinstadt Lowell, dreißig Meilen von Boston im nordöstlichen Massachusetts, Neuengland.

Bestimmend für die innere Landschaft, die im Bewußtsein des Jungen, der hier heranwächst, entsteht, ist das Bild des Merrimack River. Die große dunkle Schlange, die aus den Wäldern herabkommt, die in einem Wasserfall abstürzt.

‹Der tosende Schlafbringer unserer Nächte – Ich hörte ihn mit einem Stöhnen von den Felsen erstehen, und wie er mit seinen Wassern heulte, sprulsch, sprulischsch, uum, uum ssuu, die ganze Nacht über suuuu, suuuu, und die Sterne wie Löcher in einem Tintendach. Merrimack, dunkler Name, der mit düsteren Tälern protzt: mein Lowell hatte große Bäume aus alter Zeit im rauhen Norden, die über abgebrochenen Pfeilspitzen und Indianerskalps winkten, das Ufergeröll der Schieferküste steckt voller Perlen, barfüßige Indianer liefen darüber hinweg. Der Merrimack saust von einem Norden der Ewigkeiten herab, fällt wie ein Pissestrahl durch Schleusen, Klüfte und Schaumberge auf Felsen, blosch, und rollt grummelnd dem Mammon entgegen, gebändigt durch tausamtene Steinmulden mit scharfen Kanten (wir tauchten ab, zerschnitten unsere Füße, miese Sommernachmittags-Schulschwänzer).› [2]

Der Fluß muß sehr stark auf das Kind gewirkt haben, undenkbar sonst, daß der Mann später ein so intensives, magisch-mystisch überhöhtes Bild von ihm hätte entwerfen können.

· Zuerst ist der Fluß als reales Bild da.

Später wird sich sein reales Bild in einen Strom von Erinnerungen verwandeln.

Memory Babe wird Jack schon als Schuljunge wegen seines auffälligen Erinnerungsvermögens genannt.

Irgendwann im Laufe des 19. Jahrhunderts hatte jemand den stürmischen Lauf des Flusses mit einem Kanal und einem Damm gebändigt. Am Ufer entstand eine der ersten Industriestädte Amerikas mit einem Dutzend Textil- und Schuhfabriken.

Wie viele Kleinstädte in Neuengland wuchs Lowell aus einer Anzahl von Dörfern zusammen. Während der ersten Jahre der industriellen Revolution galt es als Mustersiedlung. In den Fabriken wurden die Vermögen Bostoner Unternehmerfamilien verdient, Vermögen, die bis heute fortbestehen.

Charles Dickens, ein strenger Kritiker des Fabrikwesens in seinem eigenen Land, besuchte den Ort und war beeindruckt vom Straßenbild und von dem selbstsicheren Auftreten der Bauernmädchen, die an den Webstühlen arbeiteten; er fand auch an ihrer Bezahlung, zwei Dollar die Woche, nichts auszusetzen.

Die Fabrikherren bescherten dem Ort ein Textil-Institut am Nordufer des Flusses, aber gegenüber ihren Arbeitern waren sie weniger großzügig. Im späten 19. Jahrhundert sanken die Löhne immer weiter. Die Bauernmädchen zogen es nun vor, als Sekretärinnen und Telefonistinnen nach Boston zu gehen.

Ihre Plätze an den Spinnmaschinen wurden von den Töchtern der Einwanderer aus Irland, Kanada und Polen eingenommen.

Die Webstühle ratterten weiter bis zum Ende des Ersten Weltkrieges, als die Fabriken in den Südstaaten billigere Waren produzierten und eine Spinnerei nach der anderen schließen mußte.

In Jacks Kindheit ist die Blütezeit von Lowell schon vorbei.

Seine Eltern, Leo und Gabrielle Angée Lévesque, wurden in Kanada geboren, waren aber schon südlich der Grenze, in Nashua, einer Kleinstadt in New Hampshire, aufgewachsen.

Gabrielles Vater hatte es dort zu einem kleinen Gasthaus gebracht. Er starb, als die Tochter erst vierzehn Jahre alt war. Seitdem hatte sie in einem Schuhgeschäft gearbeitet. Sie ist eine kurzbeinige, gedrungene Frau mit blauen Augen, roten Apfelwangen und glänzendem schwarzen Haar. Die schwere Kindheit hat das

Bedürfnis nach Sicherheit und Nestwärme und ein Verlangen nach sozialem Aufstieg tief in sie eingesenkt.

Leos Vater, Jean-Baptiste, war in seinen besten Tagen ein einigermaßen wohlhabender Holzkaufmann gewesen, ein Mann, dessen Jähzorn und rebellisches Wesen selbst vor Gott nicht haltmachte. Wenn Gewitterwolken den Tag verdunkelten, soll er mit einer Laterne vor die Tür getreten sein und ausgerufen haben: ‹Nur weiter so, wenn du mächtiger bist als ich, dann schlag jetzt zu und lösch dieses Licht auch noch aus!› Es waren die großen Mengen selbstgebrannten Schnapses, die ihn schließlich unter die Erde brachten.

Seinem Sohn Leo, der 1889 noch in Kanada geboren wurde, hatte er eine gute Schulbildung zuteil werden lassen. Leo besuchte eine Privatschule in Rhode Island. Als Schriftsetzer, Reporter und Übersetzer kam er zum *Etoile*, einer kleinen Zeitung für die französischsprachige Bevölkerungsgruppe in Lowell.

Er trug sich mit dem Gedanken, nach Kalifornien zu gehen, aber dann lernte er in Nashua Gabrielle Lévesque kennen, ein ordentliches Mädchen, das sich für die Ehe rein hielt, streng katholisch, mit einem Hang zum Mystischen, bereit, sich anzupassen, voller Sehnsucht nach einem kleinbürgerlichen Familienidyll. Der lebenslustige, früh zu Korpulenz neigende Leo, ein Mann, der sich für Sport interessierte, in der Lokalpolitik mitmischte, einer, der empfänglich war für Erklärungen, warum die Reichen immer reicher werden, die Armen aber ewig arm bleiben, mag gefunden haben, daß mit dieser Frau ein stabilisierendes Element in sein Leben kommen werde. Sie heiraten 1915. 1916 kommt ihr erstes Kind Francis Gerard zur Welt, zwei Jahre später wird eine Tochter, Caroline, genannt Ti Nin, geboren. Die Umgangssprache in der Familie ist Joual, das Patois der Frankokanadier, der Canucks, wie sie in den USA genannt werden.

Die Einwanderer aus Kanada, die aus den steinigen Abhängen zu beiden Seiten des St. Lawrence in die breiten sanft rollenden Wiesen von Vermont und New Hampshire und die üppigen Täler von Massachusetts kommen, sind dort alles andere als beliebt. Man nennt sie verächtlich ‹weiße Nigger›. Sie sind bereit, in den Fabriken zu niedrigen Löhnen härter zu arbeiten als die Einheimischen, und sie sind geschäftstüchtiger als diese. Sie

halten eisern zusammen, bleiben in ihren katholischen Pfarrge-
meinden unter sich, dringen darauf, daß ihre Kinder französisch
sprechen.

Die alteingesessenen Puritaner halten sie für großspreche-
risch, mit Illusionen und nostalgischen Träumen von illustren
Vorfahren. Solche Erinnerungen leben auch bei den Kerouacs
fort. Für Jack wird es später wichtig sein, angeblich von einem
gewissen Baron Alexandre Louis Lebris de Kérouac abzustam-
men, einem bretonischen Adligen, der Landrechte in Kanada
verliehen bekommen hatte und dessen Nachkommen angeblich
Mohawk- und Caughnawaga-Indianer heirateten.

Tatsächlich gibt es in den Vierteln der Canucks meist mehr
Debile, Verrückte als anderswo, aber auch mehr Originale. Ins
Abseits und in die Isolation gedrängt, entwickeln die Frankokanadier in den USA, ähnlich wie die Iren in den Jahrhunderten
englischer Okkupation, ein ausgeprägtes Innenleben, oft erfüllt
von bizarren Phantasien.

Jean-Louis – erst später wird daraus Jack – Kerouac ist das
letzte Kind, das Gabrielle zur Welt bringt.

Sie gebiert es daheim, in einem großen Messingbett unter
einem Kruzifix, an einem Tag, an dem es gerade Frühling zu werden beginnt.

Es ist bezeichnend für Kerouacs Hang zu mystifizierenden
Phantasmagorien, daß er in *Doctor Sax* seine Geburt beschreibt,
als habe er ihr als Beobachter zugesehen:

‹Über den weiten Kessel zum Hügel hin – in der Lupine Road
im März 1922 um fünf Uhr am Nachmittag einer völlig in Rot
getauchten Abendessenszeit, als schläfrig in den Kneipen der
Moody und Lakeview Biere gezapft wurden und der Fluß mit
seiner Eisfracht über gerötete verschlickte Steine hinweg-
rauschte, und an den Ufern das Röhricht zwischen Matratzen
und alten weggeworfenen Stiefeln wogte und nasse Schneefla-
den träge von tiefgebeugten Zweigen schwarzer, dorniger, tau-
geölter Kiefern rutschten, und darunter der schwere Schnee an
den Hängen, auf denen verirrte Sonnenstrahlen blitzten und die
Schmelze des Winters sich vermischte mit den Fluten des Merrimack – wurde ich geboren. [...] Ganz Auge war ich, kam und
hörte die Flußröte; ich erinnere mich an diesen Nachmittag,
schaute ihn durch die Perlenschnüre, die als Vorhang in der Tür

hingen und durch Glas von einer universellen traurigen Röte tödlicher Verdammnis... der Schnee schmolz. Die Schlange hatte sich im Hügel eingerollt, nicht in meinem Herzen.›[3]

Urbane und kosmische Verbundenheit evoziert dieser Text, und wieder wird der Fluß erwähnt. Aber auch eine Traurigkeit, ja tödliche Verdammnis klingen an, und die Schlange, die ja eine Metapher für den Fluß ist, rollt sich im Hügel ein, nicht im Herzen des Neugeborenen. Das heißt: Trennung von der kosmischen Geborgenheit. Aber die Schlange des Flusses meinte auch die Schlange aus dem Paradies, die Versucherin des Menschen, Symbol des Bösen und der Sünde. Und ob ihm das bewußt sein mag oder nicht: Kerouac gibt in diesem Text über seine Geburt einen Hinweis auf ein fundamentales Problem seines Lebens: die Frage nach Gut und Böse, die Ängste über seine Sündhaftigkeit, sein Bedürfnis nach Erlösung.

Bis auf gewisse Meinungsverschiedenheiten in religiösen Fragen zwischen Leo und Gabrielle ist es eine harmonische Familie, in die der Junge hineingeboren wird. Eine Familie mit Eltern und Geschwistern, die Geborgenheit und Sicherheit geben, in der man Späße kennt, Geselligkeit liebt, gutes deftiges Essen auf den Tisch kommt. Freilich lebt Leo vorwiegend in seiner Männerwelt: in der Werkstatt, vor dem Tresen im Wirtshaus, auf dem Sportfeld. Zu dieser Zeit ist er noch voller Vitalität, gut gelaunt, von einer Großzügigkeit, die Gabrielle abgeht. Sie fühlt sich dafür zuständig, das Geld zusammenzuhalten und für das Seelenheil ihrer Lieben zu beten. Sie füllt das Haus mit Bildern der heiligen Thérèse von Lisieux, einer Karmeliterin, die mit vierundzwanzig Jahren an Tuberkulose starb. Gabrielle bringt ihren Kindern Gebete an diese Heilige bei, und viele Jahre später wird Jack Kerouac auf dem Höhepunkt seines literarischen Erfolges gegenüber dem Lyriker Philip Whalen bekennen, welchen Trost und Zuflucht für ihn die Gebete zu Thérèse und dem ‹kleinen Lämmchen Jesus› bedeuten. Gewiß liegt in der von der Mutter zelebrierten Heiligenverehrung eine Wurzel für Kerouacs intensives Bedürfnis nach religiöser Erlösung.

Seit September 1938 geht Jean-Louis in eine von Ordensschwestern geleitete Pfarrschule. Seine Lehrerin erscheint dem nervösen kleinen Jungen als ‹ein großer schwarzer Engel mit gewaltigen flatternden Schwingen›.[4]

Gabrielle ist immer bereit, sich für die Familie zu opfern, kann aber ihre Opfer auch eiskalt vorrechnen und mit Herrschaftsanspruch einklagen. Als Widerpart zu ihr, dem Gefühlsseligkeit und Stallwärme verbreitenden Muttertier, verkörpert der Vater in dieser Familie das Element des Gewagten-Unangepaßten. Aber auch etwas Unseriöses haftet Leo an. Ein Besserwisser, ein Schwadroneur, ein Hansdampf in allen Gassen. Man zieht häufig um, und die verschiedenen Wohngegenden kennzeichnen einen allmählichen sozialen Abstieg. Die längsten Zeitabschnitte seiner Kindheit verbringt Jean-Louis oder Jack in dem eher etwas schäbigen Viertel der Canucks, in Pawtucketville. Über das Familienidyll, wie es sich Gabrielle, die nun zeit ihres Lebens Mémère genannt wird, wünschen würde, fallen immer bedrohlichere Schatten. Nicht nur aus Adelsstolz hat Jack später auf das Motto im Familienwappen der Kerouacs verwiesen, das lautet ‹Aimer, Travailler et Souffrir›.[5]

Tatsächlich treffen die Stichworte «Lieben, Arbeiten, Leiden» auf die Generation seiner Eltern und auf sein eigenes Leben zu.

Bezeichnenderweise sind seine frühesten Kindheitserinnerungen die an einen hungrigen Gassenjungen, der Plourdes hieß und den der Bruder mit heimbrachte, um ihn mit Mémères Butterbroten zu füttern. – Plourdes: Jack wird diesen Namen nie vergessen, weil er für ihn alle Verzweiflung, die offen zutage liegende schmerzende Hoffnungslosigkeit und den kalten, entmutigenden Kummer von Lowell enthält.

Eine andere frühe Erinnerung ist die an das ‹traurig braune Haus in der Beaulieu Street, an Erde, Zeit und Gräber›.[6] Angeblich steht das Haus auf einem alten Friedhof, und der Dreijährige hört Geistergeschichten über das Gebäude von seinem Bruder Gerard. Kein Wunder, wenn Nins Puppen manchmal plötzlich wackeln oder das Geschirr in der Küche scheppert. Gerard erklärt dies mit der Tätigkeit der Totengeister, die unter dem Haus wohnen. Auch die frühe Erfahrung des Magisch-Unheimlichen führt zur Frage nach der Macht von Gut und Böse. Offenbar hat sich der kleine Jack, dazu angeleitet von seinem älteren Bruder, daran gewöhnt, solche spiritistischen Phänomene als die sich in der Realität manifestierenden Kundgebungen böser Mächte aufzufassen.

In der Grundschule liest Jack die populären Kinderbücher seiner Zeit, alle von geringem literarischen Wert, aber von Lehrern und Eltern als Unterstützung ihrer moralischen Vorhaltungen sehr geschätzt.

Bald aber fühlt er sich weit mehr von den Groschenheften angezogen, die Street & Smith und andere Verleger wöchentlich herausbringen. Man bekommt sie am Zeitungskiosk, aber auch in Lebensmittelgeschäften, in Lowell *spas* genannt, zu kaufen. Der Romanheld, der Jack am meisten imponiert, ist Lamont Cranston, The Shadow, der darum weiß, wieviel Böses im Bewußtsein der Menschen verführerisch sein Unwesen treibt. Er hat die Macht, die Gedanken der Menschen mit einem Nebel zu überziehen, um dann den Kampf gegen das Böse besser führen zu können.

An Frühlings- und Sommertagen erstrecken sich Jacks von den «Shadow»-Geschichten inspirierte Tagträume von den Sandbänken des Merrimack zu den Wäldern von Dracut, von den Villen in der Wannalancet Street bis zum Waisenhaus auf dem Hügel, das er in ein Schloß verwandelt, bevölkert von Vampiren und den Erzfeinden seines Shadow-Helden, des Doctor Sax.

Diese Phantasien kehren später bei ihm unter dem Einfluß von Peyote wieder und werden für den einunddreißigjährigen Kerouac, als er 1952 in Mexico City William Burroughs besucht, zum Ausgangspunkt für seinen einzigen phantastischen Roman, der zugleich ein poetischer Bericht über seine Kindheit in Lowell ist. Die Geräusche, Gerüche, das Aroma einer Kindheit in Massachusetts gehen in dieses Buch ein, dessen Fabel einen titanischen Kampf zwischen Gut und Böse imaginiert, der sich vor den davon ahnungslosen Kleinbürgern und Proletariern von Lowell abspielt. Allein Jacky kann Doctor Sax sehen, mit ihm sprechen, während die anderen Jungen in seiner Umgebung nicht merken, wie dabei das Böse die Herzen der Menschen durchweht.

Gut in besonderem Maße ist Gerard, der ältere Bruder Jean-Louis'. Er entwickelt beispielsweise eine geradezu persönliche Beziehung zu den Vögeln, die ans Fensterbrett kommen. Für Jack ist Gerard eine Gestalt in der Nachfolge des heiligen Franz von Assisi.

Gerard leidet über Jahre an Rheuma. Bis zu seinem neunten Lebensjahr hat sich die Krankheit derart verschlimmert, daß er nicht mehr zur Schule gehen kann.

Gerard wird Jean-Louis' erstes Idol. Aber es ist eine Sache, sterbenskrank im Bett zu liegen und von aller Welt bemitleidet zu werden, und eine andere, ein gesunder, vitaler, mit einer intensiven Einbildungskraft begabter Junge zu sein. Im Vergleich zu Gerard – und dieser Vergleich wird vor allem von der Mutter häufig gezogen – muß Jean, Ti Jean oder Jacky immer schlecht abschneiden. Erst recht, als Gerard im Juli 1926 stirbt. Da gesellen sich Schuldgefühle zu dem Wunsch, so heilig und besonders so gütig wie der ältere Bruder zu werden.

Die naive Gewißheit, daß der Bruder bestimmt im Himmel sei, währt nicht lange. Zu tiefgreifend sind die Veränderungen, die Gerards Tod in der Familie hervorrufen. Der ältere Bruder fehlt dem Jüngeren als Spielkamerad und unermüdlicher Geschichtenerzähler. Die Schwester bringt ihre Freundinnen und Freunde nicht mehr mit heim. Leo, der Vater, ist von Gott so enttäuscht, daß er nicht mehr zur Messe geht, ja geradezu provozierend nur an Freitagen Hamburger ißt. Die Mutter verliert ihre Zähne, und der Kult, der um den toten Gerard in der Familie und bei den Nonnen aufblüht, läßt Jean keinen Zweifel, daß seine Mutter Gerard immer mehr geliebt hat als ihn. Häufig findet der Junge keinen Schlaf, und die Mutter muß ihn zu sich ins Bett holen.

Für Leo, den Vater, sind es die Jahre seiner größten beruflichen Erfolge. Er betreibt nun eine eigene kleine Druckerei und gibt eine Art Anzeigenblatt, das *Lowell Spotlight*, heraus, in dem Themen der Lokalpolitik, die am Ort laufenden Filme und Sportereignisse besprochen werden.

Leo stellt auf seiner Presse auch die Billetts für das größte Kino im Ort her. Die gesamte Familie hat freien Eintritt bei allen Filmen, die im Royal-Film-Palast laufen.

Von seinem fünften Lebensjahr an sitzt Ti Jean jeden Samstagmittag auf der Galerie, starrt auf die vergoldeten Engel an der Decke des Kinosaals und wartet auf den herrlichen Moment, da es dunkel wird und man hineingesogen wird in eine andere Welt.

Nicht weit von dem Kinobau im neomaurischen Stil liegt das Keith-Vaudevilletheater, wo Leo häufig hinter der Bühne pokert und mit den Schauspielern schwarzgebrannten Whiskey trinkt.

Das Kino, das Theater und schließlich die zwischen beiden Häusern gelegene Bücherei werden zu den für die innere Entwicklung Ti Jeans wichtigsten Örtlichkeiten.

Die ersten Filme, die Ti Jean sieht, sind Western mit Tom Mix, ‹der durch ein erstaunlich schmutziges Filmkalifornien reitet mit einem Hut, so weiß, daß er aussieht wie ein Glühwürmchen›.[7]

1932 – es sind schlechte Zeiten, die Arbeitslosigkeit nimmt zu – ziehen die Kerouacs wieder einmal um, diesmal in das franko-amerikanische Viertel Pawtucketville.

Jacks Noten in der Schule sind nun so gut, daß er es sich leisten kann, ab und an den Unterricht zu schwänzen und solche Vormittage schmökernd in der Bücherei zu verbringen. Am Ende des Schuljahres kann er die sechste Klasse überspringen.

Die Erinnerungen an den toten Bruder behalten ihre Bedeutung. Immer wieder laufen Jacks Gedanken zu Gerard zurück, oder er versucht, in Menschen, denen er begegnet, Züge von ihm wiederzuentdecken.

Seine Sexualität erwacht. Von Kindern aus der Nachbarschaft dazu angeleitet, beginnt er zu onanieren.

Bei den Jesuiten fungiert Jean als Ministrant, und sie fordern ihn auf, sich zu prüfen, ob er sich zum Priester berufen fühle. Gegenüber William Burroughs beschreibt Kerouac den Abschluß der Periode seines naiven Kinderglaubens so: ‹Als ich vierzehn war, ging ich zu diesem Priester und beichtete ihm, ich hätte die Sünde der Unkeuschheit begangen, und er fragte: Mit dir selbst, mein Sohn, und ich sagte: Ja… und mit anderen Jungen auch. Und wie lang war der Penis des anderen Jungen, mein Sohn? fragte der Priester. Und dieses Ereignis war es, bei dem ich meinen Glauben verlor.›[8]

Mit dem Übertritt in die Junior High-School wird aus Jean-Louis Jack. In der neuen Schule ist die Umgangssprache Englisch. Um diese Zeit beginnt Jack damit, jeden Tag eine kleine Zeitung mit Familienereignissen herauszugeben, und plant seinen ersten Roman. Von der Lektüre des *Huckleberry Finn* stark beeindruckt, schreibt er die Geschichte eines Waisenjungen, der von daheim fortläuft und in einem Boot den Fluß hinabtreibt. Natürlich ist der Fluß der Merrimack, der durch Lowell fließt, und Jack schreibt sein erstes Werk sorgfältig in ein Notizbuch für 5 Cent. Es trägt den Titel *Mike erkundet den Merrimack*.

Das Original ist verlorengegangen, aber eine Erinnerung daran findet sich in Kerouacs vielleicht formal kühnstem Buch, *Visions of Cody*. Dort wird erzählt, wie der Held seine Reise irgendwo in den Sümpfen des Merrimack beginnt, wie er ‹weiter und weiter einen kleinen Fluß in Indiana hinabtreibt, in lichtere, merkwürdigere, grünere und immer umfänglichere Abenteuer, die dich endlich in das flache Marschland am Meer bringen, große Kolben Mais in einem sich wiegenden Grasfeld, Gerüche, Rauch einer Stadt, etwas Verrücktes, Wildes und weit, weit fort von dem Platz unter wilden Weinranken, wo du aufbrachst, als der Traum begann›[9].

Wir stoßen hier gewissermaßen auf Jacks Urszene, auf seinen großen, nie ganz aufgegebenen Traum vom Glück, auf die Geschichte von jener verführerischen Macht, die den Helden wie mit Zauber aus der einförmigen Existenz seines Alltags losreißt und ihn auf eine Reise führt, auf der er neue Erfahrungen macht, die ihn in einen Zustand höherer Lebendigkeit versetzen.

In dieser Zeit entwickelt der Vater eine besondere Leidenschaft für Pferderennen und nimmt den Jungen auf die Rennbahnen in Boston und Rhode Island mit. Jack sieht einen Film über einen Jungen, der Jockey wird und so zu Ruhm und Geld kommt, und sofort konzentriert sich nun seine Phantasietätigkeit auf diesen Sport. Die Steine seines Baukastens verwandeln sich in berühmte Rennpferde, er ist Rennbahnaufseher, Rennstallbesitzer und Jockey in einer Person.

Über die Ereignisse imaginärer Pferderennen berichtet er in den Ausgaben seiner auf einer Handpresse gesetzten *Racetrack News*.

In das Jahr 1935 fällt der Beginn von Jacks Karriere als Football-Spieler. Eine Sandplatzmannschaft unter dem Namen Dracut Tigers findet sich zusammen. In einer Zeitungsanzeige fordert sie alle örtlichen Mannschaften des American Football mit Spielern zwischen dreizehn und fünfzehn Jahren heraus.

Bei dem Spiel gegen die Rosemont Tigers, das in den Fichtenwäldern nördlich von Lowell stattfindet, erzielt er, der jüngste, aber auch kraftvollste Spieler bei den Dracuts, nicht weniger als neun Touchdowns. Das Spiel gewinnt seine Mannschaft mit 60 : 0, selbst ein unter Amateuren ungewöhnliches Ergebnis!

Das nächste Spiel wird dann gegen eine Mannschaft junger Burschen aus dem Pawtucketville Social Club ausgetragen, die Leos Prahlereien über seinen Sohn und dessen Teamkameraden nicht so recht haben glauben wollen.

Schon bei der ersten Konfrontation versetzt ein Siebzehnjähriger aus dem Team des Social Club Jack einen Fausthieb ins Gesicht, um so den besten Mann in den Reihen des Gegners auszuschalten. Aber Jack, recht selbstbewußt unterdessen, rammt den um vier Jahre älteren so hart, daß dieser aus dem Spiel genommen werden muß.

Was folgt, sind ‹blutspritzende Schlachten ... homerischen Ausmaßes›[10] gegen Mannschaften aus dem Viertel der Griechen, bei denen die ethnischen Unterschiede die Leidenschaften noch mehr anstacheln.

Während sich Jacks unaufhaltsamer Aufstieg zum Sporthelden vollzieht – später wird er diese Rolle unter dem Stichwort ‹Eitelkeiten› abbuchen –, ereignet sich in Lowell eine Naturkatastrophe, die für die Kerouacs nicht ohne Folgen bleibt. Im März 1936 tritt nach der Schneeschmelze der Fluß über die Ufer.

Die Brücken drohen weggeschwemmt zu werden, die Uferdämme, mit Sandsäcken verstärkt, stehen in Gefahr zu bersten. Die Schulen werden vorübergehend geschlossen. Die Jungen schwelgen in Katastrophenphantasien: ‹Wir bohrten mit unsren Fingern in den Säcken – wollten, daß die Flut hindurchströmt und die ganze Welt ersäuft, diese verdammte schreckliche Routinewelt der Erwachsenen.›[11]

Als die Flut nach einer Woche zurückgeht, ist Leo Kerouac ein ruinierter Mann. Seine Werkstatt hat ebenfalls unter Wasser gestanden, seine Maschinen sind unbrauchbar geworden, versichert ist er nicht. Seine Wettleidenschaft und seine querulantenhaften politischen Ansichten tun ein übriges. Mitte 1937 hat er mehrere tausend Dollar Schulden und kann seine Angestellten, mit denen zusammen er das *Spotlight* gedruckt und herausgebracht hat, nicht mehr bezahlen. Er macht die Liberalen und jüdische Betrüger für seinen Niedergang verantwortlich. Schließlich bleibt ihm nichts anderes übrig, als sich bei einer Druckerei in einer anderen Stadt zu verdingen. Wieder einmal zieht die Familie innerhalb von Lowell um, diesmal in eine Mietwohnung im vierten Stock eines weißgestrichenen Holzbaus im Herzen des meist von Fabrikarbeitern französischer Herkunft bewohnten Slums.

Gabrielle hat einen Job als Lederzuschneiderin in einer Schuhfabrik angenommen, weil Leos Einkünfte allein für den Lebensunterhalt und die Rückzahlung der Schulden nicht ausreichen.

Jack ist unglücklich. Es bedrückt ihn nicht nur der allzu offensichtliche soziale Niedergang in der Familie. Seit Herbst 1936 geht er auf die Lowell High-School, hat es aber nicht geschafft, in das American-Football-Team der Schule aufgenommen zu werden, weil er körperlich zu schwach ist.

Im Winter dieses Jahres sitzt er viel in der Bücherei und liest sich durch die Bände in der Abteilung für Erwachsene. Er freundet sich mit einem griechischen Jungen an, dem idealistisch gesinnten Sammy Sampas, der ihm aufgefallen ist, als er einmal auf offener Straße vor anderen Jungen Lord Byron gegen den Vorwurf in Schutz genommen hat, ein Frauenheld gewesen zu sein. Sammy liest Jack seine Gedichte vor und empfiehlt ihm, Thomas Wolfes Romane zu lesen.

In dieser Zeit keimt in Jack zum erstenmal der Wunsch auf, Schriftsteller zu werden, ein Gedanke, auf den sein Vater, der eben als selbständiger Unternehmer gescheitert ist, mit Hohn und Sarkasmus reagiert. Aber er schafft es in der Saison des Jahres 1935, als Halfback in die Football-Mannschaft aufgenommen zu werden. Bei einem besonders wichtigen Spiel am Thanksgiving Day gegen die Mannschaft aus Lawrence fängt er einen Paß, rennt los und schafft den einzigen Touchdown an diesem Tag.

Danach beginnen sich die Trainer von zwei Mannschaften aus der großen Welt um ihn zu bemühen.

Im Universitätsfußball ist die Aufnahme in ein Team mit einem Stipendium an der entsprechenden Hochschule verbunden.

Die Mutter möchte, daß ihr Sohn an die Columbia University in New York geht. Der Vater hat sich für das Boston College ausgesprochen. Leo Kerouac arbeitet als Setzer bei einer Firma in Lowell, deren größter Kunde dieses College ist, und sein Chef hat von seinem Kunden einen Wink bekommen: ‹Sorgen Sie dafür, daß Kerouac auf jeden Fall ans Boston College kommt.›

In der Küche der Kerouacs wird Abend für Abend diskutiert. Gabrielle setzt sich schließlich durch, aber auch Jack selbst will lieber nach New York. Er träumt davon, dort eine Karriere als Sportjournalist zu beginnen.

Für den Vater hat die Entscheidung zugunsten von Columbia schlimme Folgen. Sein Arbeitgeber entläßt ihn. Ein weiterer schwerer Schlag gegen sein ohnehin schon stark lädiertes Selbstvertrauen. Bisher ist immer er es gewesen, der gekündigt hat. Nun muß er erleben, daß man ihn vor die Tür setzt.

Jacks letztes Jahr auf der High-School ist zugleich die Zeit seiner ersten engeren Beziehung zu einem Mädchen.

Mary Carney ist siebzehn und stammt aus einer irischen Familie. Sie lernen sich auf dem Silvesterball kennen. Es ist Liebe auf den ersten Blick. Mary faßt ihn bei der Hand, zieht ihn in ein nervöses Gespräch. Sie läßt sich über seine Frisur und über seinen Schlips aus und fragt ihn geradewegs, ob er schon eine Freundin habe. Er ist immerhin schlagfertig genug, um mit «ja» zu antworten. Tatsächlich hat er sich schon ein paarmal mit einer gewissen Peggy Coffey getroffen, aber er spürt: mit Mary ist es etwas anderes.

Sie gehen tanzen, er lädt sie ins Kino ein. Sie haben Geheimnisse. Aber da ist eben noch die große, lockere, rothaarige Peggy Coffey. Tambourmajorin und Bandsängerin. Ein Mädchen, mit dem man mehr hermachen kann als mit Mary. Immerhin ist er als Footballheld auch eine prestigeträchtige Gestalt. Außerdem hat Peggy, was Sex angeht, recht freizügige Ansichten. Jacks Schüchternheit amüsiert sie. Als sie bei einem Sportbankett miteinander tanzen, spricht sie ganz unbekümmert mit ihm über den *thrill* beim Küssen, und bei Spaziergängen, zu denen sie sich dann verabreden, ist sie es, die ihn küßt. Bei ihr gibt es da keine Ziererei, sie ist quirlig spontan, ein Mädchen, das das Leben von der leichten Seite nimmt. Bei Mary hingegen sind Küsse selten wie ‹Napoléon-Cognac›[12], und sie läßt ihn wissen, daß sie ganz gestrichen würden, wenn nicht bald ein Verlobungsring an ihrem Finger funkele.

Der einzige Ausweg aus dem Dilemma zwischen den Forderungen der damals gültigen Moral und ihren Wünschen wäre eine Heirat gewesen. Aber als er ihr einen Antrag macht, lehnt sie ab. Er hat keinen Beruf, seine Zukunft liegt nicht in Lowell. Als Mary sich darauf besinnt, doch ja zu sagen, ist für Jack der Traum schon ausgeträumt.

Ende Juni 1939 feiern Jack und seine Klassenkameraden ihre Graduationsfeier in der Stadthalle und erhalten aus der Hand des Bürgermeisters ihre Zeugnisse.

Im September bricht Jack nach New York auf. Von der Columbia University hat man ihn wissen lassen, daß er zunächst für ein Jahr die Horace Mann Prep School, eine Art Vorkurs zur Universität, besuchen muß. Weder entsprechen seine Noten in Mathematik und Französisch den Anforderungen, die Columbia stellt, noch ist sein Gewicht derart, daß man ihm zutraut, in der Universitätsmannschaft erfolgreich zu spielen, und wer die Universität mit einem Sportstipendium besucht, muß sich solchen Anweisungen wohl oder übel fügen.

Jack wohnt bei Gabrielles Stiefmutter in Brooklyn. Die Horace Mann School liegt in der nördlichen Bronx. Das bedeutet, rechnet man die Hin- und Rückfahrt zusammen, daß er fünf Stunden täglich mit der Subway unterwegs ist. Abfahrt um 6 Uhr morgens von der Fulton Street IRT Station. An der 34th Street in Manhattan werden gewöhnlich Sitzplätze frei, und er erledigt seine letzten Hausaufgaben zum Geratter der Räder und Gleisstränge der D-Linie.

In den Tagebucheintragungen der ersten Tage in der großen Stadt werden noch große Pläne entworfen. Jack will sich weiterbilden; Latein, Mythologie, spanische Literatur und Geschichte. Mit der Ausführung solcher guten Vorsätze ist es bald vorbei. Das anstrengende Football-Training beginnt. Nach dem ersten Spiel ist er völlig deprimiert. In Lowell hat er es schließlich zum Star gebracht. Aber hier in der neuen Mannschaft scheinen ihm alle himmelhoch überlegen. Luigi Piccolo, genannt Lou Little, ist einer der ersten modernen Trainer des American Football, die so etwas wie eine psychologische Strategie zu entwickeln versuchen. Jack erfüllt seine Aufgabe, die linke Seite der gegnerischen Verteidigung aufzureißen, gut und trägt entscheidend zum Gewinn vieler Spiele und somit auch dazu bei, daß Horace Mann die inoffizielle Prep-School-Meisterschaft erringt.

Die meisten von Jacks Klassenkameraden kommen aus ausgesprochen reichen, häufig jüdischen Familien. Jack schreibt für einige von ihnen die Englischaufsätze und kassiert dafür pro Arbeit zwei Dollar. Häufig versorgen sie ihn, dessen Schulbrote meist nur mit Erdnußbutter beschmiert sind, mit Truthahnbrust-Sandwiches, mit teurem Gebäck oder mit Milchschokolade.

Mit manchen Jungen aus diesen Kreisen freundet er sich an.

Da ist Pete Gordon, der Sohn eines Börsenmaklers in der Wall Street. Zu ihm wird Jack häufig übers Wochenende eingeladen. Beim Frühstück legt einem in diesem Haus ein Butler die Grapefruit vor. Mr. Gordon macht Jack das Kompliment, er sehe aus wie ein griechischer Athlet. Wichtiger ist es für ihn, daß Pete etwas für seine literarische Bildung tut und ihm erklärt, seinen Prosastil könne er gewiß verbessern, wenn er sich zukünftig die Kurzgeschichten von Hemingway und nicht Conan Doyles Romane zum Vorbild nähme. Pete lädt ihn auch in moderne Filme ein, und bei ihm hört er zum erstenmal Dixieland-Jazz.

Ein anderer Studienfreund aus diesen Tagen ist Eddy Gilbert, Sohn einer reichen Familie, die *comme il faut* auf Long Island wohnt. Die beiden Klassenkameraden sind die besten Spieler im Schachklub der Schule. Auch bei Eddys Eltern ist Jack mehrmals an Wochenenden zu Gast. Eddys Vater ist Holzhändler und pflegt ein ganzes Bündel von Hundert-Dollar-Noten in der Hosentasche bei sich zu tragen. Für Jack ist es das erste Mal, daß er überhaupt so große Geldscheine zu sehen bekommt. Nach solchen Wochenenden fühlt er sich — auch ohne daß die reichen Leute es darauf anlegen würden, ihn zu demütigen, im Gegenteil, sie sind freundlich und akzeptieren ihn als ihresgleichen — deprimiert und sehnt sich nach Lowell zurück.

Eine andere Welt ist *midtown*, das Viertel um den Times Square mit seinen Kinos, in denen französische Filme gezeigt werden... mit den schmutzigen Bars, in denen sich Huren, Rauschgiftsüchtige und Homosexuelle herumtreiben... mit den Stundenhotels.

Immer wieder streift sein neugierig-begehrlicher Blick die Frauen, denen er auf diesen Straßen begegnet.

Schließlich, als er sich etwas Geld von verkauften Englischaufsätzen erspart hat, faßt er sich ein Herz und spricht eine Rothaarige, die ihm schon die ganze Zeit in die Augen gestochen hat, an. Auf ihrem Zimmer verliert er seine Unschuld. Er behält durchaus angenehme Erinnerungen an dieses Ereignis.

Im *Horace Mann Quarterly* erscheint seine erste Kurzgeschichte ‹Die Brüder›. Es ist eine Detektivgeschichte, im Stil abgeschaut bei Henry James, die Handlung konstruiert unter starken Anleihen bei Sherlock Holmes. Doch schon die zweite Geschichte ‹Une Veille de Noël›, Studenten am Weihnachtsabend in einer Bar im Village, verrät sein musikalisches Gespür, seine Begabung, die

Melodie von Gesprächen, die er gehört hat, in seine Texte zu übernehmen, die Sprechmusik des amerikanischen Alltags in Literatur zu übersetzen.

Gefördert wird diese Fähigkeit gewiß auch dadurch, daß er den Jazz entdeckt. Es ist einer seiner Klassenkameraden, Seymour Wyse, ein Engländer mit exotischen Interessen, der ihn nach Harlem mitnimmt. Im Apollo-Theater, im Herzen des schwarzen New York, hört Jack zum erstenmal einen schwarzen Musiker: Jimmy Lunceford.

Dazu ist die damals durchaus noch bestehende Rassenschranke zu überwinden. Vorurteile müssen aufgegeben werden, die Jack von seiner Familie übernommen hat. Denn Leo Kerouac, der die Liberalen und Juden für das Unglück Amerikas und sein persönliches Versagen verantwortlich macht, hat auch für Schwarze keine Sympathien.

Wer sich für Jazz interessiert, sieht sich veranlaßt, in der Rassenfrage Stellung zu nehmen. Wer Jazz hören geht, bewegt sich außerhalb der bürgerlichen Ordnung in einem halbkriminellen Milieu.

Es ist nicht zuletzt seine wachsende Vorliebe für guten Jazz, die bewirkt, daß Jack Kerouac langsam die Eierschalen eines braven strebsamen Jungen und Football-Heroen aus der Provinz ablegt und sich immer mehr zu den Außenseitern der Gesellschaft hingezogen fühlt.

Er begreift – und das ist erstaunlich für einen Jungen seines Alters und spricht, wie die Auswahl seiner Lieblingsmusiker auch, für seine Musikalität –, daß guter Jazz nicht zur Unterhaltung und zum Tanzen gemacht wird. Jack definiert ihn vielmehr in seinem Artikel für die Studentenzeitung als eine Musik, ‹die nicht vorarrangiert ist, sondern frei für alle und alles ad lib. Sie stellt den Ausbruch passionierter Musiker dar, die all ihre Energie in ihre Instrumente einbringen, bei der Suche nach seelenvollem Ausdruck und Superimprovisation›[13].

Als beste Band zu dieser Zeit nennt er nicht Glenn Miller, Benny Goodman oder die Gruppen von Harry James, sondern die schwarze Band von Count Basie, und in ihr ist es Lester Young, dessen Sound ihm richtungweisend erscheint.

Lester Young, von Billie Holiday als ‹Prez› (Präsident) apostrophiert, bringt bei seinen Solos einen lakonisch-expressiven Ton.

Schwermütig-reflektiv greift Prez auf die Wurzeln des Jazz und zu seiner Seele, dem Blues, zurück.

‹Die Wahrheit des Blues›, lesen wir bei einem Musikkritiker, ‹läuft dem geradezu hysterischen Vertrauen in Fortschritt, Maschinen und menschliche Kraft entgegen. Es ist eine dunklere, schicksalsträchtigere, aber im Letzten dann auch mehr entspannte und humorvolle Wahrheit, die ihr ganz eigenes, nüchternes und sinnliches Vergnügen hat.›

Einer der Großen des Blues, Memphis Slim, hat einmal gesagt: ‹Wenn alles einstürzt, mußt du zurückgehen zur Mutter Erde.›

In dieser Musik, die Kerouac in diesen Jahren hört und analysiert, liegen nicht nur die Wurzeln seines Prosastils, sie entspricht voll und ganz dem Lebensgefühl der sich erst später bildenden Beat generation. Kerouac hat sich später ausdrücklich dazu bekannt, den Satzbau seiner Texte der Phrase im Jazz nachgestaltet zu haben. Er hat seine spezifische Schreibweise mit dem musikalischen Vortrag eines Bläsers verglichen und erklärt, die Länge der Atemzüge sei für beide die rhythmische Maßeinheit.

‹Jazz und Bop in dem Sinn, wie ein Tenorsaxophonist Atem schöpft und eine Phrase auf seinem Saxophon bläst, bis ihm der Atem ausgeht, und bis das geschehen ist, muß die Verlautbarung erfolgt sein... Genauso teile ich meine Sätze. Sie trennen sich voneinander im Bewußtsein der Notwendigkeit, dazwischen zu atmen... ich formuliere die Theorie des Atmens als Maß in Prosa und Lyrik... so kommt es zu einer Sprache, die die rassige Schärfe, die Freiheit und den Humor des Jazz hat.›[14]

Vorerst schreiben wir noch das Jahr 1939/40. Die Ereignisse des eben in Europa ausgebrochenen Weltkriegs sind für die Menschen in den USA noch fern. Jack besucht in der großen Stadt seinen Vorkurs zur Universität, hat in jeder Beziehung viel zu lernen und träumt immer noch davon, ein Starspieler im American Football zu werden.

Zu dem großen Frühlingsball im April 1939 lädt er Mary Carney ein, zu der der Kontakt nicht ganz abgebrochen ist. Der Smoking, den Jack trägt, stammt vom Onkel eines seiner Klassenkameraden, ein anderer borgt ihm die Schlüssel zu einer Wohnung in der West End Avenue, wo Mary wohnen wird. Einkünfte aus seinem Aufsatzhandel investiert Jack in einen Besuch beim Friseur und im Bräunungsstudio des Hotels Pennsylvania, mit dem

Erfolg, daß er, als ihn sein Mädchen in der Wohnung seiner Tante trifft, einen schmerzhaften Sonnenbrand hat. Mary trägt ein rosa Kleid und eine Rose im Haar. Der Besuch in New York wird kein Erfolg. Die Freundinnen der reichen Jungen schneiden die Landpomeranze. Mary ist todunglücklich. Sie sagt ihm eindeutig – und man kann ziemlich sicher sein, hier ist kein Unterschied zwischen Fiktion und Wirklichkeit: ‹...ich werde niemals in dieses New York kommen und hier leben, du mußt mich zu Hause nehmen und so wie ich bin... Du gehst hier vollkommen verloren, ich kann dich gerade noch erkennen – Du hättest nie von zu Hause weggehen sollen, um hierherzukommen, mir ist es egal, was alle anderen über Erfolg und Karriere reden – es wird dir nichts Gutes bringen...›[15]

Damit ist es entschieden. Er wird sie noch einmal wiedersehen, als er während der Ferien nach Lowell kommt. Endlich wird er sich ein Herz fassen und versuchen, sie zu verführen, aber mehr als eine Rangelei in einem Auto wird nicht daraus.

In diesen Sommerferien lesen Jack und sein Freund Sammy Sampas Thomas Hardy, Emily Dickinson, David Thoreau, daneben aber auch Jack London, in dessen Geschichten Jack das Lebensgefühl der Hobos und Bums anspricht. Vor allem aber berauschen sich die beiden Freunde in Lowell an dem ‹krachenden Donner von Walt Whitmans visionären Prophezeiungen›[16].

Dennis MacNally schreibt über diesen Einfluß: ‹...Walt war für sie mehr als ein metaphysischer Dichter, er war ein Amerikaner, er war ein Barde, der von der Seele eines großen Landes sang, der die einfachen arbeitenden Menschen in diesem Land feierte und eine Prostituierte, die um ihr Recht klagte, nicht ausschloß. Der wildentschlossene, nun patriotisch eingemeindete Amerikaner, zu dem sich Jack entwickelt hatte, nickte dazu, wenn bei Walt stand: Wer bist du denn, der du reden oder singen willst von Amerika / Hast du dieses Land studiert, seine Idiome, seine Menschen?›[17]

Der Krieg kommt nun näher. Als Jack zu seinem Freshman-Jahr an der Columbia University nach New York zurückfährt, kreiert Kate Smith gerade die patriotische Schnulze *God Bless America*. Überall in den Straßen New Yorks sieht man Plakate, die zu Hilfsaktionen für Holland, Polen und England aufrufen.

Vorerst ist Jack damit beschäftigt, sich an der Universität einzugewöhnen. Er lebt in einem Studentenheim und nicht mehr bei seinen Verwandten. Er hört die moralisierende Einführungsrede des Präsidenten von Columbia. Von den Vorlesungen beeindruckt ihn vor allem der Kurs von Professor Mark Van Doren über Shakespeare. Abends versucht er die riesige Leseliste, die die Universität vorschreibt, zu verkürzen, hört das klassische Musikprogramm der Station WXT und saugt an der Pfeife, die er sich als Zeichen seines Studentenstatus zugelegt hat.

Der 16. Oktober 1940 schon ist vorlesungsfrei, und die Mehrzahl der Studenten begibt sich zur ersten Musterung in Friedenszeiten in der Geschichte der USA.

In New York interessiert man sich lebhaft für die sensationellen Bilder von der Luftschlacht über England. Könnte einem das hier auch blühen, wenn es mit den Erfolgen Hitlers so weiterginge?

Angesichts der allgemeinen Kriegsbegeisterung unter den jungen Leuten ist es wenig erstaunlich, daß sich auch Jack für den Fall eines Kriegsausbruchs für die Streitkräfte registrieren läßt. In Columbia spielt er mit gutem Erfolg in der American-Football-Mannschaft. Aber nach dem fünften Saisonspiel bricht er sich den Fuß.

Jack genießt das erzwungene Faulenzerleben. Statt Teller zu waschen, geht er jeden Abend in das Universitätsrestaurant Lion's Den und bestellt dort auf Kosten der Sportabteilung große Steaks und Eisportionen. Auf seinem Zimmer verschlingt er die Romane von Thomas Wolfe, von dem er später sagen wird: ‹Er ließ mich Amerika als ein Gedicht statt als Ort begreifen, an dem man sich abrackern und schwitzen muß.›[18]

Noch ehe er die Krücken beiseite gelegt hat, macht er die Bekanntschaft von Frankie Edith Parker. Die Neunzehnjährige aus Grosse Pointe, Michigan, lebt in Manhattan bei ihrer Großmutter. Sie ist nach New York gekommen, um bei George Grosz Kunst zu studieren, aber mehr noch, weil sie das aufregende Leben der großen Stadt verlockt. Aufgewachsen ist sie in einem konservativen Vorort von Detroit unter Millionären. Sie ist entschlossen, alles zu sehen und zu erleben, was es in Grosse Pointe nicht gibt. In Manhattan hat sie den Franzosen Henri Cru kennengelernt und sich sofort in den lustigen und lebensfrohen jungen Mann verliebt. Sogar von Heirat ist schon die Rede gewesen.

Dann geht Kerouac mit dem Paar aus. Jack flirtet mit ihr, und es geschieht das, was Nicosia, einer von Jacks Biographen, einen Wettkampf zwischen einem Pfau und einem Landstreicher nennt. Cru ist in seiner Marineuniform erschienen, Jack trägt einen alten Pullover. Frankie weiß Crus perfekte Umgangsformen zu schätzen, aber sie weiß auch, daß Cru noch andere Freundinnen hat. Außerdem schmeicheln ihr Jacks Komplimente.

Die Sommerferien verbringt Jack wieder in Lowell. Manchmal trampt er nach Boston, wo sein Freund Sammy Sampas im Park antifaschistische Reden hält. In diesem Sommer überfällt Hitler die Sowjetunion. In Amerika laufen die Kriegsvorbereitungen an. In Hollywood beschäftigen sich die Walt-Disney-Studios damit, militärische Insignien zu entwerfen.

Jacks Vater Leo, der lange Zeit als Drucker mal hier und mal dort gearbeitet hat, bekommt endlich eine feste Stelle als Linotypesetzer in New York, und die Eltern mieten ein Haus am Sund von Long Island, nahe New Haven.

In Columbia werden brauchbare Footballspieler rar. Lou Littles Quarterback hat sich freiwillig zur Marine gemeldet. Aber dann füllt Little das Hinterfeld mit älteren Semestern auf, und Jack sieht wieder einmal eine Saison vor sich, die er vorwiegend auf der Bank verbringen wird. Aus den Spannungen zwischen dem Trainer und ihm ist eine mehr oder minder offene Feindschaft geworden. Jack nimmt es Little übel, daß dieser seine italienische Abstammung verleugnet. Außerdem will der Trainer nicht mehr von seinem Versprechen wissen, Leo Kerouac einen Job in New York zu besorgen. Zu allem kommt, daß Jack genug vom American Football gesehen hat, um ernüchtert zu sein. Sport hat lange für ihn etwas mit bestimmten Idealen wie Fairness, Tapferkeit, Mut zu tun gehabt. Damit ist es vorbei. Das Schreiben wird immer wichtiger für ihn. Immerhin lädt er Frankie noch dazu ein, ihm beim Training auf Baker Field zuzuschauen. Als er sie nachts in der Wohnung ihrer schwerhörigen Großmutter besucht, vertraut er ihr seinen Frust über die – wie er findet – ungerechte Behandlung durch Lou Little an, und als der Trainer einige Tage später wieder an seiner Statur herummäkelt, hat sich sein Zorn so gesteigert, daß er von einem Augenblick zum andern alles hinwirft und die Universität fluchtartig verläßt.

In Brooklyn stellt er bei seinen Verwandten seine wenigen

Habseligkeiten ab, dann fährt er zur Greyhound Station, kauft sich eine Fahrkarte und taucht ein in die amerikanische Nacht. Angeregt von der Lektüre Thomas Wolfes, hat Jack beschlossen, ehe er anfangen könne zu schreiben, müsse er Amerika erkunden. Das Geld geht ihm aus. Er fährt zu seinen Eltern nach New Haven. Vor allem Leo ist bitter enttäuscht, daß sein Sohn das Studium aufgegeben hat. Ein Bekannter besorgt Jack eine Stelle als Sportjournalist bei der *Sun*. Da er sich aber herzlich wenig um die Sportereignisse kümmert, über die er berichten soll, und sich statt dessen ausführlich mit den Romanen und der Erzähltechnik des inneren Monologs bei James Joyce beschäftigt, steht er bald wieder auf der Straße.

Dann kommt im Dezember die Nachricht vom japanischen Überfall auf Pearl Harbor. Jack ist an diesem Abend gerade im Kino gewesen und hat sich *Citizen Kane* von und mit Orson Welles angesehen.

Während sich die USA rasch in eine gewaltige Kriegsmaschinerie verwandeln, tritt Jack den Rückzug nach innen an. Stundenlang schmökert er in der öffentlichen Bücherei in Goethes *Faust* und in den Romanen Dostojewskijs.

Das Werk des russischen Autors bleibt seine bevorzugte Lektüre während der nächsten Jahre. Jack imponiert der Gedanke, Leiden sei eine Voraussetzung für ein geschärftes Bewußtsein.

In einer Zeit, in der die meisten Amerikaner ihr neues Selbstvertrauen aus einem Krieg beziehen, legt Dostojewskij ihm nahe, daß der zivilisatorische Fortschritt nicht das A und O menschlicher Existenz sein könne. Wünsche, so liest Kerouac bei dem russischen Wahrheitssucher, seien stärker als die Einsichten des Verstandes. Wenn wir unseren Wünschen folgten, könnten wir unter Umständen in die Hölle geraten, aber immerhin würden wir dabei unsere Lebendigkeit spüren, spüren, daß wir leben. Der freie Wille des Individuums sei das vielleicht einzige Prinzip, das das Leben in einer blutrünstigen, nur angeblich zivilisierten, tatsächlich aber absurden Gesellschaft noch lebenswert mache.

Bis März 1941 ist Jack die ewigen Streitigkeiten mit Leo so leid, daß er nach Washington trampt, wo ein anderer Jugendfreund, G. J. Apostolakis, auf der Baustelle des Pentagon arbeitet. Er hat vorgeschlagen, Jack dort unterzubringen.

Für die Tätigkeit bei einer Firma für Stahlverkleidungen besitzt Jack keinerlei Erfahrungen. Häufig ist er während der Arbeitszeit betrunken. Manchmal verschwindet er für Stunden: das eine Mal, um zu schlafen, ein andermal, um Schwarzen beim Singen zuzuhören. Nach einigen dubiosen Abenteuern mit Frauen, von denen er sich aushalten läßt, kehrt er wieder nach Lowell zurück... deprimiert und entschlossen, sich in den Krieg zu stürzen. Seinem Freund Sammy Sampas muß er versprechen, keine Dummheiten zu machen. Aber dann trampen sie beide nach Boston, zechen, und Jack, der darüber vergißt, daß er sich schon zur Kriegsmarine gemeldet hat, läßt sich bei der Küstenwache einschreiben.

Bei einer Sauftour trifft er auf eine Gruppe von Matrosen der Handelsmarine, und am nächsten Morgen findet er sich als Küchenhilfe auf der S. S. *Dorchester* wieder.

Für diese Tätigkeit werden bei einem Acht-Stunden-Arbeitstag hundert Dollar im Monat bezahlt. Weitere hundert Dollar kommen als Kriegs- und Gefahrenbonus dazu.

Am 22. Juli 1942 läuft die *Dorchester* mit Geleitschutz nach Grönland aus. Sie bringt fünfhundert Bauarbeiter des Verteidigungsministeriums in die Arktis, hat aber auch größere Mengen Sprengstoff an Bord.

In Briefen an Freunde gibt Jack vor, das Leben auf hoher See wecke in ihm den von seinen bretonischen Vorfahren ererbten Seefahrerinstinkt. In Wahrheit lehren ihn die Torpedoangriffe deutscher U-Boote das Fürchten.

Ein andermal wird ein deutsches U-Boot mit Wasserbomben versenkt, und Jack versucht, sich in die Rolle des Küchenjungen auf dem Schiff des Feindes zu versetzen.

Natürlich ist er auch auf der *Dorchester* ein Außenseiter, zumal er viel liest und schreibt.

Messerstechereien unter der Besatzung jagen ihm Schrecken ein. Später wird er schreiben, auf der *Dorchester* sei er zum Pazifisten geworden. Kriege seien Wahnsinn, würden nur ausgetragen, damit einige wenige daran verdienten.

Im einzelnen sind die Erlebnisse auf dieser Fahrt in seinem letzten Roman *Die Verblendung des Duluoz* nachzulesen. Dort heißt es auch, er habe sich während der ganzen Fahrt äußerst elend gefühlt, wie ein Sklave auf einem Gefängnisschiff. Und im *Traumtagebuch* räumt er ein, ‹daß die rauhen Seeleute meine

Kinderseele in dem Körper eines Erwachsenen sahen und meinen Geist brachen)[19].

In Kneipengesprächen wird er später erzählen, er sei von einem brutalen Maat sexuell mißbraucht worden.

Als das Schiff seinen Bestimmungsort erreicht hat, dauert es lange, bis die Geräte, die zum Bau eines Flugplatzes bestimmt sind, ausgeladen sind.

Zusammen mit einem anderen Matrosen ersteigt Jack einen 3000 Meter hohen Berg. Beim Abstieg lösen die beiden einen Erdrutsch aus. Sie können sich nur mit knapper Not davor retten, von den Geröllmassen in die Tiefe mitgerissen zu werden.

Ehe sie die Rückreise antreten, kommt die Nachricht, daß ein Schwesterschiff von den Deutschen versenkt worden ist.

Die Herbststürme lassen die unbeladene *Dorchester* wie einen Korken auf den Wellen tanzen.

Im Oktober 1942 läuft das Schiff wieder in den Hafen von Boston ein. Zwei Freunde – G. J. Apostolakis, der bei der Küstenwache untergekommen ist, und Sammy Sampas – warten auf Jack am Kai.

In Lowell findet er ein Telegramm von Lou Little vor. Es lautet: ‹Du kannst in die Mannschaft zurückkommen, falls Du bereit bist, den Bullen bei den Hörnern zu packen.›[20]

Kaum drei Tage von Bord, ist Jack schon wieder in Columbia, verdient sich sein Taschengeld mit Tellerwaschen, liest *Hamlet* und bereitet sich auf das große Spiel der Saison gegen Westpoint vor.

Mit einem Spieler der gegnerischen Mannschaft hat Jack noch eine private Rechnung zu begleichen. Auch deswegen liegt ihm viel daran, für dieses Spiel aufgestellt zu werden. Aber schon erhebt Little wieder Einwände: ‹Du hast zuviel Gewicht verloren bei der Marine.›

Zähneknirschend muß Jack sich das große Spiel von der Bank aus ansehen. Einige Tage später sitzt er in Gedanken versunken in seiner Studentenbude. Im Radio wird ein Beethoven-Konzert übertragen. Draußen schneit es. Von einem Augenblick zum anderen faßt er einen Entschluß. ‹Unsinn›, ruft er sich selbst zu, ‹ich bin gar kein Football-Spieler. Ich bin ein Künstler.› Er wird danach nie mehr Football spielen.

Im Februar 1943 wird er zur Marine einberufen. Die Grundausbildung in Newport, Rhode Island, erscheint ihm als eine Zeit in der Hölle. Er macht sich über sinnlose Befehle lustig. Wache zu schieben findet er stupide, das Rauchverbot erscheint ihm als reine Schikane. Einmal, als seine nicht hinreichend auf Hochglanz polierten Stiefel beim Appell beanstandet werden, ruft er: ‹Wer ist dieser Gentleman, der es wagt, mir zu befehlen, einen Fleck von meiner Schuhspitze abzuwischen? Ich bin von uraltem Adel. Meine Vorfahren haben am Hofe König Arthurs gesessen, und niemand hat gewagt, sie wegen mangelnder Sauberkeit zu rügen.›[21]

Bald landet er in der Abteilung für Geisteskranke des Marinekrankenhauses Bethesda. Ein Offizier der Abwehr kommt zu seiner Vernehmung. Psychiater rätseln unterdessen über dem Manuskript seines Romans *Die See ist mein Bruder* und versuchen, anhand dessen seinen Geisteszustand zu analysieren.

Leo kommt seinen Sohn besuchen und ergeht sich vor den Ärzten in Tiraden über eine jüdisch-marxistische Weltverschwörung. ‹Die Deutschen sind nicht unsere Feinde, sondern unsere Verbündeten›[22], gibt er zum besten, eine Bemerkung, die gewiß nicht dazu beiträgt, die Ärzte davon zu überzeugen, daß die Äußerungen und Aktionen seines Sohnes nichts als die *practical jokes* eines harmlosen Spinners sind.

Jack behauptet inzwischen, er sei ab und zu der Engländer Samuel Johnson, er habe zuviel Verstand für einen Soldaten... sei zu sehr der Typ des Gelehrten, um es bei der Marine auszuhalten.

Im Mai 1943 erhält er endlich seinen ehrenvollen Abschied, nachdem sich die Psychiater darauf geeinigt haben, ihm Dementia praecox zu bescheinigen. Noch lange plagen ihn die Angstträume, in denen er sich im Irrenhaus eingesperrt sieht.

Daheim bei den Eltern ist die Lage im Frühsommer 1943 alles andere als rosig. Leo hat zwar Arbeit in einer Druckerei in der Canal Street in Manhattan gefunden, frönt aber wieder glücklos seiner Leidenschaft für Pferdewetten. Gabrielle kann froh sein, daß sie ihren Job als Lederzuschneiderin in einer Schuhfabrik hat.

Jacks neuen Freunden und Bekannten aus der New Yorker Boheme stehen die Eltern mißtrauisch bis schroff ablehnend gegenüber. Leo läßt seinen Vorurteilen gegenüber Juden immer ungezwungener freien Lauf. Einmal, bei einem Spaziergang mit

Gabrielle durch die Bowery, schlägt er auf einen Rabbiner ein und stößt ihn in den Rinnstein.

Jack spürt Frankie Parker, die sich neuerdings Edie (von Edith) nennt, auf dem Sommersitz ihrer Familie, einer vierstöckigen Villa in New Jersey, auf. Er macht einen guten Eindruck auf ihre Großmutter. Edie hat Sonnenbrand. Aber sie freut sich, ihn zu sehen. Bei einem Spaziergang auf der Uferpromenade geht Jack in einen Drugstore und kauft eine Hautcreme und Kondome. Edie geht mit ihm zum Strand, wo sie sich lieben. Sie wird wütend, als sie hört, daß er in einer Woche zur See fahren will.

Er verspricht ihr, nach seiner Rückkehr sofort zu ihr in ihre Wohnung nach New York zu kommen, die sie zusammen mit einer Freundin, der achtzehnjährigen Joan Vollmer Adams, gemietet hat.

Jack geht an Bord der S. S. *George Weems*, die mit einer roten Flagge am Mast nach Liverpool in See sticht. Während der Fahrt ist es ihm gestattet, die Schreibmaschine des Zahlmeisters zu benutzen. Er arbeitet weiter an dem Manuskript *Die See ist mein Bruder*.

Die Lektüre von Galsworthys *Forsyte Saga* hat ihn auf die Idee gebracht, eine Serie von Romanen zu schreiben, die sein gesamtes Leben erzählen sollen.

Der Stil scheint ihm dabei eher nebensächlich zu sein. Wichtig ist es ihm, die Ereignisse und Gedanken, die sich seinem Bewußtsein eingeprägt haben, mit absoluter Ehrlichkeit wiederzugeben. Das Eingeständnis aller Wünsche, Träume und Vorstellungen – auch der von der Gesellschaft tabuisierten – ist ein weiteres Stichwort, das auf das erst viel später ausformulierte Programm der Beat Generation hinweist.

Im Vorwort zu seinem Roman *Big Sur* schreibt Kerouac über den auf dieser Reise entwickelten Plan: ‹Mein Werk umfaßt eine immens lange Geschichte wie die von Proust. Der Unterschied besteht nur darin, daß meine Erinnerungen fortlaufend niedergeschrieben wurden und nicht im nachhinein auf einem Krankenbett. Da die Verleger meiner früheren Bücher Einwände erhoben haben, war es mir nicht gestattet, in allen Büchern dieselben Namen für die Romanfiguren zu verwenden.›[23] Er selbst hingegen, fährt Kerouac fort, betrachte die einzelnen Bücher als Kapitel des gesamten Werkes, das er *The Duluoz Legend* nennen werde. ‹Ich beabsichtige, im Alter meine gesamte Arbeit durchzusehen und mein Pantheon an einheitlichen Namen wieder einzusetzen und glücklich zu sterben. Das Ganze fügt sich zu einer großen Komödie zusammen, die durch die Augen des armen Ti (ich) gesehen wird, im übrigen auch als Jack Duluoz bekannt. Die Komödie dreht sich um die Welt rasender Aktion, um die Verrücktheiten und auch um die zarte Süße, wie sie durch das Schlüsselloch meines Auges gesehen wird.›[24]

An rasanten Aktionen mangelt es auch auf dieser Reise nicht. Kerouac ist nicht länger Küchenhelfer, sondern regulärer Matrose. Einmal sichtet er auf Wache eine Treibmine, aber man will ihm seine Beobachtung zunächst nicht glauben, weil man ihn für einen Spinner hält. Er macht sich den Ersten Maat zum Feind. Der schikaniert ihn, wo er kann, scheucht ihn bei Sturm ins Krähennest oder befiehlt ihm ein andermal, in eines der ausgeschwenkten Rettungsboote zu springen. Auch einen Angriff deutscher Unterseeboote erlebt Jack während dieser Fahrt nach England. Er ist inzwischen gegenüber solchen Gefahren ziemlich stoisch geworden, da er weiß, daß ein Torpedo das Schiff mit seiner Bombenladung wie ein Feuerwerk hochgehen lassen würde.

Bei der Einfahrt in den Hafen von Liverpool ist der Kapitän betrunken, und das Schiff rammt ein Schwimmdock.

Zwei Tage Landurlaub nutzt Kerouac zu einer Fahrt nach London. Er trägt eine schwarze Lederjacke und einen Helm der Handelsmarine und dürfte in diesem Aufzug bei den Engländern einige Verwunderung hervorgerufen haben. Angesichts des Hyde Parks fällt ihm Dr. Jekyll ein. In der Royal Albert Hall hört er ein Tschaikowsky-Konzert mit Barbirolli als Dirigenten.

Nach dem Konzert stolpert er in das verdunkelte London davon, auf der Suche nach einer Bar in Soho, und bandelt mit einer Prostituierten im Pelzmantel an, die ihn, während sie ihn bedient, gleich noch um seine Brieftasche erleichtert, so daß er sich das Geld für die Rückreise nach Liverpool leihen muß. Dort sucht er sich abermals eine Prostituierte und nimmt sie unter freiem Himmel, an ein Denkmal gelehnt.

In der Stadt hat er erzählen gehört, daß die Engländer sich unter anderem von Würsten ernährten, die aus Sägemehl und Kohlenstaub in der Badewanne hergestellt würden.

Nach einer stürmischen Rückreise über den Atlantik überkommt ihn ein Freudentaumel, als er die Skyline von Manhattan vor sich sieht. Mit der Lohntüte in der einen Hand und einem Bierglas in der anderen setzt er seine Kameraden noch mit einer feurigen Rede in Erstaunen.

Von einer U-Bahn-Station am Broadway läuft er bei strömendem Regen über den Campus von Columbia bis zu dem Haus an der 118th Street West, in dem Edie Parker und Joan Vollmer das Apartment 15 bewohnen.

Edie ist erstaunt, Jack wiederzusehen. So ganz hatte sie seinem Schwur vor der Abfahrt nicht getraut. Nun bereitet sie ihm seinen Lieblingssnack, Spargel mit Oliven in Mayonnaise. Danach lassen die beiden die Jalousien vor dem Fenster herunter und springen ins Bett.

Den Winter 1943 und 1944 lebt Jack fast ständig in der Wohnung von Edie Parker. Sie erinnert sich später: ‹Wir nahmen die Hexenprozesse von Salem in unseren Gesprächen miteinander durch. Wir lasen *Finnegans Wake* zusammen. Jack versuchte ständig, in der Zeitung gewinnträchtige Pferde auszumachen. Er tat das fast jeden Tag – eines seiner vielen Spiele. Nie setzte er Geld auf Pferde, im Unterschied zu seinem Vater Leo, der immer verlor. Jacks Pferde gewannen, aber das wußte Leo nicht.›[25]

Nur Liebesidylle eines abgemusterten Seemanns und einer Kunststudentin ist das Leben in diesen Monaten nun auch nicht. Von Henry Cru erfährt Jack, daß Edie in seiner Abwesenheit eine Abtreibung hat vornehmen lassen. Sie wußte nicht, ob Cru oder Jack der Vater des Kindes war, und als sie im vierten Monat war, hat sie schließlich mit ihrer Großmutter gesprochen, die ihr das Geld gegeben hat. Bei dem fortgeschrittenem Stadium der Schwangerschaft war es eine schwierige Operation. Man hat Edie gesagt, daß es der Fötus eines männlichen Kindes gewesen ist.

Jack ist entsetzt und wütend, als er von der Abtreibung erfährt. Er sagt, er hätte sich über ein Kind gefreut. Edie hält ihm vor, er habe ihr von unterwegs nicht einmal geschrieben. Außerdem schätze er die Schwierigkeiten, ein Kind großzuziehen, nicht realistisch ein. Als ob sie nicht genügend Geld von ihren Eltern erben würde, mault Jack, worauf sie seinen Wunsch nach einem Kind als das Verlangen nach narzißtischer Selbstbestätigung diagnostiziert.

Anfang 1944 erfährt Kerouac, daß Sammy Sampas in Enzio an der italienischen Front verwundet worden und kurz darauf in einem Lazarett in Nordafrika gestorben ist – derjenige unter seinen Jugendfreunden, der ihm in seinem unschuldigen Idealismus am nächsten gestanden und der am meisten zu seiner Entwicklung beigetragen hat.

Während Jacks Abwesenheit hat Edie Lucien Carr in einer Bar im West End kennengelernt. Ein blonder, wunderschöner Junge, der wie Rimbaud redet, schwärmt sie Jack vor. Carr hat eine schöne und ebenfalls auffällig blonde Freundin, Celine Young. Die beiden treffen sich häufig in Edies Apartment zu einem Liebesstündchen. Edie erzählt Jack auch von Carrs sonderbarer Beziehung zu dem rotbärtigen David Kammerer. Sie vermutet, daß Carr mit seiner Freundin deshalb zu ihr kommt, um nicht Kammerers Eifersucht zu erregen. Jacks erster Eindruck, nachdem er Carr getroffen hat: ‹Eine bösartige kleine Giftspritze.›[26] Über Carr lernt Jack William Burroughs und Allen Ginsberg kennen.

Wie Jack ist Edie an ungewöhnlichen Menschen interessiert und teilt Jacks Begeisterung für Musik. In einem Club in Harlem hören sie Billie Holiday und unterhalten sich auch ein paarmal mit der Sängerin. Ins Minton oder in den Cotton Club begleitet sie Jacks Klassenkamerad aus dem Vorkurs.

Jack fährt inzwischen voll und ganz auf Bebop ab. Im Three Deuces hören sie Parker, Gillespie und Slam Steward. Jack schlägt zur Musik einen unsichtbaren Baß und dudelt manchmal in einem Scat-Gesang mit. Er macht Edie auf den Pianisten Art Tatum aufmerksam, aber sie hören auch Leadbelly mit seinen ländlichen Blues und seinen Worksongs.

Immer intensiver werden Jacks Beziehungen zur Jazzmusik, und sein Wunsch, so zu schreiben, wie diese Musiker spielen, wird wohl in diesen Monaten entstanden sein. Gerard Nicosia schreibt dazu: ‹Obwohl Bop ein Herzschrei war, konnte er nur von Musikern mit großer technischer Virtuosität gespielt werden. Mit Wyses Hilfe lernte Jack die Feinheiten dessen begreifen, was diese Musiker ausdrücken wollten. Das Ergebnis war, daß er ein eigenes Bop-Gehör für die einzigartigen Töne in seinem Kopf entwickelte. Es sollte noch Jahre dauern, ehe er lernte, seine ganz persönliche Musik zu spielen – das heißt, sie zu Papier zu bringen, so daß auch andere sie hören konnten.›[27]

Edie würde Jack gern heiraten, aber immer, wenn sie auf dieses Thema zu sprechen kommt, stellt er sich taub. Hin und wieder fährt er zu seinen Eltern, bei denen er es aber nie lange aushält, und kommt jedesmal in Edies Wohnung nach New York zurück.

Mit Edie besucht er schließlich ihren verwitweten Vater und ihre Tante in Grosse Pointe. Zum erstenmal unter die Superreichen versetzt, stellt er fest, daß sie keineswegs ein Leben führen, wie er es sich wünscht. Im Mai kehrt er allein in den Osten zurück. Unterwegs legt er in Ashville, dem Geburtsort von Thomas Wolfe, einen Aufenthalt ein und trinkt einen Abend lang mit dessen älterem Bruder. Der Plan, in New Orleans ein Schiff zu finden und als Matrose anzuheuern, zerschlägt sich. Als er nach Manhattan in die 118th Street zu Edie kommt, wird er mit offenen Armen aufgenommen.

Edie ist gerade dabei, sich von ihrer reichen Verwandtschaft abzunabeln. Sie arbeitet im Hafen von New York, fährt dort einen Gabelstapler.

Unter den Männern, die Jack durch Lucien Carr kennenlernt und die er als ‹vorsätzlich pervers›[28] bezeichnet – Männer die ihn verstandesmäßig abstoßen, emotional aber faszinieren –, kommt die Angewohnheit auf, sich in literarischen Anspielungen zu unterhalten und sich die Namen von Gestalten aus Gedichten und Romanen zu geben. Lucien Carr nennen sie ‹das Kind des Regenbogens›, einen zweiten Rimbaud; seine Freundin wird zu Hans Castorps russischer Geliebter aus dem *Zauberberg*, der katzenäugigen Madame Chauchat, Edie zu Nastasja aus Dostojewskijs *Idiot*, jener Kurtisane, über deren Untreue Fürst Myschkin dem Wahnsinn verfällt. Voller Mißtrauen, wie es in jedem Canuck steckt, fragt sich Kerouac, was dieser Burroughs, was Carr und Kammerer und der junge Ginsberg, ‹diese böse und intelligente Handvoll Bastarde und Scheiße›[29], wie er sie später einmal wütend nennen wird, in ihm sehen. Die Antwort ist einfacher und schmeichelhafter, als er denkt: Sie wittern seine literarische Begabung. Außerdem sind sie wohl wissend um ihre eigene Gebrochenheit – von seiner lebensoffenen Naivität und seiner Neugier angetan. Und da die meisten homosexuell sind, ist nicht selten eine gewisse erotische Schwärmerei für den gutaussehenden und wagemutigen jungen Mann im Spiel.

Edie leidet unter Jacks Rastlosigkeit. Überhaupt ist ihre Beziehung nicht so glücklich, wie sie sich selbst und andere glauben zu machen versuchen. Wenn sie Musik hören gehen, trinkt Jack zuviel und raucht neuerdings Marihuana. Er hat immer noch Zweifel, ob er sich fest binden soll… und dann auch noch ein Mädchen aus einer Familie mit so viel Geld. Es ist ihm unangenehm, daß er sich von Edie aushalten lassen muß. Jobs hat er bestenfalls auf kurze Zeit. Die Beziehungen zwischen seinen Eltern und Edie sind spannungsreich. Leo beleidigt Edie, nennt sie eine Schlampe, Gabrielle beklagt sich über Edies unkeusche Ausdrucksweise und hält ihrem Sohn vor, das Mädchen sei zu wild, um ihm je eine treue Ehefrau zu sein. Jack geht das alles auf die Nerven.

Noch immer steht er der Welt seiner Boheme-Freunde mit einer gewissen Skepsis und abwartender Distanz gegenüber. Äußere Ereignisse werden ihm schließlich die Entscheidung abnehmen. Im schwülen Sommer des Jahres 1944 wird er endgültig zu einem Teil jener Gruppe der ‹Unterirdischen›, die sich in Manhattan zwischen Columbia und dem Times Square zusammengefunden hat.

II. BUCH

Die Unter-
irdischen

Ein Mord 1

Kerouac—Ginsberg— Burroughs

> ... there's always complications like maybe she has
> no eyes for him or him no eyes for her or her no
> eyes for her or him no eyes for him or something
> or other stands in the way like his mother or
> her father...
>
> *Lawrence Ferlinghetti* [1]

Lucien Carr – der schönste junge Mann, den man je gesehen hat, elektrisierend, mit blondem Haar, schrägen grünen Katzenaugen, klein, drahtig, mit einem bös-höhnischen Grinsen, Lucien, von dem Edie sagt, er spreche wie Rimbaud. Lucien, der ein rotes Halstuch trägt, Lucien, der sich einbildet, wenn er Pernod in Manhattan trinkt, er trinke Absinth im Paris des *fin de siècle*. Lucien, dessen Stimme alle besoffen macht, wenn er ausruft: ‹Und ich sage euch, ich verabscheue eure kleinlichen Lieben, eure abgeleitete miese Moral, euren scheinheiligen Altruismus, eure narrische Besessenheit von der Humanität, all diese Belohnungen und Bestrafungen, eure zweckdienliche, schäbige moderne bürgerliche Kultur› – Lucien, ein blonder Tyrone Power. Lucien, der kommunistische Lieder singt. Lucien, der sagte: ‹Let's have a party!› – ‹Was für 'ne Party?› – ‹'ne Artischocken-Party.› Lucien Carr, der Flaubert zitiert: ‹Wenn die äußere Welt abstoßend, enervierend, korrupt und brutal ist, sind ehrliche empfindsame Menschen gezwungen, in sich selbst einen geeigneteren Ort aufzuspüren, um dort zu leben.› Lucien, der Kammerer Swinburne nennt... nach dem masochistischen englischen Dichter.

Kammerer liebt Carr mit einer Leidenschaft, die an Wahnsinn grenzt. Kammerer klettert vom Dach über die Feuerleiter an der Hauswand eines Studentenheimes herunter, um eine halbe Stunde auf dem Rand von Luciens Bett zu sitzen und den schlafenden Freund betrachten zu können.

‹Mein Gott›, sagt Burroughs, ‹stell dir vor, du hättest das falsche Zimmer erwischt und einen völlig Fremden angestarrt.›

Kammerer sucht Carr in Edies Apartment in der 115th Street. Er weiß, daß Lucien sich dort mit seiner Freundin Celine trifft. Als er den Freund nicht findet, hängt er die Katze Kitkat auf, die dort herumschleicht. Burroughs kommt zufällig vorbei und kann das Tier retten. Die Wohnung mit den vier Schlafzimmern verwandelt sich langsam in eine Mischung aus Debattierklub, Tollhaus, Boulevardtheater und Liebesnest.

Edie hält ihre Freundin Joan Vollmer für die intelligenteste Frau, die sie je getroffen hat.

Joans Vater ist Treuhanddirektor der amerikanischen Regierung für die amerikanische Niederlassung der deutschen Filmfabrik Gaevert. Joan hat ein herzförmiges Gesicht, eine kleine Stupsnase, weiche braune Augen, schulterlanges braunes Haar. Wenn sie läuft, wackelt ihr Hintern. Joan erinnert Edie an die Garbo. Joan spricht, geht und liest sehr langsam, als sei jeder Moment des Lebens kostbar. Joan besucht das vornehme Barnard College. Sie liest so ungefähr alles – jede Zeitung und jedes Magazin –, was in New York an Gedrucktem erscheint. Sie notiert an den Rand ihrer Marx-Ausgabe: ‹Vielleicht ist der Marxismus dynamisch und optimistisch, und die Lehre Freuds ist es nicht. Ist deswegen die eine brauchbarer als die andere? Warum muß es immer ein Entweder-Oder sein?›[2]

Es ist Burroughs, der sie zu solchen Überlegungen inspiriert. Joan beginnt Burroughs zu bewundern. Sie liebt klassische Musik, Gespräche über Plato und Kant. Sie bringt ihre Hausgenossen damit auf, daß sie den halben Morgen in der Badewanne sitzt und dort Proust liest. Joan rät Edie vor Jacks Rückkehr von seiner Seereise, welche sexuellen Techniken sie anwenden soll. Verheiratet ist sie mit einem Jurastudenten. Der junge Mann wird zur Infanterie eingezogen. Joan wechselt häufig die Männer. 1942 hat sie eine Affäre mit einem Studenten und wird schwanger. Sie ist entschlossen, ihren Ehemann hinters Licht zu führen.

Sie fährt an einem regnerischen Abend zusammen mit Edie zum Times Square und zieht vor der Cafeteria Horn & Hardart das ab, was sie einen ‹Ophelia Act› nennt: durch den Rinnstein humpeln, sich dann auf das Trottoir setzen, sich die nassen Haare kämmen. Edie sieht dem von der anderen Straßenseite zu. Es dauert nicht lange, und die Polizei erscheint. Joan wird in die städtische Irrenanstalt eingeliefert. Edie verständigt Joans Ehemann. Der kommt, holt sie heraus. Sie erklärt, alles sei so trostlos gewesen ohne ihn. Nach sieben Monaten bringt Joan eine Tochter zur Welt.

Später hat sie einen sechzehnjährigen Studenten als Liebhaber. Es gefällt ihr, daß die Konstellation ihrer Beziehungen genau der in Radiguets Roman *Den Teufel im Leib* entspricht: Eine verheiratete Frau, deren Mann im Feld steht, hat einen unerfahrenen jungen Mann zum Geliebten. Sie schreibt ihm seine Seminararbeiten. Das Problem ist: die Formulierungen sind so brillant, daß man sie dem jungen Mann nicht zutraut. Die Eltern ihres Liebhabers kriegen Wind von der Affäre, drohen ihr an, sie wegen Verführung Minderjähriger zu belangen.

Joan pflegt das Pessar, das sie sich hat einsetzen lassen, über Nacht herauszunehmen. In solchen Dingen ist sie unerhört schlampig. Morgens vergißt sie manchmal, es wieder einzusetzen, was Folgen hat. Zweimal muß sie deswegen abtreiben.

Um das Geld aufzubringen, arbeitet sie in einer Schwesternschule. Sie will sich scheiden lassen. Ihr Ehemann verweigert vorerst die Scheidung.

Auch Lucien schläft mit seiner Freundin Celine Young in Edies Apartment. Celine fängt an, mit Joans Freund, dem Studenten, zu schmusen. Allen Ginsberg, der in Lucien verliebt ist, hinterbringt das dem schönen Carr. Carr schwängert Celine. Um einen Abort herbeizuführen, nimmt sie Tabletten mit weiblichen Hormonen. Der Abort erfolgt in der Badewanne. Edie und Joan obliegt es, das Badezimmer danach wieder zu säubern.

Jack erzählt Edie, er wolle mit Lucien nach Frankreich fahren. Dabei haben die alliierten Armeen bisher dort erst einen Brückenkopf erobert. ‹Bis wir da sind, haben sie die Krauts bis hinter Paris getrieben.›

Lucien besitzt nicht die nötigen Papiere, um sich als Matrose anwerben zu lassen. Außerdem ist er noch nicht volljährig.

Jack will sich als Bretone ausgeben und Lucien als seinen taubstummen Bruder.

Edie wird wütend.

‹Hast du nicht gemerkt, daß Lucien schwul ist? Der will doch nur mit dir schlafen. Wundere dich nicht, wenn er unterwegs eines Nachts plötzlich über dich herfällt.›

Jack und Lucien finden schließlich im Hafen ein Schiff, auf dem sie beide anheuern könnten. Als sie an Bord gehen, werden sie von einem Matrosen vor dem Obermaat gewarnt.

Sie beziehen ihre Kabine.

Der Obermaat kommt herein, und sie geraten gleich mit ihm aneinander. Jack merkt, daß der Mann ein Sadist ist. Mit solchen Typen hat er seine Erfahrung. Nicht noch einmal. Lucien und er schleichen sich wieder davon.

Allen Ginsberg hat am Vormittag Kammerer auf der Straße getroffen. Kammerer fängt sofort wieder von seinem Problem an. Er beschreibt seine verzweifelte Liebe zu Lucien. Seine Qualen. Seine Zweifel. Ginsberg fühlt sich an Verlaine und Rimbaud erinnert. Auch Kammerer erwägt nun, zur See zu fahren. Würde Allen mitkommen? Allen ist schwankend.

Jack und Lucien, entschlossen, es an einem der folgenden Tage noch einmal auf einem anderen Schiff zu versuchen, sind in Edies Apartment angekommen. Als die Frauen hören, wie alles gelaufen ist, müssen sie lachen. Beleidigt ziehen Jack und Lucien ab, um in der West End Bar noch etwas zu trinken.

Auf dem Heimweg, allein, trifft Jack David Kammerer, der ihn sofort nach Lucien ausfragt. Jack erwidert, er habe ihn im Gespräch mit Allen und anderen Freunden in der Bar zurückgelassen. Kammerer sucht die Bar auf. Als er hört, daß Lucien fort wollte, nur nicht fortgekommen ist, daß er aber immer noch fort will, überkommt ihn Zorn. Lucien fertigt ihn auf die übliche ironische Art ab. Sie geraten in Streit.[3]

Als die Bar schließt, kaufen sie in einem Schnapsladen noch eine Flasche. Trinkend und streitend laufen sie durch den Riverside Park.

Plötzlich bekommt Kammerers Stimme einen anderen Tonfall.

Er droht, Lucien zu töten, wenn er sich noch länger weigert, mit ihm zu schlafen. Lucien ist ungerührt, macht eine arrogante Bemerkung. ‹Es gibt immer noch Celine›, sagt Kammerer.

‹Was soll das heißen?›

‹Daß ich sie umleg, wenn du nicht endlich tust, was ich will.›

‹Du Schwächling... das würdest du nie wagen. Du kannst immer nur flennen und winseln.›

‹Lucien, nimm dich in acht... das war einmal, so ist es jetzt nicht mehr. Etwas ist anders geworden.›

‹Ha, nie im Leben...›

Kammerer springt ihn an. Sie ringen miteinander. Kammerer ist der größere und stärkere von beiden.

Lucien zieht sein Scoutmesser aus der Tasche, um sich zu verteidigen.

Er stößt das Messer Kammerer zweimal in die Herzgegend.

Kammerer ist tot.

Lucien nimmt die Schnürsenkel von Kammerers Schuhen und bindet damit der Leiche Hände und Füße zusammen. Dann zerreißt er Kammerers Hemd zu Streifen, befestigt damit Steine an der Leiche, schleift sie zum Ufer und stößt sie ins Wasser.

Er stoppt ein Taxi und läßt sich zu Burroughs fahren. Der hat schon geschlafen. Er öffnet Lucien im Bademantel.

‹Ich hab den alten Mann umgebracht.›

‹Du hast was?›

Carr wiederholt sein Geständnis; er hält Burroughs ein blutbeschmiertes Päckchen mit Zigaretten hin.

‹Hier, nimm die letzte.›

Nachdem ihm Lucien den Hergang der Tat erzählt hat, rät Burroughs ihm, sich der Polizei zu stellen. In solchen Situationen bleibt Burroughs kühl und nüchtern.

‹Die schicken mich auf den heißen Stuhl›, winselt Carr.

Lucien geht von Burroughs' Wohnung nicht zu einem Anwalt.

Gegen sechs Uhr früh klingelt er an der Tür von Edies Apartment.

Als Edie und Jack aufmachen, legt er wortlos Kammerers Brille auf den Tisch und sagt:

‹Den Alten bin ich losgeworden.›

‹Du bist was?›

‹Ich hab ihm mein Scoutmesser ins Herz gestochen.›

Jack läßt sich den Hergang der Tat erzählen und das, was Carr danach unternommen hat. Dann zieht er sich an und geht mit Lucien zum Riverside Park, um dort die Beweisstücke aus der Welt zu schaffen. Jack tut so, als müsse er pissen, und verscharrt Kammerers Brille. Lucien wirft das Messer in einen Gully.

Den Vormittag verbringen Jack und Lucien zusammen. Sie sehen sich am Times Square einen Film an, trinken ein paar Biere, besuchen das Museum für Naturgeschichte. Dann trennen sie sich. Lucien fährt zu einer Tante. Sie gibt ihm die Adresse des Anwalts der Familie.

Am 16. August 1944 erscheint Lucien mit seinem Anwalt vor der Mordkommission und legt ein Geständnis ab. Die Polizei ist skeptisch. Es gibt keine Leiche. Vielleicht ist der Kerl verrückt. Immerhin wird Lucien vorsorglich festgenommen. Dann findet die Küstenwache den toten Kammerer. Im Wasser, auf der Höhe der 108th Street. Auch die Brille wird gefunden.

In dem Bericht der *New York Times*, der auf der ersten Seite unter der Überschrift ‹Columbia-Student tötet Freund und wirft die Leiche in den Hudson› erscheint, wird als Grund für die Tat ein *indecent proposal*, ein ‹unanständiger Vorschlag› genannt. Burroughs und Kerouac werden verhaftet. Sie sind Tatzeugen, die es unterlassen haben, von einem Mord der Polizei Meldung zu machen. Auch diesmal lassen Burroughs' Eltern ihren Sohn nicht im Stich. Sie zahlen die vom Staatsanwalt festgesetzte Kaution von 2500 Dollar.

Kerouac sitzt inzwischen in dem Untersuchungsgefängnis ein, das als das ‹Bronx Opera House› bekannt ist – weil sie dort jeden zum Singen bringen. Sein Vater weigert sich, 100 Dollar Kaution für ihn zu stellen. Am Telefon erklärt er, Jack habe den guten Namen der Familie in den Schmutz gezogen.

Zwei Mafia-Killer werden zu Jack in die Zelle gesperrt, um ihn auszuhorchen.

Die *Daily News* weiß ihren Lesern zu berichten, daß Lucien im Gefängnis Rimbauds *Eine Zeit in der Hölle* und *Eine Vision* von Yeats liest.

Jack bittet Edie, Kaution für ihn zu stellen. Sie kann über das von ihrem Großvater geerbte Vermögen noch nicht selbständig verfügen. Der Rechtsanwalt ihrer Familie ist nur dann bereit, das Geld freizugeben, wenn sie und Jack verheiratet sind. Jack stimmt einer Eheschließung zu.

Am 22. August wird er von einem Detektiv in Zivil zum Rathaus ausgeführt. Dort warten Edie und Celine, die als ihre Trauzeugin fungiert. Jacks Trauzeuge ist der Detektiv. Sobald die Kaution hinterlegt ist, reisen Jack und Edie nach Grosse Pointe.

Bei der Verhandlung gegen Lucien sagt der Staatsanwalt zum Richter: ‹Euer Ehren, wir streben kein hartes Urteil an. Alles, was dazu beiträgt, daß sich der junge Mensch rehabilitieren kann, wird unsere Zustimmung finden.›[4]

Am 24. August 1944 wird Lucien Carr zu einer Haft von unbestimmter Dauer bis zu zwanzig Jahren verurteilt. Er wird aber nicht nach Sing-Sing, sondern wegen seines jugendlichen Alters in die Besserungsanstalt Elmira eingewiesen, was eine wesentliche Strafmilderung bedeutet.

Über Luciens Entwicklung während seiner Haft berichtet Allen Ginsberg an seinen Bruder Eugene: ‹...er scheint mir etwas ernüchtert und weg von seinem dekadenten philosophischen Nihilismus, den er früher gern zur Schau stellte. Er fängt an nachzudenken, schuldbewußt, würde ich meinen, seine Handlung neu zu bewerten, sich den Sitten wieder anzupassen.›[5] Dann zitiert er aus Carrs Briefen: ‹«Was das Gefängnisleben angeht», schreibt er mir, «so könnte ich nicht behaupten, daß ich die Disziplin hinter den Gitterstäben lieben gelernt hätte. Es ist eine negative Disziplin, aber man kann unter Druck so manches lernen, besonders in einer Gesellschaft, in der all deine Confrères im selben Boot sitzen. Der Mensch ist ein erstaunlich starkes Tier.»›[6]

Als Carr nach zwei Jahren entlassen wird, hat er sich von einem arroganten jungen Mann in einen Kleinbürger verwandelt, dem es vor allem darum zu tun ist, seine Vergangenheit zu vergessen.

Burroughs' Meinung zu dem Fall: Es gab etwas an Dave, was Lucien provozierte, ihn zu töten. Dave sah den Tod als eine Lösung für seine Obsessionen an. Wie in Mayerling: im Tod war er auf ewig mit Lucien vereint. Zu Lucien hat Burroughs gesagt: ‹Du solltest dir keine Vorwürfe machen, er wollte es, es hat ihn danach verlangt.›[7] Aber er ist sich auch darüber im klaren: Dies ist eine Sichtweise, die sich der Polizei oder den Gerichten nicht vermitteln läßt.

Und die Flußpferde 2
verschmorten in ihren Tanks

(1945) Kerouac—Ginsberg—Burrnughs

> Are you going to let your emotional life be run
>   by Time Magazine?
> I'm obsessed by Time Magazine.
> I read it every week.
> [...]
> It's always telling me about responsibility.
>   Businessmen are serious.
>   Movie producers are serious.
>   Everybody's serious but me.
>
> *Allen Ginsberg* [1]

Am Bahnhof werden Jack und Edie mit einer Packard-Limousine abgeholt. Die großen Villen, an denen sie vorbeifahren, erinnern Jack an die Häuser der Fabrikbesitzer in Lowell. Er murmelt: ‹Nichts als eine Ansammlung von Begräbnisinstituten.› [2]

Ein andermal sagt er:

‹Es gibt keine Tragödien in Grosse Pointe.› [3]

Das Leben in solchen Orten verläuft gedämpft, ruhig, würdig, komfortabel wie hinter einer unsichtbaren Watteschicht.

Für Jack kommt dieses Leben einer geistigen Kastration gleich. Wie soll er hier schreiben?

Nach ihrer Scheidung besitzt Edies Mutter nicht mehr ganz soviel Geld wie früher. Sie lebt mit ihrer Mutter und ihrer zweiten Tochter Charlotte nicht mehr in einer Villa, sondern in einer geräumigen Wohnung.

Jack verschwindet für Stunden auf die Toilette, und als ihn Edie fragt, was er denn dort so lange treibe, gibt er zu, daß er dort Shakespeare und die Bibel liest.

Edies Mutter hat sich einen Schriftsteller anders vorgestellt. Einmal fragt sie ihn: ‹Wirst du je so gut sein wie Pearl Buck?› [4]

Jack schwört sich: In Grosse Pointe bleibt er nur so lange, bis er genug Geld verdient hat, um die Kaution zurückzuzahlen.

Edies Vater besorgt ihm einen Job in einer Fabrik für Trailer. Zu Edie sagt Jack: ‹Der Unterschied zwischen uns beiden besteht darin, daß deiner Mutter eine Schuhfabrik gehört, während meine Mutter in einer Schuhfabrik ihr Geld verdienen muß.›[5]

Er beginnt einen Roman über seine Kindheit in Lowell. Charlotte versucht den Roman zu lesen, den er – handgeschrieben und auf gelbem Papier – begonnen hat, ist aber durch die Vielzahl der Personen so verwirrt, daß sie wieder aufgibt.

Jack bekommt Mumps, und seine Hoden schrumpfen. Er ist davon überzeugt, impotent geworden zu sein. Einbildung. Immer wieder hat er solche Hirngespinste. Als er Edie kennenlernte, machte er sich Sorgen wegen einer Warze auf seinem Penis.

Wie ist das überhaupt mit Jack und den Frauen? Er ist ein gutaussehender Mann. Er macht Eindruck auf Frauen. Gut, nachdem eine anfänglich bestehende Schamschwelle zusammengebrochen ist, hat er auch mit Männern geschlafen.

Er empfindet erotische Anziehung bei Frauen, aber es wird sich herausstellen, daß er zu einer länger dauernden Beziehung mit einer Frau nicht fähig ist. Warum? Etwa, weil er doch schwul ist und sich das nicht eingestehen mag? Er selbst bezeichnet sich als schüchtern. Er behauptet, nur mit Frauen schlafen zu können, mit denen zuvor seine Freunde geschlafen haben.

Wegen seiner inneren Unsicherheit gelingt es ihm bei aller Kritik an geltenden Konventionen nicht, die Vorstellung zu überwinden, daß der Mann in einer Beziehung immer der überlegene Teil sein muß, auch in seiner gesellschaftlichen Stellung und seinem Ansehen. Die Frau soll zu ihm aufschauen, ihn bewundern.

Er spricht auch von seiner Angst vor seiner Mutter beziehungsweise vor deren Moralvorstellungen.

Da er die Wünsche seiner Mutter nicht erfüllen kann, entwirft er das Bild einer Traumfrau, die es in der Realität nicht geben kann. Ideal für ihn wäre ‹eine unterwürfige, verführerische, schwarzhaarige, blauäugige Schönheit›[6].

Celine hat einmal zu ihm gesagt: ‹Um Gottes willen, Jack, glaubst du tatsächlich, es würde sich eine Frau finden, die dich besser versteht als Edie? Du bist nämlich verdammt launisch, weißt du, und das Mädchen, das bereit wäre, deine Launen so zu ertragen, wie es Edie tut, muß erst noch geboren werden.›[7]

Mit Hal Chase hat er seine Furcht erörtert, sich einer Frau auszuliefern: ‹Indem ich meinen Samen in eine Frau ausschütte, meine ich, einen Teil meiner selbst zu verlieren.›[8]

Die Ehe mit Edie wird im Sommer 1949 annulliert werden, aber in diesem Herbst 1944 will Jack nach New York.

Sein Schwiegervater besorgt ihm eine Mitfahrgelegenheit auf einem Fernlaster. Jack läßt sich im Hafen von New York auf der *Robert Treat Paine* anheuern, einem Schiff, das Norfolk in Virginia anläuft und von dort nach Neapel fährt. Als sie in Norfolk angelegt haben, droht ihm der Maat, er werde ihn sich unterwegs gefügig machen.

Der Maat hat ihn Pretty Boy und Baby Face genannt.

Der Maat ist ein Koloß von 230 Pfund.

Jack fürchtet, von diesem Mann vergewaltigt zu werden. Er geht heimlich von Bord und fährt mit dem Bus nach New York.

Er steht nun für ein Jahr auf der schwarzen Liste der Handelsmarine. Als besonders unehrenvoll gilt es, während des Krieges auf die schwarze Liste gesetzt worden zu sein. Das sieht nach Drückebergerei aus, nach Feigheit vor dem Feind.

Vorübergehend schläft er im Studentenheim bei Allen Ginsberg auf einer Matratze auf dem Fußboden. Eines Nachts sagt Allen schüchtern: ‹Jack, weißt du, daß ich in Lucien verliebt bin und auch in dich? Ich möchte mit dir schlafen.›[9]

Jack weist ihn nicht offen zurück, aber die Situation bereitet ihm Unbehagen.

In den nächsten Wochen unterwirft sich Kerouac ‹einem Experiment in künstlerischer Moralität›[10], wie er es nennt. Er schreibt und verbrennt alles Geschriebene sogleich wieder, um sich zu beweisen, daß er mit seinem Schreiben keinerlei materielle Ziele verfolgt.

Das Vertrauen, das sowohl Allen wie auch Jack zu Burroughs fassen, wächst. Er wird ihr Lehrer, ihr Welterklärer, ihr Beichtvater. Einmal klagt ihm Allen: ‹Niemand auf dieser Welt liebt mich. Niemand liebt mich. Niemand liebt mich.› Für Sentimentalitäten hat Burroughs nichts übrig. Achselzuckend erwidert er: ‹Warum zum Teufel sollte dich irgend jemand lieben!›[11]

Jacks Experiment findet Burroughs selbstquälerisch. Er führt ihn ab und an zum Essen aus, lädt ihn ins Kino ein oder in seine Wohnung, wo sie sich einen Schuß Morphium setzen. Im übrigen verschreibt Burroughs Jack ein literarisches Bildungsprogramm.

Jack verschlingt innerhalb weniger Monate die Werke von Lautréamont, Koestler, A. Huxley, Wells, Nietzsche, Freud, Aischylos und Goethe.

Der Einfluß Burroughs' muß eminent gewesen sein. Er bot seinen Schülern und Freunden das Programm einer Ein-Mann-Privatuniversität: ‹Bei unseren ersten förmlichen Besuchen bei Burroughs wollten Jack und ich vor allem herausfinden, was für ein Mensch er eigentlich war›, berichtet Ginsberg.[12] ‹War er wirklich böse oder eine Art außergewöhnliches, melancholisches Blues-Kind? Er las viel, lauter Bücher, die wir nicht kannten, also bezogen wir unsere Lektüre von ihm… wenn man all diese Bücher nimmt, würde es wohl ein oder zwei Jahre dauern, um sie sich zu beschaffen und sie wirklich auch genau durchzulesen. Burroughs hatte ja Englisch und Archäologie in Harvard studiert, aber damals beschäftigte er sich hauptsächlich mit Anthropologie. Er war interessiert an den Potlatch-Zeremonien der Kwakiutl, am *beardoch*, einer travestitisch-schamanischen Gestalt bei den [nord]amerikanischen Indianern, an der Psychologie der Affen, am Bewußtsein der Naturvölker, er interessierte sich für Psychopathen, wie es heute R. D. Laing tut, ihn interessierte, daß ihr krudes Bewußtsein ein gewisses Maß an Freiheit der mentalen Konzeption besitzt, die der sogenannte normale Mensch nicht hat. Burroughs kannte sich in gnostischen Kuriositäten aus, und sein Denken war von derselben praktischen Yankee-Art und Fragelust wie das seines Großvaters, der die Addiermaschine erfunden hat.›[13]

Kurz vor Weihnachten erfährt Kerouac, daß Edie in Grosse Pointe einen schweren Autounfall hatte.

Er fährt nach Grosse Pointe, läuft durch einen Schneesturm zum Haus der Parkers. Als er an der Tür ein Gebinde sieht, ist er sicher, sie sei inzwischen gestorben und bricht verzweifelt im Schnee auf den Stufen zusammen.

Offenbar finden sie nun nach der Trennung wieder Gefallen aneinander, denn einige Wochen später wohnen sie gemeinsam in New York zur Untermiete in einer geräumigen Wohnung, die Joan nach ihrer Scheidung in der 115th Steet gemietet hat.

Allen und Jack sind der Meinung, daß Burroughs und Joan eigentlich gut zueinander passen würden.

Trotz seiner eindeutigen homosexuellen Neigung freundet

Burroughs sich tatsächlich mit ihr an und zieht ebenfalls bei ihr ein. Den Platz von Lucien in Joans Wohnung nimmt nun Hal Chase ein. Er stammt aus Denver, was ihm Jacks Bewunderung einträgt, denn Kerouac ist der Ansicht, erst im Westen beginne das wahre Amerika. Hal Chase studierte Anthropologie in Columbia. Er ist blond, ziemlich aggressiv gegenüber Frauen, aber dann auch wieder schüchtern. Zwischen Jack und ihm entsteht bald eine enge Freundschaft. Außerdem ist da noch die rothaarige Vicky Russel, die bis vor kurzem als Straßenprostituierte gearbeitet hat. Durch sie und durch Burroughs lernen die Bewohner Benzedrin als Rauschmittel kennen. In Joans Zimmer steht ein breites Bett mit einem Baldachin aus orientalischen Stoffen. Auf diesem Bett liegen manchmal bis zu sechs Personen nebeneinander... im Benzedrinrausch... reden und reden.

Jack sieht manchmal so blaß aus, daß Vicky ihm ein Make-up macht, ehe sie mit ihm auf die Straße geht.

Unter den Bewohnern und Sympathisanten des Apartments in der 115th Street bilden sich mit der Zeit zwei Gruppen: Hal Chase erfindet für sie die Etiketten: Wolfeaner und Nonwolfeaner.

Die Wolfeaner, das sind heterosexuelle, ordentliche amerikanische Jungen, die an eine große Zukunft der USA glauben. Sie scharen sich um Jack Kerouac und Hal Chase. Im anderen Lager, dem der Nonwolfeaner, zu dem Hal Burroughs und Ginsberg rechnet, wird die Tradition der düsteren europäischen Schwulen hochgehalten. Die Nonwolfeaner glauben nicht an das weite, offene, taufrische, lyrische Amerika der Wolfeaner, versuchen aber immer wieder, mit ihnen ins Bett zu gehen.

Die Unterscheidung ist mehr als ein plakatives Schlagwort oder ein bloßer Hinweis auf die sexuellen Neigungen.

Jack und vielleicht mehr noch Hal identifizieren sich mit einer traditionell amerikanischen Rolle des Mannes: der des Familienvaters, der ehrlich und unverdrossen den Lebensunterhalt für sich, die Frau und Kinder verdient. Damit verbindet sich bei ihnen auch eine ganz bestimmte Vorstellung vom Schicksal und von der Lebensqualität in Amerika. Auf den entscheidenden Punkt hinweisend, schreibt Gerald Nicosia: ‹Für beide, Hal und Jack, ging es um mehr als um die Frage, mit wem man ins Bett gehen sollte... Allen konnte abschätzig von Amerika sprechen, Amerika war für ihn beschränkt, dumm und unbewußt. Jack hingegen schätzte gerade die Tatsache, daß so vieles in Amerika aus dem Unterbewußtsein kam, denn so war auch er, tatsächlich schrieb er aus dem Unterbewußtsein heraus. Jack identifizierte sich insofern mit Amerika, als Amerika gleich ihm so viele Paradoxe aufwies, es war ihm wichtig, gerade nicht zu versuchen, diese Paradoxe aufzulösen. Die Suche der Liberalen und Radikalen nach Antworten mußte unweigerlich in die Irre führen. Jacks Art, wie die der Pioniere Amerikas, war es, Antworten zu leben.>[14]

Natürlich hatte eine solche Einstellung auch Auswirkungen auf die Beurteilung literarischer Vorbilder. Auch Jack und Hal wußten gewisse Verse von Rimbaud und Baudelaire zu schätzen, aber mehr noch bewunderten sie die rohe Kraft und die hymnische Prosa eines Thomas Wolfe.

An den Nonwolfeanern störte sie vor allem, daß bei ihnen Leben immer mehr zu einem Nachvollzug einer literarischen Rolle geworden war. Man setzte sich nicht mehr der Wirklichkeit aus, man übernahm aus der Literatur ein Leben aus zweiter Hand. <Die Tragödie von Kammerers Tod ließ sich für sie teilweise mit einem bewußten Ausleben des Verlaine-Rimbaud-Szenarios von der unerwiderten schwulen Liebe und gewalttätiger Vergeltung erklären.>[15]

Solche kritischen Vorbehalte gehen nicht so weit, daß man sich an den allgemeinen Rauschgiftexperimenten nicht beteiligen würde. Im Gegenteil: Kerouac gewöhnt sich rasch daran, sich beim Schreiben von Benzedrin stimulieren zu lassen.

Burroughs, der immer am Kriminellen und am Milieu des Verbrechens interessiert gewesen ist, sucht jetzt über Vickys Freund Herbert Huncke in den Lokalen um den Times Square solche Kontakte. Dort trifft man kleine Taschendiebe, Zuhälter, Verbindungsmänner zur Welt des organisierten Verbrechens und Rauschgift-Dealer.

Jack hat wieder Kummer mit seiner Familie. Sein Vater ist an Krebs der Milz erkrankt und siecht unter fürchterlichen Schmerzen dem Tod entgegen.

Als Jack einmal seinen Freund Allen nach Ozone Park mitnimmt, um ihm eine Schallplatte vorzuspielen, die Sammy Sampas vor seinem Tod für Jack hatte herstellen lassen und die für ihn dessen Vermächtnis darstellt, kommt es zu einem weitausholenden Gespräch zwischen Allen und Kerouacs Vater, bei dem klar wird, welch tiefe Kluft zwischen der Welt von Jacks Familie und der seiner Freunde besteht.

Leo ist von Allens Wissen beeindruckt. Noch nie, sagt er, habe er einen Menschen erlebt, der so rasch sprechen könne wie Allen. Und Vater und Freund stimmen zunächst in ihrer Kritik an der katholischen Kirche als Institution überein.

Aber unerhört aufgebracht reagiert Leo auf Allens Verachtung für die altmodische Vorstellung eines persönlichen Gottes. Menschen, so Leo, hätten das Recht, zu glauben, was ihnen gefalle, und dieses Recht sei die hart erkämpfte Grundlage der amerikanischen Gesellschaft.

Primitiv findet Leo Allens Vorstellung, die amerikanische Gesellschaft zerfalle in zwei Klassen: Kapitalisten und Sklaven, und eine Änderung dieses Zustandes sei nur dadurch herbeizuführen, daß die Regierung die Wirtschaft strenger kontrolliere. Dann werde es nur noch Sklaven geben, ist Leos Antwort.

Während Allen Leos Denkweise durchaus interessant findet, ist Allen für Leo ein Verrückter.

Ein andermal nennt er ihn eine ‹Küchenschabe›. Leo fürchtet, Allen könne das wunderbare Talent seines Sohnes schmarotzerisch ausnutzen und Jack werde sich, indem er sich mit Schmutz aus der Gosse abgebe, um seinen guten Ruf bringen.

Mittlerweile hat Jack das Manuskript seines Romans *Die See ist mein Bruder* Raymond Weaver zu lesen gegeben, einem Literaturprofessor in Columbia, der das Originalmanuskript von Herman Melvilles *Billy Budd* wiederentdeckt und die erste Biographie über diesen Autor geschrieben hat. Allen Ginsberg berichtet dazu: ‹Weaver begriff sofort den magischen Aspekt von Kerouacs Charakter und sein mystisches Potential. Alle anderen in dieser Szene waren sehr materialistisch eingestellt, nach dem Motto: «Wenn ich eine Geschichte schreibe, muß sie eine Mitte, einen Anfang und ein Ende haben. Ich sollte nicht zu viele gewählte Worte benutzen, weil das nun einmal nicht der Tradition des Realismus entspricht, der ja aus dem älteren proletarischen Roman hervorgegangen ist und der für die Betrachtung eines neuen Amerikas und den Ausblick auf die Nachkriegsära sinnvoll schien.» Jeder schrieb rationalistische Diskurse, machte die Kommunisten verächtlich… wohingegen Kerouac über das Herniedersteigen von Engeln schrieb, die Overalls von Arbeitern trugen, was tatsächlich eine große Tradition in Amerika besitzt von Thoreau bis Whitman…›[16]

Aber sich auf eine solche Tradition zu berufen, war für einen jungen Autor, der Student in Columbia gewesen war, nicht leicht. Es bedeutete eine Entscheidung wider den Strich der herrschenden akademischen Lehrmeinung. Dazu noch einmal Ginsberg, der das literarisch-geistige Klima spöttisch so umschreibt:

‹Whitman wurde in Columbia zwar gelehrt, aber er wurde geschmäht. Ich erinnere mich, daß etwa um die Zeit, da *On the Road* entstand, ein junger, angesehener Instruktor am Columbia College zu mir sagte, Whitman sei kein seriöser Schriftsteller, denn er habe keine Disziplin. William Carlos Williams war ein unbeholfener Provinzler, ohne handwerkliche Fähigkeiten, und Shelley so eine Art dummer August. Es wurde damals in Columbia keine wirklich professionelle Poetik gelehrt. Das ganze weite Bewußtseinsfeld gnostischer Philosophie des Westens oder des Hinduismus, des Buddhismus, der östlichen Philosophie – das wurde totgeschwiegen. Keine Akzeptanz oder Vorstellung von den Möglichkeiten eines kosmischen Bewußtseins als einer alltäglichen Erfahrung. All das wurde als verschroben-pathologisch betrachtet. Also sah man in Whitman auch einen kruden Ja-Sager, den man abtun konnte, der wahrscheinlich eine frustrierte homosexuelle Libido gehabt hatte und seine eigenen pathologischen Empfindungen zu einem ozeanischen Bewußtsein morbider Art stilisiert haben mochte, das nichts zu tun hatte mit der Aufgabe realer Menschen, umgeben von einer Welt gefährlicher kommunistischer Feinde.›[17]

Weaver gibt seinen Rat an Kerouac in Form einer Leseliste, auf der Jack Melvilles *Pierre*, Jakob Böhme, das Totenbuch der Tibeter, Plotinus und die ägyptischen Gnostiker findet.

Die Ähnlichkeiten mit dem Buddhismus, der Begriff der ‹Leere›, der in verschiedenen Denksystemen auftaucht, faszinieren ihn.

Jack hat den Einfall zu einem Roman, der in einer Kleinstadt New Englands und in der Weltmetropole New York spielen soll. Das Manuskript, an dem er nun eifrig zu arbeiten beginnt, hat zunächst den Titel *Galloway* und wird später in *The Town and the City* umbenannt.

Man kann in diesem Text gewissermaßen eine *Duluoz Legend* en miniature sehen. Wie bei Jack Kerouac selbst verläuft die Bildungsreise des Helden Peter Martin von einer Familie der Unterschicht in der kleinen Fabrikstadt zu einer exklusiven Prep-School in Neuengland, dann zu einer der führenden Universitäten des Landes, über Seereisen mit der Handelsmarine während des Krieges, durch die schmutzige Welt der Kriminellen und Junkies um den Times Square in die Freiheit und zu einem Gefühl von Offenheit während einer Reise quer durch den amerikanischen Kontinent.

Über den inneren Entwicklungsprozeß des Helden, der dabei durchlaufen wird, urteilt Gregory Stephenson: ‹Das dabei erworbene Wissen ist größtenteils negativ. Es werden immer wieder Vorgänge der Desillusionierung, der Ungewißheit, der Selbstverachtung und Entfremdung geschildert, unterbrochen durch gelegentliche Ausblicke auf ein Aufleuchten von transzendentem Sinn. Peters hochfliegende Ideale und edle Vorsätze zerbrechen zunächst durch seine Erfahrungen als Hochschulsportler, durch die Wahrnehmung eines «mächtigen Abscheus in seiner Seele», was in der Vorstellung kulminiert, er selbst sei eine Art Betrüger, ein Fremder und Schurke. Schließlich gibt der Romanheld seine Ambitionen im Sport und an der Universität auf und tritt eine lange Reise an, eine Suche nach Selbstbestimmung und nach einer spirituellen Vision. Der Roman schließt mit diesem Bild: Peter, allein bei Nacht und Regen, auf der Reise nach Westen.›[18]

In der Tat ist *The Town and the City* ein Buch, in dem eine merkwürdige Übergangsstimmung herrscht. Die Motive des Leidens und des Todes spielen eine erstaunlich große Rolle. Sie spiegeln die tiefe Wirkung, die der Tod des Bruders, Leos qualvolles Sterben, gewiß aber auch der Tod von Jacks bestem Jugendfreund bei ihm hinterlassen haben.

Peter stellt sich die Frage: ‹Was, in Gottes Namen, hatte seinen Vater umgebracht?›[19]

Dieser Tod wird zum Exempel für das Schicksal des kleinen Mannes, der immer das Opfer ist, und für den Verfall der überkommenen Ideale. An Stelle der Werte, für die der Vater gelebt hat, treten in diesem Buch lediglich die Fragen der Söhne. Eine Sprache, in der allein sich die Antworten artikulieren könnten, ist noch nicht gefunden.

Stephenson hat recht, wenn er die Energie und die Vitalität der Charaktere betont, und gewiß werden zwei Alternativen vorgeführt: die Hingabe an die ‹natürliche Ordnung, wie sie im Anfangsteil des Buches beschrieben wird, das Aufgehobensein in einer ländlichen Lebensweise, zu der die Martins am Ende wieder zurückkehren›.

Der andere Weg ist das Leben in der Großstadt, im ‹städtischen Hipster-Milieu, degeneriert und zynisch, aber auch unschuldig, hoffnungsvoll und regenerativ – eine Verbeugung vor den sündigen Heiligen Dostojewskijs, die Apokalypse und spirituelle Erneuerung prophezeien›[20]. Dem entsprechen die Lebensläufe der beiden Brüder. Joe, der älteste der Martin-Geschwister, entscheidet sich für den ersten Weg, Peter für letzteren. Aber es sind nur theoretisch zwei gleichberechtigt nebeneinanderstehende Alternativen.

Insgesamt bezeugen die Stimmung des Romans, sein Erzählstil und vor allem der Schluß der Handlung eine erstaunlich konservative Grundstimmung des jungen Autors.

Formal ist der Einfluß Thomas Wolfes noch deutlich zu erkennen. Kerouac hat noch nicht zu seiner eigenen Sprache gefunden.

Auch Allen Ginsberg hat in einem Schreibkurs an der Universität einen Roman angefangen. Es ist für einen jungen Mann, der mit dem Schreiben beginnt, naheliegend, daß er sich als Thema Vorgänge und Ereignisse wählt, die ihn persönlich stark beschäftigen. Und gewiß hat Allen in jenem Kurs für *creative writing* auch zu hören bekommen, man solle immer über eine soziale Gruppe, über ein Milieu schreiben, in dem man sich genau auskenne. Was Wunder dann, daß sein Text den Mord an Kammerer zum Inhalt hat.

Ginsberg erhält einen Brief des Dekans Nicholas McKnight, in dem er aufgefordert wird, sich ein anderes Thema für seinen Roman zu wählen. Das Ansehen der Hochschule stehe auf dem Spiel.

Bei einer Aussprache mit Ginsberg nennt McKnight den Text ‹schlüpfrig›. Im Zusammenhang mit Kerouac fällt das Wort

‹Lümmel›. Damit nicht genug, er bestellt Allens Vater zu sich. Bei Louis Ginsberg beklagt er sich zunächst über Allens unkonventionelle Kleidung. Weiter beanstandet er, daß sein Sohn nachts gegen drei Uhr in einer Bar gesehen worden sei, wo er Bier getrunken habe.

Es bleibt in dem Gespräch nicht unerwähnt, daß Allen Umgang mit einem jungen Mann (Jack) hat, der in den Kammerer-Mord verwickelt gewesen ist und der, ob seiner ungesunden Ansichten, auf dem Gelände der Universität ungern gesehen wird. Auch über die Thematik von Allens Romanversuch läßt der Dekan sich aus: Homosexualität, ein Schlüsselroman, in dem Angehörige des Lehrkörpers, wenn nicht verunglimpft, so doch in herabsetzender Weise dargestellt werden. Ob Louis bekannt sei, was sein Sohn da schreibe, ja vielleicht sogar zu veröffentlichen beabsichtige?

Dem Vater wird bedeutet, er möge doch einen mäßigenden Einfluß auf Allen ausüben, ihm die Absicht, mit einem solchen Machwerk an die Öffentlichkeit zu treten, unbedingt ausreden, andernfalls sei nicht auszuschließen, daß Allen sein Stipendium verliere, man ihn von der Universität verweisen müsse. Sehr schade, bei der großen Begabung des jungen Mannes, die niemand bestreite. Louis verläßt das Zimmer des Dekans völlig zerstört, mit Tränen in den Augen.

Allen überkommt kalte Wut. Später erinnert er sich an die Situation und bewertet sie wie folgt: ‹Kerouac war es verboten, auf dem Campus zu erscheinen, und das nur, weil er das Footballteam geschmissen und merkwürdige dostojewskijhafte Freunde hatte. Es bedarf schon der Politik eines russischen Polizeistaates, eine solch idiotische soziale Situation heraufzubeschwören. Wir kannten uns doch alle. Es war ein kleines Campus, vierhundert Studenten. Und jeder kannte jeden.›[21]

Man kann vermuten, daß Ginsberg über diesem Ereignis die feineren Unterdrückungsmechanismen in einer sogenannten demokratischen Gesellschaft, die das Recht der freien Meinungsäußerung garantiert, ein für allemal klargeworden sind.

Einige Tage später sitzt Jack mit Burroughs zusammen. Edie ist wieder mal nach Grosse Pointe heimgefahren. Jack ist in letzter Zeit häufig bei seinen Eltern in Queens gewesen. Sie reden über Jacks Schwierigkeiten mit Frauen. Burroughs hält ihm vor, er müsse sich unbedingt aus der Abhängigkeit von seiner Mutter befreien. Jack, der weiß, daß Burroughs nur zu recht hat, ist betroffen. Er geht zu Allen in die Hamilton Hall. Sieht Allen das auch so? Ja, Allen stimmt Burroughs bei. Jack ist erregt. Ein Konflikt ist angesprochen, von dem er ahnt, daß er ihn nie wird lösen können. Er sucht bei Allen Verständnis. Sie reden lange. Es wird spät… zwei Uhr nachts. Warum soll Jack nicht über Nacht im Studentenheim bleiben? Die beiden jungen Leute legen sich nebeneinander ins Bett.

In seinem Zorn über die Professorenclique und in seiner Verärgerung darüber, daß die irische Putzfrau nie die Fenster ordentlich putzt, hat Allen auf die schmutzigen Scheiben mit dem Finger eine obszöne Zeichnung gemalt und daruntergeschrieben: ‹Butler hat keine Eier› und ‹Fickt die Juden›.

Die Putzfrau, die in der Bemalung der Scheibe sehr wohl eine Kritik an ihrer Arbeitsweise sieht, läuft an diesem Morgen zu einem gewissen Dean Fermin, Direktor der Universitätsverwaltung.

Fermin betritt das Studentenzimmer, ohne anzuklopfen, und findet die beiden Freunde noch nebeneinander schlafend in einem Bett. Jack springt auf, läuft in das angrenzende Zimmer eines anderen Studenten, der schon zur Vorlesung gegangen ist, und zieht sich im Bett das Laken bis über die Nasenspitze. Allen versucht zu erklären, wie es dazu gekommen ist, daß Jack in seinem Zimmer übernachtet hat.

Fermin konzentriert sich auf die Zeichnungen und Sprüche an der Scheibe und befiehlt Allen, sie auf der Stelle auszuwischen.

Offiziell wird Allen mit einer Strafe von 2,63 Dollar wegen der Übernachtung eines Fremden in seinem Zimmer belegt. Er wird zu einem Gespräch zum Dekan bestellt. Das Gespräch beginnt mit dem Satz: ‹Mr. Ginsberg, Sie sind sich hoffentlich der Enormität dessen, was Sie sich haben zuschulden kommen lassen, bewußt.›

Ginsberg berichtet: ‹Burroughs hatte uns gerade *Voyage au bout de la nuit* zu lesen gegeben. Da kommt diese Szene vor, in der Céline auf dem Schlachtfeld steht und ihm klar wird, er ist von lauter gefährlichen Irren umgeben. Also schaute ich den Dekan an, erinnerte mich an diesen Satz und dachte: Paß auf, das ist ein gefährlicher Irrer. Enormität! Das Wort ist unglaublich. Ich sagte also: Ja, das bin ich, Sir, buckelnd und kriechend, was kann ich tun, um aus dieser Situation herauszukommen, wie kann ich mich entschuldigen. Der Dekan war irre, und Columbia College war irre. Nun, worauf ich hinauswill: es gab einen Unterschied zwischen privatem Bewußtsein, das wir hatten, und dem offiziellen Bewußtsein. Das private Bewußtsein war die Kameraderie und die Selbstverständlichkeit, spät in der Nacht miteinander zu reden, sich Gedichte vorzulesen, zu schlafen, subjektive persönliche Beziehungen zu haben, und das öffentliche Bewußtsein zeigte sich in einem Satz wie «Mr. Ginsberg, Sie sind sich hoffentlich der Enormität dessen, was Sie sich haben zuschulden kommen lassen, bewußt!»›[22]

Zunächst lautet das Urteil: Verweis von der ehrbaren Alma mater. Auf Zureden und Bitten der Professoren Lion Trilling und Mark Van Doren, vielleicht aber mehr noch aus Mitleid mit Allens Vater, der immerhin ein recht bekannter Lyriker ist, wird der Hinauswurf schließlich abgemildert. Sobald ein Psychologe Allen bescheinigt, daß er reif und fähig ist, dem Studiengang an der Universität zu folgen, darf Allen sein Studium wiederaufnehmen.

Ginsbergs Kommentar: ‹Zunächst einmal war es ja ein Akt großer Hysterie, Dummheit und Unsensibilität, Kerouac vom Campus zu verbannen. Völlig unakademisch. Ich meine, man stelle sich mal vor, Sokrates hätte versucht, Alkibiades vom Gespräch auszuschließen. Das war einfach nicht in Ordnung, es war nicht klassisch. Und diese Leute spielten sich als die Erben der Tradition und die Wächter über Lehre und Weisheit auf. Tatsächlich stellten sie sich genau zu dieser Zeit in den Dienst der Militärs, bauten die Bombe, trafen heimlich die wichtigste politische Entscheidung des Jahrhunderts, ohne das Volk zu befragen. Aus späterer Sicht kann man sagen, daß die ganze Universität damals in ein kapitalistisches Berufsbildungszentrum verwandelt wurde.›[23]

Ginsberg belegt einen vier Monate dauernden Kurs bei der Handelsmarine-Akademie in Sheepshead Bay, Brooklyn.

Er versuche, schreibt er an Jack, sich hinter der Maske eines Durchschnittsmenschen zu verstecken. Das geht so lange gut, bis ihn seine Klassenkameraden bei der Lektüre der Gedichte Hart Cranes überraschen.

Er macht seine Abschlußprüfung an der Akademie Ende 1945. Er erkrankt an einer Lungenentzündung. Kaum genesen, fährt er sieben Monate zur See. Er selbst sieht diese Reisezeit unter zwei Gesichtspunkten: Eine Art Klosteraufenthalt, dazu bestimmt, die Bindungen an Familie, Freunde und Schule endgültig zu lösen. Und er will auch die Trennwand durchstoßen, die seiner Meinung nach die Universität zwischen ihren Zöglingen und der Realität errichtet.

> ... diddle in doorways
> Know whores thirdhand
> after everyone else is finished
> Stagger befuddled into East River sunset
> Sleep in phone booths
> Puke in pawnshops ...
>
> *Lawrence Ferlinghetti* [1]

Einen anderen Weg, um den Kontakt zur rauhen Wirklichkeit herzustellen, geht Burroughs. Ihn plagt wieder einmal eine Art metaphysische Langeweile. Der Krieg ist zu Ende. Zuvor aber sind die beiden Atombomben auf Hiroshima und Nagasaki abgeworfen worden. Nie, erklärt Burroughs seinem geistigen Schüler Kerouac, werde die Welt wieder sein wie vor diesem Ereignis.

Auch Burroughs und Kerouac haben begonnen, die Lucien-Kammerer-Affäre in einen Roman umzusetzen.

Sein Titel lautet: *Und die Flußpferde verschmorten in ihren Tanks.* [2] Burroughs hat diesen Satz einmal bei einem Rundfunkreporter gehört, der über einen Großbrand im Zoo von Chicago berichtete und sagte: ‹Das Feuer vernichtete zwei Gebäude und drei Morgen Waldland...› Dann geriet seine Stimme plötzlich außer Kontrolle, und es folgte der für den Titel verwendete Satz.

Burroughs' These, abgeleitet von Freud: So, als Versprecher getarnt, durchbricht das Unterbewußte immer wieder die moralisierende Zensur des Über-Ich.

Sein Vorschlag: Von dieser Einsicht her einen literarischen Stil entwickeln.

Während Jack neben gemeinsamen Schreibversuchen mit Burroughs Stendhals *Rot und Schwarz* liest und Parallelen zieht zwischen Leo und dem Vater des Romanhelden, werden Burroughs' Kontakte zum Verbrechermilieu immer enger. Gleichzeitig gerät er immer stärker in die Abhängigkeit von Drogen.

Hat Burroughs von jeher einen Hang zur Erforschung des Düsteren, Kriminellen und Verbotenen gehabt, so überträgt sich das nun auf die ganze Gruppe, zum ‹Verbindungsmann› zwischen ihnen, den ‹Unterirdischen›, und der ‹Unterwelt› wird ein gewisser Herbert Huncke, ein Mann, der zu dieser Zeit um die vierzig Jahre alt ist. Huncke ist früh mit Prostitution und Rauschgift in Berührung gekommen, hat sich als kleiner Dealer und Zuhälter seit 1940 in New York durchgeschlagen. Er hat mehrmals im Knast gesessen und verfügt über die Verbindungen, um die es Burroughs zu tun ist.

In diesen Jahren, als Burroughs süchtig wird, süchtig werden will, hausen in Hunckes Wohnung in der Henry Street außer seiner Freundin, der Prostituierten Vicky, noch zwei andere schräge Vögel. Der eine, Phil White, ist ein professioneller Taschendieb, der andere, Bob, arbeitet als Mixer in einem Drugstore in der Columbia University, hat aber den Ehrgeiz, im organisierten Verbrechen eine Position zu erringen. Huncke, Phil und Bob sind eine Zeitlang zur See gefahren. Sie hatten dabei die Bekanntschaft eines schwulen Matrosen gemacht, der sich Zugang zur Bordapotheke verschaffte und schließlich nicht davor zurückgeschreckt war, Morphiumsyretten aus dem Notgepäck von Rettungsbooten zu stehlen. Nun hören Phil und Bob durch Huncke von einem Mann, der eine Maschinenpistole und sechzehn Kästen mit Morphiumsyretten absetzen will. Dieser Mann ist Burroughs.

Huncke erzählt: ‹Bob hatte Bill in der Eisbar des Drugstores, wo er arbeitete, kennengelernt. Bill war dort Stammkunde. Er ging jeden Nachmittag in den Laden, um dort einzukaufen, und schaute jedesmal auf eine Limo und einen kurzen Schwatz in der Eisbar vorbei. So hatten sie sich angefreundet, und eines Nachmittags hatte Bill Bob gefragt, ob er wüßte, wo man eine Pistole verkaufen könne. Bob hatte sich über die Frage sehr gefreut — zweifellos schmeichelte ihm Bills Vertrauen. Außerdem wünschte sich Bob nichts sehnlicher, als daß man ihn für einen echten Gangster hielt, möglichst für einen Waffenschieber.›[3]

Bill erscheint mit einer abgesägten Maschinenpistole und dem Morphium, das er über seine alte Liebe Jack Anderson bezogen hat. Als er den Stoff zunächst nicht absetzen kann, probiert er ihn selbst aus. Er ist fasziniert von der Veränderung seines Körpergefühls, aber dann steigen Schreckensbilder in ihm auf.

Er hat das Gefühl, als hebe er mit großer Geschwindigkeit vom Boden ab. Er scheint zu schweben, eine Welle von Wohlbehagen breitet sich durch das Gewebe seiner Haut aus. Darauf folgt ein Gefühl der Angst und die Vision einer mit Neonlicht erleuchteten Cocktail-Lounge. Eine Kellnerin kommt mit einem Totenschädel auf dem Tablett. ‹Ich will diesen verfluchten Schädel nicht›, hört Burroughs sich selbst sagen, ‹bringen Sie ihn zurück.›[4]

Ein paar Tage später verkauft Burroughs den Stoff für vier Dollar die Kiste. Zehn Schachteln behält er zurück.

Es dauert nicht lange, da kauft Burroughs auch die Syretten zurück, die er zuvor verkauft hat, nun zu einem höheren Preis.

Burroughs wird immer mehr von Morphium abhängig. Um sich den Stoff zu beschaffen, braucht er entweder Geld oder gefälschte Rezepte. Beides bekommt er nur mit Hilfe seiner neuen Bekannten, der Taschendiebe und Einbrecher.

Huncke verschafft sich dadurch zehn Dollar, daß er sich von Dr. Kinsey über seine sexuellen Gewohnheiten befragen und die Länge seines Penis messen läßt.

Als sie mit ihrem Interview fertig sind, fordert ihn der Sexualforscher auf, ihm weitere Testpersonen zu besorgen. Huncke vermittelt Burroughs, Joan und seine Freundin Vicky.

Huncke und ein Bekannter brechen in ein Kleidergeschäft ein. Phil White und Burroughs geben die elegantesten der Kleider an eine Arztgattin weiter, die ihnen dafür einen Rezeptblock besorgt.

Burroughs unterhält in der Henry Street eine Ein-Zimmer-Wohnung, in der noch nicht abgesetztes Diebesgut gelagert wird.

In diesem Raum wird Huncke, den ein unzufriedener Drogenkunde verpfiffen hat, verhaftet. Burroughs lebt zu dieser Zeit schon mit Joan zusammen in der 115th Street.

Joan ist inzwischen benzedrinsüchtig geworden.

Ihren jungen Liebhaber, John Kingsland, hat sie ausgebootet, was Burroughs nicht daran hindert, den jungen Mann dafür einzusetzen, ihm Morphium zu beschaffen.

Wieder ist es Ginsberg, der die politischen und sozialen Aspekte der Drogenszene ins Auge faßt: ‹Huncke war Morphinist, und als wir ihn beobachteten, sahen wir den Unterschied zwischen dem autoritären Gesetz, das über Huncke als kranken Junkie verhängt war, und dem, was wir selbst erlebten: daß er krank war und Hilfe gebraucht hätte, und daß es keinen Grund gab, ihm eine Aufrechterhaltungstherapie, wie das heute genannt wird, vorzuenthalten, also Versorgung mit Drogen durch einen Arzt. Huncke war es auch, der uns erzählte, daß die Drogenpolizei selbst unter dem Tisch eifrig mit Drogen handelte, gerade wie in den Tagen, da General Raoul Salan und der französische Nachrichtendienst in Indochina den Drogenhandel organisierten... die Gewinne steckten sie ein oder finanzierten damit die eigenen paramilitärischen Verbände.›[5]

Joan ist nun zweiundzwanzig.

Zu Burroughs sagt sie anerkennend: ‹Du vögelst wie ein Zuhälter.›

Trotz Billys Homosexualität ist zwischen den beiden ein enges Verhältnis entstanden.

Joan entwickelt ein überscharfes Hörvermögen. Sie erzählt beispielsweise von den Gesprächen eines irischen Paares in der Wohnung unter der ihren. Das Paar streitet sich häufig. Es geht um die sexuellen Probleme, die sie miteinander haben. Sie bezeichnen Joan als Hure. Sie wissen, daß alle Bewohner der Wohnung – auch Allen ist inzwischen dort eingezogen – Rauschgift nehmen, und überlegen, ob sie die Polizei verständigen sollen.

Eines Tages hört Joan, daß der Mann die Frau zu erstechen droht. Allen und Jack rennen die Treppe hinunter. Es stellt sich heraus, daß die Wohnung seit längerer Zeit leersteht.

Was Joan gehört hat, waren Halluzinationen unter dem Einfluß von Amphetaminen.

Kerouac muß sich um seinen Vater kümmern, dem es zunehmend schlechter geht. Um sich nachts munter zu halten, um seine Schuldgefühle und Depressionen zu bekämpfen, nimmt Jack immer größere Mengen Benzedrin. Allen schreibt er, die Droge erweitere das Bewußtsein, mache aber den Körper schlapp und bewirke bei ihm Haarausfall. Im Dezember 1945 wird er ernsthaft krank. Er bricht bei einem Spaziergang zusammen. In seinen Beinen haben sich Blutgerinnsel gebildet. Wochenlang liegt er mit heißen Kompressen um die Beine im Krankenhaus. Er hört die Ärzte über Vor- und Nachteile einer Amputation beraten. Das Schreiben wird in diesen Wochen ein Anschreiben gegen Todesängste.

Als er nach Hause entlassen wird, findet er dort einen alten Mann vor, der im Bademantel dasitzt, eine Decke über den Beinen, ihn mit großen, trostlosen Augen anblickt und auf den Tod wartet.

Immer wieder muß Leos aufgedunsener Leib durch Punktierung entwässert werden. Die letzte psychische Anstrengung verwendet der Vater darauf, seinen Sohn von seinen Vorurteilen zu überzeugen:

‹Nimm dich vor den Niggern und den Juden in acht.›

Als Leo schließlich im wahrsten Sinn des Wortes in Jacks Armen stirbt, stürzt ihn das in eine tiefe Depression, aus der er sich lange nicht befreien kann. Er wohnt bei Gabrielle in Ozone Park und stürzt sich in die Arbeit an dem Manuskript *The Town and the City*.

Er scheint in diesen Monaten die Arbeit an dem Roman als eine Art von heiliger Handlung betrachtet zu haben. Als hätte er damit ein Denkmal für den toten Bruder und den gestorbenen Vater errichten wollen. Er hat die Vorstellung, mit der Niederschrift des Manuskripts einen Akt der Reinigung seiner selbst zu vollziehen. Er wird sich langsam darüber klar, daß dies nicht ein Roman für einen kleinen Kreis von Eingeweihten sein wird, sondern ein Buch für ein breites Publikum; in seine Genugtuung mischt sich Furcht.

Ein anderes Manuskript, das er zusammen mit Burroughs geschrieben hat, ist fertig geworden. Die beiden Verfasser haben dafür das Pseudonym Seward Lewis gewählt. Sie schicken es an mehrere Verlage. Es wird überall abgelehnt. Die sarkastisch-rotznäsige Art und Weise, in der da ein Mordfall behandelt wird, schockiert die Verleger und Redakteure.

Im April 1946 wird Burroughs verhaftet und wegen Verstoßes gegen das Rauschgiftgesetz angeklagt. Diesmal steht ihm das Wasser bis über die Nasenlöcher. Der plötzliche Entzug bringt ihn fast um. Er irrt schwitzend und zitternd durch seine Zelle und murmelt: ‹Vierzig Jahre, Mann, vierzig Jahre, das halt ich nicht durch.›[6]

Joan besorgt mit Hilfe seines Psychiaters die Kaution und verständigt seine Eltern.

Wieder auf freiem Fuß, muß Burroughs sehen, wie er an Stoff kommt. Die Heroinbriefchen kosten drei Dollar das Stück.

Er besorgt das Geld auf Streifzügen mit Phil White durch die U-Bahnhöfe, wo sie Stadtstreicher ausrauben, die auf den Bänken oder auf dem Boden schlafen. Burroughs baut sich vor ihnen mit einer weit geöffneten Zeitung auf. White durchsucht sie. Leichenfledderei heißt diese Praktik in Fachkreisen.

Huncke wird wieder für drei Monate ins Loch gesteckt.

Im Juni 1946 kommt Burroughs' Fall zur Verhandlung. Da es das erste Mal ist, läßt das Gericht Milde walten.

Vier Monate auf Bewährung unter der Auflage, daß Burroughs New York verläßt und den Sommer bei seinen Eltern in St. Louis verbringt.

Dort trifft er seinen alten Freund Kells Elvins, der es inzwischen in der Schlacht im Pazifik zum Captain der Marine gebracht hat.

Die beiden Freunde überlegen, wie sie rasch zu viel Geld kommen könnten. Schließlich kauft Kells zehn Morgen Ländereien mit Zitrusbäumen am Rio Grande.

Aber der Markt für Landwirtschaftsprodukte hat seine Tükken. Er ist höchst krisenanfällig. Nach solchen Erfahrungen beschließt Burroughs, in einer abgelegenen Gegend in Texas ein Grundstück zu erwerben, um darauf Marihuana anzubauen und von dort aus den Drogenmarkt in Manhattan zu beliefern. Bei einem kurzen Besuch in Mexiko wickelt er problemlos seine Scheidung von Ilse Klapper ab.

Langsam löst sich der Kreis um die Wohnung in der 115th Street in New York auf. Ginsberg fährt zur See. Edie Parker ist in Grosse Pointe. Hal Chase ist ausgezogen. Jack lebt in der elterlichen Wohnung.

Joan hat immer größere Schwierigkeiten, die Miete aufzubringen und sich Benzedrin zu kaufen. Ohne das Aufputschmittel hält sie es nicht mehr aus. Huncke spielt sich als ihr Beschützer auf. Er bricht Autos auf, um ihr etwas Geld zustecken zu können. Das weiß sie zu schätzen, aber sie sucht auch einen Mann, der mit ihr schläft. Vor solchem Ansinnen wird es Huncke angst und bange. Vor seinen Kumpanen vom Times Square aber gibt er, um sich in Szene zu setzen, Joan als seine Frau aus. Seine Angeberei bringt sie auf, und sie blafft ihn an: ‹Tu nicht so, als wäre ich deine alte Dame!›[7]

Sie, die einmal eine schöne, elegante Frau gewesen ist, verfällt körperlich und psychisch immer mehr... treibt immer mehr dem Wahnsinn entgegen. Huncke stiehlt wie ein Rabe bei Fremden und Freunden. Er erleichtert Ginsberg um dessen Plattenspieler, den er versetzt. Burroughs kommt aus Texas nach New York. Immer noch haben Joan und er zumindest zwei gemeinsame Interessen: Rauschgift und die Kodizes der Mayas.

Joan hat den Einfall, die Maya-Priester könnten die Fähigkeit besessen haben, über das gemeine Volk eine Art von Bewußtseinskontrolle auszuüben – eine Idee, die Burroughs stark beschäftigt und die er später literarisch ausbeuten wird.

Burroughs schläft mit Joan in einem kleinen Hotel am Times Square.

Sie treffen auch Allen, der in Columbia wieder zugelassen worden ist.

Joan wird schwanger. Burroughs behauptet, genau gespürt zu haben, wann sie das Kind empfangen hat. Eine Abtreibung kommt für ihn nicht in Frage. Abtreibung ist in seinen Augen eine Art von Mord. Weihnachten verbringt er als artiger Sohn bei seinen Eltern in St. Louis.

Joan fährt nach Neuengland, um dort ihre Tochter abzuholen, die ihre Eltern vorübergehend zu sich genommen haben. Am 2. Januar 1947 reist sie mit dem kleinen Mädchen nach Texas, ans Ende der Welt, wohin Burroughs vorausgefahren ist.

Auftritt eines Asphalt-Cowboys

(Ende 1946) Cassady—Ginsberg—Kerouac

America when will you be angelic?
When will you take off your clothes?
Allen Ginsberg[1]

Nun haben wir Neal Cassady und LuAnne eingeholt. Man wird sich erinnern: Anfang Dezember hat LuAnne ihrer Tante in Sidney, Nebraska, alles hingeworfen, und sie sind mit gestohlenen Dollars und einem Wagen, den Neal kurzgeschlossen hat, auf und davon. Neal hat es sich in den Kopf gesetzt, nach New York zu fahren, wo seine wunderbaren Freunde leben.

Er ist zwanzig,

ein Gefängnisvogel, der voll darauf abfährt, ein wirklicher Intellektueller zu werden.

Ein großer Schwätzer,

einer, der noch jeden über den Haufen schwafelt: ‹Mit anderen Worten, wir müssen zu jeder Zeit auf Draht sein, Liebling, wie ich sage, sonst kommt alles ins Schwanken, und die richtige Weisheit wird fehlen, und unsere Pläne werden sich nicht herauskristallisieren.›[2]

Das Mädchen neben ihm mit dem Schmollmund: *sweet sixteen/just to see the boy*, etwas üppig, kastanienbraunes Haar.

Und er redet mit seinen Lieblingsproblemen weiter auf sie ein, ‹denn für ihn war das Geschlechtliche die einzig heilige und wichtige Sache im Leben, wenn er auch schwitzen und fluchen mußte, um genug zum Leben und was dazugehört zu verdienen›[3].

Neal will in Columbia studieren.

Seinen Freunden pflegt er lachend zu versichern, daß alles gut ist, ‹«solange ich immer noch die lieben kleinen Mädchen mit dem lieben kleinen Etwas zwischen den Beinen kriegen kann»›[4].

Aber er will auch schreiben lernen.

Er, der zwanzigjährige junge Mann, der in den letzten Jahren immer wieder wegen Autodiebstählen in der Erziehungsanstalt eingesessen hat.

Briefe sind ihm nach New York vorausgeeilt, Briefe und Gerüchte. So entsteht, noch ehe er da ist, eine Legende.

‹Eine so wunderbar offene Seele›, beschreibt ihn Ginsberg, ‹sehr amerikanisch-whitmanisch, universal in diesem Sinn. Dieser Aspekt von emotionaler Großzügigkeit des Adams war genau das, was aus dem öffentlichen Leben Amerikas ausgetrieben worden und was selbst im privaten Bewußtsein in dem Abschnitt zwischen der Lebenszeit von Thoreau und Whitman und der Nachkriegsära des Zweiten Weltkriegs durch eine machohafte, kapitalistische, vom Wettbewerb bestimmte selbstsüchtige Ethik ersetzt worden war.›[5]

Die Fahrt endet katastrophal.

Die Fahrbahn hinter Sidney ist völlig vereist.

Die einzige Möglichkeit, überhaupt weiterzukommen: Er muß den Fußgängerstreifen benutzen.

Neal hat höllische Angst, von der Polizei erwischt zu werden.

‹Noch einmal Gefängnis, noch einmal Erziehungsanstalt›, sagt er zu LuAnne, ‹das überstehe ich nicht.› Er will zu einem Freund auf eine Ranch, sich Geld leihen. Doch dann bricht der Wagen zusammen, und er entschließt sich, mit dem hübschen Gör geradewegs nach New York zu sausen.

Sie fahren Greyhound.

‹Spring auf den grauen Hund!›

Sie haben nur wenige Kleider bei sich, aber mehrere Bände Shakespeare und Proust.

Von dem Busbahnhof in Manhattan geraten sie ausgehungert in Hector's Cafeteria.

‹…ganze Reihen von Mürbekuchen mit Erdbeeren, bereits zerteilt in zwölf Stücke, illuminieren die Mitte der L-förmigen Theke – gewaltige Salate, Hüttenkäse, Ananas, Pflaumen, alles, was du willst, Eiersalat, Backpflaumen, Teller, überquellend von Trauben, blaßgrün und braun – immense Formen mit Käsekuchen, Himbeercremetorte, flockig, schwarze Napoleons, einfache Boston-Kuchen, Eclairs, enorme dunkle Schokoladekuchen (glühend skatologisch braun) – tiefer Strudel von Zeit und Strom…›[6]

Schlaraffenland.

The Big Rock Candy Mountains.

Das große Bonbon-Gebirge aus den Halluzinationen der Hobos, das Traumland, in dem die Polizisten alle Holzbeine haben und die Polizeihunde Gummizähne.

Sie hauen ihre letzten 35 Dollar auf den Kopf. Sie wollen ein Hotelzimmer mieten.

Der Portier glaubt ihnen nicht, daß sie verheiratet sind.

Neal versucht es allein.

Er bekommt ein Zimmer.

Später holt er LuAnne nach.

Am nächsten Tag treffen sie in Columbia Hal, der den Wunderknaben aus dem Westen seinen Freunden schon angekündigt hat.

Untergebracht wird das Pärchen bei einem Verwandten von Allen. Eine Bude ohne warmes Wasser über Spanish Harlem.

Dort sucht Jack Kerouac sie eines Morgens auf.

Neal öffnet ihm... nackt, aus einer Umarmung LuAnnes aufgeschreckt.

Jack sieht sich einem Mann gegenüber, der wie sein Spiegelbild aussieht.

Ein athletischer Mann, durchtrainiert, mit einer gebrochenen römischen Nase, der angeblich 100 Yards in zehn Sekunden läuft, den Football über 70 Yards paßt, 50 Klimmzüge schafft und sechsmal am Tag onanieren kann.

Enthusiasmus, Energie und physische Schönheit sind die Magneten der gegenseitigen Anziehung.

Beide erschrecken über diese Ähnlichkeit zwischen ihnen, die sofort eine merkwürdige Beziehung herstellt. Als ob das eigene Spiegelbild lebendig würde. Sal Paradise alias Jack Fortune alias Jack Kerouac erzählt: ‹Er war einfach ein Junge, den das Leben furchtbar erregte, und wenn er auch ein Hochstapler war, so schwindelte er nur, weil er so heftig leben und mit Menschen zusammenkommen wollte, die ihm sonst keine Beachtung geschenkt hätten. Er nahm mich aus und wickelte mich ein, und ich wußte es (mit Wohnung und Essen und «Wie-schreibt-man» usw.), und er wußte, daß ich es wußte (das war die Grundlage für unsere Beziehungen)... Ich begann, genausoviel von ihm zu lernen, wie er vermutlich von mir lernte. Was meine Arbeiten anging, meinte er: «Nur weiter, alles, was du machst, ist großartig.» Er sah mir über die Schulter, wenn ich Geschichten schrieb, und schrie: «Ja! So ist's richtig! Prima, Mensch!» und «Dufte!»

und wischte sich mit dem Taschentuch über das Gesicht. «Mensch, es gibt so viel zu tun, so viel zu schreiben. Wie soll man überhaupt *anfangen*, das alles zu Papier zu kriegen – ohne modifizierte Einschränkungen und ganz frei von literarischen Hemmungen, grammatikalischen Ängsten und solchen Dingern.»›[7]

Cassadys Lebendigkeit, seine Unbekümmertheit, die Aura von Wildheit und Freiheit sind für Jack Offenbarungen. Über der Bekanntschaft mit Neal wird ihm klar: Dies sind auch seine eigenen, bis dahin uneingestandenen Wünsche. Mit Cassady begegnet Kerouac ein asozialer Mensch, der rücksichtslos und mit großer Energie seinen Gelüsten – schnelle Autos, Frauen, Rauschgift – lebt, ohne Bedauern, moralische Skrupel oder schlechtes Gewissen. Immer hin und her gerissen zwischen der von der Gestalt seiner Mutter verkörperten wohlig-miefigen Welt katholisch-mystischen Kleinbürgertums und dem Lebensgefühl jener Gruppe intellektueller Freibeuter in Columbia, macht Jack aus Neal sofort ein Idol – einen Helden, den er liebt und bewundert.

Mal sieht er in ihm gewissermaßen die Wiedergeburt seines toten älteren Bruders Gerard, mal spricht er von Blutsbrüderschaft, meint damit aber eigentlich Wahlverwandtschaft.

Wie in allen Beziehungen aus starker Liebe und Bewunderung gibt es auch hier eine Schattenseite: Neal trägt das Böse in sich, vor dem Jack flieht und sich fürchtet.

Es wird in der Beziehung der beiden Männer Zeiten geben, in denen Jack den großen Freund seines Lebens völlig fallenläßt.

Andererseits schließt bei Neal Freundschaft Unzuverlässigkeit nicht aus.

Vorerst aber sind sie ein Herz und eine Seele, haben sich so viel zu sagen, so viel miteinander zu besprechen.

LuAnne stört dabei nur. Sie soll Geld verdienen. Was sie offenbar falsch versteht.

Sie arbeitet in einer Bäckerei. Sie wird gleich am ersten Tag bei einem Griff in die Ladenkasse erwischt und heimgeschickt.

Ein Dummchen, so sieht sie aus, und so sieht sie sich selbst. LuAnne spürt die Gefahr, Neal zu verlieren, und da sie ihn aufrichtig liebt – wer liebte einen solchen Mann nicht, alle lieben ihn –, kommt sie auf einen teuflischen Einfall: ‹Alles ging ganz prächtig mit uns, alles lief prima, und es war nicht so, daß ich mir's regelrecht ausgedacht hätte. Neal kam eines Nachts heim

von der Arbeit. Da entfuhr es mir einfach. Ich hab später tausend-
mal überlegt, warum ich's gesagt habe, und immer noch finde ich
keine befriedigende Antwort. Tausend Entschuldigungen, ja. Ich
sagte ihm, die Polizei sei dagewesen und sie seien hinter ihm her.

Das versetzte ihn völlig in Panik. Ich mußte alles in die Truhe
werfen. Die und ein paar Koffer schleppten wir immer mit uns
rum. Und Neal verschwand und ließ mich all die Sachen nach
Jersey City bringen. Ich konnte sehen, wie ich damit bis zur Bushaltestelle kam, zwei Koffer und die Truhe, und wir fuhren auf
der Straße um New York City und New Jersey[8] herum. Wir
schliefen in geparkten Autos... etwa drei Wochen.[9] Dann nahm
ich den Bus nach Denver. Neal blieb in New York. Ich schlief zwei
Nächte auf der Busstation, dann rief ich meine Mutter an.›[10]

Damit ist LuAnne vorerst aus dem Verkehr gezogen. Neal
treibt sich weiter in New York herum, arbeitet als Parkwächter,
wohnt bei diesem und jenem Freund, schlägt sich durch. Vom
Studium in Columbia ist nicht mehr die Rede. Aber die große
Stadt und ihre Menschen sind auch ohnedies interessant genug.

Eines Nachts schlafen Allen und Neal im selben Bett. Allen,
durch viele Zurückweisungen sehr vorsichtig geworden, bleibt
auf Distanz. Aber dann sagt Neal: ‹Na, komm doch.›

Allen ist überglücklich.

Für ihn ist es die große Liebe.

‹Ich denke, er sah, daß ich jemanden so sehr brauchte, denn ich
war fast jungfräulich und so in mich eingesperrt, daß er sich öff-
nete, sich nackt auszog und die Arme um mich legte.›[11]

Für Neal, der es gewohnt ist, mit Männern und mit Frauen zu
schlafen, ist es ein beiläufiges Ereignis.

Neal kehrt nach Denver zurück.

Mit Jack unterhält er einen sehr ausführlichen Briefwechsel, in
dem unter anderem genau beschrieben wird, wie Neal auf der
Rückfahrt nach Denver ein Mädchen verführt.

‹In Columbia, Missouri, stieg eine junge (19), völlig passive
(mein Opfer) Jungfrau ein und setzte sich auf den Nebensitz... In
meiner Trübsinnigkeit darüber, daß ich Pat, die Vollkommene,
verloren hatte, beschloß ich, am hellen Tag im Bus sitzend (hinter
dem Fahrer), sie zu verführen, ich redete von 10.30 Uhr vormit-
tags bis 2.30 Uhr nachmittags. Als ich fertig war, rief sie (verwirrt, ihr ganzes Leben auf den Kopf gestellt, in metaphysischer

Verblüffung über mich, leidenschaftlich in ihrer Unreife) ihre Familie in Kansas City an und ging mit mir in einen Park (es wurde gerade dunkel), und ich bumste sie, ich fickte wie nie zuvor; all meine aufgestauten Gefühle fanden in dieser Jungfrau Erlösung (u. das war sie), die übrigens Lehrerin ist! Stell dir vor, sie absolvierte zwei Jahre staatliches Lehrerseminar in Missouri u. unterrichtet jetzt an der Highschool. (Ich kann nicht mehr klar denken.)

Ich werde jetzt aufhören zu schreiben. Ach ja, um für einen Augenblick von meinen Emotionen wegzukommen. Du mußt die *Toten Seelen* lesen. Teile davon (in denen Gogol sein Wissen zeigt) sind genau wie Du...«[12]

Die drei Freunde haben, als sie sich trennen, sich vorgenommen, auf alle Fälle im Sommer in Denver wieder zusammenzukommen. Für Neal ist der intellektuelle Austausch mit Jack wichtig.

Jack sieht in Neal einen Freund, wie ihm Sammy Sampas ein Freund gewesen ist, nur daß bei Neal die Attraktivität des Bösen dazukommt.

Allen, der immer noch überschwenglich in Neal verliebt ist, kommt als erster und finanziert seinen Aufenthalt als Lagerarbeiter in einem Warenhaus.

Neal meint, wo er nun einmal da sei, dürfe er ihn nicht enttäuschen, und das homosexuelle Verhältnis zwischen den beiden setzt sich vorerst fort. Aber es gibt noch LuAnne, Neals Ehefrau, und schließlich kommt eine vierte Person hinzu, die Neal im Sturm erobert und mit seiner unerschöpflichen Liebesenergie beglückt.

Das Mädchen heißt Carolyn Robinson. Sie ist die Tochter eines Professors für Biochemie an der Vanderbilt Medical School in Tennessee. Aufgewachsen ist sie auf einer restaurierten alten Plantage, zweiundzwanzig Meilen außerhalb von Nashville. Sie ist das jüngste von fünf Kindern und hatte wenig Umgang mit Freundinnen oder Freunden gehabt, weil das Anwesen ihrer Eltern ziemlich isoliert lag. Sie hat gut zeichnen gelernt. Sie ist belesen. Ihre Lieblingsbücher sind ausgesprochen romantisch. Immer wieder kann sie die Werke der Brontë-Schwestern durchschmökern. Bei seinem fünfundsechzigsten Geburtstag hat sie ihrem Vater zum erstenmal einen Kuß gegeben. Seine moralischen Anschauungen wurden vom Rest der Familie geteilt. Sexualität gilt als eine letztlich unerfreuliche Sache, über die man auch im engsten Familienkreis besser nicht spricht. Über die sogenannten Tatsachen des Lebens ist Carolyn von ihren Eltern folglich nie aufgeklärt worden.

Mit zwanzig wird sie von einem fünfunddreißigjährigen Schlagersänger entjungfert, den sie bittet, sich scheiden zu lassen. Er denkt nicht daran. Kurz darauf umwirbt sie ein Leutnant der Marine-Reserve, ein Gockel, der ihr ein Luxusleben bieten will. Dann kommt ein Städteplaner, ein Engländer, den ihre anglophilen Eltern als den idealen Bräutigam betrachten. Sie selbst lehnt diesen Mann energisch ab und kann sich damit auch durchsetzen.

Die einzige sie selbst zufriedenstellende Beziehung hat sie Mitte der vierziger Jahre mit einem Ingenieurstudenten, der sie im Frühjahr 1947 verläßt, als er sich in ein Erstsemester verliebt.

Diesen Stationen ihrer erotischen Sozialisation verdankt es Carolyn, daß sie dem ersten außergewöhnlichen und unkonventionellen Mann, an den sie gerät, mit Haut und Haar und unter Ausschaltung jeglichen Urteilsvermögens verfällt.

Immerhin hat sie zu diesem Zeitpunkt schon an der Universität Denver ihre Abschlußprüfung in bildender Kunst abgelegt.

Der junge Mann, mit dem sie in diesen Wochen ausgeht, heißt Bill Tomson und spielt sich gern als der Held wilder Abenteuer auf. Nach und nach wird ihr klar, daß es nicht seine, sondern die Erlebnisse eines Freundes sind, die er ihr auftischt. Tomson begeht die Unklugheit, Neal in Carolyns Zimmer im Colburn Hotel mitzubringen. Zunächst ist Carolyn von Neal nicht besonders beeindruckt. Sie findet sein Aussehen eher mittelmäßig. Womit er sie schließlich für sich einnimmt, das ist die Vitalität, die er ausstrahlt. Er läßt durchblicken, er habe das Columbia College besucht. Carolyn stellt sich vor, der unheimliche Heathcliff sei den Romanseiten von *Wuthering Heights* entstiegen und stehe als ein junger Mann ihrer Tage vor ihr.

Cassady seinerseits rühmt vor Ginsberg als Carolyns Hauptattraktion ‹eine Art von Bewußtsein, eine Aufgeschlossenheit, ein intuitives Verstehen, das wie das unsere ist›[13].

Er gibt zu, daß sie vielleicht für seinen Geschmack etwas zu brav sei, aber das stelle auch eine Herausforderung dar.

Gleich bei ihrer ersten Begegnung – Tomson, Al Hinkle mit

Freundin, Neal und seine Ehefrau LuAnne sind zu einer Party zusammengekommen – beginnt Neal seine Minen zu legen.

Als die Gesellschaft in Carolyns Hotelzimmer aufbricht und auf dem Flur in den Fahrstuhl steigt, wendet er sich noch einmal zu Carolyn um und macht ihr ein Zeichen, über dessen Sinn sie zunächst nur rätseln kann.

Um zwei Uhr nachts steht er dann vor ihrer Zimmertür und bittet sie, bei ihr übernachten zu dürfen. Er behauptet, er sei ihr auf Gnade oder Ungnade ausgeliefert, seine Frau habe ihn vor die Tür gesetzt, überhaupt sei ihre Ehe am Ende. Als sie ihn fragt, warum er gerade zu ihr komme, ist er um eine Antwort nicht verlegen. Sie sei die einzige Frau unter fünfzig in diesem Hotel, erklärt er lachend.

Sehr schmeichelhaft. Aber Carolyn muß auch lachen. Vor der Tür kann sie mit ihm nicht länger diskutieren. Die Hotelleitung hat sie ohnehin schon wegen Tomsons Besuchen verwarnt. Ein bißchen Abenteuerlust ist auf ihrer Seite wohl auch mit im Spiel – mit einem wie ihm fertig zu werden, traut sie sich zu.

Neal, der immer von Intellektuellen lernen will und hier die Chance sieht, eine Affäre mit einer gebildeten Frau zu beginnen, gelingt es, Carolyn im Laufe von ein paar Abenden im wahrsten Sinn des Wortes zu beschwatzen.

Immer mehr beeindrucken sie seine charmanten Lügen, sie fürchtet aber auch, man könne ihn in ihrem Zimmer entdecken und ihr kündigen. Bei ihr zu übernachten wird für Neal schließlich zu einer Art Gewohnheitsrecht.

Er ist schlau genug, ihr vorerst nicht zu nahe zu treten.

Doch dann landet der *con man* seinen großen Coup!

Neal schleust in jener Nacht, in der er mit der unerfahrenen Carolyn zum erstenmal schläft, unter dem Vorwand, auch sein armer Freund habe keine Bleibe, Allen mit in das Hotelzimmer seiner Freundin ein.

‹Es war elf, als ich sie an der Tür hörte, kichernd und leise sprechend. Ich beeilte mich, sie hereinzulassen. Meine Liebe zu Neal überwog wieder einmal meine Furcht vor der Hoteldirektion. Sie sahen aus wie ein Paar Kobolde, grinsten mit funkelnden, geröteten Augen. Sie hatten wohl getrunken, obwohl ich keinen Alkohol roch, als Neal mit den Lippen meinen Hals berührte. Dann zogen sich *beide* Männer aus.

Ich seufzte, machte so etwas wie einen Tanzschritt, meine Gedanken rasten, aber mir fiel nichts ein, womit ich mich Allens Anwesenheit widersetzen konnte. Neal sah meinen schockierten Gesichtsausdruck, dessen bin ich mir sicher, aber er sagte nur: «Ich verschwinde mal rasch ins Badezimmer, Allen wird dir helfen, das Bett herunterzuklappen.»»[14]

Man kann sich vorstellen, wie Neal innerlich gefeixt haben mag über seine wohlausgeklügelte Strategie mit dreifachem Boden:

Er will Allen vorführen und ihm ein für allemal klarmachen, welcher Art seine wahren sexuellen Neigungen sind. Er will Carolyn durch Allens Anwesenheit düpieren und einschüchtern. Aus alledem scheint er eine Steigerung seiner Lust zu beziehen.

‹Neal schlang seine Arme um mich und bepflasterte meinen Hals abwärts und aufwärts mit Küssen, während er redete. «Nun, Liebling – ist es nicht Zeit? Was meinst du denn, wie lange ich das noch aushalte. Ich bin bisher immer brav gewesen, stimmt's? Aber du weißt, wie sehr ich dich liebe – bitte, Liebling, reg dich nicht auf. Es kommt alles in Ordnung. Wo stecken wir nur Allen hin?»»[15]

Als Allen auf die Couch gepackt und das Licht gelöscht ist, steigt Neal zu Carolyn ins Bett. Sie verhalten sich mucksmäuschenstill, bis Allen scheinbar eingeschlafen ist. ‹Ich zitterte. Es verlangte mich nach einem Vorspiel, nach einigen Präliminarien... nun, Neal hatte mich bis dahin nie angerührt, außer ein paar Küßchen und Händchenhalten war nichts gelaufen. Nur zu bald rückte er jetzt nahe an mich heran und küßte mich, während er mir meinen Schlafanzug auszog. Meine Gedanken flirrten wie Schneeflocken, und meine Empfindungen weigerten sich, in die richtige Rille zu springen, bei der man sich der Leidenschaft einfach hingibt, so unerhört bewußt war mir, daß Allen sich nur ein paar Handbreit von meinen Füßen entfernt befand. Wie oft hatte ich mir unsere erste Vereinigung vorgestellt – aber sicher nicht so. Ich betete, Allen möge einen festen Schlaf haben, als Neal die Bettdecke zurückstreifte und seine Shorts auszog...›[16]

Die nachfolgenden Sätze lassen keinen Zweifel daran, daß diese Verführung einer Vergewaltigung ziemlich nahe gekommen ist:

‹Wie konnte er nur meine steife Frigidität nicht bemerken? Selbst nachdem er neben mir erschöpft dalag, fühlte ich mich wie ein Stein, bis auf den immer noch anhaltenden Schmerz. Meine Ohren hörten Geflüster von glühendem tiefem Entzücken, dann schlief er auf der Stelle ein. Benommen und geschwächt schlüpfte ich aus dem Bett, suchte Zuflucht im Badezimmer...›[17]

LuAnne ist inzwischen im Bild. Sie ist von dem wütenden Bill Tomson informiert worden, der sich an der Nase herumgeführt und abgehängt sieht.

Eine heillosere Verwicklung von Liebesfixierungen und Enttäuschungen ist kaum vorstellbar. Man kann auch lachen und an eine Commedia dell'arte denken oder an Casanovas Memoiren. Vielleicht hat Neal sie studiert.

Neal macht mit Carolyn Hochzeitspläne. Er kann nicht leugnen, noch immer mit LuAnne verheiratet zu sein, aber sie sei entschieden nicht die richtige Frau für ihn, wisse das auch, sei bereit ihn freizugeben.

Zu einem Eklat kommt es aber erst, als Carolyn Neal mit LuAnne und Allen im Bett überrascht. Damit, daß LuAnne ihre Rivalin ist, hat sie sich abgefunden. Die Möglichkeit einer sexuellen Beziehung zwischen Neal und Allen ist ihr nie in den Sinn gekommen.

Jetzt erklärt ihr Neal, Allen sei heftig in ihn verliebt und er könne ihn nicht enttäuschen. Er habe versprochen, ihn auf einer Fahrt zu Burroughs' Marihuana-Farm in Texas zu begleiten.

Allen wiederum muß erkennen, daß seine Liebe zu Neal, an die zu glauben er sich gewöhnt hat und die er in Gedichten besingt, von diesem nicht erwidert wird.

In seiner Enttäuschung nennt er Neal eine ‹schmutzige, ein doppeltes Spiel treibende, treulose Hündin›[18].

Neal versucht es mit endlosen Erklärungen, die letztlich alle darauf hinauslaufen, daß Sex mit Frauen ihm mehr Spaß macht als mit Männern. Immerhin bietet er an, sie könnten doch zusammen mit einem Mädchen leben. Wahrscheinlich denkt er dabei an Carolyn.

Wohl nicht zuletzt unter dem Eindruck seiner Bewunderung für sie ist ihm über sein Verhältnis zu Allen klargeworden, ‹daß es mich nicht befriedigt, Dich zu lieben, ich meine, körperlich, ich habe eine Abneigung gegen Schwule u. Männer, und bei Dir habe ich mich bewußt zu einem homosexuellen Verhalten gezwungen›[19].

Trotzdem ist er gegenüber Allen nicht ohne Schuldbewußtsein.

Unterwegs 5

(1947) Cassady—Ginsberg—Kerouac

> Self be your lantern
> Self be your guide –
> Thus spoke Tathagata
> Warning of radios
> That would come
> Some day
> And make people
> Listen to automatic
> Words of others...
> *Jack Kerouac* [1]

Unterdessen hat sich Jack Kerouac, der das Frühjahr hindurch Bücher über die Pionierzeit gelesen und Atlanten gewälzt hat, eine rote Linie entlang der Route 6 von Cap Cod nach Nevada gezogen. Er hat die Arbeit an *The Town and the City* vorläufig unterbrochen. Er ist wild entschlossen – so stark wirkt der Magnet der neuen Freundschaft –, Gabrielle in Ozone Park Adieu zu sagen, um mit Neal das wahre Amerika kennenzulernen.

Seine erste Trampfahrt beginnt mit einer Enttäuschung. Er hat den Unterschied zwischen den Routen und Ortsnamen auf einer Landkarte, an denen sich die Phantasie entzündet, und der Wirklichkeit zu berücksichtigen vergessen.

Er fährt mit der Subway zur 242nd Street und von dort mit dem Bus und per Autostop in die Bear Mountains im Staat New York und auf dem Highway nach Westen.

Am Ende steht er durchnäßt in einer einsamen Gegend mit wenig Verkehr. Er muß zurück nach New York und nimmt den Bus nach Chicago. Wieder per Autostop überquert er von Joliet aus den stinkenden Mississippi, fährt, Apfelkuchen und Eiscreme mit Truckern verspeisend, durch Iowa.

Nach einer verwirrenden, schlechten Nacht in einem Eisenbahnhotel bekommt er die Kehrseite des Trampens zu spüren, das frustrierende Warten... stundenlang... an einem Ort wie

Stuart in Iowa, die Autos, die nicht halten wollen, mit Reden kommentierend, die ihm wie ein innerer Dialog durch den Sinn gehen.

Das werden die Passagen in *On the Road*, die zu den besten Beschreibungen von Landschaften in den USA im 20. Jahrhundert zählen.

Auf dieser ersten Reise des amerikanischen Sindbads zeichnen sich die Bilder in sein Gedächtnis ein: ‹In der Dämmerung kamen wir nach Council Bluffs; ich blickte hinaus. Den ganzen Winter über hatte ich von den großen Wagengemeinschaften gelesen, die hier Rast hielten, bevor sie die Pfade nach Oregon und nach Santa Fe einschlugen; und natürlich sah man jetzt nur neckische Vorstadthäuschen in dem einen oder anderen entsetzlichen Stil; sie breiteten sich in der trüben grauen Morgendämmerung aus. Dann Omaha und, bei Gott, der erste Cowboy, den ich sah, er ging in einem Zehn-Gallonen-Hut und in Texas-Stiefeln an der öden Mauer des Fleisch-Großlagers entlang und sah aus wie irgendein abgetakelter Charakter an den Ziegelmauern der Lagerhausviertel im Osten, außer was die Aufmachung angeht.›[2]

Von keinem anderen Autor dieser Generation ist die Eigenart, die merkwürdige Spannung zwischen Realität und Romantik, die der amerikanischen Landschaft innewohnt, so treffend auf den Punkt gebracht worden wie von Kerouac. Was er, ohne große Worte zu machen, nicht zuletzt durch die Musikalität seiner Sätze, festzuhalten weiß, sind amerikanische Epiphanien. Nicht in seinen Menschendarstellungen, sondern vielmehr in der Wiedergabe der Atmosphäre des alltäglichen Amerikas liegt seine Meisterschaft. In diesem Sinn kann man bei seinen besten Texten durchaus von poetischen Reportagen sprechen.

Es ist eine Poesie des Unterwegsseins, des Unerwarteten, ein Sinn für die Schönheit des Alltäglichen, die Lust auf einen Zustand, in dem wieder alles möglich ist, Freude und Leid, die Erfahrung von Natur in ihrer Schönheit und Feindlichkeit, von menschlicher Freundlichkeit, von Egoismus und Grausamkeit, mit einem Wort: von Unmittelbarkeit.

Dabei spielt freilich die alte Mythe, die im 19. Jahrhundert die Pioniere immer weiter nach Westen hatte ziehen lassen, als Erinnerung eine wichtige Rolle. Hier ist es öd, trist, armselig, aber hinter dem nächsten Bergrücken, jenseits des nächsten Flusses, hinter der nächsten Wegkreuzung kann schon alles ganz anders sein. Dort winkt vielleicht das Glück, dort liegt vielleicht das Paradies.

Gewiß ist Kerouac – und mit ihm die Helden seines bedeutendsten Romans *On the Road* – auf der Flucht, auf der Flucht vor Enge, Erstarrung, Langeweile, Uniformität.

Das Gefühl von Freiheit, dem Kerouac auf dieser Reise wie einem besonderen, für ihn erfundenen Rauschgift verfällt, teilt sich auch mit in den Gesprächen, in der Art, wie Menschen auf den Straßen Amerikas spontan erzählen:

‹Der Kerl brüllte in das Gebrumm hinein, und ich brauchte nur zurückzubrüllen; und wir machten es uns bequem. Und er rollte das Ding bis Iowa City und brüllte mir die ulkigsten Geschichten zu: wie er die Polizei in jeder Stadt mit unfairer Geschwindigkeitsbegrenzung zum besten gehalten hatte, und sagte immer und immer wieder: «Diese gottverdammten Polypen werden *mir* keine Fliegen auf den Arsch setzen!»›[3]

Als Jack Denver erreicht, ist Allen schon einen Monat da. Neal ist völlig davon in Anspruch genommen, sowohl die Liebeswünsche von LuAnne als auch die von Carolyn zu befriedigen. Jack merkt bald, daß Neal keine Zeit finden wird für eines ihrer langen Gespräche, auf das er sich so gefreut hat. Aber er lernt in diesen Tagen auch Carolyn kennen, die Neal ihm als seine zukünftige Frau vorstellt.

Carolyn findet, Jack sehe eigentlich besser aus als Neal.

Als Jack zu ihren Kursen an die Universität kommt, als sie feststellen, daß sie gemeinsame Bekannte haben, als Carolyn ihre Bewunderung für das kleine Notizbuch bekundet, das Jack immer bei sich trägt, um Straßenszenen und Dialoge zu skizzieren, wie er es nennt, bahnt sich da eine Zuneigung zwischen ihnen an.

Dann gehen sie eines Abends zu dritt aus, und weil Neal nicht tanzen will, tanzt Jack mit Carolyn.

Er flüsterte ihr ins Ohr: ‹Zu schade... daß dich Neal zuerst entdeckt hat.›[4]

Es ist nur ein sehr kurzer Augenblick, in dem zwischen ihnen alles möglich ist. Dann wissen beide wieder, wo ihr Platz ist. Aber dieser Augenblick bleibt wichtig. Jahre später werden sie sich beide an diesen Augenblick erinnern.

Jack entfernt sich bald aus der spannungsreichen Atmosphäre in Denver. Er fährt nach San Francisco, wo ein alter Bekannter, Henri Cru, mit seinem Mädchen jenseits der Golden Gate Bridge in Marin County lebt.

Jack hat gehofft, einen Job als Matrose zu finden. Daraus wird nichts. Er läßt sich als Nachtwächter in einem Baustofflager anstellen. Er muß eine Uniform tragen und, was ihm noch unangenehmer ist, ein Gewehr.

Cru und seine Freundin streiten häufig. Mal unternimmt Cru kostspielige Sauftouren, mal versinkt er im heulenden Elend.

Jack trampt weiter. Er ersteigt den Mount Tamalpais, nördlich von San Francisco, einen heiligen Berg der Indianer. Nebel treibt gegen den Ozean hin. Er verbeugt sich im Gebet und fühlt sich wohl in diesem alten Naturheiligtum. Von dort aus trampt er nach Fresno, wo es mit den Mitfahrgelegenheiten nicht mehr klappen will, so daß er bis Los Angeles den Bus nimmt.

Er lernt eine schüchterne kleine Frau, Bea Franco, kennen, lächelt sie an, streichelt sie, singt für sie Schlager, bis sie Zutrauen zu ihm faßt. Er streift mit ihr durch L. A.: ‹South Main Street, wo Terry [Beas Name in *On the Road*] und ich mit Würstchen in der Hand zu spazieren pflegten, war ein phantastischer Jahrmarkt von Lichtern und Verrücktheit. Praktisch an jeder Straßenecke tasteten gestiefelte Polizisten Leute ab. Die verwahrlostesten Typen des Landes schwärmten auf den Gehsteigen – all das unter jenen milden Sternen Südkaliforniens, die sich im braunen Heiligenschein des riesigen Wüstenlagers verlieren, das L. A. in Wirklichkeit ist. Man konnte den Geruch von Tee und Kraut, ich meine Marihuana, in der Luft schweben spüren, zusammen mit dem von Chili-Bohnen und Bier. Der große, wilde Lärm von Bebop strömte aus den Bierschenken; er vermengte sich in der amerikanischen Nacht mit aller Art von Cowboy-Melodien und Boogie-Woogie zu Potpourris… Verrückte Neger mit Be-bop-Mützen und Spitzbärten gingen lachend vorbei; dann langhaarige Jazzfans, ohne einen Pfennig in der Tasche und geradewegs von der Route 66 aus New York…›[5]

Als sie kein Geld mehr haben, beschließen Jack und Bea, per Autostop nach New York zu trampen. Als das nicht klappt, nehmen sie den Bus bis Bakersfield in Kalifornien. Sie arbeiten auf den Feldern, nehmen Beas kleinen Sohn zu sich. Die Erde fühlt sich gut an, sagt sich Jack, als sie Baumwolle pflücken. Unerfahren, wie er ist, verdient er erbärmlich wenig, und als es in den Nächten kalt zu werden beginnt, können sie mit einem Kleinkind nicht länger im Zelt wohnen bleiben. Jack schmerzt der Rücken. Er ist das Leben eines Landarbeiters leid. Er spürt den Drang, wieder etwas zu schreiben. Er schickt Mutter und Kind zu Beas Eltern zurück, trampt nach Los Angeles und besteigt dort, bewaffnet mit zehn Sandwiches, den Bus nach Pittsburgh. Für eine Fahrkarte bis nach New York hat sein Geld nicht gelangt.

Wieder trampend und halb betäubt vor Hunger, trifft er einen streitsüchtigen Hobo, den er den Geist von Susquehanna tauft, einen bärtigen alten Mann, der ständig halb wirr von Essen redet und davon, daß er nach Kanada will. Schließlich nimmt ein Vertreter für Installationsmaterial Jack in seinem Wagen mit und setzt ihn am Times Square ab. Huncke, den er in einer Bar oder einem Restaurant anzutreffen hofft, ist nicht da.

Der Lärm von Manhattan trifft Jack wie eine Faust, die einem ins Gesicht gepflanzt wird: das ‹phantastische Gewühl von New York [...], wo Millionen und aber Millionen einander auf der Jagd nach Dollars drängen und stoßen: raffend, grabschend, gebend, seufzend, sterbend, in einem verrückten Traum, nur damit sie in jenen furchtbaren Friedhofstädten hinter Long Island City begraben werden›[6].

Jack erbettelt von einem Touristen ein paar Cent und fährt mit der Subway heim zu seiner Mutter nach Ozone Park.

Er versenkt sich wieder in seine Romanwelt, die Welt der Kleinstadt Galloway.

Gabrielle ist froh, den Sohn zu Hause zu wissen, und er nimmt ihre Bevormundung gern in Kauf, weil er sich damit die nötige Ruhe für seine Arbeit am Roman verschafft.

Unterdessen haben Neal und Allen mehrere Wochen auf Burroughs' Farm verbracht. Die silbergraue Hütte liegt im Bayouland von Osttexas, malerisch drapiert mit Tillandsien und dem Rankenwerk tropischer Pflanzen. Das Marihuana gedeiht unter dem Schatten von Eichen, zur Tarnung gibt es auch eine Plantage mit Zitrusbäumen. Regelmäßig lassen sich Gürteltiere sehen. Bill spritzt sich jeden Tag dreimal Heroin, sitzt zumeist unter dem Vordach und schießt mit Flinte oder Pistole auf Bäume. Joan hat einen

Sohn zur Welt gebracht, was sie nicht davon abhält, weiter Benzedrin zu nehmen. Auch Huncke ist da, macht sich als Faktotum nützlich – und Joan schöne Augen, ohne daß sie seine Zuneigung erwidern würde. Ihr körperlicher Verfall ist unübersehbar. Allen zimmert ein Bett, aber Neal ist nicht bereit, es mit ihm zu teilen.

Neal hat Allen eine letzte Liebesnacht in Houston versprochen. Allen will danach auf einem Schiff nach New York anheuern und so das Geld für das Herbstsemester in Columbia verdienen. Neal will noch bis zum Ernten des Marihuanas bleiben und den Stoff mit Bill im Auto nach New York auf den Markt schaffen. Der Abschied der beiden Männer wird zu einem Fiasko.

Während Allen zum Büro der Seeleute-Gewerkschaft gegangen ist, nimmt Neal Nembutal und gabelt in der Stadt ein Mädchen auf. Sie ist eben aus einer Nervenklinik entlassen worden.

Als Allen zurückkommt, trifft er die beiden im Bett an. Er ist wütend und enttäuscht.

Immerhin hat Ginsberg ein Schiff gefunden. Es wird insgesamt fünfzig Tage unterwegs sein; je zwanzig Tage nach Dakar und wieder zurück, und zehn Tage wird das Schiff in dem afrikanischen Hafen vor Anker liegen. Eine großartige Gelegenheit, ein Stück Nordafrika kennenzulernen.

Das zusätzliche Geld, das Allen verdienen wird, will er in eine Psychoanalyse investieren.

Was Burroughs angeht, steht Neal zu seinem Versprechen und fährt mit ihm und Huncke die Marihuana-Fracht nach New York. Die Preise, die er in der Metropole erzielen kann, bleiben weit hinter seinen Erwartungen zurück.

Neal hat in New York keine Bleibe. Er verdient nur mäßig, jedenfalls nicht genug, um eine Frau und das Kind durchzubringen, das Carolyn inzwischen von ihm erwartet.

Carolyn kann aus ihrer Familie auch nichts herausquetschen, da ihre Mutter das Zusammenleben mit ihm mißbilligt. Auch LuAnne ist in San Francisco, zunächst ohne daß Carolyn etwas davon weiß. Das zwingt Neal abermals zu einem komplizierten Doppelleben voller Lügen und Ausreden, was dafür zu sprechen scheint, daß ihm solche Situationen irgendwie auch gefallen. Und Neals Noch-Ehefrau LuAnne setzt unterdessen Himmel und Hölle in Bewegung, um ihn zurückzugewinnen. Seine Trennung von ihr hat er mit dem Vorwurf begründet, sie sei von ihm nicht schwanger geworden und er wolle endlich Kinder. Nach nervenzerfetzenden Auftritten, unter denen vor allem Carolyn zu leiden hat, gelingt es Neal, LuAnne dazu zu überreden, in die Annullierung ihrer Ehe einzuwilligen.

Am 8. Februar 1948 feiert Cassidy seinen zweiundzwanzigsten Geburtstag, indem er vierzehn Stunden auf dem Rücksitz seines Wagens verbringt. Er spielt mit einem silbernen Revolver, überlegt, ob er ihn an die Schläfe setzen und seinem Leben ein Ende machen soll.

Dem ist im Monat zuvor ein anderes Unternehmen vorausgegangen, bei dem Neal wohl bewußt sein Leben aufs Spiel gesetzt hat. Bei einem Blizzard ist er ohne Schneeketten und Frostschutzmittel von San Francisco nach Denver gefahren, wo endlich die Auflösung seiner Ehe mit LuAnne ausgesprochen werden sollte. Weder er und erst recht nicht Carolyn glauben noch daran, daß es dazu kommen wird. Zu oft hat Neal Carolyn immer wieder hingehalten oder belogen. Das Auto gibt auf dem berüchtigten Donner Pass seinen Geist auf. Die Temperatur sinkt weit unter Null. Sieben Stunden lang wartet Neal in einem Dämmerzustand, den er als Abstieg ins Nichts bezeichnet, auf seinen Tod. Dann wird die Straße hinter ihm geräumt, und ein Bus taucht auf, dessen Fahrer ihn abschleppt.

Am 1. April 1948, dem Tag der Narren, heiratet Neal Cassady Carolyn Robinson, die im Herbst ein Kind erwartet.

Ginsberg schreibt ihm: ‹Nun, nehme ich an, sollte ich Dir zu Deiner Hochzeit gratulieren. Also in Ordnung, Pops. Alles, was Du tust, ist wohlgetan.›[7]

Offenbar entgeht Neal die bittere Ironie dieser Zeilen, denn er antwortet aus seinem neuen Heim in San Francisco: ‹Nicht alles, was ich tue, ist wohlgetan und groß. Ich sehe keine Größe mehr in mir… Ich bin ein törichter, kindlicher, abgeschmackter, unnormaler, sich unbehaglich fühlender Heranwachsender.›[8]

Seit Monaten leidet Neal unter Depressionen.

Es sind vor allem zwei Dinge, die ihm angst machen und ihn deprimieren. Er hat große Hoffnungen darauf gesetzt, einmal zu schreiben, und gewiß haben sowohl Jack als auch Allen diese Hoffnungen aus unterschiedlichen Gründen in manchmal übertriebenem Maß bei ihm genährt. Herausgekommen ist bei seinen Versuchen nichts als ‹Schund›.

Und die bevorstehende Geburt des Kindes stellt sich nun auf einmal für ihn ganz anders dar – denn ein Leben in einem festen Familienverband hat er in der eigenen Kindheit nicht wirklich gekannt. Er spürt den Erwartungsdruck von Carolyns Hoffnungen und Träumen, der auf ihm lastet, und das erzeugt bei ihm, wie er es selbst umschreibt, ‹eine von Ekel bestimmte Hysterie›[9].

Das Sonnenblumenerlebnis

(1948) **Ginsberg**

> Ah Sun-flower! weary of time,
> Who countest the steps of the Sun,
> Seeking after that sweet golden clime
> Where the traveller's journey is done.
> *William Blake* [1]

Auch Allen Ginsberg ist im Juli 1948 an einem Tiefpunkt angekommen. Er lebt zur Untermiete in einem kleinen Zimmer in der
114th Street West 536 gegenüber dem Campus von Columbia.

Neal, in den er als Freund und Geliebten so große Erwartungen gesetzt hat, läßt ihn wissen, er wolle die Beziehung zu ihm
abbrechen, nachdem die letzte Begegnung ein für beide so be-
schämendes Ende genommen hat. Ginsberg schreibt dennoch an
den fernen Freund: ‹Ich bin einsam, Neal, und ich habe immer
Angst. Ich brauche jemanden, den ich lieben, küssen, mit dem ich
schlafen kann... Es geht mir mies ohne Dich, weil ich mich davon
abhängig gemacht habe, daß Du für mich sorgtest und mich lieb-
test. Nun, da Du mich ganz und gar zurückgestoßen hast – was
kann ich tun, was kann ich tun?› [2]

Neal antwortet darauf nicht einmal.

Jack Kerouac sitzt in Long Island. Man darf ihn nicht stören. Er
ist damit beschäftigt, *The Town and the City* zu beenden. Außerdem weiß Ginsberg, daß Gabrielle ihn verdächtigt, einen ungesunden Einfluß auf ihren Sohn auszuüben. Sie würde ihn vielleicht nicht einmal in die Wohnung lassen.

Außerdem beunruhigt Allen auch der Zustand seiner Mutter
Naomi. Nach ihrer Scheidung von Louis hat sie bei ihrer Schwester gelebt und eine Malklasse an der Volkshochschule in der
Bronx besucht. Dann ist ihre Geisteskrankheit wieder ausgebrochen – diesmal schlimmer denn je.

Sie bildet sich ein, ihre Schwiegermutter klettere die
Feuertreppe herauf, in der Hand einen Beutel mit giftigen Bazillen. Sie hat Wutausbrüche und schlägt auf ihre Schwester ein.

Verwandte, die sie seit ihrer Kindheit in Rußland kennen, nehmen sie schließlich zu sich. Nun beschuldigt sie ihre neuen Gastgeber, Spione zu sein, und nennt ihre Schwester eine Ratte. Wieder bildet sie sich ein, daß alle Zimmer mit Abhöranlagen bestückt seien.

Sie verliert jeden Bezug zur Wirklichkeit. Sie wird in das Pilgrim State Hospital in Long Island eingeliefert und schreibt von dort pathetische Brandbriefe an ihre Söhne und ihren geschiedenen Mann.

Ihr Zustand verschlechtert sich weiter.

Mitte November teilen ihre Ärzte Allen mit, ihr Verhalten sei so gefährlich, daß sie zu einer Lobotomie raten müßten. Nachdenklich und voller Zweifel unterzeichnet Allen schließlich die ihm vorgelegten Formulare.

Manchmal fürchtet er, selbst wahnsinnig zu werden.

In diesem Winter hat er versucht, seine homosexuelle Neigung auszuleben. Er hat sich in Schwulenlokalen im Village und am Times Square herumgetrieben.

Er hat heftig getrunken, Benzedrin und Morphium genommen, bekifft Gedichte geschrieben.

Ein Universitätskurs hat ihn in der Vorstellung bestärkt, daß eventuell ein Psychotherapeut helfen könnte.

In einem Brief an Wilhelm Reich bittet Allen diesen, ihm einen für seinen Fall geeigneten Psychoanalytiker zu empfehlen.

Über seine Situation heißt es darin: ‹Meine größte psychische Schwierigkeit besteht, soweit ich dies beurteilen kann, in der üblichen ödipalen Verwicklung. Ich bin homosexuell, seit ich mich erinnern kann, und hatte eine begrenzte Anzahl homosexueller Affären, alle immer nur temporär oder in die Länge gezogen. Sie erschienen mir unbefriedigend, und ich habe mich auf solche Liebesbeziehungen mit einer Art von selbstwidersprüchlichem, bewußtem Masochismus eingelassen.›[3]

Er erwähnt seine Depressionen und Schuldgefühle und seine Melancholie. Er berichtet auch über die Amateuranalyse, die Burroughs mit ihm gemacht hat und deren Ergebnis er so einschätzt: ‹Der unvermeidliche und unglückliche Effekt war, daß ich an die Küsten meiner Neurose gespült liegen blieb, mein Abwehrsystem zerbrochen, aber im wesentlichen unverändert, mit nichts, was meine zerbrochene Rüstung ersetzt hätte.›[4]

Ein Assistent Reichs antwortet und nennt drei Ärzte, von denen Allen Dr. Coot in Newark auswählt. Die Fahrt zu den Sitzungen zweimal in der Woche verbindet er mit Besuchen bei seinem Vater.

Louis reagiert auf die Eröffnung seines Sohnes, er sei homosexuell, so entsetzt, daß dieser sein Bekenntnis, ehe er es recht gemacht hat, sogleich wieder abschwächt, indem er sich zu der in jüdischen Familien üblichen Umschreibung rettet und sagt, Frauen erregten ihn erotisch nicht.

Da der Therapeut ein orthodoxer Reichianer ist, zielt seine Behandlungsstrategie bei Allen darauf ab, unterdrückte oder blockierte Körperenergien durch Massagen wieder frei fließen zu lassen. So soll das heterosexuelle Potential des Patienten freigesetzt werden. Er untersagt Allen, weiter Marihuana zu rauchen, und setzt ihm zur Entwöhnung eine Frist von drei Monaten.

Als Allen diese Bedingung nicht erfüllt, bricht er die Behandlung wie angekündigt ab.

Ginsberg hat sich in diesen Monaten viel mit Mystik beschäftigt. Er selbst vergleicht seinen damaligen Zustand mit der spirituellen Nacht des spanischen Mönchs Johannes vom Kreuz.

An einem Nachmittag im Mai 1948 sitzt er am Fenster seines Zimmers in der 121st Street East 321 in East Harlem.

Er hat onaniert, seine Augen gleiten eher beiläufig über den Text des Sonnenblumengedichts von Blake.

Er hat das Gedicht zuvor schon häufig gelesen und darin nie mehr entdeckt als eine hübsche Aussage über Blumen.

Aber als er nun die beiden ersten Zeilen betrachtet, hört er plötzlich ‹eine tiefe irdische Stimme› im Raum.

Sie lenkt ihn vom Text des Gedichtes ab, und er weiß, daß es William Blake ist, der durch das Gewölbe der Zeit von jenseits des Grabes nach ihm ruft.

Blakes Stimme veranlaßt ihn, durch das Fenster auf den Himmel zu schauen, und nun ist es ihm möglich, die Essenz des Universums wahrzunehmen. Der Himmel wird zu jenem goldenen Landstrich *(golden clime)*, von dem das Gedicht spricht.

Die Trostlosigkeit, die all die Wochen und Monate zuvor wie ein Stein auf seiner Seele gelastet hat, ist plötzlich verschwunden.

Er empfindet sich als der erwählte Geist, zu dem ein Engel auf die Erde geschickt worden ist.

Der zweite Gedanke dann: Vergiß dieses Erlebnis nie, widerrufe es nie, bestreite es nicht!

Er schwört sich, sich nie in das Labyrinth oberflächlicher Ablenkungen, wie sie sich aus den Lebensumständen der amerikanischen Mittelklasse seiner Ansicht nach zwangsläufig ergeben, zu verlieren.

Er betrachtet ein altes Mietshaus aus der Zeit um 1900 auf der anderen Straßenseite und ist begeistert von der beim Bau angewandten Handwerkskunst.

Aber kaum hat ihn diese Vision getröstet und aufgewühlt, als er Blakes Stimme wieder hört, diesmal rezitiert sie die Verse von der ‹kranken Rose›.

Und jetzt kommt es Allen so vor, es werde ihm nicht nur eine Nachricht über seinen eigenen Tod zuteil, sondern als höre er Blake verkünden, das ganze Universum sei zum Untergang verurteilt.

Darauf folgt der Text eines dritten Gedichts mit dem Titel ‹Kleines verirrtes Mädchen›.

Ginsberg verfällt in Trance. Sein Bewußtsein scheint sich zu verdoppeln, zu verdreifachen in der Fähigkeit, bisher ungesagtes Wissen um die geheime Bedeutung der Dinge wahrzunehmen.

Später wird ihm klar, daß sein Körpergefühl, sein normales Bewußtsein und sein Zeitempfinden vorübergehend wie durch einen Zauber völlig aufgehoben waren. Mit dieser neuen Bewußtheit sieht er in allem den Ausdruck einer ewigen Intelligenz.

Natürlich beschäftigt ihn diese Erfahrung stark. Er spricht mit seinen Professoren an der Universität darüber; die erklären ihm höflich, aber entschieden, er sei wahrscheinlich lediglich übermüdet oder überreizt gewesen.

Für ihn aber sind die Visionen keine Einbildung, keine Verrücktheit. Sie sind real. Sie wiederholen sich noch zweimal — wenngleich weniger intensiv.

Als er in einer Buchhandlung einen Band Blake durchblättert, erscheint ihm das Gesicht des Buchverkäufers plötzlich völlig verzerrt; der Mann hat sich in ein groteskes Tier verwandelt.

Die dritte und letzte Vision erfolgt eine Woche später auf einer Wiese nahe der Hauptbibliothek von Columbia. Statt der Hand Gottes ist es nun die Hand des Todes und der Vernichtung, die vom Himmel herab nach ihm greift.

Was bewirken diese Visionen bei ihm?

Wohl zunächst eine absolute Gewißheit, daß der Auftrag des Dichters immer ein visionärer ist.

An einem der nächsten Tage ruft er seinen Psychiater an und sagt ihm, er habe einen ‹Durchbruch und eine psychotische Erfahrung gehabt›[5].

Der Arzt weigert sich, mit ihm darüber zu diskutieren.

Sein Vater, dem er ebenfalls von seinem Erlebnis berichtet, vermutet, nun sei Naomis Wahnsinn auch bei seinem Sohn ausgebrochen.

Die meisten Professoren in Columbia schreiben Allen als endgültig übergeschnappt ab. Lediglich Mark Van Doren, der Shakespeare-Interpret, zeigt Verständnis für ihn.

Es zeugt – wie immer man sonst die Visionen bewerten will – von einem erstaunlichen neuen Selbstvertrauen, wenn Ginsberg beschließt: ‹Ich kann nicht zurück, das ist großartig. Von nun an bin ich ein erwählter, gesegneter und heiliger Dichter, und dies ist meine Sonnenblume, mein neues Bewußtsein.›[6]

So hat ihm die Vision in einem kritischen Stadium seiner Existenz die Kraft verliehen, seine Identität durchzuhalten.

Er verspürt das Bedürfnis, sein gewöhnliches Bewußtsein aufzulösen und sein mystisches Bewußtsein auszudehnen.

Die verschiedenen Experimente mit Drogen, die er in den folgenden Jahren unternimmt, sind von dieser Überzeugung, von diesem Auftrag her zu verstehen.

‹Tatsächlich›, schreibt der Ginsberg-Biograph Barry Miles, ‹ignorierte er von nun an das Alltagsleben und konzentrierte seine Anstrengung darauf, sein Bewußtsein zu erweitern.›

Ginsberg folgt damit letztlich einer jüdischen Tradition. Er ist ein Mensch, der die Gefahren eines solchen Lebensentwurfs durchaus sieht. Aber mit dem dem Dichter zufallenden Prophetenamt meint er auch die daraus resultierende Außenseiterrolle sowie die psychischen und physischen Gefahren, die sich aus dem Umgang mit Drogen ergeben, auf sich nehmen zu müssen.

Immer mehr wird er in den folgenden Jahren zum Mahner und Warner. Seine Gedichte spiegeln die Bilder des Untergangs, dem Amerika entgegentreibt. Doch solange ein Dichter anklagt, warnt, sich radikal ereifert, muß in ihm auch noch ein Quentchen Hoffnung und Glauben vorhanden sein.

Im August 1948 bringt Carolyn eine Tochter zur Welt, der die Eltern den Namen Cathleen Joanne Cassady geben.

Danach vollzieht sich in den Briefen zwischen den beiden Freunden eine Wiederannäherung. Neal findet plötzlich: ‹Ich liebe allen Sex – ja, allen allen Sex. Ich brauch ihn, ich will ihn, werde ihn haben – jetzt wünsch ich mir zu ficken – voller Verzweiflung rufe ich aus: Allen, Allen, laß mich das, was aus mir kommt, über Dich verspritzen.›[7]

Und Allen kann jetzt solchem obszönen Enthusiasmus mit einem verrückten Humor begegnen:

‹Fick Dich selbst. P. S. Wenn Du das nächste Mal schreibst, schick mir was von dem mit, was Dir kommt, damit ich weiß, daß Du es ehrlich meinst.›[8]

Die große Sause 7

(1949–1950) Kerouac–Cassady

> Baudelaire fuhr
> in einem Model A Ford
> durch Galiläa.
> Er nahm einen
> Tramper namens
> Jesus mit,
> der zwischen einem Schwarm
> Fische stand
> und Brot
> verfütterte.
> ‹Wo fahren Sie
> hin?› fragte
> Jesus, als er
> sich auf den
> Beifahrersitz setzte.
> ‹Irgendwo, irgendwohin
> raus aus dieser Welt!›
>
> *Richard Brautigan* [1]

Erstaunlicherweise hat Neal sich nach der Geburt der Tochter – zumindest vorübergehend – in einen aufmerksamen, fürsorglichen und zufriedenen Familienvater verwandelt. An Jack Kerouac schreibt er: ‹Sie ist nun 52 cm lang und wiegt 8 Pfund. Ich liebe sie wie toll... ich kann keine Traurigkeit von Dir lernen, Jack, meine Fähigkeit dafür ist verlorengegangen (ich denke, die Traurigkeit hat mich für immer verlassen. Ach, wie schade)... ich war wirklich unersättlich... Sex trieb mich um... jetzt liebe ich Musik und bin steril. Vielleicht wird mein Mädchen, Cathy Jo, mich zufrieden und stark machen.› [2]

Allen hatte ihm herzlich zur Geburt des Kindes geschrieben: ‹Glückwünsche zu Deinem kleinen Kind. Wie fühlt man sich denn so als Vater? (Ich meine, selbst wenn es so leicht klingt.) Als Großvater fühlt man sich jedenfalls gut. Wenn Du mir einige Einzelheiten der psychischen Atmosphäre ihrer Geburt mitteilen kannst, werde ich Dir eine triumphale Ode schreiben... Ich habe die kleine Cathy in meinem Testament bedacht. Ich werde morgen deswegen mit meinen Anwälten sprechen. Sie wird Zillionen Dollar erben, wenn ich sterbe. P. S. Segenswünsche über meine Schwiegertochter zur Abwechslung und auch für Dich, mein Sohn.›[3]

Aber der Friede ist nicht von langer Dauer. Im November wird Neal, der bei der Eisenbahn arbeitet, auf Kurzarbeit gesetzt. Die alte Unrast überfällt ihn wieder. Er sieht in einem Autohaus einen wunderbaren neuen Wagen, einen silberrauchgrauen 49er Hudson Hornet, den er von Carolyns und seinen Ersparnissen auf der Stelle kauft. Angeblich ist der Wagen für Carolyn bestimmt, damit sie mit dem Baby zum Arzt fahren und Einkäufe erledigen kann.

Tatsächlich verbindet er mit dem Wagen ganz andere Absichten. Neal hat seinen Freund Al Hinkle überredet, seine Freundin, Helen, die etwas Geld besitzt, zu heiraten. Natürlich gehört zu einer Heirat auch eine Hochzeitsreise. Warum dabei nicht Jack Kerouac besuchen, der die Weihnachtsfeiertage zusammen mit seiner Mutter Mémère bei Jacks Schwester in North Carolina verbringt?

Er kann solche Pläne mit größter Überzeugungskraft und voller Unschuld vorbringen. Verständlicherweise ist Carolyn empört von der Vorstellung, daß er sie ausgerechnet zum Weihnachtsfest mit dem kleinen Kind allein lassen will. Auf ihre Proteste reagiert Neal ganz sanft, er brauche nun mal Ferien und er habe Jack längst versprochen, ihn zu besuchen. Es sei alles gründlich vorbereitet. Ein Kollege werde sich um die Einkäufe kümmern. Kein Grund zur Aufregung. Dann geht er. Zurück bleibt als heulendes Elend Carolyn, voller Zorn, voller Selbstanklagen. Immer hat er nur alle Leute übers Ohr gehauen, und sie sitzt mit dem Kind da. Aber sie weiß auch: Sie liebt ihn, und sie wird ihm letztlich immer alles nachsehen.

Vorwürfe laufen an ihm ab wie Wasser von einer Ölhaut. Nichts kann ihn zurückhalten, wenn ihn das Reisefieber überkommt. Die erste Nachricht erhält Carolyn aus Denver, eine Ansichtskarte mit einer Wüstenszene, auf der er schreibt:

‹Großartiger Wagen. Schafft 800 Meilen am Tag. Sind nach hier in zwei Tagen gebraust. Alles ist prima, seh dich bald.›[4]

Der Ortsname bringt Carolyn auf den Gedanken, er habe sich dort vielleicht mit LuAnne getroffen, was auch der Fall ist.

Carolyn verbringt zusammen mit ihrer Schwester ein trauriges Weihnachtsfest, überlegt, ob sie Cathy in eine Babykrippe geben und sich einen Job suchen soll.

Unterdessen sind Neal, LuAnne und Hinkle vor dem Haus von Kerouacs Schwager in Rocky Mount, North Carolina, aufgetaucht. Es trifft sich gut, daß Mémère einige Möbel nach Ozone Park transportieren will.

Neal bietet ihr sofort seine Dienste an.

Die Strecke nach New York und wieder zurück nach North Carolina fährt Neal in 36 Stunden. Und die ganze Zeit über redet und redet er.

Es ist die erste der großen Sausen, die Jack in dieser Zeit mit Neal unternimmt, immer am Rand des Wahnsinns.

Mémère muß eine Strafe wegen Geschwindigkeitsüberschreitung zahlen, um Neal eine Nacht im Gefängnis zu ersparen. Als die beiden wieder in Rocky Mount sind, warnt sie ihren Sohn ein weiteres Mal vor Neal.

Als nächstes brausen sie in Richtung New Orleans zu William Burroughs davon.

Burroughs hat inzwischen einige kuriose Abenteuer bestanden. Bei seinem Besuch in New York ist er wieder völlig auf harte Drogen abgefahren. Einmal hat er eine zu starke Portion gespritzt. Seine Augäpfel haben sich so verdreht, daß man nur noch das Weiße sah. Mit starkem Kaffee und indem sie ihn im Zimmer herumführte, hat Joan den halb Bewußtlosen ins Leben zurückgebracht. Schließlich hat er sich freiwillig zu einer Entziehungskur auf der Federal Narcotic Farm in Kentucky entschlossen, einer medikamentösen Behandlung mit Dolophin, bei der er nach sieben Ruhetagen auf der Farm oder in der ihr angeschlossenen Konservenfabrik arbeiten muß.

Im Februar 1948 ist er wieder bei Frau und Kindern in New Waverly in Texas. Zur Begrüßung schenkt ihm der Nachbar zwei Ferkel. Trotz solch freundlichen Empfangs findet Burroughs das Farmerleben langsam enervierend.

Er hat sein Anwesen in New Waverly verkauft und ist nach Algiers, einem Vorort von New Orleans, umgezogen.

In dieser Zeit entwickelt er eine neue Philosophie, die er als

Faktualismus bezeichnet: ‹Alle Argumente, alle unsinnigen Donnerworte darüber, was Menschen tun sollten, sind irrelevant. Letztlich bleibt auf allen Ebenen nur der Fakt, und je mehr einer argumentiert, verbalisiert, moralisiert, desto weniger wird er den Fakt sehen... die einzig mögliche Ethik ist, zu tun, was man will.›[5]

Helen Hinkle, die bei den Burroughs untergekrochen ist, findet die beiden Kinder verwahrlost. Joan, die Amphetamine nimmt, versucht dennoch, eine gute Hausfrau zu sein. Sie kocht zweimal am Tag warmes Essen, und da sie nachts nicht schlafen kann, putzt sie dann das Haus. Als Helen einmal mit ihr am Fluß spazierengeht, sieht sie plötzlich Flammen auf dem Wasser: Halluzinationen. Die beiden Eheleute wohnen in verschiedenen Zimmern, sie können anregend über ihre intellektuellen Interessen reden, scheinen aber keinen physischen Kontakt miteinander zu haben.

Um den 10. Januar fahren Neal, Jack und Hinkle von New York ab. Burroughs hatte sich in zwei Telegrammen beschwert, daß sich die Männer nicht um Helen kümmern. Als sie schließlich in Algiers ankommen, zeigt ihnen Billy das French Quarter und präsentiert stolz einen Stockdegen, den er sich zu seiner Selbstverteidigung zugelegt hat. Aber er ist nicht bereit, Neal, der seine Wahnsinnsfahrt fortsetzen möchte, Geld zu leihen. Überhaupt kann er nicht begreifen, wie Jack Vergnügen daran findet, mit einem halbverrückten Cowboy, als den er Neal betrachtet, durchs Land zu rasen.

Für Jack, der sich Hoffnung machen kann, daß *The Town and the City* von einem großen Verlag in New York angenommen werden wird, zeigt er mehr Verständnis. Aber er fragt ihn: ‹Was willst du eigentlich da drüben an der Westküste?› Kerouac kann ihm darauf keine befriedigende Antwort geben außer der, es mache ihm Spaß, unterwegs zu sein.

Am 28. Januar bricht die Gruppe praktisch mittellos nach Kalifornien auf, durch die dunklen Sümpfe Louisianas, über die noch frostigen Ebenen von Texas. Neal, Jack und LuAnne nackt auf dem breiten Vordersitz. Neal hält in El Paso, um sich etwas Stoff zu beschaffen. Bei den großen Entfernungen, die zurückzulegen sind, geht die Romantik langsam zum Teufel. Wer je diese Strecke mit dem Auto, dem Bus oder der Eisenbahn gefahren ist, weiß, wie viele eintönige Abschnitte es gibt. Und Lebensmittel und Zigaretten können sie sich nur durch Diebstähle und Schnorren beschaffen. In Tucson pumpen sie einen Bekannten aus New York an. Hier steigt Helen aus. Sie hat beschlossen, mit dem Bus nach San Francisco zurückzufahren.

Durch die Mojavewüste über den Tehachapi Pass gelangen sie in das innere Tal Kaliforniens, in jene Gegend, in der Jack bei seinem ersten Trip in den Westen Baumwolle gepflückt hat. Die Stimmung ist gereizt. Neal kann sich ausmalen, daß ihn daheim nicht unbedingt eine freudestrahlende Carolyn erwarten wird. Jack hängt den Erinnerungen an Bea nach.

Und plötzlich ist die große Sause vorbei.

In San Francisco angekommen, wirft Cassidy seine Mitfahrer an irgendeiner Straßenecke aus dem Wagen und fährt seiner Wege.

Zum erstenmal bekommt Jack die Rücksichtslosigkeit seines bewunderten Alter egos am eigenen Leib zu spüren: ‹Der läßt dich draußen erfrieren, wenn er gerade etwas anderes vorhat›, erklärt ihm LuAnne.

Von Neals Rückkehr in den Schoß der Familie berichtet Carolyn: ‹Irgendwann in der letzten Januarwoche stand Neal in der Tür, ganz Lächeln, überschäumend vor guter Laune, bereit zur großen Wiedervereinigung. Ich wappnete mich mit übermenschlicher Entschlossenheit. Ich stellte nur frostigen Zorn und Indifferenz zur Schau, während mein ganzes Sein nach ihm verlangte. Er sah so gut aus. Aber der Stolz mußte gewahrt bleiben, und so strengte ich mich an, vorzugeben, daß ich gut und gern auch ohne ihn auskommen könne und nicht im geringsten Angst hätte – völliger Bluff.›[6]

Neal tut, als sei nichts gewesen, er sagt: ‹...laß das Vergangene vergangen sein, wir leben jetzt.› – ‹Und LuAnne?› – ‹Was soll mit LuAnne sein, ich gehöre zu dir und dem Kind.› – ‹Und Jack?› – ‹Ja, der ist in der Stadt, ich muß gleich mal nach ihm schauen.› Und schon ist er wieder fort.

Unterdessen durchleben Jack und LuAnne zwei Tage, an denen sie fast verhungern. Schlimmeren Hunger hat Jack bisher nie gelitten. Zwar gelingt es LuAnne, ein Zimmer zu ergattern, aber danach laufen sie endlos in der Stadt herum, betteln und bekommen nichts. Jack erzählt LuAnne einen Traum von seinem

Schutzheiligen, Doktor Sax, der die Weltschlange des Bösen mit alchimistischen Praktiken vernichten will, um so den Weltfrieden herbeizuführen. Aber LuAnne hat für Träume und literarische Phantasien nicht viel übrig. Sie verläßt Jack – wie er vermutet, weil sie auf dem Strich Geld verdienen will.

Als sie fortfuhr, hatte sie heiraten wollen. Der Bräutigam lebt in San Francisco. Jetzt weiß sie nicht, was sie tun soll. Wenn Jack ihr vorschlüge zu heiraten, sie würde nicht nein sagen. Aber Jack will zu Neal.

Jack streift durch die Market Street, um Kippen zu sammeln, mißtrauisch beäugt von einer alten Frau aus einer Fischbraterei. Er stellt sich vor, er sei 1750 in einem anderen Leben ihr diebischer Sohn gewesen.

‹Und für einen Augenblick hatte ich den Punkt der Ekstase erreicht, den ich immer hatte erreichen wollen und der der totale Schritt über die chronologische Zeit hinweg hinein ins zeitlose Schattenreich ist, das Erstaunen über die Öde des Reiches der Sterblichen, das Gefühl der Nähe des Todes, der mir auf den Fersen ist, der mich vorwärtsstößt und dem selbst ein Phantom auf dem Fuße folgte, während ich zu einer Plattform eile, von der alle Engel abstießen und in das heilige Nichts der unerschaffenen Leere flogen.›[7]

Während er in dem elenden Hotelzimmer sitzt und ein paar der Kippen, die er auf der Straße gefunden hat, in seiner Pfeife raucht, kommt die Erlösung in Gestalt von Neal, der ihn mit zu sich heim nimmt. Carolyn erscheint ihm nach LuAnne als ‹eine Wohltat... eine wohlerzogene, höfliche junge Frau›.

Jack ruht sich aus in Neals Wohnung in einem Holzhaus in der Liberty Street, von dem aus man in regnerischen Nächten die Lichter von ganz San Francisco grün und blau leuchten sehen kann. Er genießt die Ordnung in diesem Haushalt, aber sein Verhältnis zu Carolyn bleibt eher gehemmt, wohl auch, weil er nicht weiß, ob sie über die Zusammensetzung der Fahrgemeinschaft nach North Carolina, nach New York, New Orleans und wieder zurück nach San Francisco im Bilde ist.

Neal selbst betätigt sich in diesen Tagen als Vorführer und Straßenverkäufer eines Patent-Überdruckkochtopfes. Dann schlagen die beiden wieder ein paarmal zusammen über die Stränge. Carolyn läßt auch Jack ihre Mißbilligung spüren.

Endlich schickt ihm seine Mutter das Geld für die Busfahrt nach New York.

Er kommt Mitte Februar dort an und erfährt vierzehn Tage später, daß das Manuskript von *The Town and the City* vom Verlag Hartcourt Brace angenommen worden ist. Daß die im Verlag noch bestehenden Bedenken ausgeräumt wurden, verdankt er nicht zuletzt Professor Mark Van Doren, der ein gutes Wort für die Arbeit seines ehemaligen Studenten eingelegt hat.

Die 1000 Dollar Vorschuß beeindrucken selbst Mémère.

In seinem Tagebuch notiert Jack ein Dankgebet an Gott.

Auf einer Party, die John Holmes dann im April für Jack anläßlich der Annahme seines ersten Buches gibt, hat sich Kerouac schon ganz und gar in die Rolle des distinguierten erfolgreichen Autors gefunden. Allerdings notiert Herbert Huncke, Jack habe immer noch das Bewußtsein eines Franzosen aus der Provinz, er sei voll schlechten Gewissens gewesen, weil er sich zwei neue Anzüge gekauft und danach nicht gewußt habe, wie er seiner Mutter soviel Verschwendung habe beibringen sollen.

Aus Kalifornien schreibt Neal an Allen im März 1949: ‹Ich bin einsam und ruhelos... ich führe ein flaches, simpelhaftes Leben. Wenig Zustimmung durch Bewußtsein und Gefühl läßt sich durch meine Unternehmungen erzielen... LuAnne bin ich los, meine Freunde sind Deine Freunde, aber ich habe ein Kind. Das Blut meines Lebens ist die Kleine. Süß und vollkommen – Sie wacht gerade auf. Ich höre auf, um sie zu küssen.›[8]

Carolyn arbeitet als Arzthelferin, Neal bleibt daheim und kümmert sich um Cathy. Sie haben ein Haus am Rand von Russian Hill gefunden, nicht weit von Aquatic Park, North Beach, Fisherman's Wharf, Telegraph Hill und Chinatown. Er hat wieder zu schreiben begonnen, Teile jenes Manuskriptes, das später sein einziges Buch *The First Third* bilden wird. Aus New York kommen schlechte Nachrichten.

Unter Dieben 8
(1949) Ginsberg

… angelheaded hipsters burning for
the ancient heavenly connection
to the starry dynamo in
the machinery of night …
Allen Ginsberg[1]

Alles beginnt mit Hunckes Entlassung nach einer Gefängnisstrafe von sechzig Tagen. Er treibt sich wieder in dem ihm vertrauten Milieu am Times Square herum, bis ihn die Polizei verwarnt. An einem kalten Tag im Februar 1949 taucht er gegen acht Uhr morgens völlig erschöpft, mit Blasen an den Füßen, bei Ginsberg auf. Seit Wochen hat er hauptsächlich von Pfannkuchen, Benzedrin und Kaffee gelebt.

Allen badet ihn, verbindet seine blutenden Füße, gibt ihm etwas zu essen. Huncke versinkt auf der Couch in einen tiefen Schlaf. Er schläft zwei Wochen lang fast ununterbrochen.

Danach wird ihn Allen nicht mehr los.

Ginsberg arbeitet bei Associated Press und verdient in der Woche 31,75 Dollar.

Allen fühlt sich von Huncke, der sich an ihn klammert, ausgenutzt.

Mit der Zeit eignet sich Huncke auch Allens Kleider an.

Es ist offensichtlich, daß er Allens Mitleid ausbeutet.

Schließlich stellt ihm Ginsberg ein Ultimatum.

Bis zu einem bestimmten Datum soll er sich endlich eine Arbeit suchen und verschwinden.

Huncke erleidet plötzlich eine schwere Verbrennung und muß abermals zwei Wochen gepflegt werden. Nicht nur Louis, auch sein Bruder Eugene, der inzwischen aus der Haft entlassene Lucien Carr und Kerouac warnen Allen vor Huncke.

Dann taucht plötzlich Vicky Russel mit einem Safeknacker, Little Jack Melody, in Ginsbergs Wohnung auf.

Vicky und Little Jack bringen Marihuana mit.

Die drei führen mit Allen endlose Gespräche über Cezanne, Spengler und das Universum.

Ende März wird Allen krank. Nun pflegt ihn Huncke.

Little Jack beschafft – woher auch immer – einen Plattenspieler und Schallplatten. Dann bringt er Bücher und Lebensmittel. Als Allen wieder zur Arbeit geht und Nachtschicht hat, schlafen Vicky und Little Jack in seinem Bett.

Little Jack erklärt, er könne Allens Zimmer im Sommer gut gebrauchen, um von dort seine Diebeszüge zu unternehmen. Allen stellt sich gegenüber solchen Wünschen taub.

Das Trio der ungebetenen Schlafgäste bricht Autos auf und raubt sie aus.

Ginsbergs Wohnung füllt sich mit Diebesgut. Kuriose Dinge manchmal:

Zwei Säcke mit Brötchen und Broten.

Ein Zigarettenautomat, verhängt mit einer Decke.

Joan schreibt aus New Orleans.

Eine unangenehme Geschichte.

Burroughs ist mit dem Auto von der Polizei angehalten und nach Drogen durchsucht worden.

Der Polizei ist dabei ein Brief von Allen in die Hände gefallen, in dem dieser die Möglichkeiten erörtert, Stoff in New York zu verkaufen, und die dortigen Preise mitteilt.

Joan ist ziemlich sicher, daß das FBI Allen einen Besuch abstatten wird. Sie beschwört Allen, nichts in seiner Wohnung aufzubewahren, was ihn belasten könnte.

Jack trifft Allen und Lucien Carr, der nach seiner Entlassung aus dem Gefängnis als Journalist bei einer Nachrichtenagentur arbeitet.

Carr drängt Allen, sich aller Papiere, Tagebücher und Briefe zu entledigen. Daran hat Allen auch schon gedacht, aber er hat sich dieses Gedankens geschämt. Immer wieder hat Carr Allen gebeten, ihn in seiner Korrespondenz mit Burroughs nicht zu erwähnen. Allen hat sich nicht daran gehalten. Lucien hat Angst. Lucien ist übervorsichtig geworden.

Allen steckt Hunderte von Briefen und eine Autobiographie, in der er auch über sein Sexlife kein Blatt vor den Mund genommen hat, in einen großen, festen Umschlag, den er bei nächster Gelegenheit bei seinem Bruder Eugene deponieren will.

In der nächsten Nacht ziehen Vicky und Jack zusammen mit Huncke einen neuen Raubzug durch. Sie kommen gegen neun Uhr am Vormittag heim und bringen Lampen, Kleider, Radios, Kameras und Stöße von pornographischen Büchern mit.

Allen hilft ihnen das Auto ausladen.

Am nächsten Morgen, dem 22. April, spricht Allen ein ernstes Wort mit Little Jack. Er will nicht länger dulden, daß seine Wohnung als Stapellager für Diebesgut benutzt wird.

Little Jack verspricht, die Sachen am nächsten Tag zu einem Bekannten auf Long Island zu bringen.

Allen wird mitfahren; auf dem Rückweg soll ihn Little Jack bei Eugene absetzen, wo er die ihn eventuell belastenden Papiere verstecken will.

Am nächsten Vormittag fahren sie gegen halb eins über den Northern Boulevard in Queens. Allen erzählt von seiner Fahrt nach Dakar. Little Jack wird abgelenkt und verpaßt eine Ausfahrt. Er wendet auf der Fahrbahn. Ein Polizeiauto verfolgt sie und gibt ihnen Zeichen anzuhalten.

Little Jack hat eine Einbahnstraße in der verbotenen Richtung befahren. Ein Polizist kommt zu ihrem Wagen und will einen Strafzettel schreiben.

Little Jack bekommt Angst. Er ist auf Bewährung aus dem Gefängnis. Er hat Fahrverbot. Er wendet und rast auf der 43rd Avenue davon. Der Polizeiwagen nimmt die Verfolgung auf.

Allen nimmt die Papiere aus dem Manilakuvert und wirft sie aus dem Fenster.

Nach vier Blocks schrammt Little Jack den Randstein, als er abermals zu wenden versucht.

Der Wagen überschlägt sich zweimal und kommt dann auf dem Dach zum Stehen.

Allen hört Little Jack fragen, ob alle noch heil seien.

Allen läßt sich auf die Straße rollen. Er sucht nach seiner Brille und seinen Papieren.

Nur ein unwichtiges Tagebuch aus den Jahren 1943/44 findet er wieder.

Er rennt davon ... fährt in die Wohnung.

Später kommt Vicky herein, die erzählt, daß Little Jack von der Polizei festgenommen worden ist.

Als Vicky und Huncke gehen wollen, erscheint die Polizei in

der Wohnung und verhaftet alle drei. Die Beamten haben die Adresse unter den Papieren gefunden, die im Wagen zurückgeblieben sind.

Aus der Untersuchungshaft im Gefängnis von Long Island holt Louis seinen Sohn heraus, indem er eine Kaution hinterlegt.

Huncke und Little Jack werden zu fünf Jahren Gefängnis verurteilt.

Mit Hilfe seines Bruders und eines Analytikers kann Allen mit den Justizbehörden einen Handel machen.

Man kommt überein, daß er sich freiwillig in psychiatrische Behandlung begibt.

Die Anklage gegen ihn wird fallengelassen.

Im Juni 1949 wird er in das Psychiatrische Institut der Columbia University eingewiesen.

Die entscheidenden Rollen bei dieser ‹Rettungsaktion› spielen Professor Lionel Trilling und der Psychiater Dr. Fagin, der bescheinigt, Allen sei zu krank, um einen Gefängnisaufenthalt zu überstehen. Der Distriktstaatsanwalt Frank Hogan ist ein Columbia treu ergebener ehemaliger Student. Der Dekan Carman sorgt dafür, daß Ginsbergs Behandlung kostenlos erfolgt. Für die Gerichtskosten in Höhe von tausend Dollar sind Louis und sein Bruder aufgekommen.

Solche Hilfe ist nicht ganz so altruistisch, wie sie auf den ersten Blick vielleicht scheint. Die geheiligte Institution Columbia will verhindern, mit Verbrechen in Zusammenhang gebracht zu werden, was zweifellos geschehen wäre, hätte die Staatsanwaltschaft Anklage gegen Allen erhoben.

In der Anstalt findet Ginsberg Zeit, über so manches nachzudenken.

Professor Van Doren macht ihm klar, daß er sich endlich entscheiden muß, ob er sich der bürgerlichen Gesellschaft oder der Welt der Kriminalität zurechnen will. Andererseits stachelt ihn Burroughs auf, er solle sich nicht von einem Haufen alter Weiber, als die er Louis und Van Doren ansieht, herumkommandieren lassen.

Allen trifft in der Heilanstalt einen merkwürdigen Menschen, dessen Schicksal ihn tief beeindruckt.

Der junge Mann heißt Carl Solomon. Mit nur fünfzehn Jahren ist er 1943 schon aufs College gekommen. In einer marxistischen

Phase hatte er einer kommunistischen Jugendorganisation, dem Tom Paine Club, angehört. Nach Kriegsende ist er auf einem Handelsschiff zur See gefahren.

In Paris hat er sich eingehend mit den Existentialisten und den Surrealisten befaßt. Artauds Buch über van Gogh mit dem Titel *Der Selbstmörder durch die Gesellschaft* hat ihn stark beeindruckt.

Artaud greift darin jede Art der Psychiatrie heftig an, ihm zufolge sind psychisch Kranke in Wahrheit besonders begabte Menschen, die dank ihrer größeren Sensibilität die gesellschaftlichen Vorurteile zu durchschauen imstande sind. Nach der Lektüre von André Gides *Die Verliese des Vatikan* beginnt ihn die Idee des Verbrechens ohne Grund zu faszinieren.

Seine Tat ist nicht ohne Komik. Er stiehlt Sandwiches in der Cafeteria des Colleges und macht davon einem Polizisten Mitteilung. Er wird zu einem Psychologen geschickt und von diesem ins Institut von Columbia eingewiesen.

Als Carl sich dort vorstellt, verlangt er, daß an ihm eine Lobotomie durchgeführt wird, die ihm als eine Art symbolischer Selbstmord erscheint. Die Ärzte unterwerfen ihn statt dessen einer Schockbehandlung mit Insulin. Krämpfe treten auf, Ausfallserscheinungen seines Erinnerungsvermögens. In den neun Monaten in der Klinik hat er fünfzigmal im Koma gelegen.

Solomon und Ginsberg werden bald Freunde, was sie nicht hindert, heftig zu streiten.

‹Ich bin Myschkin›, sagt Allen. ‹Und ich Kirilow›[2], antwortet Solomon.

Ist Whitman mehr als politischer oder mehr als sexueller Revolutionär zu betrachten?

Sie diskutieren auch über die relativen Meriten ihrer Analytiker.

Solomon wird von einer Frau analysiert, einer Schülerin Harry Stack Sullivans, Ginsberg von einem Freudianer.

Von Solomon hört Ginsberg:

‹Irrenanstalten sind Einrichtungen, um geistig Gesunde in den Wahnsinn zu treiben.›

Diese Behauptung wird ihre Auswirkungen auf Allens Schreiben haben.

Nach acht Monaten wird Allen aus der Klapsmühle entlassen.

Er hat seine Analytiker verwirrt, die finden, daß er sich ehrlicher und vernünftiger verhält als sie.

Über Carl Solomons weiteres Schicksal berichtet John Tytell: ‹Solomon veröffentlichte später zwei Bücher im Verlag des City Lights Bookstore: *Mishaps Perhaps* und *More Mishaps*. Die Bücher bestehen aus im Stakkato daherkommenden Schablonen, merkwürdigen Anekdoten und sehr konzentrierten Essays, die alle Solomons selbstgewählte donquichoteske Rolle als ein intellektueller Antagonist der Welt zum Inhalt haben. Als mondsüchtiger Heiliger, wie ihn seine Freunde zu nennen pflegten, erfüllte Solomon deren Erwartungen, indem er [...] den Romanautor Wallace Markfield, als dieser einen Vortrag über Mallarmé hielt, mit Kartoffelsalat bewarf, indem er sich bei einer Ausstellung als W. H. Auden ausgab und fröhlich Bücher mit diesem Namen verzierte, oder vor dem Gebäude der Vereinten Nationen Eiscreme verkaufte, nachdem er seinen Posten als Lektor bei Ace Books aufgegeben hatte. «Jeder Mensch lebt nach einer Reihe von Regeln, zu denen er selbst die einzige Ausnahme darstellt», hat er einmal formuliert.›[3]

Allen zieht nach Paterson zu Louis. Sein Vater hat wieder geheiratet. Durch einen Verwandten bekommt Allen den Job eines Reporters bei der Arbeiterzeitung *Labor Herald*, die in Newark erscheint.

Der Aufenthalt in Paterson erinnert ihn an seine schon lange gehegte Absicht, Kontakt zu einem der bedeutendsten Lyriker der USA, William Carlos Williams, aufzunehmen, der im Begriff steht, ein Epos über Paterson zu verfassen.

Williams lebt in Rutherford, New Jersey. Aber er findet dieses Dorf als Metapher für das, was er vorhat, zu unbedeutend. Er wählt Paterson, den zehn Meilen entfernt liegenden Ort mit einer Stadtgeschichte, die bis in die Jahre der Amerikanischen Revolution zurückreicht. Alexander Hamilton gründete dort die steuerfreie kapitalistische Society of Useful Manufacturers, um die Energie des großen Wasserfalls von Paterson, des zweitgrößten in den gesamten USA, zu nutzen. Es ist ein Ort mit einer langen Geschichte wirtschaftlicher Manipulationen, die mit der Auseinandersetzung zwischen Hamilton und Jefferson begann – ein Thema, das schon Ezra Pound interessierte, in dessen *Cantos* einging und nun auch von Williams aufgegriffen wird.

Williams' Grundregel für Lyrik lautet: ‹Keine Ideen, sondern Dinge.› Das erinnert an Pounds in den zwanziger Jahren gegründete imagistische Schule.

Williams verwandelt die Kleinstadt in seinem Epos in eine Person mit dem Unterbewußtsein eines Menschen.

Eine weitere Verbindung zu Pound schlägt sich in dem programmatischen Satz nieder:

‹Wir suchen eine Sprache, die in keiner Weise die Sprechsprache, wie wir sie kennen, deformieren soll... vielmehr soll sie enthalten all die abenteuerlichen Sprünge, Sprünge des Bewußtseins, Sprünge der Syntax, Raschheit, Farben, Bewegungen des Tages.›[4]

Hier wird eine Traditionslinie sichtbar, die in der Lyrik von Pound über Williams zu Ginsberg reicht, mit der aber auch Kerouac verbunden ist, dessen Prosastil vom Jazz und von der amerikanischen Umgangssprache geprägt wird.

Williams ist sein ganzes Leben lang in Rutherford ansässig gewesen, hingegeben seinem Beruf als Landarzt, der Hausbesuche macht und Babys auf die Welt bringt, nur in losem Kontakt mit dem Literaturbetrieb Amerikas. Freilich kann er mit seiner auf Präzisierung des literarischen Kanons und Erweiterung des lyrischen Bewußtseins abzielenden Poetik weit besser einem jungen Mann helfen, eine eigene lyrische Sprache zu finden, als der eher bieder-konservativ eingestellte Louis, Allens Vater.

Nachdem Ginsberg sich nicht getraut hat, Williams bei einer Lesung anzusprechen, schreibt er ihm einen Brief, der mit den Sätzen beginnt: ‹Trotz der grauen Geheimniskrämerei der Zeit und meiner mich in mich selbst verschließenden Zweifel in diesen jugendlich-regnerischen Tagen möchte ich Sie doch mit meiner Gegenwart in Paterson bekannt machen und hoffe, daß Sie mich willkommen heißen, mich, den unbekannten jungen Dichter, Sie, ein unbekannter alter Dichter, der Sie in demselben rostigen Land dieser Welt leben.›[5]

Ein wenig gestelzt, aber dabei dennoch manches von einer sich später einlösenden Programmatik verratend, heißt es in dem Brief weiter: ‹Ich sehe für mich selbst eine Art von neuer Sprechweise voraus – unterschiedlich jedenfalls von dem, was ich bisher geschrieben habe, insofern als es eine klare Verlautbarung des Faktischen über das Elend (und nicht das Elend selbst) und über den Glanz sein sollte, wenn sich derlei auf subjektiven Wanderungen durch Paterson mitteilt. Dieser Ort ist, wie ich es nenne, mein natürlicher Lebensraum durch Erinnerung, und ich folge nicht etwa Ihren Spuren, um poetisch zu sein: Dennoch könnte ich mir vorstellen, daß es Sie freuen wird, zur Kenntnis zu nehmen, daß wenigstens an einen Bürger in Ihrer Gemeinde sich Ihre Erfahrung vererbt hat, eine Erfahrung, die man machen kann, wenn man Anstrengungen unternimmt, die Welt der eigenen Stadt kennen- und liebenzulernen – eine Errungenschaft, die zu erreichen Sie kaum zu hoffen gewagt haben dürften.›[6] Er schickt neun Gedichte mit.

Williams läßt die Mischung aus Arroganz und Schüchternheit im Brief des jungen Poeten aufhorchen. Er reagiert mit einer Antwort, in der er Ginsbergs Gedichte als ‹nicht sehr gut› bezeichnet und in der es wörtlich heißt: ‹Wenn man in dieser Art schreibt, ist Perfektion alles.›[7]

Diese eher behutsam gehaltene Kritik, die verändern, aber nicht verletzen will, gibt Allen zu denken. Sie führt dazu, daß auch für ihn die Forderung ‹nicht Ideen, sondern Dinge› wichtig wird. Williams wiederum nimmt den Brief Allens in ganzer Länge in den vierten Teil seines Epos auf. Er trifft sich dann auch häufig mit Ginsberg. Sie suchen Orte auf, die ihnen beiden in Paterson wichtig sind. Allen findet in dem erfahrenen Mann einen hilfreichen Partner, der andere zeitgenössische Lyriker auf den jungen Mann aufmerksam macht und sich bei Verlagen für seine Lyrik einsetzt.

Wenn Allen nach New York kommt, verkehrt er in der San Remo Bar an der Ecke Bleecker und MacDougal Street, damals ein Mittelpunkt des künstlerischen Lebens im Village.

Zu seinem Freundeskreis gehören Carl Solomon, Lucien Carr, der junge Dichter Philip Lamantia und Bill Cannastra.

In diesem Kreis wird nicht viel später, nämlich im Herbst 1949, der Begriff Beat Generation geprägt, und zwar in einem Gespräch zwischen John Clellon Holmes und Jack Kerouac. Holmes berichtet über diesen Augenblick: ‹Wir sprachen über die *lost generation* und darüber, wie man diese unsere Generation nennen könnte. Wir dachten uns verschiedene Namen aus, und ich sagte: Ach, es ist wirklich eine *beat generation*, und Jack sprang auf und rief: Du hast es erfaßt – genau so ist es.›[8]

Gabrielle hat es im Mittelwesten nicht ausgehalten und ist wieder an die Ostküste zurückgekehrt, aber Jack bleibt weiter in Denver und Umgebung. Ein neuer Text mit dem Titel *The Myth of a Rainy Night* entsteht. Jack träumt von einer literarischen Mischung zwischen James Joyces *Ulysses* und Melvilles *Pierre*. Um das neue Manuskript fertigzustellen, würde er am liebsten nach Paris fahren, aber dazu reicht das Geld nicht. Eine Zeitlang hat er einen ganz ähnlichen Job, wie ihn Neal Jahre zuvor innehatte… auf dem Großmarkt für Obst in Denver. Überhaupt dient sein Aufenthalt in Denver vor allem dem Zweck, die Plätze von Neals Kindheit möglichst genau kennenzulernen. Abends wandert er durch die Stadt und macht sich Notizen über bestimmte Häuser und Straßen, die in Neals Kindheit eine Rolle gespielt haben.

Es wird ihm immer klarer, daß Neal sein Geliebter und sein Feind ist, ein Engel, ein Gott und eine alte Hexe.

Wie sich langsam der reale Neal in eine literarische Gestalt zu verwandeln beginnt, hat William Plummer in seiner Biographie über Neal Cassady eindrucksvoll geschildert: ‹Er ist manchmal eine Art Madeleine oder Kuchen, der in die Lösung der Vergangenheit getaucht werden muß, um die angenehmen Bilder einer Vorkriegswelt, in der jeder frisch und optimistisch war, wiederzubeleben. Aber er ist auch der unheimliche Fremde, der im Schattenbereich durch Kerouacs Kindheit geistert und mit dem Sterben droht. Manchmal ist Neal John Doe, der durchschnittliche, anständige Amerikaner, der hart für seinen Lebensunterhalt arbeitet, Frau und Kinder hat und sich im März über die Steuern Sorgen macht. Aber er ist auch von der Art, die als Vorbild für ein heroisches Denkmal von Robert Burns oder Thomas Carlyle taugen würde: Seine Hüften dünner, seine Arme muskulöser als die Brandos in *Streetcar*, jemand der mit Bird, Diz und Slim mithält und Löwen zähmt mit der Verve eines Clyde Beatty.

«Ich sah einmal, wie Neal Jack anschaute», erinnert sich John Clellon Holmes, «und dachte mir, wie ihm ins Gesicht geschrieben stand: Du siehst überhaupt nicht mehr mich!» Tatsächlich sah Jack, besonders vor einem leeren Blatt Papier, ein gutes Stück mehr als Neal qua Neal. Er sah in ihm seinen persönlichen Stein von Rosette, den Schlüssel zu den hohen und niederen Dialekten des Lebens. In Kerouacs Bewußtsein wuchs Cassady von einem wiedergeborenen Gerard zur Inkarnation des Fellachen oder der entfremdeten dritten Welt und zu einem so bedeutsamen und durch seine Vielschichtigkeit sich entziehenden Wesen wie Moby Dick – in manchem eine bittersüße Mythe des verlorenen Amerika, eine den Gaumen kitzelnde Phantasie einer Supermacht, eine ernst-komische Tall Tale[9]. Es ist nicht bloße Rhetorik zu sagen, Jack sei von Neal besessen gewesen. Neal saß, um ein Wort Melvilles zu gebrauchen, auf ihm drauf.›[10]

Neal in San Francisco laboriert an einem bösen Daumen herum, den er sich bei einer tätlichen Auseinandersetzung mit LuAnne eingehandelt hat.

Carolyn beginnt wieder als Gehilfin in einer Arztpraxis zu arbeiten. Kaum hat sie ihre Stellung angetreten, stellt sie fest, daß sie schwanger ist, obwohl sie die Anweisungen des Arztes über Verhütungsverfahren genau beachtet haben will.

Neal schreibt an Jack: ‹Carolyn wird den ganzen Tag über arbeiten, auch am Samstag, also haben wir das Haus für uns. Wir können Musik spielen, reden usw. usw., und am Abend Bop, verrückte Niggerkneipen usw. Ich wünsche mir zwei Wochen vollkommene Ferien mit Dir... Ich renne, um das auf die Post zu bringen, und wiederhole noch einmal, bedenke alle Gründe herzukommen und multipliziere sie mit zehn, denk an die Freude, die wir hätten, und dann mach dich *on the road*... Carolyn ist nun im dritten Monat mit unserem zweiten Kind schwanger. Wenn es ein Junge wird, werden wir ihn Jack Allen Cassady nennen. Wird's ein Mädchen, soll es Carolyn Jean heißen...›[11]

Man kann sicher sein, daß es Neal wieder einmal langweilig ist. Und viel länger will er nicht Babysitter spielen.

Eines Nachts klopft es. Neal öffnet. Wie gewöhnlich ist er nackt. Da steht Jack.

‹Mein Gott, Mann›, sagt Jack lachend, ‹und wenn es nun jemand anderes gewesen wäre!›[12]

Eine endlose Geschichte **9**

(1950–1951) **Kerouac—Cassady—Burroughs**

> ... who drove crosscountry seventytwo hours
> to find out if I had a vision or he had a vision
> to find out Eternity ...
> *Allen Ginsberg* [1]

Im August 1949 ist Jack nach San Francisco gekommen. Er hat die Absicht, zwei Wochen zu bleiben. Es entgeht ihm nicht, daß seine Ankunft Carolyn in Schrecken versetzt. Sie ahnt, daß Neal sie wieder zu einer großen Reise verlassen wird. Al Hinkle hat sich von Helen getrennt. Er ist mit einem Billardspieler zusammengezogen und in dessen Gesellschaft dann nach Maine, später nach New York gereist, ehe beide wieder an die Westküste zurückgekehrt sind. Während Hinkles Abwesenheit haben sich Helen und Carolyn im gemeinsamen Zorn über ihre vagabundierenden Männer zusammengefunden. Neal und Jack gehen jeden Abend aus, während Carolyn durch das Kind angebunden ist. Schließlich setzt Jack durch, daß die Cassadys sich einen Babysitter nehmen, damit Carolyn auch einmal mitkommen kann. Zu dritt besuchen sie eine Stripteaseshow. Neal flirtet mit einer Sängerin. Auch sonst benehmen sich die beiden Männer ständig so, als wäre Carolyn nicht existent. Gegenüber Besuchern wie Henri Cru, der eines Abends hereinschaut, versucht Neal sein Familienleben als gemütliche Idylle hinzustellen. Carolyn bringt das so auf, daß sie ihn später, als er sich zu ihr ins Bett legen will, auffordert auszuziehen.

‹Ich habe dir gesagt, du sollst verschwinden, und das ist mein Ernst. Nimm deinen hochverehrten Freund gleich mit. Was denkst du eigentlich, wie es in mir aussieht. Er ist dein ein und alles, bei dir dreht sich alles nur um ihn. Meinst du, ich hab Lust, hier Nacht für Nacht allein herumzusitzen, nachdem ich am Tag hart arbeiten mußte – nur als deine Haushälterin? Mir reicht's, verstehst du ... Wenn das das Leben ist, das du haben willst, dann bitte irgendwo anders, aber nicht hier. Geh. Jetzt.› [2]

Neal kommt das gerade recht. Er verläßt mit Jack das Haus. Er besitzt selbst kein Auto mehr, also suchen sie Bill Tomson, einen alten Bekannten aus Denver, auf. Der ist zunächst zögerlich, aber dann chauffiert er die beiden doch auf einer Tour durch San Francisco. Sie kaufen Marihuana in einem Viertel der Schwarzen und rauchen es, während sie in Jazzclubs hereinschauen, darunter auch eine ‹gemischte Bar›, in der diagonale Streifen auf dem Fußboden die Bereiche des weißen und des schwarzen Publikums voneinander trennen.

Während sie rauchen, trinken und durch die Stadt ziehen, schüttet Neal dem alten Kumpel sein Herz aus. Vor drei Jahren hatten sie sich vorgenommen, einmal zusammen zu reisen. Die Reise im Winter 1948/1949 war zu hektisch gewesen, als daß sie wirklich dabei Amerika gemeinsam hätten kennenlernen können. Warum also nicht jetzt zusammen auf Reisen gehen?

Keiner von beiden besitzt genügend Geld. Neal hat so gut wie gar nichts, Jack hat neunzig Dollar in der Tasche, als sie San Francisco verlassen. Obwohl sie keinen Wagen haben, reisen sie nicht per Autostop. Sie suchen eine Firma auf, die für lange Strecken Fahrer vermittelt beziehungsweise Leute wirbt, die Wagen überführen. An die Abenteuer dieser Reise erinnert sich Kerouac später in *Visions of Cody:* ‹Unterdessen war Cody heruntergekommen und stand wie ein Geist in der Tür des Miethauses. Er wartete darauf, daß wir uns entscheiden würden, ZEIT, rieb sich den Bauch, schwitzend, fingerte an seinen Eiern herum, blies aus: Phew, bereit, hinzufahren über den glühenden und stöhnenden Kontinent Amerika, auf dem seine Vorfahren verlorengegangen waren.

Wir fuhren ab um zwei Uhr am Nachmittag oder irgendwann am Mittag, ein Reisebürowagen nach Denver, ein Plymouth, am Steuer ein warmer Bruder und daneben ein langweiliges Paar. Ein richtiger Schwuler, einer mit einem merkwürdig kriminellen Gesicht, völlige Nichtigkeit unter den gewöhnlichen menschlichen Identifikationszeichen, ließ sich schwer sagen, was er war, Sadist oder Masochist von welchem Ende, ob mit einer Peitsche, Kleid oder Austertörtchen, ein Fetischist, der sich in einem Schrank verbarg, er muß ganze Nachmittage pimpernd im Badezimmer verbracht haben. Als wir bei Einbruch der Nacht in Sacramento ankamen, beschlossen diese blöden Leute zu schlafen, dabei hatte doch der Trip gerade erst angefangen. Den ganzen Weg nach Sacramento über versetzten Cody und ich sie in Angst und Schrecken, weil wir auf dem Rücksitz wie wild schwatzten, so als würden wir beide rotsehen. Ich war nahe dran.›[3]

Sie verlieren sich völlig in das, was sie sich zu erzählen haben. Sie denken gar nicht mehr daran, daß sie nicht *allein sind*. Sie schaukeln beim Reden aufgeregt hin und her, bis die Leute vorn rufen: He, das Boot wird kentern. Aber das kann das wahnwitzige Garn, das sie da gerade spinnen, nicht stoppen.

‹Wir sprachen über die großen Sensen in unserer Kindheit, als ich, wenn wir in Neuengland über die kleinen Straßen mit Steinpflaster und Pfosten und Hügeln mit Ranken hinsausten, mir einbildete, ich könnte mit der Sense alles niedermähen, während mein Vater den Wagen lenkte, und er, Cody, erinnerte sich an die tragischen roten Straßen am Sonntagnachmittag in Ostcolorado, wo Männer mit schwarzen Hüten grimmig die Kinder herumfuhren, und er neben dem Wagen, entweder unten angebunden oder innen festgemacht, eine gigantische, höchst knifflig gebogene Sense geschwungen hatte, die nicht nur die nahe stehenden Pfosten und Gebüsche oder Weizen ummähte, sondern sich in einem monströsen Traum bis zum Horizont hin ausdehnte, in aller Massivheit der unglaublichen Realitäten wie Oakland Bay Bridge oder das skelettartige swiftsche Gerüst des Pentagons in Arlington, Virginia, als sie die Achteck bildenden Vorderwände an ihre Stelle rückten mit langhälsigen, in den Himmel ragenden Giraffenkränen, langsam, wie der Vogel paradiesischer Ewigkeit die große Weltschlange in seinem Schnabel hochhebt, um sie dann doch zu verlieren, eine Sense so phantastisch in ihren Aufhängungen, daß sie über die flache Ebene hinstreichen, sich für den Schnitt aber auch Tafelbergen anpassen, eine Kerbe ins Jenseits schlagen konnte und es dann noch fertigbrachte, mit dem kleinen Vorfrontblatt das Büschel Gras in wie Wolken von fliegender... So redeten wir...›[4]

Monstrositäten!

‹Unterdessen trugen das traurige Automobil und der sensible Perverse uns über die grünen Hügel von Vallejo ins alte Sacramento›, wo Jack durch einen Spalt in der Toilettentür ‹olympische Perversitäten› beobachtet, nämlich zusieht, wie Neal es dem schwulen Besitzer des Plymouth besorgt, ‹...ich war entsetzt, es war wie Mord. Ich habe meine guten Gründe, mich solchen arabischen Vergnügungen nicht zu unterwerfen, schon gar nicht mit einem Schwarzarsch – was, war das tatsächlich ein Ire, bloß weil er O'Sello hieß? – Das liegt nicht auf meiner Linie, sprach Céline in Afrika. Aber genug davon, es war auch nicht bezeichnend für Cody, wo er doch heute im Arbeitsleben steht und verheiratet ist...›[5]

Nach fast tausend Meilen machen sie halt in Denver, um nach Neals verschollenem Vater zu suchen, doch diese Absicht ist bald vergessen. Neal muß unbedingt vor Jack seine Fähigkeiten als Autoknacker unter Beweis stellen. Also stehlen sie auf einem Parkplatz einen Wagen und unternehmen einen Ausflug ins Gebirge. Weil sie das Fahrzeug nicht an seinem ursprünglichen Platz abstellen, wird der Besitzer stutzig und ruft die Polizei. Neal weiß, daß dem entsprechenden Dezernat seine Fingerabdrücke nur allzu bekannt sind. Also treibt er Jack an, sich schleunigst mit ihm aus dem Staub zu machen... diesmal in einem Cadillac, den sie für eine Agentur nach Chicago überführen sollen.

Schon kurz hinter Denver fällt der Tachometer des Wagens aus, und Jack muß von nun an ihr Fahrttempo mit komplizierten Praktiken im Kopf berechnen. Sie fahren im Schnitt in der Stunde 72 Meilen. Für Jack verwandelt sich Neal zusehends mehr in eine Romangestalt von Melville, einen ‹verrückten Ahab hinter dem Steuer›, der gegen den ächzenden Kontinent ankämpft.

In Chicago gehen sie in eine Jazzbar, um wieder einmal Bebop zu hören.

Jazzmusik, Bebop – diesen Eindruck gewinnt man aus ihren Berichten, Briefen, Tagebüchern, literarischen Texten – ist für sie kaum weniger wichtig als Essen und Trinken.

Diese Begeisterung besteht schon auf Jacks erster großer Reise, von der er erzählt: ‹Zu jener Zeit, 1947, stand ganz Amerika wie wahnsinnig auf Be-bop. Die Typen auf dem Loop bliesen ihn, aber mit müden Mienen, denn der Be-bop befand sich gerade in einem Übergangsstadium zwischen Charlie Parkers «Ornithology»-Periode und einer anderen, weniger hitzigen Periode, die mit Miles Davis einsetzte. Und ich saß da und lauschte den Tönen der Nacht, deren Inbegriff Be-bop für uns alle geworden war; ich dachte an alle meine Freunde von einem Ende des Landes zum anderen, und wie sie eigentlich alle in demselben Hinterhof irre und rasende Dinge trieben.[6]

Regina Weinreich geht in ihrer Untersuchung *The Spontaneous Poetics of Jack Kerouac* so weit, einen aus dem Bebop, der Musik eines Charlie Parker, Dizzy Gillespie und Thelonious Monk abgeleiteten Erzählstil (‹spontane Bop-Prosodie›) als jenes Element zu bezeichnen, das die verschiedenen zur *Duluoz-Legende* gehörigen Bücher zu einer Einheit zusammenschweißt.

Sie stellt eine Übereinstimmung zwischen den literarischen Strukturen und den Strukturen des Jazz-Riff fest.

Jazz-Riff wird musiktechnisch als eine kurze Phrase definiert, die wiederholt wird, manchmal in sehr subtilen Variationen über die Länge einer Strophe als ein Muster von Akkorden.

‹Riffs›, erklärt Albert Murphy, ein kritischer Theoretiker des Jazz, ‹wirken immer spontan, als ob sie im Eifer des Vortrags improvisiert würden, und zwar in einem solchen Maße, daß die Bezeichnung *riffing* als gleichbedeutend mit Improvisation gebraucht wird. Aber Riffs sind nicht nur genau wie die Melodie des Themas ein Bestandteil des Arrangements und der Orchestrierung, sie bestehen meist auch aus nichts anderem als grundstockhaften Phrasen, Zitaten einer bekannten Melodie oder sogar aus Klischees, die zufällig im Augenblick gerade populär sind. Improvisation ist also sowohl spontane Aneignung oder inspirierte Anspielung, mit der sich manchmal auch eine Art von Bedeutung herstellt, als auch Erfindung aus dem Augenblick heraus. Die Erfindungsgabe liegt nun nicht in der Originalität der Phrase als solche, sondern in der Art, in der sie in einem bestimmten Bezugsrahmen benutzt wird.›[7]

Kerouac selbst sieht die Verwandtschaft seiner Schreibe mit dem Jazz auf einer atemtechnischen Ebene angesiedelt. Wie schon an anderer Stelle gesagt: Der Vorrat an vorhandener Luft nach einem Atemzug ist das Maß, in dem sich eine bestimmte Mitteilung vollzogen haben muß. Eine andere Parallele zum Jazz liegt in der jeweiligen Zurückführung der Wort-Musik zu einer Kadenz.

Im Jazz verändert sich bei einer Wiederholung die Serie der Akkorde. Schlüssel zum Jazz ist, daß es sich um eine Musik der sich wiederholenden Formen handelt, die immer neu definiert und weiterentwickelt werden. Ganz ähnlich verfährt Kerouac mit Worten. Am deutlichsten wird das in *Visions of Cody*, wo der lineare Handlungsverlauf zugunsten eines Feldes von Ereignissen aufgegeben wird, die zunächst wie willkürlich aneinandergesetzt wirken, tatsächlich aber sämtlich Variationen eines bestimmten Grundthemas sind.

Wahrscheinlich ist der enge Zusammenhang zwischen Musik und Wort Kerouac beim Schreiben gar nicht oder zumindest nicht immer bewußt gewesen, aber er hat so häufig und konzentriert Jazz, vor allem Bebop, gehört, daß die von dort adaptierten Techniken sich aus seinem Unterbewußtsein in seine Sätze hinein übertrugen.

Hinzu kam, vor allem was Charlie Parker angeht, eine erstaunliche Ähnlichkeit im Temperament: ‹Bird konnte sich im Lauf eines Tages in seinen Stimmungen von träger Bedrücktheit zu trunkener Freude und zum Leichtsinn eines Junkies verändern, von zurückgenommenem Schweigen zu den Höhen eines lyrischen Kommunizierens auf seinem Instrument. Bird machte sich Feinde so rasch, wie er sich Freunde machte, er war notorisch unzuverlässig. Es war ihm zuzutrauen, daß er sich mit seinem Verhalten einhandelte, im nächsten Augenblick gefeuert zu werden oder einen Zuschlag auf seine Gage zu bekommen, aber alle, die ihn je trafen, erinnern sich an ihn mit unverbrüchlicher Liebe – und der Ehrfurcht gegenüber einem explodierenden Stern, von dem man einen Blick erhascht.›[8]

Hebt dies auf individuelle Ähnlichkeiten ab, wie sie bestimmt bestanden haben, waren solche Eigenschaften und Eigenarten auch Ausdruck eines von den Zeitläuften und den gesellschaftlichen Zuständen bestimmten Lebensgefühls samt Vorlieben und Abneigungen, Hoffnungen und Frustrationen, besonderen Begabungen und Handicaps, und aus eben all dem entstand die Stimmung der Hipster, die sich musikalisch im Bebop, literarisch in den Romanen und Gedichten der Beat Generation ihre Ausdrucksformen sucht.

Von Chicago fahren Jack und Neal im Bus nach Detroit weiter. Dort angekommen, haben sie so wenig Geld, daß sie sich nicht einmal ein billiges Hotelzimmer leisten können. Sie kaufen sich statt dessen für 35 Cent Eintrittskarten für ein Kino, das die ganze Nacht geöffnet bleibt, und schlafen auf Balkonsitzen, während auf der Leinwand immer abwechselnd ein singender Cowboy und Peter Lorre in einem Spionagethriller erscheinen. In Jacks Träumen verweben sich Handlungen und Personen der beiden Filme zu einem surrealistischen dritten.

Das letzte Stück der Wegstrecke bis New York nimmt sie ein Geschäftsreisender mit, der allerdings dafür von jedem vier Dollar verlangt. Sie kriechen in Ozone Park bei Gabrielle unter, die ihrem Sohn zu verstehen gibt, sie habe nichts dagegen, wenn Neal sich unter ihrem Dach einmal richtig ausschlafe, aber dann solle er bitte möglichst rasch verschwinden.

Ein gemeinsamer Freund, John Clellon Holmes, hat begonnen, sich Notizen zu einer Chronik der Bohemeszene des New York dieser Jahre zu machen. Daraus wird sich der Roman *Go* entwickeln, in dem Herbert Huncke als Albert Ancke, Allen Ginsberg als David Stofsky, Neal Cassady als Hart Kennedy und Jack Kerouac als Gene Pasternak porträtiert werden – der erste Roman über die Beat Generation.

Neal bleibt bis in den Herbst 1949 in New York. Seinen Lebensunterhalt verdient er einstweilen als Parkwächter, wobei ihm seine geradezu traumhaft-artistischen Fähigkeiten als Chauffeur von Nutzen sind. Es beschäftigt ihn wieder der Plan, seine Autobiographie zu schreiben, die Kerouac herausgeben will. Die beiden Freunde gehen zusammen ins Birdland und hören den Saxophonisten Sonny Stitt. Und schon fünf Tage nach ihrer Ankunft verliebt sich Neal auf einer Party in Diana Hansen.

Ob Neal oder sie in dieser blitzartig ablaufenden Affäre als hypnotisiertes Opfer der Spontaneität des anderen zu bezeichnen ist, mag dahingestellt bleiben. Ihr imponieren Neals kühne Blicke und sein jegliche Konventionen mißachtendes Auftreten, ihn beeindruckt, daß sie als Fotomodell arbeitet. Neal wird von seiner neuen Romanze völlig in Anspruch genommen und verschwindet für längere Zeit aus Jacks Gesichtskreis.

Jack gewöhnt sich wieder daran, die Woche über bei Gabrielle zu wohnen und dort zu schreiben. Am Wochenende kommt er meist ins Village, wo er sich mit Holmes, Allen und Lucien trifft.

In diesen Monaten schreibt er an einem Text, der *On the Road* heißt, aber mit dem späteren Roman gleichen Titels wenig zu tun hat. Der Text ist reine Fiktion und hat als Helden einen Geschäftsmann aus Denver mit schlechtem Gewissen.

Häufig trifft sich Jack in diesen Wochen mit Holmes, und die beiden tauschen sich über ihre literarischen Pläne aus. Nicosia berichtet darüber: ‹Wie Jack hatte sich John Holmes über Neals hektisches Reisen seine Gedanken gemacht. In seinen Notizen für eine Erzählung mit dem Titel «Der Nachmittag eines Tenorsaxophonspielers» versuchte Holmes zu definieren, was Neal suchte – und was die Bopmusiker auf dieselbe Weise zu suchen schienen. Er nennt es «den Kirilowschen Moment des Eintauchens in das Es». Der Begriff ist abgeleitet von dem Romanhelden Kirilow bei Dostojewskij, den es nach einem einzigen sinnvollen Augenblick verlangt und der sein Leben für einen solchen bei einem Selbstmord hingibt.›[9]

In einem Brief an Kerouac vom 3. Februar umschreibt Holmes die Odyssee seines Tenorsaxophonspielers als ‹den Treck des Amerikaners durch die Einöden. Überall lauert die Gefahr: Polizei, Unbesonnenheiten, Wildnis, geistige Verarmung. Und voraus liegt was? Ein verzauberter Moment des Gelingens, irgendeine undefinierbare Phrase, eine Note oder ein Ton, der es genau trifft!... Alles, was er weiß, ist, daß etwas in ihm spricht, und die Mechanismen der Prophezeiung ihm gehorchen. Der Tenorspieler swingt weiter hinein in ein Vakuum, er ist völlig selbstverloren, und doch ist es möglich, daß er in jedem Augenblick uns andere alle errettet mit seiner ernsthaften Anstrengung, Gnade zu erlangen.›[10]

Anfang 1950 bekommt Carolyn Cassady einen Anruf, aus dem sie erfährt, daß Neal in New York mit einer anderen Frau zusammenlebt. Sie berichtet: ‹Ich nahm das Telefon ab und hörte eine tiefe, leicht erregte Stimme im Tonfall der Ostküste sagen: «Hi, Carolyn! Hier spricht Diana Hansen. Ich nehme an, Neal hat Ihnen gesagt, daß er sich mit mir zusammengetan hat. Wie geht es Ihnen? Wie geht es Cathy?»»

Kaum hat sich Carolyn von dieser Eröffnung erholt, da konfrontiert die Rivalin sie auch schon mit ihren Forderungen:

‹Nun, wie Ihnen bestimmt inzwischen klar ist, sind Neal und Sie ja nie so recht miteinander ausgekommen, und da Sie ihn hinausgeworfen und ihm gesagt haben, er solle Ihnen nie mehr unter die Augen kommen… ha, ha, Sie haben ja so recht… kann ich mir vorstellen, daß Sie froh sein werden, ihn los zu sein. Also, Sie verstehen, wir möchten Sie also fragen… oder genauer, Neal hat mich gebeten, Sie zu fragen, ob Sie in eine Scheidung einwilligen. Es scheint, daß ich schwanger bin, und Sie verstehen, daß wir deshalb so bald wie möglich heiraten wollen… um dem kleinen Wesen einen ehrlichen Namen zu geben…›[11]

Kurz nach diesem Telefongespräch wird am 28. Januar 1950 Neals und Carolyns zweite Tochter Jennifer, genannte Jamie, geboren. Neal hält sich weiterhin in New York auf. Carolyn reicht ein Scheidungsbegehren gegen Neal ein, wohl weniger, weil sie Diana und Neal einen Gefallen tun will, als weil sie endgültig genug hat von den Seitensprüngen ihres Ehemanns, der immer dann nicht zur Stelle ist, wenn er in der Familie Verantwortung übernehmen müßte. Das Gericht gibt ihrem Antrag statt. Es verurteilt Neal zu einer Unterhaltszahlung von hundert Dollar im Monat für jedes Kind und einem Dollar Alimente für Carolyn.

Es ist eine Eigenart des Scheidungsrechts in Kalifornien, daß das Urteil erst nach einem Jahr rechtsgültig wird.

Am 2. Mai 1950 erscheint in New York Jacks Roman *The Town and the City*. Die Besprechungen sind eher gemischt. Das Magazin *Newsweek* spricht von ‹nahezu einem Hauptwerk›, kritisiert aber ‹den langatmigen Unsinn seiner Intellektuellen›, der es beinahe unlesbar mache. Die *New York Times* bezeichnet den Roman als ‹einen Rohdiamanten›, hält aber das Bild, das der Autor darin von der Großstadt entwirft, für übertrieben negativ. Am anderen Ende der Skala steht *The New Yorker*, dessen Kritiker das Buch als ‹schwerfällig… watschelnd und mühsam› empfindet. Obwohl die Vorbestellungen sich angeblich auf 20000 Exemplare belaufen, der Verlag 7500 Dollar für die Werbung ausgegeben hat und eine Lizenz nach England verkaufen kann, ist das Buch alles andere als ein durchschlagender Erfolg.

Das mag zum Teil damit zu tun haben, daß zum selben Zeitpunkt drei andere wichtige Romane erscheinen und die Aufmerksamkeit des Lesepublikums auf sich ziehen: Hemingways *Über den Fluß und in die Wälder*, Joyce Carys *Des Pudels Kern* und schließlich Nelson Algrens *Der Mann mit dem goldenen Arm*, ein Buch zudem, das eine ausführlichere Auseinandersetzung mit dem Drogenproblem liefert, als dies in *The Town and the City* der Fall ist. Jedenfalls sieht sich Jack in seinen finanziellen Erwartungen bitter enttäuscht und erwähnt gegenüber Allen, er überlege, ob er einen Job in Hollywood annehmen oder bei einer Tageszeitung an der Westküste unterkriechen solle.

Auch Ginsberg trägt sich um diese Zeit mit Romanplänen. Jack rät ihm, über Paterson, New York City, Texas und Dakar zu schreiben: nicht autobiographisch, sondern als Prophezeiung.

Kerouac gelingt es, seinem Verlag das Geld für eine Reise nach Denver abzuluchsen. Er soll dort eine Signierstunde abhalten.

Neal ist inzwischen ebenfalls nach Denver gekommen. Jack ist der Freund in letzter Zeit häufig in Alpträumen erschienen, mit einem Totenschädel und glühenden Augen, auf einer alten Mähre, umlodert von den Flammen der Hölle. Das hält ihn nicht davon ab, sich von Neal zu einer Reise nach Mexiko überreden zu lassen. Dort will Neal versuchen, im Eilverfahren von Carolyn geschieden zu werden.

Es wird die letzte große Reise, die Neal und Jack zusammen unternehmen. Sie wollen alles hinter sich lassen, in ‹eine neue, unbekannte Phase der Dinge eintreten›.

Während Neal am Steuer des Ford sitzt, hat Jack Muße, die Bauern, die Katzen und die Leute auf den Feldern zu betrachten. In einem Dorf, in dem sie anhalten, um Marihuana zu rauchen und sich mit Frauen zu vergnügen, hat Jack, was er später seine größte Vision von Neal nennt: ‹Im tausendfachen Geprickel himmlischer Strahlen mußte ich mich anstrengen, Deans Gestalt zu sehen, und er sah aus wie Gott.›[12]

Nachdem sie sich in Mexico City eine Woche lang in Bordellen und Kneipen die Nächte um die Ohren gehauen haben, erkrankt Jack an einer Darminfektion. Er hat hohes Fieber, als Neal ihn verläßt. Cassady hat seine Scheidung nicht durchbringen können, hat aber Marihuana gekauft und will so rasch wie möglich zurück in die Staaten.

In Mexico City bleibt es dem Ehepaar Burroughs überlassen, Jack gesund zu pflegen. Fast ständig steht Kerouac während seines ersten Aufenthalts in Mexiko unter Drogen. Er hat Angstträume, in denen er den Untergang der Welt nach einer Atombombenexplosion sieht. Ein andermal ist er in diesen Träumen ‹«der große wandernde Heilige», ein Wanderer, der dazu verurteilt ist, über Amerika hin zu ziehen, um für dessen Sünden zu büßen›.[13]

Auch ohne die entsprechenden Papiere vorweisen zu können, ist es Neal in New York gelungen, Diana davon zu überzeugen, daß er frei ist. Sie heiraten am 10. Juni 1950 in New Jersey. Zwei Stunden später besteigt er einen Zug nach Westen. Grund dafür ist ein Telegramm, aus dem er erfährt, daß die Eisenbahngesellschaft in Kalifornien ihn wieder einstellen will. Diese Chance, Geld zu verdienen, kann er sich nicht entgehen lassen.

Er ist nun mit zwei Frauen verheiratet, aber Bigamie ist in den USA ein Delikt, bei dem die Justizbehörden nur auf Verlangen der betroffenen Frauen tätig werden.

Carolyn, langsam etwas vorsichtiger geworden – außerdem hat sie schließlich die Scheidung eingereicht –, weigert sich, Neal daheim wieder aufzunehmen. Er darf seine Kinder sehen – die zweite Tochter ist ja während seiner Abwesenheit geboren worden –, im übrigen aber bleibt Carolyn konsequent. Er nimmt sich, nun wieder bei der Eisenbahn angestellt, ein Apartment in Watsonville, am Ende jener Strecke, auf der er eingesetzt wird. Es gelingt ihm, nicht nur Diana dorthin zu locken, auch LuAnne erscheint und nimmt eine Stelle in einem Drive-in-Restaurant an. Schließlich hält sie Neals Eifersucht – er beobachtet sie beispielsweise eine Nacht lang aus einer Telefonzelle gegenüber dem Restaurant – nicht mehr aus und verläßt die Stadt. Inzwischen haben Diana und Carolyn Kontakt miteinander aufgenommen, und Neals Strategie, sie voneinander getrennt und ihm ergeben zu halten, funktioniert nicht mehr so recht. Die beiden Frauen sprechen sich in San Francisco aus. Danach fliegt Diana, inzwischen hochschwanger, nach New York zurück. Im Oktober beschwatzt Neal Carolyn, wieder zu ihr und den Kindern in der Russell Street ziehen zu dürfen. Ihre Bedingung: Er muß auf dem Sofa schlafen und versprechen, sich ‹anständig zu benehmen› – was immer das heißen mag.[14]

Im November 1950 bringt Diana in New York einen Sohn zur Welt – sehr zum Verdruß von Carolyn, die bisher, wie sie findet, ‹nur› zwei Mädchen, Cathy und Jamie, das Leben geschenkt hat.

Um die Weihnachtszeit 1950 ist Diana offenbar klargeworden, daß sie das Spiel um Neal verloren hat, und sie erklärt in einem

Brief, sie sei mit der Annullierung der Ehe mit ihm einverstanden. Neal möchte auf der Stelle nach New York fliegen, aber er hat weder Urlaub noch Geld. Er tritt die Reise Ende Februar 1951 an. Noch während er in New York ist, teilt ihm Carolyn in einem Brief mit, daß sie wieder schwanger ist. Sie erwägt kurz eine Abtreibung, aber die Ärztin, mit der sie sich ausspricht, weiß ihr einzureden, daß doch alles ein Glücksfall sei: Neals Rückkehr zu ihr, die Schwangerschaft.

Tatsächlich schickt Neal auch sofort einen Brief, der sie in ihrem Wunderglauben noch bestärkt: ‹Diese wunderbare absolute Freude, die mich überkommt, wenn ich mir vorstelle, daß ich das nächste Vierteljahrhundert mit Dir verbringen werde (reich, nicht übermütig)... Ich habe gelernt, wie man mit Besitz umgehen muß!... MACH DIR UM NICHTS SORGEN – das dritte Kind eingeschlossen... Du kommst zuerst, zuerst in allem – als nächstes die Kinder...›[15] Dazu Carolyns Kommentar: ‹Ich war froh. Wie hätte ich auch nicht froh sein sollen! Zum erstenmal seit unserer Hochzeit fühlte ich mich behaglich sicher und wieder geliebt, geliebt von dem einzigen Mann, den ich mir wünschte.›[16]

Im Herbst ist auch Jack aus Mexico City nach New York zurückgekehrt. Er hat zweieinhalb Pfund Marihuana in Seidensäckchen auf dem Leib unter einem weiten Ledergürtel über die Grenze geschmuggelt. Den Zöllner in Laredo hat er abgelenkt, indem er ihm einen Schluck aus der Tequilaflasche angeboten hat. Jack wohnt wieder bei seiner Mutter in Richmond Hill und schreibt eifrig. Wenn er eine Portion Marihuana rauchen will, verschwindet er kurz auf die Toilette.

Er hat On the Road nun zum drittenmal begonnen. Diesmal ist der Erzähler ein junger Schwarzer aus den Südstaaten, der zusammen mit seinem Bruder Slim an die Westküste reist. Das Manuskript verrät wenig Kenntnis von der tatsächlichen Umgangssprache der Schwarzen. Am Ende der Geschichte stehen die zwei Brüder am Straßenrand und werden von zwei Weißen, die Dean Moriarty und Sal Paradise heißen, mitgenommen.

Nachdem Jack sich einen Monat lang mit dieser Version herumgeschunden hat, legt er sie zur Seite. Holmes gegenüber erklärt er, er sei müde, enttäuscht und unzufrieden mit dem On the Road-Projekt. Im Dezember rät ihm Holmes, alle bisherigen

Anfänge einfach zu vergessen und alles in ‹der natürlichen Ordnung und in der Schönheit seines Geschehens›[17] niederzuschreiben.

Zu dieser Zeit hat Jack einen Trinkkumpan, Bill Cannastra, einen Absolventen der Harvard Law School, der in einer Bäckerei arbeitet und durch seine verrückten *practical jokes* auffällt.

So geht er beispielsweise durch Seemannskneipen und küßt die größten Raufbolde ohne Vorwarnung, oder er balanciert in der Nähe einer Dachrinne und fragt seine Freunde, die aus der Dachluke verblüfft zuschauen: ‹Wollt ihr, daß ich mich nun da hinunterstürze? Ihr braucht es nur zu sagen… ich tu's.›

Es kann auch passieren, daß er am frühen Morgen völlig nackt um den Häuserblock spurtet.

All seine ‹Aktionen› drücken eine bestimmte, zwischen Todessehnsucht und Verachtung für die gesellschaftlichen Sitten des *square*, des angepaßten Bürgers, changierende Stimmung aus.

Am Abend des 12. Oktober 1950, als ein Subwayzug die Station Bleecker Street verläßt, fällt Cannastra ein, daß er noch einmal in die San Remo Bar will. Er öffnet das Wagenfenster und versucht, aus dem fahrenden Zug zu klettern. Er stößt so unglücklich mit dem Kopf gegen die Tunnelmauer, daß er sich das Genick bricht. Er ist auf der Stelle tot.

Alle aus Cannastras Freundeskreis sind tief betroffen. Vielleicht am stärksten Jack, der sich für längere Zeit in Gabrielles Wohnung verkriecht.

Als Jack Anfang November wieder einmal in das Village kommt, trifft er die Freundin des Verunglückten, Joan Haverty. Sie ist eine große dunkelhaarige, attraktive junge Frau, wie Holmes schreibt: ‹voller Jugend und heftigem Verlangen und einer Art von Unschuld, wie man sie nur mit zwanzig hat›[18].

Völlig überrascht hören am 17. November 1950 einige Freunde der beiden, daß sie beschlossen haben zu heiraten. Als Trauzeuge fungiert Lucien Carr. Zwanzig Personen sind zur Hochzeitsparty geladen, zweihundert erscheinen.

Später wird Jack in einem Interview erklären: ‹Ich mochte sie gar nicht. Sie mochte keinen meiner Freunde. Meine Freunde mochten sie nicht. Aber sie war hübsch. Ich heiratete sie, weil sie hübsch war.›[19]

Allen, Lucien und Jack singen betrunken auf der Hochzeit, wie das als Abschied vom Junggesellenstand üblich ist, aber Ginsberg notiert, daß über der ganzen Veranstaltung eine Wolke von Unheil geschwebt hätte.

Cassady in San Francisco verfaßt eine Charakterstudie über Jack, die er an Allen schickt. Er nennt den Freund einen richtigen Bauern, und vergleicht ihn mit einer Kartoffel. Cassady, der sich auf seine Erfahrungen mit Frauen einiges zugute hält, prognostiziert für das Zusammenleben der Neuvermählten, es werde alles davon abhängen, ob Joan es fertigbringe, Jack in Ruhe zu lassen. Er fürchte allerdings, daß sie dazu nicht klug genug sei.

Als Jack und Joan sich nach einigen Wochen vor ständigen Besuchern nicht retten können, ziehen sie zu Kerouacs Mutter nach Richmond. Aber auch dort fühlt sich die junge Ehefrau nicht wohl. Gabrielle und Jack sprechen nur französisch miteinander. Sie fühlt sich ausgeschlossen. Also ist bald wieder ein Umzug fällig. Diesmal in das Erdgeschoß eines Backsteinbaus in der 20th Straße West zwischen 8th und 9th Avenue. Dort besucht sie Neal, der nach New York gekommen ist, um seinen Sohn Curtis zu sehen und seine Ehe mit Diana Hansen aufzulösen.

Ende Dezember 1950 hat Cassady unter dem Einfluß von Benzedrin jenen 23000 Wörter umfassenden sogenannten Joan-Anderson-Brief geschrieben und an den Freund geschickt, dessen Lektüre bei Jack die Initialzündung für die Niederschrift der endgültigen Fassung von Neals Leben auf der Straße auslöst.

Jack hatte zu dieser Zeit wohl mehreren Freunden und Bekannten die Frage gestellt: ‹Was hat ein Bursche wie ich der Welt in Form eines Buches zu bieten?›[20]

Neals Antwort war jener Brief.[21]

Er handelt in der Hauptsache wohl von einem Mädchen, das einen Selbstmordversuch unternimmt, weil es sich einbildet, es sei nicht gut genug für Neal. Der erwähnte Vorfall hat sich offenbar in Neals Jugendjahren 1945 in Denver zugetragen. Abgesehen von diesem Ereignis, scheint der Text so etwas wie seine seelische Entwicklungsgeschichte enthalten zu haben, geschildert mit bis dahin unbekannter Rückhaltlosigkeit... der Selbstmordversuch des Mädchens, Erfahrung als Besucher der Billardsalons, des Krankenhauses, der Gefängnisse, die Beschreibung sexueller Erlebnisse, Episoden, die tragisch und komisch waren.

Was Jack an dieser Art der Schreibe so imponierte, daß er sie über die von Céline und Wolfe stellte und zum Vergleich die Romane von Dostojewskij und James Joyce heranzog, ist der spontane, bekenntnishafte Stil dieser Prosa, ein Stil, der sich nicht um Ausgewogenheit und Politur kümmert, sondern in den die Vorstellungen so eingehen, wie sie das Unterbewußtsein preisgibt.

Es ist ein Stil, der mehr auf «Ehrlichkeit» abzielt als auf ästhetische Schönheit der Sprache. Deswegen spricht sich Kerouac später gegen jedwede Korrektur an einem Text aus, weil diese das, was den Schreibenden im Kern seiner Persönlichkeit bewegt, nur verwischen kann.

Eine andere Leitlinie ergibt sich aus Jacks Lektüre von Melvilles *Pierre*. In der Einführung zu diesem Buch liest er die Bemerkung des Herausgebers Henry Murray: ‹Melville schrieb keine Autobiographie im herkömmlichen Sinn... er schrieb eine Autobiographie seines Selbstbildnisses.›[22] Damit ist wohl gemeint, daß nicht unbedingt eine Übereinstimmung mit der Wirklichkeit angestrebt wird, sondern es um eine Metapher für das geht, was man zu sein meint.

Wahrscheinlich hat Kerouac letztlich diese Bemerkung zu seiner eigenen Konstruktion geführt: einem Doppelporträt von Neal und ihm selbst. Neal als der Held der Handlung, er als Erzähler, im Text Sal Paradise, ein Schriftsteller, der neue Erlebnisse braucht, dessen Lebenskreis in einer ersten Ehe und an der Universität abgeschlossen ist, den es nach Neuem verlangt.

Im April beginnt Jack auf dem Küchentisch, der hinter einen Wandschirm gerückt ist, zu schreiben. Er schreibt hundert Worte pro Minute und empfindet es als lästig, von Zeit zu Zeit den Bogen wechseln zu müssen. Also klebt er japanisches Zeichenpapier, das er in der Wohnung von Bill Cannastra gefunden hat, zu einer langen Rolle zusammen. Später soll ihm Lucien Carr, der bei UPI arbeitet, eine weitere Papierrolle, wie sie in Fernschreibern benutzt wird, gegeben haben.

Angefeuert durch unendlich viele Tassen heißen Kaffees, schreibt Jack von morgens bis abends mit hoher Arbeitsgeschwindigkeit die Geschichte seiner Begegnung mit Neal und ihrer verschiedenen Reisen seit dem Jahre 1947.[23]

Diesmal soll niemand mehr seine Geschichte mit den Romanen von Thomas Wolfe vergleichen. Er ist sich nun sicher, seinen eigenen Ton gefunden zu haben. Seine subjektive, das Unterbewußte anzapfende, allen literarischen Konventionen Hohn sprechende Schreibweise – in der Urfassung des Textes gab es keinen einzigen Abschnitt – nennt er ‹spontane Prosa›. Später entdeckte er Ähnlichkeiten mit der ‹kunstlosen Kunst› des Zen-Buddhismus.

Kerouac hat später zweimal eine Theorie der spontanen Prosa zu entwerfen versucht. Während die *Beliefs and Technique for Modern Prose*[24] sich mehr als Parolen und Stichworte darstellen, die zum Teil auch reichlich ‹dunkel› gehalten sind, ergeben die *Essentials of Spontaneous Prose*[25] ein durchaus plausibles, in sich stimmiges Programm. Es beginnt mit dem Stichwort des *Set-up*. Ein immer konkreter Gegenstand soll an Ort und Stelle oder *from the memory*, also ‹aus der Erinnerung›, skizziert werden. Die entstehende Prosa gibt also das wieder, was die augenblickliche Sinneswahrnehmung oder Erinnerung für das Überdauern im Bewußtsein als wichtig ansieht. Das zweite *essential* betrifft die *Prozedur* und besagt, der Gedanke solle spontan, also möglichst so, wie er entsteht, niedergeschrieben werden. Ideal wäre eine möglichst weitgehende Annäherung zwischen Entstehung (Aufsteigen) und Fixierung. Das dritte *essential* betrifft die *Methode* und verweist auf den Unterschied zwischen *language* im Sinn von geronnener und literarisierter Sprache und *speech*, der gesprochenen Sprache. Letztere konstituiert sich aus Lauten, Rhythmen und Pausen. Interpunktion soll, so Kerouac, weniger die Logik des Gemeinten hervorheben, vielmehr gehe es darum, jeweils das Ende einer Atemeinheit zu markieren. Dies geschehe am besten durch einen Gedankenstrich. *Scoping* schließlich meint, ‹schwimmen im Meer der englischen Sprache ohne andere Disziplin als die des Rhythmus, der rhetorischen Exhalation und der zu Ende gebrachten Äußerung, wie eine Faust, die bei jeder Hervorbringung auf den Tisch knallt: (bang!)› Das bedeutet freilich auch ‹keine Pause, um nach dem richtigen Wort zu suchen› *(timing)* und keine anderen Revisionen außer der Beseitigung offensichtlicher rationaler Fehler. Das bedeutet schließlich: ‹Nichts von dem, was der Zeitstrom transportiert, ist schmutzig.› Das Stichwort *Zentrum des Interesses* weist den Schreibenden an, ‹im Zentrum..., so wie es sich als Bild im Augenblick des Schreibens darbietet›, anzufangen und dann im Meer der Sprache so lange zu schwimmen, bis man erschöpft ist.

Das achte *essential* betrifft die *Struktur des Werkes*. Prosa soll nicht in ‹modernen, bizarren Formen› arrangiertes, totes Sprachmaterial sein, sondern der Produzent, also der Schriftsteller, soll lebendige Sprache einbringen. Es geht nicht so sehr oder überhaupt nicht um neue Themen – von denen Kerouac wahrscheinlich behauptet haben würde, daß es sie nicht gibt –, es geht um eine neue Technik, um eine ‹Versprachlichung des Gesehenen und Erlebten› (Spengemann). Der *mentale Zustand*, das neunte und letzte *essential*, wird durch die Anweisung definiert, man solle ohne Bewußtsein in einer Art Halbtrance schreiben, um so dem Unterbewußtsein zu erlauben, seine Anliegen zu formulieren.[26]

Nach 25 Schreibtagen ist das Buch in einem ersten *draft* fertig. Das Manuskript umfaßt 175 000 Wörter auf einer Papierbahn von 83 Metern Länge. Jack weiß nicht, ob der Text etwas taugt, denn vorerst hat er ihn nicht einmal durchgelesen. Dennis McNally spricht bei seiner Beschreibung des Stils von dem hohen Maß an Energie, den das Buch enthalte, und schreibt, es sei durchpulst von ‹einem Gefühl von Leben, das in einer tödlichen Gesellschaft vorhanden› ist.[27] Und Allen berichtet Neal, die Sprache sei gewissermaßen taufrisch, alles geschehe wie in der Wirklichkeit und sei durchdrungen mit einem Verjüngung bewirkenden Gefühl des Frühlings. Damit legt Ginsberg unabsichtlich den Grundstein für ein lange fortbestehendes Mißverständnis. Genauso wie in der Wirklichkeit geht es nämlich in *On the Road* keineswegs zu. Dieser Stil produziert keine Fotografie der Realität, sondern zielt auf deren poetische Verdichtung, und *On the Road* ist auch kein autobiographisch zu verstehender Roman, sondern tatsächlich eine Metapher für ein Lebensgefühl in Form einer originellen Geschichte.

Jacks Schaffensrausch hat für ihn persönlich traurige Konsequenzen. Joan sieht seinen Tageslauf als nie endende Faulenzerei an, während sie sich in ihrem Warenhausjob schmerzende Beine holt. Dafür hat er nun wiederum wenig Verständnis. Letztlich ist er tief fixiert auf die Mythe, die er aus Dostojewskijs Leben abgeleitet hat: die Ehefrau, die sich für ihren künstlerisch begabten Ehemann aufopfert. Murrend und grollend hat Gabrielle, die Mutter, als Ehefrau-Ersatz dieser Mythe entsprochen. Joan aber widersetzt sich, rebelliert. Schon am 5. Mai hat sie ihren Mann aus der gemeinsamen Wohnung hinausgeworfen. Aber Jack schreibt weiter. Erst bei Gabrielle, dann in einem Bodenraum, den ihm Lucien Carr in der 21st Street West zur Verfügung stellt. Eine unglaubliche Besessenheit treibt ihn an, er spürt: nach allen falschen Anfängen ist dies jetzt der einzig richtige Weg.

Als er aber Ende Mai das Manuskript seinem Lektor Robert Giroux zeigt, ist dieser mehr oder minder entsetzt. Zwar erinnert ihn die Intensität des Textes an Dostojewskij, gleichzeitig aber sagt er, der Vertrieb lehne ein solches Buch ab.

Nachdem Kritik auch von Allen und Lucien kommt, entschließt sich Kerouac, alle Passagen, die nicht unbedingt mit Neal in Zusammenhang stehen, zu eliminieren, die Abschnitte über dessen Kindheit aber zu erweitern.

In einem Gespräch, das in Luciens Dachkammer stattfindet und wohl vereinbart worden ist, um eine Versöhnung herbeizuführen, teilt Joan Jack mit, daß sie schwanger ist.

Jack erwidert empört, er könne unmöglich der Vater dieses Kindes sein.

Über Jahre hinweg wird er vor Joan und anderen auf diesem Standpunkt beharren, von dem ihm selbst bewußt gewesen sein dürfte, daß er auf Selbstbetrug beruht.

Im Juni 1951 erkrankt Jack zum zweitenmal an Thrombophlebitis. Gabrielle ist zu ihrer Tochter Nin nach North Carolina gezogen. Also flüchtete sich auch Jack dorthin. Im August kehrt er nach New York zurück und läßt sich nach Kingsbridge, ein Krankenhaus für Kriegsveteranen, einweisen. Er liest Proust und verfaßt ein Tagebuch, in dem er alle Erinnerungen an seine verlorene Ehefrau, seine Träume von Familie und Erfolg festhält. Im Herbst 1951 wird er aus dem Krankenhaus entlassen. Seine Mutter wohnt nun wieder in Richmond Hill, aber in der im Vergleich zu früher weit bescheideneren Wohnung fühlt er sich nicht wohl.

Er ist wieder einmal an einem Tiefpunkt angelangt. Manchmal treffen ihn Freunde auf der Straße in einem auffälligen roten Hemd, ein zerlesenes Exemplar eines Romans von Proust unter dem Arm, in der Brusttasche ein Notizbuch.

Lee Konitz, der Altsaxophonspieler, den er im Birdland hört, gibt mit seiner freien Phrasierung und seinem Drive bei ihm den Anstoß zur Suche nach einem neuen Stil. Beim Anhören von *I Remember April* schreibt er in das kleine Notizbuch, das er immer bei sich trägt:

‹Blow As Deep As You Want to Blow.›[28]

Sein Freund Ed White macht eines Nachts in einem chinesischen Restaurant in der Nähe der Columbia University eine Bemerkung, die als Initialzündung wirkt:

‹Warum machst du von den Straßen nicht Skizzen, wie das ein Maler oder Zeichner tut... nur eben mit Worten?›[29]

Kerouac folgt dieser Anregung begeistert und skizziert nun so ziemlich alles, was in sein Blickfeld kommt.

Dieses Vorgehen beeinflußt auch die Überarbeitung, die er nun am Manuskript von *On the Road* vornimmt.

Carl Solomon, der Bekannte von Allen, ist nach seiner Entlassung aus der Anstalt durch Beziehungen seines Onkels als Lektor bei Ace Books angestellt worden, einem Verlag, der billige Taschenbücher herausbringt.

Obwohl beide Autoren kaum ins Programm von Ace Books passen, gelingt es Ginsberg nicht nur, Burroughs' *Junkie*, einen Bericht über das Leben eines Süchtigen, dort unterzubringen. Solomon bewegt den Verlag auch dazu, Jack einen Vorschuß von 250 Dollar auf *On the Road* und zwei weitere Bücher zu zahlen.

Mit der Absicht, von den ‹konventionellen erzählerischen Übersichten von Trampreisen› zu einer ‹multidimensionalen, die Darstellung des Bewußten wie des Unbewußten umfassenden Darstellung von Neals Charakter in seiner wirbelwindartigen Erscheinung zu gelangen›[30], benutzt Kerouac nun die Methode des *sketching*[31] in einem neuen Text, der schließlich *Visions of Cody* heißen wird.

> America l've given you all
> and now I'm nothing.
> *Allen Ginsberg* [1]

Das Vorgehen des Staates gegen Rauschgiftsüchtige in den USA empört Burroughs.

In einem 1944 von der Regierung bestellten Gutachten ist zumindest Marihuana als harmlos bezeichnet worden. Auch heißt es darin, selbst längerer Konsum führe nicht zu physischen oder mentalen Veränderungen.

Dennoch steckt der Staat Leute, die Marihuana auch nur besitzen, ins Gefängnis. Warum nicht auch alle, die zur Flasche greifen?

Nicht weniger ärgerlich findet er die Interventionen des Staates in der Landwirtschaftspolitik. Überhaupt ist er es leid, ständig von der Polizei gejagt zu werden. Er ist in New York aufgefallen, weil er Rezepte gefälscht hat, er ist in Texas verurteilt worden wegen Trunkenheit am Steuer und Erregen öffentlichen Ärgernisses. Er ist in New Orleans angeklagt wegen Besitzes von Drogen und Waffen ohne Waffenschein. Sein faktisches Denken sagt ihm, daß er vor Gericht kaum noch einmal mit einem blauen Auge davonkommen dürfte. Also begibt er sich nach Mexiko. Er will dort abwarten, bis sein in New Orleans anhängiger Fall nach fünf Jahren verjährt.

Mexico City ist damals noch nicht die durch Bevölkerungsexplosion außer Kontrolle geratene Supergroßstadt. Burroughs schildert es als ‹eine Stadt mit einer Million Einwohner. Die Luft war so rein wie Mineralwasser, und das Blau des Himmels hatte jene besondere Tönung, die so gut paßt zu kreischenden Geiern, Blut und Sand – das nackte, drohende, gnadenlose Blau von Mexiko› [2].

Man kann als Amerikaner in Mexico City angenehm und relativ preiswert leben. Am meisten gefällt Burroughs, daß man mit der Polizei hier kaum Ärger kriegt. Ein mexikanischer Polizist hat den Status eines Straßenbahnschaffners.

Überhaupt ist man in diesem Land großzügig und tolerant. Und Verstöße gegen bestehende Gesetze lassen sich auf höchster wie auf unterster Ebene durch Bestechung leicht regeln.

Aber Mexiko hat auch seine unheimlichen Seiten, die Burroughs nicht weniger anziehen: ‹Mexiko war im Grunde eine orientalische Kultur, geprägt von zwei Jahrtausenden Krankheit und Armut, Dummheit und Erniedrigung, Sklaverei und Brutalität, psychischer und physischer Gewalt. Das Land war düster, unheimlich und chaotisch auf jene eigentümliche Art, wie man es aus Träumen kennt.›[3]

Die Neigung zu absurder Gewalttätigkeit findet eine Entsprechung in Burroughs' Wesen: ‹Ein Campesino, frisch vom Land, wartet auf den Bus. Leinenhose, Sandalen aus einem Stück Autoreifen, breitkrempiger Sombrero, eine Machete am Gürtel. An der Haltestelle wartet noch ein weiterer Mann. Er trägt einen Anzug, schaut auf die Armbanduhr und murmelt ärgerlich etwas vor sich hin. Der Campesino zückt seine Machete und schlägt dem Mann den Kopf ab. Später erklärt er der Polizei: «Er hat mich *muy feo* angestarrt, und nach einer Weile konnte ich mich nicht mehr beherrschen.»›[4]

Die Burroughs' nehmen eine Wohnung in der Cerrada de Medellín 37, in einem ruhigen, gutbürgerlichen Viertel.

Seinen Lebensunterhalt bestreitet Billy, indem er am Mexico City College Geschichte der Mayas und mexikanische Archäologie studiert. Die amerikanische Regierung zahlt Lehrbücher, Studiengebühren und im Monat 75 Dollar zum Lebensunterhalt.

Mexiko ist auch ein Paradies für Rauschgiftsüchtige.

Sofern man eine Genehmigung der Regierung besitzt, die ein Arzt für hundert Pesos erhält, kann man legal im Monat fünfzehn Gramm Morphium beziehen, das Gramm zu zwei Dollar, aber die Schwierigkeiten kommen nun aus seiner nächsten Umgebung.

Joan, die bisher Bills Sucht immer toleriert hat, kündigt ihm plötzlich ihre langgeübte Loyalität auf.

Sie reicht heimlich die Scheidung ein.

Immer mehr Leuten fällt auf, daß Joan nur noch existieren kann, wenn sie Tabletten nimmt.

Bei Tisch verschlingt Billy die Fleischstücke wie ein Tier. Ein andermal wendet er sich mit sadistischer Wut gegen eine Katze. Wieder ein andermal sitzt er mit einer geladenen Waffe in einer Bar und beginnt auf den Schädel eines ausgestopften Stiers zu schießen.

Im Juli 1951 unternimmt Burroughs in Begleitung eines homosexuellen Freundes eine Reise nach Panama City und von dort aus nach Quito in Ecuador. Sie hören von der geheimnisvollen Droge Yage, die im Dschungel nahe der Grenze zu Peru zu finden sein soll.

Als Lucien Carr und Allen Ginsberg im August 1951 in Mexiko eintreffen, ist Burroughs immer noch unterwegs. Joan ist in Mexico City bei den beiden Kindern, Billy und der achtjährigen Julie, geblieben. Die beiden Freunde laden sie ein zu einer Fahrt durchs westliche Mexiko. Meist sind die Erwachsenen schwer betrunken.

Als Burroughs und sein Freund erfolglos von ihrer Suche nach Yage zurückkehren, sind Lucien und Allen schon abgereist.

Einige Tage zuvor hat Hal Chase, ein anderer alter Bekannter aus den Zeiten in Manhattan, Joan auf der Straße getroffen. Er ist bestürzt über ihr schlechtes Aussehen. Als er eine vorsichtige Andeutung macht, sagt sie ihm, sie leide an einer unheilbaren Bluterkrankung.

Wie schön sie einmal war und wie zerstört sie jetzt aussieht, geht es ihm durch den Kopf.

‹Ich hab nicht mehr lange zu leben› ist einer ihrer Sätze, die sich Hal einprägen.[5]

Am Donnerstag, den 6. September 1951, läßt Burroughs am Nachmittag an einem Karren auf der Straße ein Messer schleifen, das er in einem Ramschladen in Quito gekauft hat.

Plötzlich überkommt ihn eine schwere Depression. Tränen rinnen ihm übers Gesicht. Er hat Schwierigkeiten beim Atmen. Er geht in seine Wohnung zurück und beginnt dort zu trinken.

Gegen Abend besuchen er und Joan Bekannte. Sie erwarten einen Mann, der von Burroughs ein Gewehr, ein .380-Automatic, kaufen will.

Sie treffen in dem Hotelzimmer drei Männer an, mit denen sie bekannt sind. Offenbar ist schon reichlich getrunken worden,

denn über den Fußboden verstreut liegen zahlreiche leere Rum-
flaschen.

Der Mann, der die Waffe kaufen will, ist noch nicht da.

Plötzlich sagt Burroughs zu seiner Frau: ‹Joanie, laß uns doch
den Jungen mal zeigen, was für ein guter Schütze der alte Bill
ist.›[6]

Sie ist sofort einverstanden, nimmt eines der Cocktailgläser
und stellt es sich auf den Kopf. Burroughs schießt.

Im Augenblick darauf liegt das Glas unbeschädigt am Boden.

Joans Kopf ist merkwürdig zur Seite gekippt.

Einer der Anwesenden denkt, sie mache Spaß, aber dann sieht
er das Loch in ihrem Kopf und das Blut.

Burroughs schreit auf: ‹Joan, Joan, Joan!›, kniet neben ihr,
weinend.

Jemand stürzt aus dem Zimmer, um einen Arzt, die Polizei und
den Krankenwagen zu rufen.

Bill hört ihr Todesröcheln.

Als Joan ins Krankenhaus eingeliefert wird, ist sie schon tot. Sie
wird in Mexico City beigesetzt.[7]

Burroughs wird in Untersuchungshaft genommen. Sein Verteidiger versammelt Zeugen in seinem Haus und stimmt ihre
Aussagen mit ihnen ab.

Sie werden aussagen, Burroughs habe die Waffe vorführen
wollen, er habe die Sicherung zurückgeschoben, um festzustel-
len, ob sie geladen war. Dann habe sich der Schuß gelöst.

Ein Unfall.

Obwohl diese Version für jeden, der es gewohnt ist, mit Waffen
umzugehen, höchst unwahrscheinlich klingen muß, kommt der
Angeklagte damit vor Gericht durch.

Die Anklage lautet auf fahrlässige Tötung. Das in Mexiko vom
Gesetz vorgeschriebene Strafmaß für dieses Delikt liegt bei fünf
Jahren Gefängnis.

Burroughs bekennt sich schuldig und wird bis zum Urteils-
spruch, der in einem Jahr zu erwarten ist, gegen Kaution auf
freien Fuß gesetzt.

Sein Bruder Mort kommt mit seiner Frau aus Chicago. Er beschafft einen Begräbnisplatz für Joan auf dem amerikanischen
Friedhof. Er nimmt Burroughs' kleinen Sohn Billy mit, der in den
nächsten Jahren bei seinen Großeltern aufwachsen wird.

Gegenüber seiner Frau Miggy erklärt Mort, seiner Meinung nach sei sein Bruder geistesgestört.

Dann muß Burroughs sich mit Joans Eltern auf dem amerikanischen Konsulat treffen. Sie kommen Julie, ihre Enkelin, holen. Zwar bewahren beide Seiten mühsam Haltung, aber Burroughs entgeht nicht, daß Mrs. Vollmer vor unterdrücktem Zorn zittert.

Unmittelbar nach dieser Katastrophe erhält Bill aus New York die Nachricht, daß Ace Books sein Manuskript *Junkie*, versehen mit dem Untertitel ‹Bekenntnisse eines unbekehrten Rauschgiftsüchtigen›, als Taschenbuch zusammen mit dem Bericht eines Rauschgiftfahnders herausbringen will.

Der Verleger zahlt einen Vorschuß von 1000 Dollar. Burroughs hat das Manuskript zu diesem Buch Anfang 1950 in Mexico City begonnen und es kapitelweise an Ginsberg geschickt.

An Fakten schildert der Roman weitgehend die Ereignisse, von denen in diesem Buch in den Abschnitten ‹Und die Flußpferde verschmorten in ihren Tanks› und ‹Stoff› gesprochen worden ist. Jennie Skerl urteilt in ihrer Monographie über das Buch: ‹In seiner stark untertreibenden Erzählweise führt Junkie das große Thema ein, das Burroughs' Obsession als Schriftsteller darstellt: Er porträtiert die Suche nach einem Absoluten, das den Frieden des Bewußtseins und die Flucht aus der abgelehnten sozialen Welt darstellt, der es an spirituellen Werten mangelt. Die Suche wird vorangetrieben durch die Drogensucht, was einen Rückzug aus dem größeren sozialen Zusammenhang in eine Untergrundgesellschaft mit einem besonderen Terrain und einer besonderen Terminologie bedingt. Sucht negiert die üblichen körperlichen Bedürfnisse, die Wahrnehmung der Umgebung, die Gefühle, die mit einem körperlichen Verbundensein mit der äußeren Welt Hand in Hand gehen. Befreit von sozialen und physischen Fesseln, erlangt der Süchtige eine besondere Sicht der Wirklichkeit, anders und vielleicht tiefgreifender beschaffen als die Wahrnehmungsweisen des gewöhnlichen Bewußtseins. Aber die Queste durch die Drogen ist eine endlose, denn sie erfordert mehr und mehr Drogen, und *Junkie* endet bezeichnenderweise mit einer weiteren Flucht, einer Suche nach neuen Drogen, die eine neue Vision schenken sollen, was impliziert, daß es für diese Flucht nur einen Endpunkt gibt, nämlich den Tod.›[8]

Wie die meisten Bücher von Burroughs ist auch *Junkie* alles andere als eine erfreuliche Lektüre, zumindest für einen Nicht-süchtigen, doch es ist einer der wenigen Texte, aus denen dieser eine annähernd realistische Vorstellung vom Bewußtsein eines Drogenabhängigen erhalten kann.

Offenbar gab die Tatsache, daß *Junkie* einen Verleger gefunden hatte, dem Autor Burroughs Auftrieb. Er begann nun mit einem Manuskript *Queer*, dessen Veröffentlichung sich als ungleich schwieriger erwies. Es erschien in den USA bei Viking zum erstenmal 1985; vier Jahre später legte Zweitausendeins eine deutsche Ausgabe vor.

Vom Entwurf her bildeten Junkie und der Brief- und Reiseroman *In Search of Yage* (später bei City Lights in erweiterter Form unter dem Titel *The Yage Letters*) zusammen mit *Queer* eine erste Trilogie der Süchtigkeit.

Ende 1951 beginnt für Jack Kerouac eine Zeit der Enttäuschungen und Leiden. Dennoch ist es eine Zeit, in der er sehr produktiv bleibt.

Ende 1951 hat Gabrielle ihren Job gekündigt und zieht zu ihrer Tochter Nin nach North Carolina.

Jack versucht wieder einmal, als Seemann anzuheuern, aber das Schiff, die *President Adams*, die ihm sein alter Bekannter Henri Cru empfohlen hat, für die Fahrt nach Manila, Kobe und Singapur – eine Strecke, die Jacks Fernsehsucht wachkitzelt –, stellt keine neuen Leute mehr ein.

Cru rät ihm, es in Los Angeles beziehungsweise in San Pedro, wo das Schiff an der Westküste anlegt, noch einmal zu versuchen, und leiht Jack das Reisegeld.

Jack kommt eine Woche zu früh in San Francisco an.

Die Cassadys nehmen ihn in ihrem Haus am Russian Hill auf.

Neal besorgt ihm auch einen Job im Depot der Southern Pacific Railway. Beim Verladen von Briefsäcken verdient Kerouac 10,40 Dollar am Tag.

An einem kalten, regnerischen Morgen um halb sieben erfahren Neal und er, daß es erst abends um sechs Arbeit geben wird. Sofort beschließen sie, eine kleine Sause zu machen. In Neals ‹grüner Kiste von Auto› fahren sie ‹über Geleise und durch Müllhalden› zu einem Schuppen; sie wecken dort eine gewisse Marie, die Jack offenbar am Arbeitsplatz kennengelernt hat, und leeren mit ihr und ihrer Schwester, zwei schwarzen Frauen aus Arkansas, eine Flasche Bourbon und eine Flasche Tokayer.

‹…und dann Frühstück und ein Schwager, und wir bumsen im Schlafzimmer, Gespräche über ihre 4600-Dollar-Erbschaft, Cadillacs, oder Gänsefarm-Slim Buckle kommt mit einem Fünftel Burgunder…›[9]

Mit einer Grippe in den Gliedern und mit Neals Eisenbahnerpaß versehen, steigt Jack am Tag vor Weihnachten in ein Bremserhäuschen des Zipper-Express-Güterzuges… ‹drei verschiedene Schaffner. War gezwungen, mich schlafend zu stellen, weil sie mich sonst ständig ausgequetscht hätten – laufe zwei Meilen in düsterer Stimmung mit schwerem Seesack vom L. A.-Güterbahnhof geradewegs zur South Main und zur Fünften. Lebensrettendes Hotel und Zitrone und Bourbon. Das aufschreiben. Sehnsucht nach Ma, Nin, Luke und Kinston heute – ich geh noch einmal die ganze Tragödie Nummer 1 meines früheren Lebens auf einem Schiff durch. Welches es wohl sein mag? Hoffe es ist die *Adams*, dunkle alte *Adams*, jetzt unterwegs durch die endlose Nacht um Pedro, die versucht, mich zu erreichen.›[10]

Auch in San Pedro gelingt es ihm nicht, auf der *Adams* anzuheuern. Angeblich hat er nicht genügend Arbeitsjahre auf See vorzuweisen, wahrscheinlicher ist, daß man ihn wegen der Affäre in Norfolk vor einigen Jahren nicht nimmt.

Die Weihnachtsnacht haut er sich mit Cru um die Ohren, trinkt sich ins Vergessen. Dann sitzt er verstört in San Pedro. Das Schiff ist fort, Cru ist fort. Was will er eigentlich hier? In seinen Hosentaschen findet er noch 14,50 Dollar. Irgendwie schafft er es, nach San Francisco zurückzukommen und zieht in den Bodenraum im Haus der Cassadys ein, der erst halb fertig ist und deswegen wie eine Scheune aussieht.

Er ordnet seine Notizbücher und Zettel und beginnt, ‹Einfügungen› zu schreiben, die dem Manuskript von *On the Road* mehr Tiefe verleihen sollen.

Alle diese Texte kreisen um Neals Kindheit und Jugend in Denver, und wenn er etwas nicht weiß, kann er seinen Romanhelden selbst danach fragen.

Der Verlag Ace Books schickt endlich den Vorschuß von 250 Dollar, den Jack sofort an seine Mutter weitergibt.

Ansonst erfährt er nichts als Absagen und Kritik und schreibt dennoch unbeirrt weiter. Er ist sich jetzt sicher, auf dem richtigen Weg zu sein. Mag Solomon die neuen Texte, die ihm zugegangen sind, in einem Brief unverständlich und unlesbar nennen. Mag er finden, Jack solle sich an Neals Manuskript, das er selbst dem Verlag empfohlen hat, ein Beispiel nehmen.

Kerouac ist an einem Punkt angelangt, an dem er Tadel und Vorwürfe zwar wahrnimmt, manchmal darunter leidet, aber trotzdem weiter und weiter geht.

Sofern Jack nicht schreibt, sitzt er abends mit Carolyn und Neal zusammen. Die beiden Männer lesen sich aus Spenglers *Untergang des Abendlandes*, aus den Dramen Shakespeares oder aus Prousts *Auf der Suche nach der verlorenen Zeit* vor. Die Bilderwelt in der Sprache Shakespeares und das Vorbild der Epiphanien bei Proust beeinflussen Kerouacs eigenen Schreibstil merklich.

Nun verselbständigen sich die neuen Texte, die als Zusätze für *On the Road* gedacht waren. Sie ergeben langsam einen eigenständigen Text, der erst *Neal's Book* und später *Visions of Cody* heißt.

Da Kerouac praktisch kein Geld mehr besitzt, muß er immer wieder einige Nächte in der Woche auf dem Güterbahnhof Postsäcke verladen, oder er hilft an der Frachtgutausgabe aus. In den anderen Nächten sitzt er auf dem Boden, hämmert auf der Schreibmaschine und fragt sich, was die Leute in der Nachbarschaft wohl von diesem verrückten Burschen denken mögen.

Sorgen macht ihm seine gescheiterte Ehe. In endlosen Tiraden erklärt er Carolyn, warum es mit seiner zweiten Frau nicht gutgehen konnte. Aus New York kommt die Nachricht, daß Joan Haverty am 16. Februar eine Tochter, Janet Michele, zur Welt gebracht hat. Er wagt es nicht, sich nach näheren Einzelheiten zu erkundigen, aus Furcht, Joan könne Alimente von ihm verlangen. Die Tatsache, daß ein Kind geboren worden ist, das ohne Vater aufwachsen wird, erinnert ihn an seine eigene Familie, daran, daß Gabrielle früh Waise geworden ist, an den Tod Gerards, den Tod seines Vaters, an die Auseinandersetzungen mit seiner Schwester und seinem Schwager...

An Neals Geburtstag, dem 8. Februar 1952, ist wieder einmal eine Sause fällig. Neal hat den Abend mit Carolyn und den Kindern verbringen wollen. Jack ruft aus der Stadt an. Er sitze auf einem Polizeirevier fest, Neal möge ihn bitte holen kommen. In

Wahrheit ist der Hilferuf ein Vorwand, um den Freund vom heimischen Herd zu einer Sauftour zu locken. Als die beiden Männer spät in der Nacht angetrunken nach Hause kommen, haben sie zwei schwarze Frauen bei sich. Carolyn überrascht sie, als sie ihre weiblichen Gäste in den Bodenraum schmuggeln wollen. Sie beherrscht sich, weist aber die beiden Frauen aus dem Haus.

Am nächsten Morgen ist Jack tief beschämt. Solange Carolyn im Haus ist, verläßt er seinen Dachboden nicht und nimmt es lieber in Kauf, aus dem Fenster urinieren zu müssen. Carolyn hat zu dieser Zeit eine Gesichtslähmung und muß sich im Krankenhaus behandeln lassen. Als sie heimkommt, findet sie ihr Exemplar von *The Town and the City* auf dem Küchentisch. Jack hat die Widmung mit einem Zusatz versehen: ‹Aus ganzem Herzen um Entschuldigung für dieses Fiasko bittend, das ich an diesem närrisch-tragischen Samstag bei Neals Geburtstag angerichtet habe – nur weil ich betrunken war –, bitte, vergib mir, Carolyn, es wird nie mehr vorkommen.›[11]

In ihrem Erinnerungsbuch *Off the Road* schreibt Carolyn, bei Jack habe man im Unterschied zu Neal völlig sicher sein können, daß nach einer solchen Entschuldigung derartiges tatsächlich nicht mehr vorkommen werde.[12]

Kurz nach diesem Zwischenfall wird Neal von der Eisenbahngesellschaft, für die er als Bremser arbeitet, auf zwei Wochen nach Südkalifornien beordert. Ehe er das Haus verläßt, dreht er sich an der Tür um und sagt: ‹Die liebste Frau und der beste Freund… nun ihr wißt ja, was man so sagt… viel Spaß miteinander.›

In den zwei Wochen gehen sich Jack und Carolyn aus dem Weg.

Als Neal zurück ist, stellt ihn Carolyn zur Rede. ‹Nun… wie soll ich sagen…›, druckst Neal herum, ‹ich dachte, es könnte eine ganz nette Erfahrung sein.›

Zuerst ist Carolyn nur wütend, dann beschließt sie, Jack zu verführen.

Als Neal das nächste Mal unterwegs ist, bringt sie abends die Kinder ins Bett, kocht Jacks Lieblingsessen, stellt Kerzen auf den Tisch und serviert einen guten Wein.

Nach dem Essen spielt sie auf dem Grammophon ‹My funny Valentine›, zieht Jack neben sich aufs Sofa und flüstert ihm zu:

‹Erinnerst du dich noch an den Abend in Denver, als wir getanzt haben.›

‹Ja›, sagt Jack, ‹damals wollte ich dich Neal ausspannen.›

‹Vielleicht hättest du es tun sollen.›

‹Wirklich?›

Als Neal zurückkommt, entgeht ihm nicht, daß Carolyn tatsächlich mit Jack geschlafen hat. Er hat sie selbst dazu aufgefordert. Es war ein Spiel, ein Versuch, ein Experiment, um zu sehen, wie weit seine Macht über Menschen reicht, die Macht, sie dazu zu veranlassen, zu tun, was er will.

Auch LuAnne und Jack sind miteinander ins Bett gegangen.

Aber diesmal ist er eifersüchtig – und es muß ihm in dieser Situation klargeworden sein, daß er Carolyn tatsächlich liebt.

Für Jack ist es ernst. Er hat Carolyn gefragt, ob sie sich von Neal trennen und ihn heiraten will.

Carolyn stellt bei sich Schuldgefühle fest. In ihren Erinnerungen schreibt sie: ‹Jack war ein zärtlicher und bedachtsamer Liebhaber, aber etwas gehemmt [...] wenn Neal daheim war, verhielten sich Jack und ich äußerst diskret, aber natürlich ließ sich die Veränderung, die mit uns vor sich gegangen war, nicht völlig verbergen.›[13]

Es kann keinen Zweifel daran geben, daß Carolyn Jack aufrichtig geliebt hat. Aber sie denkt nicht daran, die Ehe mit einem schwierigen Mann gegen eine feste Beziehung mit jemandem einzutauschen, der nur auf andere Art, aber damit nicht weniger schwierig ist.

Für Kerouac ergeben sich in diesen Wochen wegen seiner Schwierigkeiten mit den Verlagen viele Frustrationen.

Ablehnungen kommen von Ace und von Hartcourt.

Zu Jacks maßloser Enttäuschung äußert sich auch Allen, der für ihn in New York als eine Art unbezahlter literarischer Agent fungiert, sehr kritisch. Er findet die neuen Texte ‹zu persönlich und zu subjektiv›[14].

Jack kontert und beruft sich auf die von Ginsbergs Mentor Williams propagierte Forderung, in der Lyrik auf den Tonfall des gesprochenen Wortes zu achten. Das müsse für die Prosa erst recht gelten.

Am 1. Mai 1952 findet das Dreiecksverhältnis zwischen Carolyn, Jack und Neal vorläufig ein Ende.

Die Cassadys fahren im Zeichen von neu erblühtem Familiensinn mit den Kindern zu Carolyns Mutter nach Tennessee.

Sie nehmen Jack, der nach Mexico City will, bis zur Grenze mit. Burroughs hat ihn eingeladen, zu ihm zu kommen.

Carolyn berichtet über die von Aggressionen und Wehmut aufgeladene Stimmung während der Fahrt:

‹Die Mädchen waren so aufgeregt, daß sie unbedingt vorn bei Daddy sitzen wollten, also krochen Jack und ich zusammen mit John nach hinten und machten es uns dort bequem... Für zwei Erwachsene war es ein bißchen eng, aber das paßte zu unseren romantischen Gefühlen. Die unmittelbare Trennung vor Augen, hingen wir schweigend unseren Gedanken nach. Wir konnten nicht noch enger zusammenrücken, ohne Neal zu verletzen, also mußte sich unsere gesamte Kommunikation auf sehnsüchtige Blicke und eine gelegentliche elektrisierende Berührung der Knie beschränken. Als wir Santa Barbara erreichten, war die Spannung fast unerträglich geworden; und doch war es eine befriedigende, romantische Agonie.›[15]

Nachts durchqueren sie Arizona. Jetzt sitzt Carolyn vorn zwischen den beiden Männern. Während Neal belehrende Reden über den Sternenhimmel hält, lehnt Carolyn ihren Kopf an Jacks Schulter, und er streichelt von Zeit zu Zeit ihr Haar.

Aus dem von Neal angekündigten Picknick am Morgen wird nichts. Offenbar hat es er nun eilig, Jack loszuwerden. Auch ein letztes gemeinsames Bier in einer mexikanischen Bar jenseits der Grenze lehnt er ab. So trennen sich die Freunde in fast feindselig-niedergeschlagener Stimmung. Das Dreiecksverhältnis hat niemandem Glück gebracht.

In Mexico City trifft Jack Burroughs eifrig schreibend an, ‹ein verrücktes Genie in einem mit Papieren übersäten Zimmer›[16]. In einem Brief an Ginsberg berichtet Jack, er komme sich vor, als sei er, der Beatnarr, in ein Land von Tausendfüßlern geraten, von Würmern und Ratten, alle zusammengesperrt in ein Zimmer mit der amerikanischen Aristokratie aus St. Louis.

Burroughs beschäftigt sich mit Studien zur Mayakultur, ihn interessieren besonders die Methoden psychologischen Terrors, die von der Priesterschaft angewendet wurden, um die Bevölkerung zu beherrschen.

Bei diesem Aufenthalt in Mexiko findet Kerouac Zeit, sich eingehender mit mexikanischer Kunst, Geschichte und Folklore zu beschäftigen. Kaum angekommen, plant er ein Buch über die Fellachen südlich der Grenze zu schreiben. Auf der Busfahrt sind ihm die Bauern, die mit ihm gereist sind, so vorgekommen wie die Fellachen, über die er bei Spengler gelesen hat. Was er an diesen Menschen bewundert, ist ihre Fähigkeit zur Anpassung. Von ihnen hofft er etwas zu lernen, was ihm bei seinen eigenen Problemen weiterhelfen kann.

Gleichzeitig will er ein Buch über den Amerikanischen Bürgerkrieg im Umfang von *Krieg und Frieden* schreiben. Lucien Carr, Melville und Whitman sollen darin auftreten.

Auch Scribner's und Bobbs-Merrills haben unterdessen *On the Road* abgelehnt. Selbst Ginsberg, der es als Lyriker gewiß noch schwerer hat, scheint kurz vor dem kommerziellen Durchbruch zu stehen. William Carlos Williams hat seinen Gedichtband *Empty Mirror* an New Direction und an Random House empfohlen. Was aber Jack am meisten erregt: John Clellon Holmes hat für sein *Go* einen Verleger gefunden. Kerouac sieht in diesem Roman fast so etwas wie ein Plagiat seiner Geschichte. Da er sein überall abgelehntes Manuskript dem von Holmes als literarisch haushoch überlegen betrachtet, versteht er die Welt nicht mehr. Holmes wird gedruckt, er nicht.

Burroughs, der immer noch unter den schrecklichen Erinnerungen an Joans Tod und seine Zeit im Gefängnis leidet, sieht Jacks Vorliebe für Marihuana und Heroin mit gerunzelter Stirn, weil er fürchtet, die Polizei könne ihn in seiner Wohnung in der Calle Orizaba kontrollieren kommen. Er lebt gewissermaßen mit eingezogenem Kopf. Jack hat sich sofort mehrere Unzen erstklassiges *sensimilla* gekauft, das er dazu benutzt, sich zum Schreiben einzustimmen. Als Arbeitsraum dient ihm die Toilette in der Eingangshalle des Hauses, oder er schließt sich im Badezimmer ein. Da sitzt er also bekifft auf der Klobrille und kritzelt mit dem Bleistift eines seiner kleinen Notizbücher voll. Er überläßt sich einer irrationalen Lust, jeder in seinem Bewußtsein aufkommenden Assoziation nachzugehen.

Er schreibt an einem Text, dem er in dem ersten dieser Notizbücher den Titel *A Novella of Children and Evil* gibt. Er braucht einen ganzen Monat, während dessen er immer in Burroughs'

Wohnung oder auf dem stillen Örtchen arbeitet, um diese Geschichte zu Ende zu bringen. Sie ist eine merkwürdige Mischung von Kindheitserinnerungen aus Lowell (Paraphrasen über den Kampf des Shadow-Comic-Helden gegen das Böse) und einer Nebenhandlung, die sich aus der aztekischen Symbolik speist, welche er unter Burroughs' Anleitung kennengelernt hat. Im Mittelpunkt der Geschichte steht Doctor Sax, den er teils als einen sich mit Alchemie beschäftigenden Privatgelehrten, teils als unheimlichen Comic-Helden darstellt. Inmitten seiner ‹Krüge der Ewigkeit› und seiner ‹Kräuterpulver› ist Sax auch die letzte Inkarnation des faustischen Menschentyps. Sein Charakter verändert sich im Lauf der Handlung, zuerst ist er von seinem Gegenspieler, Count Condu, kaum zu unterscheiden, doch indem sein düsteres Aussehen und seine furchterregende Kleidung verschwinden, wird er zum ‹König des Anti-Bösen […] zu meinem Freund, meinem Geist, meinem persönlichen Engel, privaten Beschützer und geheimen Liebhaber›[17].

Dem entspricht Jackies Entwicklung von einem von Todesängsten heimgesuchten Kind zu einem lebensbejahenden jungen Erwachsenen. Parallel zu dem Sieg über den Tod verläuft die Entwicklung von animalischer Lust zu humaner Liebe. Jackies Konfrontation mit seinen wachsenden libidinösen Impulsen scheint ihn zunächst zu überwältigen. Aber am Ende wird die Schlange besiegt, das phallische Motiv, das auch mit den Selbstbefriedigungsorgien der Jungen in Zusammenhang steht. Der Preis für diesen Sieg ist die Rose, das Symbol der romantisch-spirituellen Liebe.

Wenn es das Charakteristikum eines gelungenen Romans darstellt, daß es seinem Autor darin gelingt, eine in sich geschlossene und dem Leser völlig glaubhaft erscheinende Welt zu schaffen, die es nur auf dem Papier gibt, so ist *Doctor Sax* ein gelungenes Buch – vor allem wegen der Erinnerungen des Autors an seine Kindheit in Lowell. Es ist ein magischer Roman, dem man anmerkt, daß er zumindest teilweise unter dem Einfluß von Drogen geschrieben worden ist. Es ist der Text einer Kindheit unter Minderheiten in den USA, es ist die Geschichte von Jacks inneren Ängsten, Freuden und imaginären Abenteuern als Heranwachsender.

Für Jack endet der Aufenthalt in Mexiko unerfreulich. Sein

Regenmantel wird ihm gestohlen. Ein Brief, in dem Mémère ihm zehn Dollar geschickt hat, kommt nicht an.

Er fällt Burroughs auf die Nerven. Wie er selbst seine Lage einschätzt, geht aus einem Brief an Holmes hervor. ‹Ich bin jetzt 30 Jahre alt, pleite, meine Frau haßt mich und versucht, mich ins Gefängnis zu bringen. Ich habe eine Tochter, die ich nie zu Gesicht bekommen werde, meine alte Mutter muß sich nach all der Zeit, der Arbeit, dem Geld und den Hoffnungen weiter in einem Schuhgeschäft schinden. Ich habe nicht einmal genug Geld in der Tasche, um mir eine anständige Hure zu kaufen.› Er ist nun nach eigener Einschätzung nicht nur der einsamste Autor in Amerika, sondern wahrscheinlich auch der größte und ‹doch zugleich der verachteteste Vagabund›[18].

Er will sich in eine Hütte im Landesinneren verkriechen und dort mit Hund und Indianern in Vergessenheit versinken. Doch wenige Tage später leiht er sich Geld von Burroughs und fährt mit dem Bus nach North Carolina zu seiner Familie.

Bills alter Kumpan Bill Garver kommt nach Mexico City. Er scheint dem Ende nahe zu sein.

Burroughs besorgt ihm ein kleines Zimmer und beschafft ihm über seinen Anwalt Jurado eine Unze Heroin, für die Garver 500 Dollar hinblättert.

Offenbar ist der Stoff, den der Anwalt geliefert hat, nicht sauber. Garver geht es miserabel.

Mit Garver hat Burroughs einen Junkie vor Augen, der dem Ende nahe ist. Dahin wird es mit ihm auch einmal kommen.

Joan fehlt ihm.

Mit seinen schwulen Freunden gibt es Probleme.

Bis zum Dezember 1952 ist das endgültige Urteil in seinem Fall immer noch nicht ergangen. Er muß sich jede Woche einmal auf dem Polizeirevier melden. Die Verhandlung verzögert sich aus den verschiedensten Gründen immer wieder.

Als Burroughs erfährt, daß er Bestechungsgelder zahlen muß, wenn er weiter auf Kaution in Freiheit bleiben will, entschließt er sich zu fliehen. Ein Freund, dem wegen Scheckfälschung der Boden zu heiß geworden ist, bringt ihn im Dezember 1952 ohne Schwierigkeiten illegal über die Grenze in die USA. Später hört Bill, daß in Abwesenheit gegen ihn verhandelt und eine Strafe von zwei Jahren mit Bewährung ausgesprochen worden ist.

Das Weihnachtsfest feiert er in Palm Beach mit seinen Eltern und seinem Sohn. Mort und Laura Burroughs betreiben in dem Ferien- und Seniorenparadies ein Geschäft, in dem man Vögel aus Porzellan, Gartenmöbel und Spieldosen kaufen kann. Burroughs ist der Meinung, das Kind sei zunächst einmal besser bei den Großeltern aufgehoben. In den USA zu bleiben, scheint ihm nicht opportun, so bricht er über Panama City nach Bolivien auf, um dort seine Suche nach der Wunderdroge Yage wiederaufzunehmen.

Er macht sich als praktizierender Anhänger der von ihm selbst entwickelten Philosophie des Faktualismus über sein weiteres Schicksal keine Illusionen. Das Schuldbewußtsein wird ihn bis zum Augenblick seines Todes für keinen Augenblick verlassen. Er kann es höchstens vorübergehend durch Drogen betäuben.

Merkwürdigerweise sind es gerade die Umstände von Joans Tod, die ihn wieder zum Schreiben bringen. Er empfindet sich und die Welt als von einem Dämon besessen, gegen den nur das geschriebene Wort etwas vermag. Es ist derselbe Dämon, unter dessen Einfluß die gesamte amerikanische Gesellschaft allmählich der Zersetzung aller Werte und dem Untergang entgegentreibt, der *ugly spirit*, der häßliche Geist, mit dem er schreibend in eine lebenslange Auseinandersetzung eintreten wird. Letztlich ist dieser Kampf sein Versuch, seine Schuld zu sühnen. Seine Weltanschauung läßt keinen Zweifel darüber zu, daß so etwas unmöglich ist, aber die Erlebnisse und Phantasien dieses Kampfes beschäftigen sein Bewußtsein genug, um die Erinnerung an die Schreckensszene wenigstens für Minuten oder gar für Stunden verblassen zu lassen. Im übrigen erklärt er: ‹Schreiben als Immunisierung. Sobald etwas aufgeschrieben ist, verliert es die Macht, einem unverhofft zusetzen zu können; genau wie ein Virus seinen Vorteil einbüßt, sobald sich wachsame Antikörper gebildet haben als Reaktion auf ein geschwächtes Virus. Ich erlangte also eine gewisse Immunität gegen weitere riskante Abenteuer dieser Art, indem ich meine Erfahrungen aufschrieb.›[19]

Visionen von Cody oder Das vergessene Hauptwerk **11**

(1952) **Kerouac**

> Technic is the result of a need –
> new needs demand new technics …
> *Jackson Pollock*[1]

Daß *On the Road* eine Schlüsselstellung unter Jack Kerouacs Büchern einnimmt, ist unbestreitbar. Es ist wahrscheinlich das Buch unter all seinen Romanen, das in und außerhalb Amerikas die größte Leserschaft gefunden hat. Weit weniger bekannt in den USA – und erst recht im Ausland – ist *Visions of Cody*[2], von dem ich meine, daß es das eigentliche, aber vergessene Hauptwerk des Autors darstellt.

Eine Gemeinsamkeit beider Bücher, die Schwierigkeiten bei der Rezeption und viele Mißverständnisse in der Betrachtung und Einschätzung verursacht hat, besteht darin, daß die Handlung jeweils eher banal und undramatisch ist.

Beginnen wir mit *On the Road:* Ein nicht mehr ganz junger Mann, der auf den bedeutungsträchtigen Namen Salvatore Paradise[3] hört, trifft nach einer Lebenskrise einen ungewöhnlichen Menschen namens Dean Moriarty. Beide freunden sich miteinander an und unternehmen im Lauf der Handlung mehrere Reisen durch die USA. Eindeutig steht Sal Paradise, der Erzähler, für Jack Kerouac, und Dean Moriarty für Neal Cassady. Dazu muß allerdings eine wichtige Einschränkung gemacht werden. Gerade wegen der nachvollziehbaren Parallelität zwischen der Romanhandlung und dem, was Jack Kerouac und Neal Cassady zwischen den Jahren 1946 und 1952 erleben, muß man sich davor hüten, die erzählte Geschichte für ein Protokoll der Wirklichkeit dieser beiden Leben zu nehmen.

Was sich tatsächlich in diesem Text abspielt, ist dies: Ereignisse und Bilder der Realität werden romantifiziert (wie übrigens auch die psychische Struktur der beiden Hauptfiguren). Sie werden benutzt, um eine moderne Mythe zu entwerfen. Wenn man so will, ist es eine amerikanische Mythe, die freilich über Amerika hinaus für die Situation des Menschen in den westlichen Industrienationen Sinn und Bedeutung besitzt. (Nicht zufällig identifizierten sich in den fünfziger Jahren nicht nur in Amerika, sondern auch in Mitteleuropa, ja selbst in der Sowjetunion Jugendliche mit dieser Mythe, und das Buch inspirierte Schriftsteller dieser Länder zu thematisch und im Erzählstil ähnlichen Geschichten.)

Was ist nun die Botschaft dieser Mythe? Ein Satz in der amerikanischen Declaration of Independence, der Unabhängigkeitserklärung, bestätigt jedem Bürger dieses Landes das Recht, nach individuellem Glück zu streben (‹pursuit of happiness›). Auf eine solche Suche begeben sich Sal und Dean. Nur ist Glück für sie nicht materiell, sondern spirituell. Da ‹Glück› ein abgegriffenes Wort ist und es sich hier nicht um materielles Glück handelt, heißt das Glück der Romanhelden ‹it› (es) und besteht, wie es im Roman ausgedrückt wird, ‹in dem Augenblick, in dem du alles weißt und alles für immer entschieden ist›. ‹It› steht, will man eine philosophische Terminologie benutzen, für Seinseinsicht.

Die beiden Helden von On the Road glauben an einen Sinn des Lebens, das heißt an die Möglichkeit der Offenbarung, der Auffindung eines solchen Sinns. Aber im Unterschied zu früheren Generationen liegt solcher Sinn für sie gerade nicht in einem überkommenen Dogma (Kirche, Wissenschaft, Politik). Der Sinn ist nur durch Lebendigkeit, die sich auch mit den Begriffen ‹Seinseinsicht›, ‹Authentizität› und ‹Identitätsfindung› umschreiben und erweitern ließe, ist nur durch Offenheit, Ehrlichkeit, ist nur durch ein Sicheinlassen mit allem und jedem, gerade mit dem von den Konventionen der Gesellschaft Verbotenen zu erfahren.

Hinter der Wertschätzung von Lebendigkeit – oder, um einen Begriff des amerikanischen Kulturphilosophen Erich Fromm zu gebrauchen, des ‹Sein› im Unterschied zum ‹Haben› – steht eine Rebellion gegen die von der Gesellschaft dem Individuum aufgezwungene Anpassung, gegen die Standardisierung, gegen die Uniformierung der Lebensabläufe in jeder Beziehung, gegen die in der Konsumgesellschaft entwickelte und propagierte Vorstellung, menschliches Glück ergebe sich eben aus dem Besitz von mehr Waren, aus autoritärer Herrschaft und sekundären Tugenden.

Die meisten Werte, die in On the Road verherrlicht werden, sind ambivalent besetzt, und von den beiden Hauptpersonen ist es Dean, der diese Ambivalenz lebendig vorführt. Er ist verliebt in die Mobilität, aber sie ist für die Armen im reichsten Land der Welt nur möglich, wenn sie wie Dean / Neal Autos stehlen. Diese Mobilität und der Zuwachs an Erfahrung verkehren sich in ihr Gegenteil, werden zur todesträchtigen Raserei, zur Betäubung, zur Sucht.

Eine verherrlichte Eigenschaft der beiden Suchenden und der sozialen Gruppe, in der sie sich bewegen, ist die Offenheit und absolute Ehrlichkeit, die Einbeziehung aller Themen, seien sie nach gesellschaftlicher Moral auch tabuisiert.[4] Dem steht Deans Unzuverlässigkeit und sein Hang zum Betrug, seine Egozentrik und Rücksichtslosigkeit in menschlichen Beziehungen gegenüber. Im Protest gegen die Langeweile und gegen eine Versteinerung der Welt des *square* (Spießbürgers) greift der *hipster* (der Nichtangepaßte) zur Droge, zum Alkohol oder zum Rauschgift. Genau das, was sein Bewußtsein erweitert, zerstört auf die Dauer seine Physis.

Aus dieser Widersprüchlichkeit, die sich in allen Dingen und Zuständen vorfindet – die Verachtung für die Heuchelei des *square* treibt die *hipster* in das Lager der Kriminellen –, ergibt sich auch die doppelgesichtige Bedeutung des Wortes *beat*, einerseits zu übersetzen mit ‹zu Boden geschlagen, vernichtet, zernichtet›, andererseits mit ‹selig, beseligt, glücksstrahlend, noch in aller Zernichtung das *it* erfahrend›, durch mystische Erlebnisse welcher Art auch immer.

Doppelgesichtig ist letztlich auch die ‹Reiselust› der Helden. Es besteht ein Zusammenhang zwischen der endlosen Reise durch die äußere Welt und der sich dabei ergebenden, immer tiefer führenden Reise in die eigene Seele.

Der Einfluß von Thomas Wolfe, nicht nur im Stilistischen, ist in *On the Road* immer noch unübersehbar. ‹Wolfes faustischer Held trachtet danach, die Erde zu verschlingen. Kerouacs ebenso hungrige Reisende sind etwas patriotischer gestimmt, sie finden dazu Nahrung genug auf dem amerikanischen Kontinent. Wo Wolfe Panoramen von Amerika nach dem Blick aus dem Zugfenster malt, nimmt Kerouac die vorbeiflitzenden Bilder aus dem Wagen oder Busfenster wahr.›[5]

Kerouac hat in Hinblick auf das Genre seiner Romane von pikaresken Erzählungen gesprochen. Gewiß läßt sich auch der Einfluß des Entwicklungsromans nachweisen. Kerouac las und bewunderte Goethes *Wilhelm Meister*. Andere Vorbilder sind Bunyans *Pilgrim's Progress* und Melvilles Romane.

Gregory Stephenson bezeichnet in diesem Zusammenhang *On the Road* als Überblendung von Erbauungs- und pikareskem Roman, eine verwegene Mischung, wie sie wahrscheinlich nur in Amerika entstehen konnte, wo es im Bewußtsein vieler Menschen eine enge Verbindung zwischen religiöser und materiell-geographischer Verheißung gibt («Gottes eigenes Land», «das Land der unbegrenzten Möglichkeiten»).

Die «Sinnlos alptraumhafte Straße» ist gleichzeitig «eine Straße in den Himmel», wie Sal Paradise erfährt.[6]

In gewissem Sinn sind Sal und Dean auf der Flucht – aber auf der Flucht vor was? Nicht eigentlich vor der Stadt und ihren Übeln und Lastern, eher vor der Entfremdung von der Natur in ihr, vor der Uniformität des Alltags. Weit mehr noch sind sie auf der Flucht vor den Eigenarten der amerikanischen Nachkriegsgesellschaft. Kritisiert wird deren Gier, deren Konformismus, deren zunehmende Gewalttätigkeit und deren militaristische Manie: «Eine Bombe war in der Welt, die all unsre Brücken und Straßen zerstören konnte und aus ihnen Trümmer werden ließ.» Demgegenüber sind die beiden Helden des Romans geradezu unverbesserliche Träumer von einem neuen Anfang, einer neuen *frontier*.

Auch in dieser Beziehung wohnt ihnen eine merkwürdige Ambivalenz von Pessimismus und Optimismus, Zorn auf den *American way of life* und dann wieder Bewunderung für ihn inne.

Direkter als in *On the Road*, wo diese Botschaft meist zwischen den Zeilen eingetragen ist, drückt sie sich bei einem Lyriker der Beat Generation aus, bei Lawrence Ferlinghetti; so wenn er, solche Erwartungen zugleich ironisierend, in *I am waiting*, einem surrealen Bekenntnisgedicht, schreibt:

«Ich warte darauf,
daß die Great Divide überschritten wird,
und ich warte begierig,
daß das Geheimnis des ewigen Lebens entdeckt wird...»[7]

oder:

‹...und ich warte darauf,
daß der amerikanische Adler
seine Schwingen öffnet und richtig fliegt...›[8]

Auch hier steht ein bewußt ins Primitiv-Naive zurückgenomme-
ner mystischer Glaube an etwas Ursprüngliches neben Skepsis
und Hohn auf eine verrottende Zivilisation:

‹...und ich warte,
daß eine neue religiöse Erweckungsbewegung
hinfegt über den Staat Arizona...›[9]

Oder in den Zeilen:

‹...ich erwarte,
daß sie beweisen,
daß Gott wirklich Amerikaner ist,
und ich erwarte ernsthaft,
daß Billy Graham und Elvis Presley
ganz im Ernst die Rollen vertauschen...›[10]

In *On the Road* erzählt Kerouac die Geschichte einer Lebenshal-
tung, zu deren Symbol Dean für ihn geworden ist, noch linear,
das heißt am roten Faden der konventionellen Zeitenfolge von
Vergangenheit und Gegenwart entlang. Schon die Verwendung
eines umgangssprachlichen Idioms war zu einer Zeit, da die amerikanische Literatur hauptsächlich von Akademikern für Akade-
miker geschrieben wurde, ein Wagnis. Die Veröffentlichung des
Manuskriptes scheiterte über Jahre hin nicht zuletzt an dieser
Klippe.

Die Verlage täuschten sich nicht: Jene Menschen, die in den
USA der fünfziger Jahre lasen, mit Literatur umgingen, die das
Stammpublikum des Buchhandels darstellten, waren keine Hipster, sondern Squares und hätten – wie es später auch geschah –
über Bücher, die unter Strolchen, Süchtigen, Landstreichern,
Wanderarbeitern, intellektuellem Lumpenproletariat und schäbigen kleinen Kriminellen spielten, die Nase gerümpft. Das war
nicht die Welt, in der sie sich bewegten. Und doch gab es dieses
Milieu, und die Dichter der Beat Generation verliehen ihm Laut
und Stimme.

Mit Ausnahme von Allen Ginsberg war keiner der Autoren der Beat Generation im eigentlichen Sinn des Wortes politisch engagiert; dennoch hat Ginsberg recht, wenn er behauptet, es sei auch von Kerouacs Publikationen eine immense politische Wirkung ausgegangen: ‹Ich denke, *On the Road* und *Visions of Cody* und all die anderen Bücher haben einen grundlegenden politischen Wert prophetischer Art, nicht nur, indem sie den Körper dieses Landes neu entdeckten, nicht nur, indem sie darauf hinwiesen, daß die Kultur der schwarzen Minderheit der oberflächlichen Kultur der Weißen überlegen war, sondern vor allem, daß sie zum erstenmal seit langem wieder offen und ehrlich jene Gefühle darstellten, die tatsächlich unter den Menschen in Amerika herrschten.›[11]

Was unterscheidet nun *On the Road* von *Visions of Cody*, zumal beide Bücher dieselbe Geschichte erzählen und um denselben Helden kreisen, der hier Dean Moriarty und dort Cody Pomeroy heißt.

Zunächst einmal: *On the Road* ist ein konventionell erzähltes Buch, in *Visions of Cody* hingegen hat Kerouac den Mut zum formalen Experiment.

Dazu noch einmal Ginsberg über Kerouacs poetische Sensibilität in diesem Text: ‹Es war nicht so, daß Kerouac dasselbe Ziel nicht auch mit einer (überkommene) Regeln befolgenden Prosa hätte zuwege bringen können; es war nur, daß er sich plötzlich des Klangs der Sprache bewußt geworden war, daß er nun in einem Meer von Lauten schwamm und seinen Intellekt mehr vom Klang leiten ließ als durch die Wörterbuch-Assoziationen der Bedeutung der Klänge. Mit anderen Worten, es war eine andere Art von Intelligenz – noch bewußt, noch vom Verstand kontrolliert, aber eine andere Art des Denkens, ein Denken, das stärker auf den Klängen beruhte als auf dem Verstand, der in konzeptionellen Assoziationen gründet. Sofern man das Wort Verstand in diesem Zusammenhang überhaupt gebrauchen sollte – vielleicht wäre es besser, von einer Modalität des Bewußtseins zu sprechen.›[12]

Visions of Cody kann als ein ‹amerikanischer Monolog›[13] gelten. Der Weg zu einem neuen Verständnis der Laute und Klänge führte dabei über den Jazz, den Bebop.

Was die Handlung angeht, erklärt Kerouac selbst, daß die Ereignisse ihn weniger beschäftigt hätten als der Image-Charakter der Ereignisse im Bewußtsein. An seinen Kollegen John Clellon Holmes schrieb er: ‹Was ich jetzt anfange zu entdecken, ist etwas, was jenseits des Romans liegt und jenseits der willkürlichen Grenzen von Geschichten... im Reich der enthüllten Bilder... wilde Formen, Mann, wilde Formen... mein Bewußtsein explodiert geradezu dabei, etwas über jedes Image, über jede Erinnerung zu sagen... in diesem Abschnitt meines Lebens habe ich mich auf die Suche nach einer wilden Form gemacht, die mit meinem wilden Herzen wachsen kann... denn jetzt weiß ich, daß mein Herz wächst.›[14]

Die Erschaffung des Helden aus Eindrücken, Klängen und Bildern, die Stimmungen vermitteln, ist das Hauptziel der sich spiralförmig bewegenden und in der Zeit vor- und zurückspringenden Erzählung. Darin erfüllt Kerouac die von William Carlos Williams Allen Ginsberg mit auf den Weg gegebene poetologische Anweisung: Nicht Ideen, sondern Dinge.

Erzählt wird in *Visions of Cody* assoziativ in einer kühnen Kombination von Bewußtseinsstrom, mythopoetischen Porträts von Realismus und Surrealismus. Es werden – hier folge ich Gregory Stephensons einsichtsreicher Analyse – Träume in Erzählpartikel verwandelt.

Als James McLaughlin in einer kleinen Auflage eine Auswahl aus *Visions of Cody* herausbrachte, schrieb Kerouac dazu eine Einleitung, in der es heißt: ‹Statt wie in *On the Road* nur einen horizontal verlaufenden Reisebericht zu geben, wollte ich nun eine vertikale, metaphysische Studie über Codys Charakter und dessen Verbindung zu Amerika im allgemeinen schreiben.›[15]

Es scheint nicht überflüssig, darauf hinzuweisen, wie die einzelnen Teile des Buches trotz großer Freizügigkeit in der Zeit ganz klare Funktionen haben. ‹Im Anfang des Buches wird Duluoz – der Erzähler – heimgesucht, ja er ist besessen von seinen Erinnerungen an Cody. Er wird an ihn durch die verschiedenen Orte und Atmosphären, die von Toiletten in der Untergrundbahn bis zu den Innenräumen von Kirchen reichen, erinnert, er sieht ihn in anderen Menschen, er träumt von ihm.›[16] Hierzu wurden die *sketches* benutzt, die Kerouac im Herbst 1951 schrieb.

Im nächsten größeren Abschnitt des Textes versucht der Erzähler, die entscheidenden Augenblicke in Codys Leben zu rekonstruieren. Er reist nach Westen (Reise nach San Francisco), trifft Cody wieder, sie tauschen Bekenntnisse und Vertraulichkeiten aus. Sie vergleichen ihre Erfahrungen und ihre Erinnerungen an Amerika.

Allmählich wird aus dem realen Cody eine mythische Gestalt. Cody ist Duluoz' verlorener und wiedergefundener Bruder. Cody ist für Duluoz eine Überhöhung seiner selbst und zugleich auch eine Symbolgestalt für Amerika.[17]

Der Mittelteil des Textes enthält dann die Transkription der Tonbandaufzeichnungen eines langen Gesprächs zwischen dem Erzähler und Cody. Es ist der Versuch einer Charakterisierung Codys mit Hilfe des gesprochenen Wortes, des Dialogs. Bei allen Informationen, die dabei über das Schreiben einfließen, ist dies der fragwürdigste Teil des Buches, was Kerouac wohl auch selbst bemerkt hat, denn er kehrt in dem darauffolgenden Abschnitt ‹Imitation of the Tape› zu den in einem inneren Monolog wiedergegebenen reinen Assoziationen zurück.

Er will alles wiedergeben, was ihm einfällt. Er sucht seine eigenen Anfänge als Schreibender auf. Unter der Überschrift ‹Aufsätze... von Jack Duluoz... Klasse 6b›[18] verwandelt er sich noch einmal in den Heranwachsenden, der er gewesen ist, in den Schüler. Filmbesprechungen, die sein Vater Leo schrieb, werden zitiert. Die Romananfänge von *The Town and the City* und von *On the Road* kehren parodiert wieder.

Der Erzähler entdeckt, daß in seinem Kopf außer der eigenen Stimme noch viele andere Stimmen herumspuken. Und er gerät auch an die Grenzen einer solchen Darstellungsart und kennzeichnet sie. Nach fünfundzwanzig Seiten schließt diese Passage mit einem Satz ab, der aus Joyces *Finnegans Wake* sein könnte: ‹Doppelworte klingen in meinem Kopf jetztgleich als ob mein alterkoppkintopp bersten wollte.›[19]

In der sich anschließenden Szene ‹Joan Rawshanks in the Fog› geht es um die Überprüfung von Wahrnehmung, um Beobachtungen bei der Herstellung von Illusionen. Jack beobachtet auf der Straße zufällig eine Filmaufnahme der RKO mit dem weiblichen Hollywood-Star Joan Crawford.

Der Erzähler erkennt über diesem Erlebnis, wie der Wirklichkeit Betrug und Täuschungen innewohnen, wie aber gerade sie den Anstoß geben für unsere Fähigkeit zu träumen.

Endet *On the Road* mit Bildern der Dunkelheit, mit einer Szene bei Einbruch der Nacht, mit einer Stimmung von Verlust, so geht *Visions of Cody* in der Morgendämmerung und mit dem hoffnungsträchtigen Bild des Morgensterns zu Ende.

Visions of Cody ist das Hohelied auf ein realistisches Träumen, und es enthält Kerouacs erzählerischen Forschungsbericht über das Funktionieren unserer Wahrnehmung.

Es ist ein philosophisches Traktat und verkündet als solches die Genugtuung, die aus dem Ertragen des Ambivalenten erwächst. Es ist eine moderne Mythe, in der ein Individuum betrachtet wird als Metapher für ein Land. Im Gegensatz zu den Vorurteilen vieler leichtfertiger Kritiker, die nicht genau lesen, ist es bei aller Spontaneität des Sprachlichen und seines Bildflusses ein ungemein sorgfältig komponiertes Buch.

Und es ist nicht zuletzt ein Buch, das sich die damals progressivste Form des modernen Jazz, den Bebop, für literarisches Erzählen zunutze macht und so wiederum die enge Verbundenheit Kerouacs mit der Musik in einer Art Wortmusik, einem Wort-Bebop vorführt.

Man kann sagen, *Visions of Cody* sei ein Romangedicht, es sei die Versöhnung von Realismus und Romantik, es sei die Suche nach einem verlorenen und in der Gestalt eines Menschen wiedergefundenen Bild von Amerika.

Daß es an Popularität *On the Road* nie erreicht hat, sondern geradezu das vergessene Meisterstück Kerouacs darstellt, liegt gewiß an der Vielschichtigkeit seiner Bezüge, der Art und Weise, in der hier Wirklichkeit gebrochen und reflektorisch befragt wiedergegeben wird, vielleicht aber auch an der nahezu völligen Abwesenheit vordergründiger Dramatik in der Handlung, die desto mehr innere Spannung und lautmalende Poesie transportiert.[20]

 **BUCH**

Rebellen, Mystiker und Exilanten

Filling the air with an arbitrary dream —
When no desire arises, that is the original
Feeling of peace in Actual Nature —
It is not moot to question how a dream ends
Whenaslong as it ends — ...
Jack Kerouac, 216th-B Chorus *

Yage und Tanger 1

(1953–1954) Burroughs—Corso—Ginsberg

> ... nach meiner Überzeugung ist die
> christliche Vorstellung von Sünde ein
> Fluch, der unermeßliches Elend über die
> Erde gebracht hat.
> *William S. Burroughs*
> *am 18. August 1954 in einem Brief*
> *an Allen Ginsberg*

Zwischen Januar und Mitte August 1953 hält sich Burroughs in Kolumbien auf. Auf der Hinreise hat er sich in Panama City seine Hämorrhoiden veröden lassen, was zugleich eine Art Entzug bedeutete. Er lernt Panama als ein mieses Land kennen: kein Rauschgift, überall nur geldgierige Nutten, bei deren Busen er auf Schaumgummi tippt.

‹Die Panamesen›, schreibt er in seinem Briefroman *The Yage Letters* (deutscher Titel: *Auf der Suche nach Yage*) an Allen Ginsberg, ‹sind so ziemlich das liederlichste Volk der ganzen Hemisphäre – die in Venezuela machen ihnen da, soviel ich höre, ernsthaft Konkurrenz –, aber im Umgang mit ihnen bin ich nie auf eine Bevölkerungsgruppe gestoßen, die mich so auf Null bringt wie die Beamten der Kanalzone. Man kann mit so einem Beamten nicht auf der Ebene von Intuition und gegenseitigem Einvernehmen verkehren. Er hat einfach keinen Empfangsteil und reagiert wie eine tote Batterie...›[1]

Solche Bemerkungen bezeugen eine Grundstimmung – Empörung über jegliche Obrigkeit und drangsalierendes Reglement –, die die späten Romane Burroughs' inspirieren wird, in denen er keinen Zweifel daran läßt, daß Herrschaft immer von Gangstern ausgeübt wird. Auch Burroughs' erster Bericht aus Bogotá zeugt von Mißmut:

‹Mein Hotelzimmer ist ein fensterloser Verschlag... mit rohen Bretterwänden, und das Bett ist zu kurz. Fühlte mich derart deprimiert, daß ich lange Zeit wie gelähmt auf dem Bett hockte. Dann ging ich raus in die dünne kalte Luft, um irgendwo etwas zu trinken, und ich dankte Gott, daß ich nicht suchtkrank in diese Stadt gekommen bin.›[2]

Seine griesgrämige Stimmung vergeht, als er im Naturwissenschaftlichen Institut der Universität auf Professor Evans Schultes stößt. Burroughs ist Harvard-Jahrgang 1936, Schultes 1937. Solche Gemeinsamkeiten erleichtern die Annäherung. Aber auch sonst haben sich die beiden Männer viel zu sagen, denn Evans ist *der* Experte für südamerikanische Halluzinogene.

Er hat in jahrelanger Forschungstätigkeit in Südamerika 24.000 psychoaktive Pflanzen gesammelt und weiß eindrucksvolle Geschichten über die Bedeutung von Drogen in der Geschichte der Menschheit zu erzählen.

Burroughs erfährt von ihm, daß es von der von ihm gesuchten Pflanze Yage allein in den Urwäldern des Amazonas nicht weniger als hundert verschiedene Arten gibt. Es handelt sich um Lianen, die man zerstampft und in Wasser kocht, wenn man sich ihrer als Rauschmittel bedienen will.

Schultes erzählt ihm, daß die Macuna-Indianer eine Schöpfungsmythe kennen, in der der erste Mann und die erste Frau in einem Kanu von der Milchstraße herabgefahren kommen und drei Nutzpflanzen, darunter Yage, mitbringen – Beweis, wie er meint, für die uralte kulturbildende Funktion von rauscherzeugenden Pflanzen und Stoffen.

Schultes ist etwas erstaunt darüber, daß sein Landsmann allein um der Pflanze willen nach Kolumbien gereist kommt. Aber hilfsbereit wie er ist, vermittelt er ihn an Bekannte im Landesinneren. Nach einer ziemlich strapaziösen Reise erreicht Burroughs im März 1953 Puerto Limón, einen Ort am Ende der Welt. Er nimmt dort zum erstenmal Yage, das er von einem Medizinmann im Tausch gegen Schnaps erhält. Bewußtseinsveränderungen, die an eine Fata Morgana erinnern, treten ein. So sieht er unter dem Einfluß von Yage eine Stadt, die sich aus Teilen von Lima, Mexico City und New York zusammensetzt.

Wegen eines Schreibfehlers in seinem Visum wird er aufgehalten und in Mocoa unter Hausarrest gestellt. Er erkrankt an Malaria und kann froh sein, daß die ortsansässigen Kapuzinermönche sich seiner annehmen.

Er kommt nach Bogotá zurück, und Schultes ermöglicht es ihm, an einer Expedition teilzunehmen, die in den Urwäldern eine Krankheit der Kakaopflanze erforschen soll.

Er kommt mit dieser Gruppe abermals nach Mocoa und findet auch wieder einen *brujo*, einen Zauberer oder Medizinmann, der ihm eine Unze aufgebrühte Yage zu trinken gibt. Nachdem er die schwarze Flüssigkeit geschluckt hat, macht der *brujo* noch allerlei Hokuspokus mit einem Besen über seinem Kopf, angeblich um böse Geister zu vertreiben. Vollständig gelingt ihm das offenbar nicht, denn Burroughs hat einen schlechten Trip. Er bricht auf der Straße zusammen, muß sich übergeben. Der *brujo* schafft ihn in seine Hütte und läßt ihn sich dort ausruhen. Es kommt Burroughs vor, als fließe ständig blaue Farbe über seine Augen, er hat Beklemmungen, seine Beine verwandeln sich in Holzklötze.

In einer zweiten Phase, nachdem er Nembutal geschluckt hat, glaubt er sich in eine Negerin verwandelt, die von ihrem Liebhaber gevögelt wird. Überhaupt vermag er nun sein Geschlecht von einem Augenblick zum anderen zu verändern, mal empfindet er als Mann, dann wieder als Frau.

Insgesamt dauert der Rauschzustand etwa vier Stunden an.

Am 5. Mai erreicht Burroughs Lima. Das Klima ist feucht und stimmt ihn depressiv, aber die Stadt erweist sich als Paradies für Homosexuelle. Leider stehlen die Knaben, die er anheuert, wie die Raben. Eines Nachts kommen ihm so zweihundertsiebzig Dollar abhanden, der gesamte Vorschuß für *Junkie*, den man ihm nach Kolumbien nachgeschickt hat.

Burroughs macht weiter Versuche mit Yage. Zu heftige Halluzinationen dämpft er mit Nembutal. Yage scheint ihm entschieden die aggressivste Droge, die er bis dahin kennengelernt hat.

Da er wieder krank wird, fährt er zunächst zur Küste und reist von dort nach Panama weiter. Auch bei diesem Besuch findet er die Atmosphäre widerlich. Amerikanisches Militär, Nutten und Zuhälter. Miese Musik, die aus scheppernden Lautsprechern dringt.

Rotlichtlokale. Alles ein einziges Tingeltangel der billigen Sorte.

In einer Bar bettelt ihn ein Mädchen um einen Drink an. Das sich dann entspinnende Gespräch ist typisch für Burroughs' Art zu argumentieren. Er lehnt ab. Das Mädchen ist enttäuscht und fragt: ‹Warum bist du so gemein?›

Er antwortet: ‹Sieh mal, wenn ich kein Geld mehr habe, wer kauft mir dann einen Drink? Du etwa?›

Und darauf das Mädchen, das ihn entgeistert und entwaffnet ansieht: ‹Ja, da hast du völlig recht, entschuldige bitte.›[3]

Auch nach Mexico City wagt er sich für ein paar Tage. Er sehnt sich nach einem alten Freund, von dem aber niemand weiß, wo er steckt.

Mitte August 1953 ist er bei seinen Eltern in Palm Beach: Sie begreifen, daß er es bei ihnen in Florida nicht lange aushält. Sie mit ihm auch nicht. Er ist ihnen unheimlich.

Besser, man gräbt bei Begegnungen nicht zu tief. Dabei könnte man in Streit geraten, und höfliche Menschen streiten sich nicht.

Seine Eltern haben ein schlechtes Gewissen. Die monatlichen zweihundert Dollar zahlen sie brav weiter, wahrscheinlich, weil sie hoffen, ihn so vor kriminellen Aktivitäten zu bewahren.

Es ist eine Zeit der Veränderungen, keine gute Zeit. Die Russen haben ihre erste Atombombe gezündet. Der Krieg in Korea hat begonnen. Eisenhower ist Präsident der USA geworden. Senator McCarthy beginnt seine Hexenjagd auf Kommunisten und alle, die er dafür hält.

Als Burroughs nach New York kommt und Ginsberg ihn in seine Wohnung in der 7th Street East 204 aufnimmt, sind gerade die Rosenbergs als Atomspione zum Tode auf dem elektrischen Stuhl[4] verurteilt worden, was Allen zu einem Telegramm an den Präsidenten veranlaßt hat, in dem er Eisenhower anklagt, an seinen Händen klebe das Blut zweier Unschuldiger.

Ginsberg hat – unter dem Eindruck der Vorhaltungen seiner Psychiater, die es als ihre Aufgabe betrachteten, ihn von seiner Homosexualität zu ‹heilen› – eine Zeitlang recht glücklich mit einer Frau zusammengelebt, sich aber wieder von ihr getrennt.

Im Winter 1950 ist er in einer Bar einem zu diesem Zeitpunkt zwanzigjährigen Mann begegnet, der jetzt noch in seiner Wohnung ein und aus geht und Burroughs dadurch in Erstaunen versetzt, daß er zum Frühstück erscheint und ihnen einen ganzen Koffer voller Likörfläschchen verkaufen will, die er in der vergangenen Nacht zusammengestohlen hat.

Der junge Bursche mit dem lockigen Haar, den blitzenden

Augen und mediterranen Gesichtszügen heißt Gregory Corso. Er schreibt Gedichte und hat ein abenteuerliches Leben hinter sich.

Seine damals achtzehnjährige Mutter Michelina, eine Italienerin, war 1930, sechs Monate nach der Geburt des Kindes in Little Italy, dem Italienerviertel von Manhattan, mit ihrem Liebhaber in die Lombardei auf und davon gegangen.

Der Vater, Fortunato, gibt Gregory zu Pflegeeltern. Als der Junge zwölf ist, läuft er davon. Ausgehungert auf der Straße, wirft er die Scheibe eines Lebensmittelgeschäfts ein und wandert dafür zum erstenmal ins Gefängnis. Mit fünfzehn sitzt er dann schon zum drittenmal ein. Ein erfahrener Mitgefangener gibt ihm den guten Rat: ‹Don't serve time, let it serve you!›[5]

Ginsberg hat sich in Gregory verliebt. Corso, der in eine Bildhauerin verliebt ist, die einen älteren Mann ihm vorzieht, hat gegen eine sexuelle Beziehung mit Ginsberg nichts einzuwenden.

Nun kommt Burroughs hinzu. Von Anfang an ist er auf Corso eifersüchtig.

Ginsberg fürchtet eine Wiederholung des Carr-Kammerer-Dramas. Burroughs bestreitet, sexuelles Interesse an Ginsberg zu haben. Ginsberg fühlt sich geschmeichelt, da diese Behauptung offensichtlich ihr genaues Gegenteil meint.

Burroughs schätzt es, in homosexuellen Beziehungen der passive Teil zu sein. Ginsberg findet Burroughs bei ihren sexuellen Kontakten schwierig. Burroughs beklagt sich über Ginsbergs mangelnde Aufmerksamkeit ihm gegenüber. Allen macht eine kraß-verletzende Bemerkung: er ekele sich vor Burroughs' altem Körper. Bill ist tief getroffen.

Dennoch bleiben sie Freunde. Ihr ausführlicher Briefwechsel während der folgenden Jahre beweist Interesse und Verständnis an der intellektuellen Entwicklung des anderen.

Burroughs ist klug genug, weiteren Spannungen, die sich aus der sexuellen Beziehung zu Ginsberg und seiner Abneigung gegenüber Corso zwangsläufig ergeben hätten, aus dem Weg zu gehen. Er reist ab.

Er hat Alan Ansen, den Sekretär des Lyrikers W. H. Auden, kennengelernt. Sein neuer Freund hat eine Wohnung geerbt, die ihm genug Mieterträge einbringt, um in Europa sorgenfrei zu leben.

Ansen und Burroughs fahren mit der entschiedenen Absicht,

ihren Lastern zu frönen, nach Italien. Sie reisen auf verschiedenen Wegen und haben sich in Rom verabredet. Burroughs trifft als erster dort ein. Von Anfang an findet er Italien im allgemeinen und Rom im besonderen scheußlich: ‹Erheblich teurer als New York, kalt, und es wird einem nie warm, weil sie nicht heizen. An dieser Stadt interessiert mich überhaupt nichts. Hatte gleich den Eindruck, daß in Rom eine Säuberungskampagne läuft... die Saunen sind geschlossen. Die Bullen räumen auch mit Junk auf, und die Junkies von Rom hocken fröstelnd und suchtkrank in ihren Buden.›[6]

Als Ansen eintrifft, besucht er Tag für Tag Ruinen und Museen, was Burroughs langweilig und ermüdend findet.

Burroughs liest Paul Bowles' Romane *The Sheltering Sky* und *Let it Come Down*, die in Fez und Tanger spielen. Die Verworfenheit, die darin Tanger zugeschrieben wird, läßt es ihm als eine Stadt erscheinen, die für seinen Lebensstil wie maßgeschneidert ist. Das verlockt ihn dazu, auf der Stelle hinzufahren.

Als Frankreich und Spanien im Jahre 1912 Marokko unter sich aufgeteilt hatten, ist Tanger zur internationalen Zone erklärt worden und wird seitdem von den Konsuln acht europäischer Länder regiert. Der Schriftsteller Robert Ruark wird später behaupten, verglichen mit Tanger sei Sodom ein Gemeindepicknick und Gomorrha ein Versammlungsort von Pfadfinderinnen gewesen.

Gesprochen wird in der Stadt Französisch, Spanisch und Arabisch. Der Schmuggel – Drogen aus der internationalen Zone heraus, Waffen hinein – blüht und wird als ehrenwerte Beschäftigung angesehen. Das CD auf den Autoschildern der Diplomaten übersetzen Spaßvögel mit ‹Contrebandier Distingué›.

Zunächst ist Burroughs auch von der Stadt enttäuscht. Vor allem das Auftreten seiner Landsleute ruft bei ihm Ekel hervor.

‹Die abscheulichsten Typen, die das Land der Freien hervorbringt, sind in der amerikanischen Kolonie vertreten... schauerliches Panorama von krakeelenden, rotgesichtigen Säufern, die von Barhockern kippen und in die Ecke kotzen.›[7]

Mexiko wäre besser, aber da er nun einmal hier ist, wird er bleiben und das Beste daraus machen. Er beobachtet auch Angenehm-Praktisches: ‹Sie haben hier in der Sauna ein Arrangement, wie es mir auf Reisen noch nie begegnet ist. Privatkabinen à deux für 60 Cent. Damit ist das Hotelproblem gelöst. Aber die Boys haben so was wie eine Gewerkschaft. Sie erwarten alle 5 $. Und sie sind ein ziemlich übler Verein. Habe noch nie derart verkommene, widerwärtige, penetrante Schnorrer erlebt. Man könnte sich bei diesen Unberührbaren leicht eine abscheuliche Geschlechtskrankheit der Seele holen. Außerdem muß man zusätzlich drei Dollar für Aureomycin anlegen, um sich vorn und hinten ausreichend abzusichern.›[8]

Bald hat er einen Knaben namens Kiki als festen Freund und schwärmt: ‹Kiki und ich verbrachten heute einen unserer köstlichen Nachmittage nackt im Bett, wo wir dösten, ein wenig träge Liebe machten, ein bißchen Kif rauchten und große süße Trauben futterten. Was ist er doch für ein ausgeglichener, gesunder junger Bursche.›[9]

Tangers politische Vergangenheit bringt sich durch Kiki in Erinnerung: ‹Kikis Vater wurde während des Bürgerkriegs ein Opfer der Faschisten. Nach der Besetzung von Tanger erschossen sie alle Anhänger der Republikaner, die sie finden konnten, und Amerika unterstützt diesen elenden Bastard, der nicht besser ist als Hitler! Eisenhower hat sich wirklich als totale Null erwiesen...›[10]

Seine Waffenphantasien verlassen Burroughs auch hier nicht: ‹Ich sitze ohne Pistole da›, schimpft er, als in Marokko Unruhen ausbrechen, ‹das einzige Mal in meinem Leben, da ich wirklich eine brauche! Wenn ich wenigstens mein Curare hätte. Ich könnte mir Wurfpfeile kaufen und sie damit einschmieren. Für alle Fälle habe ich ein Hackbeil und ein scharf geschliffenes Messer erstanden. Ich wohne direkt im Eingeborenenviertel, aber gleich um die Ecke ist die Polizeiwache.›[11]

Was Burroughs an Tanger, diesem einzigartigen Zufluchtsort derer, die vor der Normalität auf der Flucht sind, schätzen lernt, ist die Abwesenheit jeglicher Einmischung in das Privatleben.

Haschisch, ja selbst Opium kann man ohne Schwierigkeiten bekommen und in aller Öffentlichkeit rauchen. Vorurteile gegenüber Homosexuellen gibt es so gut wie keine – lediglich Jungen, die als regelrechte Huren leben, droht der Islam an, sie würden sich im nächsten Leben ständig ihr Gesicht mit dem Urin der Juden waschen müssen.

Die Polizisten in der Stadt sind nach Burroughs' Meinung Musterexemplare ihrer Gattung: ‹Es interessiert sie nicht, wie dein Sexleben aussieht, oder ob du Junk nimmst... sie sorgen nur für Ordnung (und das recht gründlich)...›[12]

Ganz ohne Herrengefühle aber kommt auch er nicht aus:

‹Bei einer Auseinandersetzung mit einem Araber ist man als Amerikaner automatisch im Recht. Das gefällt mir, und ich nutze es nicht aus. [...] Es ist schön zu wissen, daß die Polizei auf deiner Seite ist, wenn du Ärger hast.›[13]

Burroughs' Bosheiten sind meist herzerfrischend: So, wenn er Kiki an dessen Namenstag ‹etwas richtig Schönes verspricht›, der Junge sich daraufhin eine Armbanduhr ausmalt, aber vorsichtshalber fragt: ‹Ja... und was ist es?›, und Burroughs' Antwort darauf lautet: ‹Ich gebe dir den besten Fick deines Lebens.›[14] Oder wenn er einen Mann, den er haßt, in einem Brief an Ginsberg als ‹Malcolm den Tröpfler (er läßt Namen fallen, wie ein syphilitischer Schwanz seinen Eiter vertröpfelt)› apostrophiert.[15]

Nie läßt er sich von einem Tabu daran hindern, faktisch und genau zu sein.

Zu dem Mann, dessen Romane ihn nach Tanger gelockt haben, zu Paul Bowles, bleibt Burroughs' Verhältnis zunächst kühl.

Bowles findet, Burroughs sehe grau aus, so, als sei von ihm intellektuell nicht viel zu erwarten. Burroughs hingegen beklagt sich in einem Brief an Kerouac, Bowles lasse Herzlichkeit vermissen, er lade die langweiligsten Schwulen von Tanger zum Tee ein, aber nie ihn.

Bald stellt sich heraus, daß er, der in der Wahl seiner Freunde und Bekannten anspruchsvoll ist, in der Stadt ziemlich isoliert dasteht. Das bringt ihn zurück zum Rauschgift. Er kauft legal Eukodall, ein in Deutschland hergestelltes synthetisches Morphium. Er beginnt mit einem Schuß alle vier Stunden, aber bald muß er alle zwei Stunden spritzen.

Er merkt, wie ihn die Droge körperlich ruiniert. Als im Mai 1954 sein alter Freund Kells Elvins mit einer dänischen Freundin seinen Besuch von Rom aus ankündigt, unternimmt er wieder einmal einen energischen Reduzierungsversuch.

Elvins ist bestürzt, wie hinfällig Burroughs geworden ist. Seine Rauschgiftsucht steht ihm ins Gesicht geschrieben. Tanger mißfällt Kells, und er reist bald nach Madrid weiter. Am liebsten würde Burroughs mit ihm fahren, aber dann hält ihn doch wieder diese Stadt, in der man seine Lüste so leicht befriedigen kann.

Er bekommt hohes Fieber und seine Gelenke schwellen an. Der Arzt diagnostiziert Gelenkrheumatismus.

Kiki pflegt ihn, und doch ist Burroughs auch mit dem Jungen unzufrieden. Mit Kiki kann er keine intellektuellen Gespräche führen, nach denen er sich sehnt. Kiki ist es langweilig dabeizusitzen, wenn er sich mit Ausländern unterhält. Kiki will sich seine schöne kupferbraune Haut durch Tätowierungen ruinieren lassen – ein Akt der Barbarei in Burroughs' Augen.

Er muß Kiki zehn Dollar für einen Sportmantel spendieren, damit die blödsinnige Tätowierung unterbleibt.

Burroughs hat seine erotische Fixierung auf Allen immer noch nicht völlig überwunden. Das bringt ihn schließlich dazu, im September 1954 nach New York zu reisen.

Allen hält sich in Kalifornien auf. Burroughs trifft Kerouac. Jack versichert ihm: ‹Allen liebt dich noch immer.› Aber Allen will ihn nicht sehen. Allen ist frisch verliebt.

Burroughs besucht seine Eltern in Palm Beach. Sie sind in finanziellen Schwierigkeiten. Es ist fraglich, ob sie ihren Sohn weiterhin unterstützen können.

Palm Beach mit seiner Gelecktheit und seinem Wohlstandskitsch geht Burroughs auf die Nerven. Er beginnt sich nach Tanger zu sehnen, Tanger, wo es kein Problem ist, Morphium zu kaufen.

Im November 1954 reist er zurück. Er mietet für dreiundzwanzig Dollar im Monat eine Vierzimmerwohnung in der Kasbah. Daß Ginsberg einen festen Freund hat, schmerzt Burroughs. Er ist eifersüchtig. Er muß sich ablenken. Er hat immer wieder über Geschichten nachgedacht. Tanger nennt er in seinen Geschichten «Interzone». Viele seiner Texte sind grotesk-obszön. Er möchte schreiben wie ein Arschloch, das anfängt zu erzählen, was es so alles erlebt hat.

Der lange Weg hinauf 2

(1952/56) Kerouac—Ginsberg

> Merde and misery
> I'm completely in pain
> Waiting without mercy
> For the worst to happen
> I'm completely at a loss
> There is no hope...
> *Jack Kerouac, 227th Chorus* [1]

Obwohl der Erfolg ausbleibt, schreibt Jack unablässig weiter. Wenn man über sein Leben in diesen Jahren hört, fragt man sich, wo er die Kraft hernimmt, durchzuhalten.

Im Juli 1952 wohnt er bei der Schwester und dem Schwager. Sie halten ihn für einen Versager, möchten ihn loswerden. Oktober 1952: hinüber zur Westküste via Kansas City und Denver nach San Francisco, mit dem *Zipper* nach San Jose.

Verständigungsschwierigkeiten mit Neal, Probleme mit Carolyn... verliebt in sie, will aber ihre Ehe nicht gefährden. Mit Neal: Streitigkeiten über die Kosten der Lebensmittel, die er verbraucht. Jack sieht sich auch hier als Schmarotzer betrachtet. Er schlägt vor, Carolyn solle einen Teil des Jahres bei Neal, den anderen Teil mit ihm in Mexiko leben.

Neal wird zunehmend eifersüchtig. Die Beziehung zwischen Jack und Carolyn entgleitet seiner Einflußnahme, und das hinzunehmen ist er nicht bereit. Jack zieht in ein Hotel in San Francisco. Eine schmuddelige Absteige. Letzte Station für zahnlose alte Männer. 4,20 Dollar die Woche. Manchmal besucht ihn Carolyn dort. Einen Schluck Tokayer aus der Hüftflasche. So starb Thomas Wolfe. Dann eine Ausbildung als Bremser. Er spart eisern, um im Winter wieder nach Mexiko reisen zu können.

Schwierigkeiten mit den Arbeitskollegen, er reagiert auf Spitznamen, wie sie sie jedem geben, gereizt... lebt von dreizehn Dollar am Tag.

Er schreibt einen seiner schönsten Prosatexte zu Ende: *Die Eisenbahnerde*. Dicht, genau, poetisch.

Er prophezeit Hinkle, er werde nicht alt werden.

Die Eisenbahnerde: Ein Text vom Leben bei ständigem Bewußtsein von der Anwesenheit des Todes. Ein Text ohne Handlung, ein Text, der eine Reihung von Bildern darstellt:

‹Da sitz ich nun also im Morgengrauen in meiner düsteren Zelle – 2½ Stunden noch bis ich meine Eisenbahnuhr in das Uhrentäschchen meiner Jeans stecken und mich auf den Weg machen muß, damit ich genau 8 Minuten später am Bahnhof bin und um 7 Uhr 15 den Zug Nr. 112 erwische und dann durch vier Tunnel die acht Kilometer nach Bayshore, zurück bleibt der trübe Frisco-Frühmorgen im regendüsteren grauen Nebel und ein plötzliches Tal taucht auf, grimmige Berge zum Meer hin, links die Bucht, und der Nebel rollt wie im Wahn von den schmalen Tälern herab wo kleine weiße Häuser geschickt verteilt sind wie geschaffen für blaue traurige Weihnachtslichter…›[2]

Jacks Phlebitis flammt wieder auf. Anfang Dezember kündigt er bei der Bahn.

Mexiko, Mexiko.

Neal fährt ihn hin, kauft ‹dort unten› Gras.

Letzte Chance, einen Roman zu versuchen, der den Erfolg bringen soll, bringen muß… letzte Kraft, letzte Wut… Jeder liebt Liebende. *Springtime Mary* heißt die Geschichte zunächst. Seine erste Liebe, seine erste proustsche Liebesgeschichte. Mary Carney, die er am Neujahrsabend 1938 kennengelernt hat.

Carolyn hat versprochen, nach Mexico City nachzukommen, aber das wagt sie dann doch nicht, obwohl er lockt, ganz voller Anteilnahme an hausfraulichen Interessen: ‹In einem mexikanischen Viertel kannst Du praktisch umsonst leben, großartige Hotels in ungepflasterten Straßen 8 Dollar im Monat – aber auch ganze wunderschöne Steinhäuser mit Gärten, Kamin und Aussicht für 27 Dollar im Monat… und auf dem Land, außerhalb der Stadt für weniger… und Stockhütten für nichts, glaube ich… Nahrungsmittel sind billig… ich kaufe 2 und ein Viertel Pfund Filet Mignon (also ein Kilo) für 11 Peso oder elf mal 12 Cent oder 1.34 Dollar, also FILET MIGNON für 60 Cent das Pfund… Hamburger kriegst Du hier für 18 Cent das Pfund, ZIGARETTEN 6 Cent das Päckchen, MIETE 20 Dollar, EISPOP FÜR DIE KINDER 1 Cent, EISKONUS FÜR PAPA CASSADY 3 oder 6 Cent. ZWEITER KLASSE BUS-BILLETT von Nogales nach Mexico City 6 Dollar…

1500 Meilen, dieselbe Strecke wie von New York nach Denver, von Frisco nach Denver. Aber genug, Du kannst es Dir ja ansehen. Und hör mal, Carolyn, Du kannst mit dem Wagen kommen, keine Gebühr an der Grenze, und wir könnten fünfzig Meilen herumfahren, ohne daß es was kostet... und am Nachmittag uns eine Fiesta ansehen in der kleinen schrägen Stadt Nogales. Du hast keine Ahnung, was sich alles tut, zehn Fuß jenseits des Drahtzauns.›[3]

Carolyn kommt nicht.

Um die Weihnachtszeit fährt Jack per Autostop zurück nach New York. Klaustrophobie in der Wohnung von Mémère in Richmond Hill. Also wieder ins Eisenbahnjoch. Abermals quer über den ganzen Kontinent hin... nach San Luis Obispo, 250 Meilen südlich von San Francisco. Er arbeitet nicht mehr gern bei der Eisenbahn. Seine Beine sind immer noch nicht in Ordnung. Er macht zweimal am Tag einen Kopfstand, um eine bessere Durchblutung zu bewirken.

Im April 1953 hat Neal Cassady, der bei der Eisenbahn als Bremser arbeitet, einen Betriebsunfall. Er wird abgeworfen und kommt so unglücklich mit der Spitze seines mit Eisenkappen verstärkten Stiefels auf, daß er alle Fußknochen bricht.

Er thront für Wochen daheim auf dem Sofa, liest viel, schreibt, hört Schallplatten.

Jack kommt, bleibt aber nur über ein Wochenende. Die Eisenbahngesellschaft schickt ihn hinunter nach San Luis. Er fährt auf Frachtzügen zwischen San Francisco und San Jose. Phantasien wie weiland Thoreau, in der Wildnis zu leben.

Betrunken in San Francisco. Mit Tokayer im Bauch läßt sich die Welt ertragen. Carolyn ist enttäuscht. Jack hat vor seiner Abreise nicht einmal hereingeschaut, um Adieu zu sagen.

Er versucht es wieder einmal auf einem Schiff, an Bord der *Carruth*, wo er in der Offiziersmesse bedient... nicht freundlich genug ist.

Von unterwegs: sehnsüchtige Briefe an Carolyn.

Fazit: 300 Dollar erspart vom Gehalt im Dienste der Eisenbahn. 300 Dollar hat er auf dem Schiff verdient.

Trampt nach New York. Lektüre von Reichs *Die Funktion des Orgasmus*. In einem Brief an Carolyn: ‹...Um alles in der Welt lest und bedenkt Wilhelm Reichs *Funktion des Orgasmus*, ehe es zu spät ist, er hat entdeckt, daß alle neurotischen und somatischen physischen Probleme von einem Mangel an richtiger genitaler Potenz herrühren, Mann Penis, Frau Vagina (Vagina, nicht Klitoris-Orgasmus), und wenn Ihr Euch darauf konzentriert und die Details mit oder ohne Reichianischen Doc herausfindet, werdet Ihr feststellen, daß sich alles öffnet und einfacher wird...›[4]

An einem Abend im Spätherbst 1953 kommt Neal zeitiger als sonst heim. Er arbeitet in diesen Wochen vorübergehend wieder als Parkwächter. An diesem Abend ist er sichtlich erregt. Was er erlebt hat, sprudelt er vor Carolyn nur so heraus. Auf dem Rücksitz eines Autos hat er ein Exemplar eines Buches mit dem Titel *Many Mansions* von einer Autorin namens Gina Cerminara gefunden. Er hat es noch auf dem Parkplatz zu lesen begonnen. Die Frau, der das Buch gehört, hat es ihm schließlich ausgeliehen, damit er es auch Carolyn zu lesen geben kann. Es enthält den Bericht über einen Mann namens Edgar Cayce. Cayce ist irgendwann in seinem Leben in einen langen Schlaf verfallen und hat schlafend Fragen über Krankheiten, später dann über alle möglichen Probleme des menschlichen Lebens beantwortet.

Neal hat zu diesem Zeitpunkt gerade einen Rorschachtest machen lassen, bei dessen Auswertung man ihm eröffnet hat, er sei entweder geistesgestört oder werde mit der Zeit wahnsinnig werden.

Carolyn fürchtet nichts mehr, als von Neal wieder verlassen zu werden, ihr ist jedes Mittel recht, von dem sie glaubt, es werde Neal helfen.

Sie hat später beschrieben, wie und warum Neal und sie von der Botschaft des Sektenpredigers überzeugt worden sind: ‹Selbstverdammung war die grundlegende Sünde und keine Tugend. Ja, natürlich sah ich jetzt alles klar. Durch all die Beachtung, die ich immer dem Bösen geschenkt hatte (von Neal, der doch immer wieder über negative Erlebnisse nachgrübelte, gar nicht zu reden), hatte ich immer mehr davon hervorgebracht. «Das Bewußtsein ist ein Baumeister», sagte durch Cayce dessen «Quelle». «Gedanken sind Dinge. Das Bewußtsein ist so konkret wie ein Pfosten oder ein Baum − und es sitzt in jeder Zelle unseres Körpers.» Neal war entzückt, daß ich mich diesen Gedanken gegenüber, die durch Cayce an uns herangetragen wurden, so aufgeschlossen zeigte.›[5]

Kritisch betrachtet enthalten Cayces ‹Prophezeiungen› eine Mischung aus christlicher und orientalischer Glaubenslehre und kreisen um die Begriffe ‹Reinkarnation› und ‹Karma›.

Der Mensch muß auf Erden viele Leben durchlaufen, ehe er sich der Vollkommenheit annähert, wie sie von Jesus verkörpert wird. Reinkarnation ist alles andere als leicht zu erlangen. Der Mensch ist wie in den meisten religiösen Systemen auch bei Cayce ein gefallenes Wesen. Sein bedrohlicher Zustand rührt jedoch nicht von der Erbsünde durch Adam und Eva her, sondern aus seinem Verhalten in seinem früheren Leben.

Der Einfluß der Cayceschen Lehren auf die Cassadys muß als eine Art Erleuchtung verstanden werden. Sie kaufen sich alle Bücher von dem und über den Propheten, diskutieren eifrig seine Lehre, gehen in Seminare für seine Anhänger, die eine Art Sekte bilden. Sie lassen sich in ihren Eheproblemen von Hugh Lynn Cayce, dem Sohn des zu dieser Zeit schon verstorbenen Mediums, beraten. Scheidung ist undenkbar, weil sie, wie Hugh Lynn ihnen erklärt, nur gemeinsam den Weg zur Vollkommenheit gezeigt bekommen werden.

Die Frage, weshalb Neal von einer solch synkretistischen Glaubenslehre wie der des Edgar Cayce so fasziniert war, führt in das Zentrum seines Lebensproblems überhaupt. Durch die Besonderheit seiner Sozialisation scheint es ihm tatsächlich an Schuldempfinden bei asozialem Verhalten zu mangeln.

Nun lebt er aber mit Menschen zusammen, die bei allem Verständnis für seine Eigenarten Verantwortungsbewußtsein von ihm verlangen. Er sucht, nicht zuletzt auch durch die Prognose des Psychiaters nach dem Rorschachtest verängstigt, nach einer Erklärung, warum er so eigenartig und anders ist. Diese Erklärung geben ihm die in den Cayce-Seminaren durchgeführten ‹Lesungen› über vergangene Leben. Im ersten dieser Leben ist Neal angeblich ein Beduine gewesen, den man wegen Verrat und Täuschung zum Tode verurteilt hat. Als Offizier im Heere Nebukadnezars ist er in seinem zweiten Leben wegen der Vergewaltigung einer Frau öffentlich kastriert worden. Im dritten Leben ist er als orientalischer Bauer auf die Welt gekommen und hat seinen Bruder erschlagen. Als glückloser Bewunderer Jesu endete das vierte Leben, als er versuchte, einen Diamanten zu stehlen, den er dem Sohn Gottes schenken wollte. Als Baske, verheiratet mit Carolyn, ist er in seinem fünften Leben zum religiösen Fanatiker und Mörder geworden. Im sechsten Leben schließlich hat er als assyrischer Wagenlenker seinen eigenen Sohn und Rivalen, John Allen, bei einer Wettfahrt in ein halbmondförmiges Messer gestoßen, um selbst den Sieg davonzutragen.[6]

Diese Deutungen, die man in der Sekte als ‹Lesungen› bezeichnet, werden von Neal widerspruchslos geglaubt.

Er meint nun zu wissen, wo sein Bedürfnis nach Geschwindigkeit, nach Drogen, Sex und Risiko, sein mangelndes Selbstvertrauen und sein Masochismus herrühren und warum er so häufig Zuflucht zu Tricks und Betrügereien nimmt.

Die Caycesche Lehre bietet ihm aber auch Trost, denn ein Wort des Propheten lautet: ‹Noch hast du nicht endgültig gefehlt.›

Sommer 1953. Jack bei Gabrielle in Richmond Hill. Er tippt den Text über die Eisenbahnerde. Er kauft Mémère einen Fernseher. Er trägt zur Miete bei. Er schwört sich, weniger zu trinken. Ist er nicht ein guter Sohn? Wenn Gabrielle abends aus der Schuhfabrik heimkommt, steht ein Martini für sie bereit. Aus den Verlagen kommt ein Hoffnungsschimmer. Gute Chancen für *On the Road* bei Viking. *Visions of Cody* und *Doctor Sax* zu experimentell, vielleicht später.

Wie immer hält er es nicht längere Zeit in der Isolierhaft in Richmond Hill aus.

Das San Remo ist im Village der Treffpunkt für einen Kreis von Außenseitern, die Ginsberg ‹die Suchenden› nennt. Jack gehört auch dort nie so ganz dazu. Diese Männer und Frauen sind jünger, eleganter.

Aber da ist ein Mädchen, von dem seine Blicke nicht loskommen. Mardou Fox, halb Indianerin, halb Schwarze. Hohe Wangenknochen. Ihre Haut hat die Farbe von *café au lait*, sie ist klein, zierlich, lehnt an dem Kühler eines Autos vor der San-Remo-Bar, und er quatscht sie zünftig an… wie man das so macht im Village: ‹Was liest du denn gerade so, Mädchen?›

Schmachtet nach ihr daheim bei Mama, führt sie schließlich zusammen mit Allen ins Open Door aus, wo zu dieser Zeit Charlie Parker spielt. Allen verschwindet diskret, und sie nimmt Jack mit in ihr Zimmer auf der Lower East Side. In einem Viertel der Puertorikaner... wo sie tanzen und sich lieben.

Endlich, nach einem Jahr, in dem er immer nur den Mangel von Liebe empfunden hat... ihre rauhe Stimme, Mardou ist nicht prüde, aber empfindlich, es regt sie auf, wenn Frauen auf Partys plötzlich anfangen, sich zu entkleiden.

Sie schätzt *The Town and the City*. Sie hält Jack für einen seriösen Schriftsteller. Sie kann sein Entfremdetsein und seine Niedergeschlagenheit wegwischen, indem sie ihre Hände um seinen Hals legt, ihn spontan küßt, einfach nur lacht.

Freunde sagen, bei keiner anderen Frau sei Jack derart gelöst gewesen.

Es ist ein Anzeichen für seine dennoch fortbestehende Unsicherheit, daß er sich gleich wieder in einer Rolle sehen muß: Kerouac als Baudelaire, Mardou als Baudelaires schwarze Geliebte.

Dann will er mit ihr in einer Hütte auf dem Land in Mexiko leben.

Gregory Corso taucht auf. Eifersucht. Aber schon ehe sich Gregory in Szene setzt, ist Jacks Beziehung zu Mardou problematisch geworden: Zu sehr ist er mit dem eigenen Seelenkummer beschäftigt, um ihr den Beistand zu geben, den sie nötig hätte. Und immer wieder Verrücktheiten. Er geht mit dem Schriftsteller Gore Vidal in einem Hotel ins Bett und erweist sich dabei als impotent. Als Mardou ihn fragt, was das solle, erklärt er ihr, er habe es nur getan, um Ginsberg und Burroughs zu ‹unterhalten›. Später wird er diese Affäre, auf die er sich möglicherweise einließ, um Beziehungen zu einem bekannten Literaten anzuknüpfen, der vielleicht seine Manuskripte empfehlen würde, einfach abstreiten.

Man kann es auch so sehen: Etwas in ihm provoziert den Bruch mit Mardou. Am Ende liegt es immer am selben Problem. Wie könnte er als braver Sohn seiner Mutter ein farbiges Mädchen zumuten? Zu Alan Ansen sagt er allen Ernstes eines Nachts, sein Leben als weißer Mann sei durch Mardou in Gefahr.

Auf einer Party, von der Mardou mit John Holmes fortläuft und sich mit Lucien betrinkt, beginnt er zu weinen.

Auf dem Boden des Glases, das er betrunken und voller Selbstmitleid in seiner Hand bewegt, erscheint Mémères Gesicht. Gabrielle als die einzige zuverlässige Frau.

Um ihr treu zu bleiben, muß er sich immer wieder jede andere Beziehung aus dem Herzen schneiden.

Er versucht, sich mit Mardou auszusprechen, aber als er hört, daß sie mit Corso ins Bett gegangen ist, kann er ihr das nicht verzeihen.

‹Ich mag nicht länger in dieser biestigen Welt leben.›[7]

Tröstung bedeutet für ihn immer, aus dem, was ihm im Leben zustößt, eine Geschichte zu machen. Auch wenn sie niemand drucken will. Also die Schreibmaschine zurechtgerückt, ein Endlospapier eingespannt, Benzedrin einwerfen.

Nach drei Tagen und drei Nächten ist die Geschichte fertig.

Sie heißt The Subterraneans (Die Unterirdischen).

‹Und ich geh heim, hab ihre Liebe verspielt. Und ich schreibe dieses Buch.›[8]

Ein merkwürdiges, für Kerouacs Bewußtsein aber bezeichnendes Motiv der Erzählung ist dieses: Der Erzähler hat einen Angsttraum. Er sieht zu, wie Yuri Mardou liebt. Der Erzähler ist wie hypnotisiert durch den Traum. Es geschieht schließlich genau das, was er geträumt hat.

Namen erzählen bei Jack häufig die Geschichte der Geschichte. Der Held in The Subterraneans heißt Leo Percepied. (Percepied bedeutet im Französischen ‹durchstoßener Fuß›, eine Bezeichnung für Ödipus.) Als Erzähler nimmt Jack den Vornamen seines Vaters an.

Innerhalb eines Jahres, nämlich zwischen Oktober 1952 und Oktober 1953, hat Jack nicht weniger als drei große Arbeiten abgeschlossen: Die Eisenbahnerde, Maggie Cassidy, The Subterraneans. Im Jahr zuvor sind ebenfalls drei Manuskripte entstanden: On the Road, Visions of Cody, Doctor Sax.

Keines der Manuskripte ist bisher gedruckt worden.

Der Winter stürzt Jack wieder in eine schlimme Depression, Schuldgefühle gegenüber Mémère, Schuldgefühle gegenüber dem Vater.

Er hat Mardou das Manuskript ihrer Geschichte zu lesen gegeben; sie ist entsetzt und empört.

Warum hat er immer nur das Unglück, ihre Schwierigkeiten miteinander beschrieben? Sie sind doch auch glücklich gewesen.

Sie fühlt sich bloßgestellt, möchte die Stadt verlassen.

Schließlich verspricht er, die ganze Geschichte nach San Francisco zu verlegen, aus der schwarzen Heldin soll eine Weiße werden.

In den ersten Wochen des Jahres 1954, noch ganz unter dem Eindruck des Endes der Affäre mit Mardou, verkriecht sich Jack in die öffentliche Bücherei in Richmond Hill.

Thoreaus *Walden*, das Tagebuch eines Lebens in den Wäldern, fern der Zivilisation, soll ihn trösten.

Bei Thoreau findet er einen Hinweis auf die Philosophien des Hinduismus und Buddhismus. Er liest Ashvagoshas *Das Leben des Buddha*. Die vier edlen Wahrheiten des Gautama erscheinen ihm plötzlich überzeugender als die Lehren des Christentums. Der Satz ‹Eine Zuflucht jenseits des Schicksals› elektrisiert ihn. Die Notwendigkeit der Auseinandersetzung mit Leid und Leiden hat sich früh in seinem Leben ergeben.

Die moralischen Gebote des Buddhismus – nicht töten, nicht stehlen, keinen Sex, durch den andere geschädigt werden, keinen Alkohol – sind von denen des katholischen Christentums so weit nicht entfernt.

Schwierigkeiten wird Jack vor allem das Verbot berauschender Getränke machen. Über ein Jahr wird er versuchen, im Sinn des Buddhismus ‹keusch› zu leben und sich auf die Erkenntnis der Vergänglichkeit allen Seins und auf das Nirwana zu konzentrieren.

Im Mai 1954 besucht Allen Ginsberg die Cassadys. Er hat einen längeren Aufenthalt in Yukatan hinter sich, wo er in den Urwäldern die Ruinen der Mayakultur besucht hat.

Allen zeigt Carolyn seine Notizbücher, in denen sie auf viele Liebesgedichte über Neal stößt. Aber, so beruhigt sie sich, sie stammen alle aus einer Zeit, die lange zurückliegt.

Neal macht Aufnahmen von Allens Trommelsolos.

Er arbeitet inzwischen wieder bei der Eisenbahn. Man feiert häufig Partys bei Freunden. Die Stimmung ist locker, entspannt. Carolyn mag Allen. Bis sie eines Nachmittags arglos das Gästezimmer betritt, weil sie Neal etwas fragen will... Sie hat angeklopft, aber die Antwort nicht abgewartet. Sie überrascht die Männer nackt, in einer eindeutigen Situation im Bett. Sie ist bestürzt, verwirrt, zornig. Einerseits meinte sie, keine Vorurteile gegenüber Homosexuellen zu haben. Sie hat ja gewußt, daß seit langem eine erotisch getönte Beziehung zwischen Neal und Allen besteht. Andererseits entdeckt sie in sich Eifersucht, Ekel... Sie hat Angst, nach allen Kämpfen, Neal nun endgültig zu verlieren.

Sie fordert Allen auf, abzureisen, bietet ihm sogar das Fahrgeld an, bringt ihn schließlich nach Berkeley, wo er zunächst einmal bei alten Freunden unterkommt. Auf der Fahrt entschuldigt sie sich bei ihm, wird wieder schwankend, ob es richtig gewesen ist, ihn aus dem Haus zu weisen.

In bedrückter Stimmung fährt sie heim. Sie sucht Trost mit einem Brief an Jack. Aber der antwortete nur, sie möge sich daran erinnern, daß sie auch ihn einmal hinausgeschmissen hat. Und: ‹Der arme Neal braucht eben mehr Liebe als andere Menschen. Du mußt versuchen, ihm in dieser Beziehung gerecht zu werden. Und mach Dir keine Sorgen um Allen – Allen und Neal sind alte Kumpel. Sie haben sich schon zusammen auf der Straße herumgetrieben und zusammen ihre Visionen gehabt, sei nicht zu streng mit unseren Propheten, Miss Virago – und was mich angeht: «Das liegt nicht auf meiner Linie», wie Céline in Afrika sagte... bin wirklich erstaunt, von Dir zu hören, daß Du betest. Aber Frauen enden immer beim Beten. Auch meine Mutter betet. Mich überkommt allein bei der Vorstellung, daß ich beten würde, wilder Zorn.›[9]

In dem Prozeß gegen die Eisenbahngesellschaft erstreitet Neals cleverer Anwalt eine relativ hohe Summe. Nach Abzug der Anwaltsgebühren und der übrigen Unkosten bleiben noch 16000 Dollar. Im August 1954 leisten die Cassadys von einem Teil des Geldes eine Anzahlung auf ein Haus in Los Gatos, zehn Meilen südwestlich der Stadt San Jose am Fuße des Santa-Cruz-Gebirges, zwanzig Meilen vom Ozean entfernt.

Neal schickt Diana tausend Dollar. Den Rest legen er und Carolyn in Wertpapieren an.

Neal ist wieder bei der Eisenbahn beschäftigt, als Schaffner auf Personenzügen, die zwischen San Jose und San Francisco verkehren. Das bedeutet, daß er sich manchmal einen ganzen Tag in San Francisco aufhält.

Er schließt Bekanntschaft mit Malern und Schriftstellern. Er gewöhnt sich an eine Art Doppelexistenz, die sehr bequem ist: Los Gatos als Insel, auf der sich das konventionelle Familienleben mit Carolyn und den drei Kindern abspielt, und in San Francisco

die lockeren Umgangsformen unter dem munteren Künstler-
volk.

Neals psychischer Zustand ist bei weitem nicht so ausgeglichen, wie sich Carolyn das wünschen würde. Die einzige Ursache
dafür, die sie zu erkennen vermag: Neals Marihuanakonsum
nimmt immer mehr zu. Er ist inzwischen dazu übergegangen, im
Garten des Hauses in Los Gatos Hanf anzubauen.

Unterdessen ist Allen Ginsberg in ein nahezu bürgerliches Leben
eingetaucht. Er arbeitet für eine Werbeagentur, verdient im Monat zweihundertfünfzig Dollar und lebt in einem großen eleganten Apartment mit Sheila Williams Boucher, einer schönen zwei-
undzwanzigjährigen Frau, deren Kind und einer freundlichen
Katze zusammen. Im Büro beschäftigt er zwei Sekretärinnen.

Manchmal schaut Neal herein, um sich Stoff zu leihen. Oft lesen sie sich auch die halbe Nacht hindurch Proust vor.

Die Situation ändert sich, als Sheila mit Allen über die Frage,
ob er sie auch wirklich liebt, immer häufiger in Streit gerät, und
als Allen wieder von schönen jungen Männern zu träumen beginnt. Als er eines Nachts durch die Straßen schlendert, lernt er
den sechsundzwanzigjährigen Maler Robert LaVigne kennen. In
dessen Wohnung sieht er kurz darauf das Ölbild eines nackten
jungen Mannes, blond und schlank. Einen Augenblick später
tritt der Porträtierte selbst ins Zimmer. Er heißt Peter Orlovsky,
ist einundzwanzig Jahre alt, groß, zurückhaltend, stammt aus
einer russischen Familie. Nach einer schwierigen Kindheit hat er
sich zum Krankenpfleger ausbilden lassen. Während des Korea-
kriegs hat man ihn zur Armee eingezogen. Als ihn sein Vorge-
setzter dabei überrascht, daß er ein Buch von Erich Fromm liest,
gerät er in den Verdacht, Kommunist zu sein, und wird für die
Dauer seiner Dienstzeit als Krankenpfleger in ein Armeehospital
nach San Francisco gesteckt. Um diese Zeit lernt er den Maler
LaVigne kennen, der den unerfahrenen, schönen jungen Mann
zu seinem Geliebten macht.

Jetzt verliebt sich Ginsberg in ihn. Nach einer stürmischen
Werbung Allens schließen sie Mitte Februar, nachdem sie in eine
gemeinsame Wohnung gezogen sind, eine Art Ehevertrag miteinander.

Es gibt sogar eine Art schriftlicher Erklärung über die ständige erotische Beziehung oder, wie es wörtlich heißt, den ‹Austausch von Seelen und Körpern... so sollst du Herr im Bett sein und ich Herr im Buch›[10].

Bei allen Ups und Downs, die den beiden nicht erspart bleiben, währt ihre Beziehung doch mehr als dreißig Jahre, wobei sich die meisten Konflikte daraus ergeben, daß sich Orlovsky hin und wieder auch in Frauen verliebt.

In LaVignes Studio sieht Neal Cassady noch einen zweiten Akt, den einer sehr anziehenden rothaarigen jungen Frau. Sie heißt Natalie Jackson.

Carolyn, die sich regelmäßig von Hugh Lynn Cayce beraten läßt und inständig betet, Neal möge innerlich wachsen und nicht mehr fremdgehen, erlebt ein böses Erwachen.

Eines Tages, als sie Neals Jeans in die Waschmaschine stopfen will und noch einmal in die Taschen greift, findet sie zwei Briefe. Der eine stammt von Natalie und enthält unter anderem entzückte Auslassungen über intime Körperpartien Neals. Der andere ist ein angefangener Brief von Neal an Natalie. Er versichert ihr darin, sie seien das perfekte Liebespaar.

Als Carolyn ihn zur Rede stellt, versucht er ihr einzureden, seine Beziehung zu Natalie stelle keinerlei Bedrohung für ihre Ehe dar.

Von Hugh Lynn Cayce, dem sie sich anvertraut, erhält Carolyn die Auskunft, Gott werde eine Trennung herbeiführen, falls ihr spiritueller Zustand in Gefahr gerate. Krisen in einer Ehe müßten mit Geduld und Liebe durchgestanden werden.

Sie gibt Neal diesen Brief zu lesen, und er findet, das sei tatsächlich ein guter Rat.

Bald kommt Neal nur noch in großen Abständen nach Los Gatos; im Grunde genommen lebt er mit Natalie zusammen.

Carolyn hört sich über ihre Rivalin um. Sie sei eine unheimliche Person, erfährt sie, geistesgestört, spreche kaum, sei aber in North Beach, dem Viertel der Beatniks in San Francisco, ob bestimmter oraler Sexpraktiken berüchtigt.

Dann eröffnet Neal seiner Ehefrau, er wolle in San Francisco zusammen mit Allen und Peter eine Wohnung nehmen. Er müsse jetzt häufig Überstunden bei der Bahn machen, habe so etwas mehr Freizeit. Daß auch Natalie in dieser Wohnung wohnt, erzählt Neal nicht.

Im Januar 1955 findet vor einem New Yorker Gericht ein Vaterschaftsprozeß statt, den Joan Haverty gegen Jack angestrengt hat. Noch hat Jack seine inzwischen dreijährige Tochter nie zu Gesicht bekommen. In der Gerichtsverhandlung sieht er lediglich Fotos von ihr. Eugene Brooks, der Bruder von Allen Ginsberg, der Jack vertritt, erklärt vor Gericht, daß sein Mandant krank und mittellos sei. Eine endgültige Entscheidung über die Klage soll im folgenden Jahr getroffen werden.

Jack fährt nach North Carolina und hilft seinem Schwager beim Hausbau. Im Juni ist er in New York, und versucht, Viking Press dazu zu überreden, ihm wenigstens eine monatliche Zahlung von fünfundzwanzig Dollar zu bewilligen. Nicht einmal das kann er durchsetzen. Im Juli beschafft ihm Cowley ein kleines Stipendium. Außerdem hat die *Paris Review* eine Geschichte von ihm abgedruckt, bei der es sich um ein Kapitel aus *On the Road* handelt.

Nun kann er endlich nach Mexico City fahren, wo er wieder jene Unterkunft bezieht, die er schon bei seinen früheren Besuchen bewohnt hat.

Er schreibt die Geschichte einer rauschgiftsüchtigen Prostituierten, die er zu einer Art aztekischer Priesterin verklärt. Wichtiger ist die Abfassung des 242 Gedichte umfassenden *Mexico City Blues*, das ihn als eigenständigen Lyriker ausweist. Allen Ginsbergs Beurteilung lautet:

‹*Mexico City Blues* ist ein großes klassisches Werk. Es lehrte mich Poetik, und Michael McClure verdankt ihm auch eine Menge, und es ist eine der größten Präsentationen des Buddhismus in amerikanischen Begriffen. Es hat viele Qualitäten. Es ist ein völlig originelles Buch, mit einer selbsterfundenen Poetik, es verrät ein wunderbares Gehör und hat einen wunderbaren Rhythmus. Es ist das Werk eines Genies, das umfangreiche Werk eines Genies, 242 miteinander verbundene Gedichte, wie eine Sequenz von Shakespeares Sonetten. Es ist ein bemerkenswert monolithisches Werk, in dem die amerikanische Sprache verjazzt wird, so wie Céline es von der Prosa Henri Barbusse' sagte. Er liebte Barbusse, weil er die Sprache verjazzt hat.›[11]

Auf dem Weg nach San Francisco macht Kerouac bei den Cassadys Station. Er hat ihnen Marihuana mitgebracht.

Eines Abends sitzen sie zu dritt zusammen, schwatzen, rauchen, sehen fern. Da fährt draußen plötzlich ein Polizeiauto vor. Sie fürchten eine Haussuchung. Die Rauschgiftgesetze des Staates Kalifornien sind streng. Neal kann den Stoff verstecken, ehe sie die Beamten einlassen. Die Polizei will lediglich eine Nachzahlung auf einen Strafzettel eintreiben. Statt 200 Dollar sind es 260. Carolyn wird nachdenklich, als sie von der Höhe der Strafe hört. Neal hat ihr nichts davon erzählt.

Eines Abends bleiben Jack und Carolyn allein zurück und finden Gelegenheit – buddhistische Schwüre hin oder her! –, zusammen ins Bett zu steigen.

Am nächsten Tag erscheint Neal und fordert Carolyn und Jack auf, ihn zu einem Pferderennen zu begleiten.

Es ist das erste Mal, daß Carolyn auf einen Rennplatz kommt. Auf der Fahrt erklärt Neal Jack und ihr das System, nach dem er wettet. Immer auf das drittplazierte Pferd setzen. Wenn man das lange genug durchhält, wird es Dollar vom Himmel regnen. Carolyn erfährt jetzt, daß Neal in den letzten Monaten offenbar fast jeden Tag den Rennplatz besucht hat. ‹Daß du spielst und wettest, ist für mich eine ganz neue Seite an dir›, sagte sie verwundert.

Neal hat an diesem Nachmittag kein Glück. Er entwickelt den Plan, auf einer Vielzahl von Rennplätzen Leute mit seinem Geld nach seinem System wetten zu lassen. Er wirkt nachdenklich und mißmutig. Zum Abendessen fahren sie nach Los Gatos zurück. Später am Abend reist Jack nach San Francisco weiter. Neal begleitet ihn.

Im stillen hofft Carolyn, Jack werde noch einmal herauskommen.

Am nächsten Morgen kommt ein Anruf ihrer Bank.

Die Papiere, die die Cassadys besitzen, haben ihren Wert innerhalb eines Jahres nahezu verdoppelt. Der Bankangestellte bittet Carolyn, bald noch einmal vorbeizukommen, um eine bestimmte Unterschrift zu leisten.

‹Als Sie gestern bei uns waren, ist das leider vergessen worden!›

‹Gestern...?›

Carolyn ist schon längere Zeit nicht auf der Bank gewesen. Im nächsten Augenblick enthüllt sich ihr eine wahnwitzige Geschichte. Neal hat bei Pferderennen gewettet und ständig verloren. Er hat Schulden gemacht. Er hat dennoch weitergespielt, davon überzeugt, er werde so die verlorenen Beträge zurückgewinnen können. Statt dessen sind seine Schulden nur noch gewachsen. Schließlich hat er sich nicht mehr zu helfen gewußt und hat die Bank angewiesen, große Teile des Wertpapierdepots zu verkaufen. Dazu sind zwei Unterschriften zu leisten: seine und die von Carolyn. Er hat Natalie veranlaßt, bei dem Besuch auf der Bank Carolyns Rolle zu übernehmen. Natalie hat Carolyns Personalausweis vorgelegt. Sie hat Carolyns Unterschrift gefälscht.

Der Bankangestellte, durch dessen Anruf alles ins Rollen gekommen ist, erklärt sich bereit, Strafanzeige gegen Natalie zu stellen und zugunsten von Carolyn auszusagen. [12]

Statt auf diesen Vorschlag einzugehen, fährt Carolyn auf die Bank und sanktioniert mit ihrer Unterschrift den Verkauf der Wertpapiere. – Am 1. Dezember 1955 – Carolyn hat am frühen Morgen die Kinder in die Schule gefahren und will nun am Küchentisch in Ruhe eine Tasse Kaffee trinken – schlägt sie die Zeitung auf und liest: ‹Eine noch unidentifizierte Frau von ungefähr 35 Jahren schnitt sich gestern auf dem Dach eines Hauses in der Franklin Street 1042 die Kehle durch, befreite sich aus dem Zugriff eines kräftigen Polizisten und sprang aus dem dritten Stockwerk in den Tod. Nur mit einem Bademantel und einem T-Shirt bekleidet, stand die Person auf dem Sims eines engen Notausgangs, als der Polizeibeamte O'Rorke sich aus dem Fenster lehnte, um sie zu fassen. «Alles, was ich tun konnte», erklärte er später, «war, mich vorzubeugen und nach ihr zu greifen. Aber ich konnte sie nicht zurückhalten. Plötzlich hatte ich nur noch den Bademantel in der Hand, und sie hatte sich hinabgestürzt.» Ihr Lebensgefährte sagte uns, sie habe sich wahrscheinlich mit Glas aus einem zerbrochenen Oberlicht die Kehle durchgeschnitten.›[13]

Kurz darauf ruft Neal an. Er bestätigt, daß die Selbstmörderin Natalie ist. Nach der Lehre von Cayce ist Selbstmord die schlimmste aller möglichen Beleidigungen Gottes.

Geheul wird angestimmt **3**

(1955) **Kerouac—Ginsberg—Cassady**

> What sphinx of cement and aluminium
> bashed open their skulls and ate up their
> brains and imagination?
> *Allen Ginsberg* [1]

Ginsberg hat einen Empfehlungsbrief von William Carlos Williams an Kenneth Rexroth, einen der wenigen damals überregional bekannten Autoren, nach San Francisco mitgebracht. Er zeigt das Manuskript von Kerouacs *Visions of Cody* ihm und dem Lyriker Robert Duncan. Letzterer ist davon begeistert und bezeichnet es als das Werk eines literarischen Genies.

Ginsberg wohnt nicht weit von der vielleicht originellsten Buchhandlung der gesamten USA, dem City Lights Bookstore. Seele dieser Einrichtung, die damals seit zwei Jahren besteht, ist Lawrence Ferlinghetti, geboren 1919 in Yonkers, New York. Sein Vater starb noch vor seiner Geburt. Die Mutter, die mit fünf Kindern allein zurückblieb, wurde in eine staatliche Irrenanstalt eingewiesen, als Lawrence ein Jahr alt war. Lawrence kam zum Onkel seiner Mutter, der sich kurz darauf von seiner Frau Emily trennte. Diese kehrte in ihre Heimat, nach Straßburg, zurück und nahm das Kind mit. Als es fünf Jahre alt war, fuhr Tante Emily wieder in die Staaten und wurde Hauslehrerin für Französisch bei einer Familie Bislands in Bronxville, New York. Eines Tages erschien Emily nicht mehr bei den Bislands. Die Familie entschloß sich, Lawrence als Pflegekind zu behalten. Nach Schulabschluß kam Ferlinghetti zur Marine und wurde im Lauf des Zweiten Weltkrieges Kommandeur eines U-Bootjägers im Nordatlantik. Später versetzte man ihn auf den Kriegsschauplatz im Pazifik, und er sah sechs Wochen nach dem Abwurf der Bombe die japanische Stadt Nagasaki. Er erzählt darüber: ‹Man konnte noch die Hände von Toten sehen, die aus dem Schlamm herausragten... alle Arten zerscherbter Teetassen... Haar, das scheinbar aus dem Erdboden aufwuchs... alles war ein Sumpf. Die

Menschen begriffen gar nicht, wie vollkommen die Zerstörung war.>[2]

Dieses Erlebnis prägte Ferlinghetti nachhaltig und ließ ihn zu einem engagierten Pazifisten und libertären Anarchisten werden. Nachdem er seinen Master of Arts an der Columbia University abgelegt hatte, ging er nach Paris und promovierte an der Sorbonne.

Er ließ sich schließlich in San Francisco nieder, ‹weil dies die einzige Großstadt in den USA ist, in der man einen anständigen, nicht allzu teuren Wein zu kaufen bekommt›[3].

In San Francisco gab er mit einem Freund, Peter Martin, eine literarische Zeitschrift heraus, die die beiden mit den Einnahmen aus dem Taschenbuchladen, eben dem City Lights Bookstore, zu finanzieren gedachten. Die Zeitschrift ging nach einem Jahr ein, aber die Buchhandlung, die zunächst tatsächlich ausschließlich Taschenbücher führte, lief gut und wurde zu einem Treffpunkt von Lesern und Literaten, nicht zuletzt, weil sie bis um Mitternacht geöffnet hatte.

In San Francisco lebten um diese Zeit mehrere zumindest bei Kennern bekannte Lyriker, die eine ganze Anzahl literarischer Aktivitäten ins Leben gerufen hatten, und es gab ein für moderne Lyrik aufgeschlossenes Publikum.

Am San Francisco State College leitete der Lyriker Robert Duncan einen Poetry Workshop. Duncan war an der Bay aufgewachsen, hatte aber während des Krieges im Osten gelebt. Er war dort mit der Gruppe am Black Mountain College verbunden gewesen. Seit Ende 1954 bestand das von Ruth Witt-Diamant gegründete San Francisco Poetry Center. Außerdem war die Studentenschaft von Berkeley an chinesischer und japanischer Lyrik interessiert.

Kenneth Rexroth, zuvor in Chicago ansässig, hatte sich schon in den zwanziger Jahren in der Stadt niedergelassen. Philip Lamantia, dem Ginsberg 1948 in New York begegnet war, konnte sich rühmen, von André Breton selbst als authentischer Surrealist bezeichnet worden zu sein. Gary Snyder und Philip Whalen praktizierten Zen-Buddhismus und wurden beide später während ihres Aufenthalts in Japan buddhistische Mönche.

Im Mai 1955 wird Ginsberg von der Werbeagentur entlassen beziehungsweise durch einen von der Firma erworbenen Computer ersetzt. Seine Freundin Sheila, von der er sich wegen Peter Orlovsky getrennt hat, verfolgt ihn mit eifersüchtigen Anklagen.

Nach seiner Kündigung kann Ginsberg sechs Monate lang 30 Dollar Arbeitslosenunterstützung beziehen. Im Juli 1954 schreibt er sich an der University of California in Berkeley ein, um seinen Master of Arts in Englisch nachzuholen.

An einem Nachmittag Anfang August sitzt er in einem großen Zimmer in der Montgomery Street an der Schreibmaschine. Er läßt sich schreibend von den Assoziationen leiten, die ihm durch den Kopf gehen, ohne sie durch den Verstand zu zensieren.

‹Ich stellte mir vor, ich würde ein Gedicht schreiben... einfach nur das hinschreiben, was mir gerade in den Sinn kam... ohne Furcht... meine Imagination treiben lassen... offenes Geheimnis, hingekritzelte magische Zeilen meines Bewußtseinszustandes, so, wie er tatsächlich aussieht... die Summe meines Lebens ziehen... etwas schreiben, das ich niemandem würde zeigen können, nur für meiner eigenen Seele Ohr geschrieben und für ein paar andere goldene Ohren.›[4]

Was entsteht, ist der erste Teil von *Howl (Geheul)*, das das berüchtigtste, bekannteste und vielleicht folgenreichste Gedicht in den USA in der zweiten Hälfte des 20. Jahrhunderts wurde.

In einer Serie von provozierenden Bildern der Verzweiflung, des Leids, des Schreckens und des Wahnsinns beschreibt es mit einer rücksichtslosen Offenheit und Anschaulichkeit die Außenseiterexistenz jener Gruppe von Menschen, unter denen Ginsberg in den letzten Jahren gelebt hat, und zu der auch Kerouac, Burroughs und Huncke gehören.

All diese engelhäuptigen Hipster suchen und vollziehen nach dem Vorbild Rimbauds ein Derangement der Sinne... sind auf der Suche nach spiritueller Klarheit oder befinden sich, um es mit einer Zeile von Blake auszudrücken, ‹auf dem Pfad des Exzesses zum Palast der Weisheit›:

‹...die einer Million Girls, zitternd in der Abendröte, die Mösen saftig kitzeln und am Morgen mit roten Augen noch bereit waren, auch der aufgehenden Sonne die Möse naßzumachen, indem sie ihr mit dem blanken Hintern winkten unter Scheunendächern und nackt im Teich, ... die nächtelang mit Schuhen voll Blut über die verschneiten Docks gingen und darauf warteten, daß sich im East River eine Tür auftat zu einem Raum voll Saunadampf und Opium…›[5]

Indem Ginsberg die Schreckensszenen aus dem Leben seiner Freunde evoziert, ergibt sich, ohne daß dies direkt ausgesprochen würde, die Frage: Wer ist für diesen Zustand der Welt und der Gesellschaft verantwortlich? Dies ist neben der rückhaltlosen Offenheit in der Darstellung auch tabuisierter Sexualität und der Drogensucht der stärkste jener Folge provokativer Stromstöße, die von dem Gedicht ausgehen.

Bezeichnend für die jüdische Tradition, in der Ginsberg mit seiner Lyrik steht, ist die Mischung aus Prophetie und Klage, die *Howl* innewohnt.

Wenn in Teil I die Zerstörung einer ganzen Generation beklagt wird – ‹Ich sah die besten Köpfe meiner Generation zerstört vom Wahnsinn, ausgemerkelt hysterisch nackt…›[6] –, so fragt der zweite Teil danach, wem diese Menschen geopfert werden. Die Antwort im Gedicht lautete: dem Moloch. In dieser Passage entwirft Ginsberg ein alptraumhaftes Bild der amerikanischen Gesellschaft der fünfziger Jahre, eines Überwachungsstaates voller Gewalttaten, Haß, Entfremdung, Schuld, Dummheit, Gier, Unterdrückung und Ausbeutung. Die Fratze des Molochs grinst dem Dichter aus Fabriken, Hochhäusern und Waffenarsenalen entgegen. Zur Moloch-Metapher wird Ginsberg auch durch Fritz Langs Film *Metropolis* angeregt.

Der dritte Teil schließlich ist eine hymnische Solidaritätserklärung an Carl Solomon, seinen ehemaligen Mitgefangenen in der Nervenklinik, die sich zu einer Seligpreisung des für wahnsinnig Erklärten steigert:

‹… die Seele ist unschuldig und unsterblich, man darf sie nicht elend sterben lassen in einem gepanzerten Irrenhaus…›[7]

Etwas später geschrieben ist das ‹Sanctus› zu *Howl*, das man als eine Art zeitgenössischer Messe auffassen kann. In *Fußnote zum Geheul* schließlich wird alles, auch die Unheiligen, Verdorbenen, ‹die schrecklichen Engel in Menschengestalt›, ‹die Schwänze der Großväter aus Kansas›, ‹das riesige Lamm der Mittelschicht› sowie ‹die namenlosen geschundenen und leidenden Bettler›[8], für heilig erklärt. Heilig: das heißt hier: menschlich, der Heilserfahrung bedürftig, offen, die Erlösung erwartend. Soweit eine knappe, interpretierende Inhaltsangabe von *Howl*.

Im Oktober 1955 kommt Kerouac nach San Francisco getrampt. Allen bewohnt unterdessen ein hübsches reetgedecktes Haus in Berkeley, er wirft häufig Benzedrin ein und hört die *Matthäuspassion*. Im Gespräch mit Jack Kerouac, Philip Whalen und Gary Snyder entsteht der Plan zu einer Lesung, an der fünf Lyriker teilnehmen sollen: Allen Ginsberg, Michael McClure, Gary Snyder, Philip Whalen und Philip Lamantia.

Als Zeremonienmeister wirbt die Gruppe Kenneth Rexroth an, der sich für das Ereignis extra einen Cutaway kauft. Ginsberg selbst entwirft die Einladung mit dem Text ‹Sechs Poeten in der Six Gallery. Kenneth Rexroth M. C. Bemerkenswerte Versammlung von Engeln an ein und demselben Ort. Wein, Musik, Tanzmädchen, seriöse Lyrik, freies Satori[9]. Kleiner Unkostenbeitrag für Wein und Einladungen erbeten. Charmantes Ereignis.›[10]

An diesem 13. Oktober 1955 füllen über hundert Besucher den engen Raum der Six Gallery, einer ehemaligen Autoreparaturwerkstatt.

Kerouac hat sich geweigert zu lesen, weil er zu schüchtern ist. Er holt ständig Wein und schenkt ihn an Publikum und Vortragende aus. Nach Rexroths kurzer Einführung liest zunächst Lamantia Gedichte des in Mexico City – wie man munkelt – an einer Überdosis Peyote gestorbenen John Hoffman. Es folgt Michael McClure, darauf Philip Whalen, Gary Snyder und Lamantia.

Das alles in den Schatten stellende Ereignis aber ist nach einer kurzen Pause um 22.30 Uhr Allens Lesung aus *Howl*. Leicht betrunken, in seiner Intonation an einen jüdischen Kantor erinnernd, reißt Ginsberg das Publikum, das die Bedeutung des Textes offenbar spontan begreift, zu Begeisterungsstürmen hin. Kerouac treibt den Freund mit ‹Go, man, go!›-Rufen zwischen den Langzeilen des Gedichts an; Rexroth sitzt da mit Tränen in den Augen. Auch unter den Kollegen herrscht kein Zweifel, daß sie der Geburt eines Meisterwerks beigewohnt haben, das die Grundstimmung ihrer Generation ausdrückt. Kerouac sagt zu

Ginsberg: ‹Dieses Gedicht wird dich in San Francisco berühmt machen.› Rexroth: ‹Was heißt in San Francisco... von Brücke zu Brücke. Im Ganzen Land.›

Ferlinghetti, von der Lesung heimgekehrt, schickt Ginsberg ein Telegramm, das im Anklang an eine Nachricht von Ralph Waldo Emerson an Whitman lautet: ‹Ich grüße Sie am Beginn einer großen Karriere. Wann bekomme ich das Manuskript, um es zu drucken?›[11]

Howl, das als Nummer vier der Pocket Poets Series erscheint, ist in England gedruckt worden. Die Bände kommen zunächst anstandslos durch den Zoll, und der City Lights Bookstore beginnt im Herbst 1956 mit dem Verkauf. Am 25. März 1957 wird die zweite Auflage (520 Exemplare) von den Zollbehörden beschlagnahmt. Am 21. Mai 1957 betreten zwei Polizeibeamte im Auftrag der Jugendschutzbehörde die Buchhandlung und kaufen ein Exemplar. Danach erwirken die Beamten Strafbefehle gegen Lawrence Ferlinghetti als Verleger des Buches und gegen Shegeyoshi Murao, den Geschäftsführer der Buchhandlung, als dessen Verkäufer.

Murao wird verhaftet, in das Justizgebäude gebracht, dort erkennungsdienstlich behandelt und dann in eine Ausnüchterungszelle gesperrt. Zwei Stunden später setzen Anwälte der American Civil Liberties Union seine Freilassung gegen Kaution durch.

Auch Ferlinghetti nimmt man Fingerabdrücke ab, und man macht Fotos von ihm für die Verbrecherkartei, aber er bleibt auf freiem Fuß.

Es kommt zu einem Prozeß, nachdem die ACLU erklärt hat, das Buch sei nicht obszön.

Der Staatsanwalt verfügt die Freigabe der durch die Zollbehörden beschlagnahmten Exemplare.

Die Polizeibehörde kontert mit einer Anzeige wegen Verbreitung obszöner Schriften.

Am 22. August 1957 kommt es zu der mit Spannung erwarteten Verhandlung. Verteidiger der Angeklagten ist einer der besten Anwälte auf diesem Gebiet der Rechtsprechung, J. W. K. Ehrlich. Er beruft sich in seinem Plädoyer auf das 1. Amendment zur Verfassung der USA, das das Recht auf Freiheit der Rede und der Presse garantiert. Die literarischen Kreise von San Francisco und bedeutende liberale Publizisten im ganzen Land verteidigen den Text des Gedichts, das auf Reaktionäre freilich wie ein rotes Tuch wirkt.

Eindrucksvoll und auf den Prozeßverlauf gewiß nicht ohne Wirkung ist der Tenor der Einführung zu *Howl* von William Carlos Williams, in der es heißt: ‹Wir sind blind und leben unser blindes Leben in Blindheit zu Ende. Dichter sind verdammt, aber sie sind nicht blind – sie sehen mit den Augen der Engel. Dieser Dichter sieht durch all das Grauenhafte, das er durchmacht, und betrachtet es von allen Seiten in den sehr intimen Mitteilungen seines Gedichts. Er geht keiner Erfahrung aus dem Weg, sondern durchlebt sie bis zum Äußersten... Nehmen Sie die Säume Ihrer Gewänder hoch, meine Damen, wir gehen durch die Hölle.›[12]

Im Oktober 1957 erklärt der Richter W. J. Clayton Horn *Howl* für nicht obszön. Er geht dabei von dem zu geltendem Recht gewordenen Grundsatz aus, daß ein Buch nur dann als obszön angesehen werden kann, wenn sein Inhalt ohne soziale Bedeutung ist. Wörtlich heißt es in Horns Urteilsbegründung: ‹Ich bin fest davon überzeugt, daß *Howl* soziale Bedeutung besitzt. Der erste Teil entwirft das Bild einer alptraumhaften Welt, der zweite Teil ist eine Anklage gegen jene Elemente der modernen Gesellschaft, die die besten Eigenschaften des Menschen zerstören – als solche werden vor allem genannt Materialismus, Konformismus und Mechanisierung, die alle zum Krieg führen... das Thema von *Howl* sind unorthodoxe und kontroverse Ideen.›[13]

Die Anklage und der Prozeß erweisen sich als die beste kostenlose Reklame, die sich Autor und Verleger wünschen können. Nach dem Freispruch ist das Buch in 10000 Exemplaren in den USA verbreitet.

Die Lesung und der Prozeß um *Howl* sind Ereignisse, die auch den Weg für die Werke Jack Kerouacs und anderer Autoren aus dem Kreis der San Francisco Poets ebnen.

Ob es die Beteiligten wollten oder nicht: plötzlich ist die Beat Generation geboren. Zwar behauptet Ginsberg:

‹Wir sind Freunde, aber keine organisierte literarische Bewegung›[14], und diese Behauptung trifft auch zu, doch erscheint schon bald ein Artikel über die Beat Generation mit einem romantischen Foto von Jack Kerouac in *Mademoiselle*, ein deutlicher Hinweis darauf, daß die Mainstream-Kultur die Beat-Autoren nicht mehr übersehen kann und sich anschickt, sie trotz aller Vorbehalte als zeitmodisch auf den Schild zu heben und auszubeuten.

Die literarische Kritik rümpft die Nase über die Direktheit und Offenheit, in der hier Sexualität dargestellt und Süchte als ein geradezu selbstverständliches Phänomen betrachtet werden, sie bezichtigt die Beat-Autoren der ‹Primitivität›, empört sich über die Schmähung der dem Durchschnittsbürger in der Eisenhower-Ära heiligen Werte.

Kaum erörtert wird die politische Komponente, die freilich in den Texten zugegebenermaßen verdeckt vorhanden ist, deren sich zumindest Ginsberg aber durchaus bewußt ist. Er sagt dazu:

‹Der Grund, weshalb ich mich mit Rexroth und Duncan und der alten San Francisco Renaissance verbinden wollte, war einfach der, daß wir dieselben politischen Ansichten hatten, die auf einem philosophischen Anarchismus basierten. Ich fand, es sei dringend nötig für die Dichter, eine vereinte Phalanx zu gründen… Weil für mich Williams' «offene Form» auch eine Offenheit des Bewußtseins bedeutete, ging es mir nicht darum, Verbindungen herzustellen und meine Freunde zu lancieren, meine Pläne zielten weiter.›[15]

Enttäuschend verläuft der Abend in der Six Gallery für Neal Cassady. Er ist in seiner Eisenbahneruniform mit Schaffnerweste und Taschenuhr erschienen, zunächst strahlend und stolz.

In *Howl* wird er als ‹geheimer Held dieser Gedichte, Bumser und Adonis von Denver› ausdrücklich erwähnt. [16]

Dennoch kommt er sich an dem Abend einsam und isoliert vor. Er ruft Peter Orlovsky zu: ‹Bitte, stell dich hier neben mich.› Und als dieser ihn fragt: ‹Ja, aber warum denn?›, ist die Antwort: ‹Ach, ich kenne doch hier keine Menschenseele!›

‹Obwohl er ihre Muse war›, schreibt sein Biograph, ‹ist Cassady kein integraler Teil der Beat-Bewegung, als diese ihren lautstarken Anspruch auf nationale Aufmerksamkeit anmeldet.›[17]

Zen-Brüder **4**

(1956–1957) **Kerouac—Gary Snyder**

> Is it all lost? Was it ever real?
> A world where men and women,
> trees, grasses, animals, the wind —
> were at ease with each other's song.
> *Gary Snyder*[1]

Gary Snyder, Poet, *mountain man*, Buddhist mit anarchistischen Tendenzen, ‹verschworen der Einsamkeit und rein und aufrichtig gegenüber sich selbst zu leben›, muß schon damals ein Mensch gewesen sein, der andere in Erstaunen versetzte.

Snyder, fünfundzwanzigjährig bei der Begegnung mit Jack in Berkeley vor der Lesung in der Six Gallery, hat Chinesisch und Japanisch studiert und einen Gedichtband mit dem Titel *Rip-Rap* veröffentlicht, der ihn vor allem unter Naturfreunden rasch bekannt gemacht hat. Er steht im Forstdienst als Radikaler auf der schwarzen Liste. Er kennt Jacks Text *Jazz der Beat Generation*, der kurz zuvor in *New World Writing* erschienen ist, und hat selbst die sogenannten *Gedichte vom Kalten Gebirge* des Chinesen Han-Shan (700–780), eines Zeitgenossen von Tu-Fu und Li-Tei-Po, übersetzt. Er bereitet sich auf einen Aufenthalt in einem Kloster in Japan vor. Er hört Jack Gedichte aus *Mexico City Blues* lesen. Während des Besuchs diskutieren Allen und Gary über Ezra Pound, den Jack erst im Jahr zuvor für sich entdeckt hat.

Alan W. Watts — selbst praktizierender Buddhist und Kritiker einer modischen Buddhismus-Begeisterung, wie sie damals an der Westküste zu grassieren beginnt — schildert Kerouacs neuen Freund so: ‹Snyder ist im besten Sinn des Wortes ein Vagabund. Sein Lebensstil ist eine bedachtsame individualistische Abweichung von all dem, was man von einem guten Konsumenten erwartet. Sein gegenwärtiges Zuhause ist ein kleiner Schuppen ohne Wasserleitung und elektrisches Licht in Mill-Valley am Ende eines steilen Pfades. Wenn er Geld braucht, fährt er zur See oder arbeitet als Feuerwächter oder Holzfäller. Sonst bleibt er daheim, geht bergsteigen, schreibt, studiert und praktiziert Zen.›[2]

Dem Vorbild Han-Shans folgend, nimmt Gary seinen Freund John Montgomery, einen Bibliothekar, und Jack Kerouac Ende Oktober 1957 zu einer Gebirgstour in den Yosemite Park mit.

Zur Einstimmung vor dem Betreten der Gebirgseinsamkeit zeichnet Gary ein Mandala, um so das Bewußtsein seiner Freunde zu beruhigen.

‹Als Dichter›, erklärt Snyder seinen Freunden während des Aufenthalts in der Bergeinsamkeit, ‹stehe ich ein für die archaischen Werte auf der Erde. Sie wurden entdeckt in der späten Steinzeit: die Fruchtbarkeit des Bodens, die Magie der Tiere, die kraftspendenden Visionen in der Einsamkeit, die erschreckende Initiation und die Wiedergeburt, die Liebe und die Ekstase des Tanzes, das gemeinsame Werk des Stammes. Ich versuche, Geschichte und Wildnis in meinem Bewußtsein zu erhalten, womit meine Gedichte sich dem wahren Maß der Dinge annähern und zeugen gegen das Ungleichgewicht und die Dummheit unserer Zeit.›[3]

Auf Kerouac, der sich im Westen für Henry Thoreau und sein Leben in den Wäldern Neuenglands begeistert hat, wirken solche Vorstellungen sehr sympathisch und inspirierend.

Zwei Assoziationen hat Kerouac im Umgang mit Snyder. Die eine betrifft eine Haltung, eine Lebensweise, der er nacheifern möchte: ‹Ich war ein Bhikku aus alter Zeit in modernen Kleidern, der durch die Welt wandert, gewöhnlich auf dem gewaltigen dreieckigen Weg von New York nach Mexico City und von dort nach San Francisco, um so das Rad der Wahren Lehre, das Dharma, zu bewegen und für mich das Verdienst zu erwerben, einmal ein Buddha (ein Erleuchteter) zu werden und also ein zukünftiger Held im Paradies. Ich hatte Japhy Ryder noch nicht getroffen, das geschah erst eine Woche später, hatte auch noch nichts von den ‹Dharma-Bums› gehört und war doch schon zu dieser Zeit einer und betrachtete mich als einen religiösen Wanderer.›[4]

Die zweite Assoziation ist die der ‹Rucksack-Revolution›, welche mit den Wünschen der ‹Aussteiger› unserer Tage weitgehend übereinstimmt.

Ray (Jack) überlegt, was er Japhy (Gary) alles verdankt, und erwähnt dabei: ‹Ich werde von ihm alles lernen, was man wissen muß, um Rucksäcke zu packen, und wie man in diesen Gebirgen überlebt und sich versteckt, wenn man die Zivilisation satt hat.›[5]

Gewiß handelt es sich hier nicht um eine Gruppe von Leuten, die ihre Haltung politisch begreifen, sondern sich zurückziehen will auf eine Insel in möglichst idyllischer, noch unberührter Natur, wo ein einfaches Leben noch möglich ist: ‹Dharma Bums weigern sich, die allgemeine Forderung zu unterschreiben, daß man die Produktion konsumieren und für das Privileg des Konsums arbeiten müsse, all diesen Dreck wollen sie ohnehin nicht, diese Eisschränke, Fernseher, Autos, jedenfalls keine neuen modischen Wagen, bestimmte Haaröle oder Deodorante, all diesen Scheiß, den man eine Woche später ohnehin auf der Müllhalde wiederfindet, alle sind eingespannt in ein System von Arbeiten, Produzieren, Konsumieren, Arbeiten, Produzieren, Konsumieren. Ich habe die Vision einer großen Rucksack-Revolution; Tausende, ja Millionen junger Amerikaner wandern hinauf ins Gebirge, um zu beten, die Kinder lachen, die alten Leute sind froh, die jungen Mädchen sind glücklich, die alten Mädchen glücklicher, alles Zen-Verrückte…›[6]

Natürlich hat eine solche Vision in einer Gegend wie Kalifornien, wo ewig schönes Wetter herrscht, eine durchaus reale Dimension, wie es auch kein Zufall ist, daß eine Generation später die ersten Autoren einer grünen Utopie in den USA sich vorstellen, daß die Gegengesellschaft gerade im Westen entstehen werde.[7]

In San Francisco erhält Kerouac einen Brief seines Lektors Malcolm Cowley aus New York, in dem dieser ihm versichert, *On the Road* werde nun bald erscheinen. Einen Vertrag aber hat Jack immer noch nicht in der Hand, er beginnt aber schon von einer Verfilmung des Buches mit Marlon Brando als Neal und Cliff Montgomery als Sal Paradise zu phantasieren.

Nach Weihnachten beginnt er in Rock Mountain, North Carolina, mit der Niederschrift von *Visions of Gerard*, einer Art Heiligenlegende über das Leben seines als Kind gestorbenen Bruders. Daß er gerade jetzt wieder zu diesen Erinnerungen zurückkehrt, mag mit der Erschütterung über Natalie Jacksons Selbstmord am 30. November in San Francisco zu tun haben. Er unterbricht die Arbeit am Manuskript im Januar für eine kurze Sause nach New York.

Nach North Carolina zurückgekehrt, findet er einen Brief mit der Zusage für einen Job als Feuerwächter in den Desolation

Mountains im Mount Baker National Park, Washington State, vor, bei dem er 500 Dollar verdienen kann.

Im März besucht Jack Gary Snyder in Mill Valley bei San Francisco. Daheim ist er wegen seines neuen Glaubens viel gehänselt und von Mémère gescholten worden. Hier ist er unter Gleichgesinnten. Er hackt Holz, meditiert Koane und läßt sich von Gary Geschichten über den indianischen Eulenspiegel, den Coyoten, erzählen. Er schreibt an einem Gedicht vieler Stimmen, die bei Nacht aus dem Universum hereinwehen.

Ein zweiter Text, der in Garys Zen-Hütte entsteht, heißt *The Scripture of Golden Eternity*[8], ein religiöses Traktat, das an die *Diamanten-Sutra* anknüpft und deren Begriff der ‹Leere› durch den der ‹Goldenen Ewigkeit› ersetzt.

Eines Tages, als Jack im Garten den Duft der Blumen einatmet, wird er für einen Augenblick bewußtlos und erlebt dabei eben jenen Zustand, den er Goldene Ewigkeit nennt. Am 15. Mai fährt Gary mit einem Handelsschiff nach Japan ab, wo er als Novize in das Daitoku-Kloster eintreten wird. Jack unternimmt am Tag seiner Abreise mit dem Lyriker Robert Creeley eine Sauftour, bei der sie in eine Wirtshausschlägerei verwickelt werden. Jack verteidigt seinen Kollegen tapfer, um ihn dann in einem Fußmarsch über fünfzehn Meilen heimzubringen.

Creeley ist eben mit Rexroths Ehefrau Martha durchgebrannt. Jacks gute Beziehungen zu ihrem Liebhaber bleiben nicht ohne Einfluß auf Rexroths spätere Urteile über Kerouacs Bücher.

Danach trampt Kerouac von San Francisco zu der Rangerstation Marblemount im Bundesstaat Washington, etwa hundert Meilen von Seattle entfernt. Ein Ranger begleitet ihn, die Vorräte auf ein Pferd gepackt, bei dem Aufstieg über sechs Meilen zum Ausguck auf der Höhe des Gebirges.

Jack befindet sich hier in einer der einsamsten Gegenden der gesamten USA. In den zwei Monaten als Feuerwächter auf dem Berg lernt er, was Einsamkeit bedeutet. Er hat nicht mehr zu tun, als nach möglichen Waldbränden Ausschau zu halten und für sich zu kochen. Er liest abwechselnd Shakespeare und Wildwestromane, singt Frank-Sinatra-Songs und hört, wie seine Kollegen über Kurzwelle zum Zeitvertreib Wetten abschließen.

Bald plagen ihn Langeweile und Tagträume.

Er versucht, sich den Anblick des Mount Hozomeen als den des

Nichts zu suggerieren, aber weit größer ist sein Verlangen nach einer üppigen mexikanischen Nutte und heißem Wasser. Dann kommt schlechtes Wetter auf; Regen macht ein weiteres Ausharren auf dem Beobachtungsposten überflüssig.[9]

Mit dem Bus fährt Jack nach San Francisco, wo er Mitte September 1956 ankommt.

Viking hat immer noch keinen Vertrag für *On the Road* geschickt. Jack droht jetzt, das Manuskript zurückzuziehen.

Ginsberg hat etwas Geld als Matrose auf einem Frachtdampfer verdient. Am 9. Juni 1955 ist seine Mutter Naomi gestorben. Ihr Begräbnis bleibt für Allen eine bedrückende Erinnerung. Nicht einmal die für das förmliche Totengebet notwendigen zehn Juden haben sie auf ihrem letzten Weg begleitet.

Jack fährt weiter nach Mexico City, er will dort das Manuskript über die Reisen der letzten Jahre beginnen, das später unter dem Titel *Passing Through (Desolation Angels)* veröffentlicht werden wird. Seine alte Freundin Esperanza Villanueva, das Vorbild zu *Tristessa*, hat durch den ständigen Genuß harter Drogen ihre einstige Schönheit völlig eingebüßt. Sie vegetiert als ein menschliches Wrack dahin, dessen Anblick bei Jack Schuldgefühle auslöst. Später im Herbst stoßen Allen, Peter, dessen Bruder Lafcadio und Gregory Corso in Mexico City dazu. Sie lernen den alten Kleiderdieb und Weggefährten von Bill Burroughs, Garver, kennen, der Allen gleich zur Begrüßung einen Schuß Morphium setzt. Corso hat eine produktive Phase. Seine Gedichte sollen bald in Ferlinghettis City Lights Books herauskommen. Peter holt sich bei den Huren in der ‹Straße des Ekels› eine schmerzhafte Gonorrhöe, der Corso nur dadurch entgeht, daß er sich nach einem Anfall von Depression an diesem Tage zeitiger als gewöhnlich ins Hotel verkrochen hatte. Anfang Dezember sind sie alle nach einer wahnwitzigen Tour mit einem Auto, in das sie sich zu sechst hineingequetscht haben, wieder in New York.

Sechs Jahre sind seit der Niederschrift von *On the Road* vergangen, als Viking mitteilt, das Buch werde im September 1957 erscheinen, und endlich einen Vertrag schickt. Dieser sieht einen Vorschuß von 1000 Dollar vor, zahlbar in monatlichen Raten von 100 Dollar. Gewisse redaktionelle Eingriffe des Verlages in das Manuskript sind nicht zu leugnen, doch kann von einer ‹Entmannung› des ursprünglichen Textes aus dem Jahr 1951 keine

Rede sein. Cowley hat lediglich auf eine gewisse Konzentration gedrungen, hier einen Satz, dort ein paar Worte gestrichen, den Text mit einer konventionellen Zeichensetzung versehen und Abschweifungen weggelassen. Er selbst berichtet darüber:

‹On the Road war gute Prosa. Ich machte mir wegen des Stils keine Sorgen. Was mir Sorgen bereitete, war die Struktur des Buches. Es schien mir, daß die Geschichte in der ursprünglichen Fassung über die Landmasse der USA hin- und herschwang wie ein Pendel. Deshalb riet ich Jack: «Warum nicht einige dieser Episoden zusammenfassen, damit der Held nicht so oft hin- und hersaust und der Erzählfluß des Buches schneller wird.» Nun, Jack tat etwas, was er später nie zugeben mochte. Er nahm einen Gutteil der Revisionen selbst vor, und er machte das ausgezeichnet. Aber das hätte er nie zugegeben, weil seine Vorstellung war, der Stoff müsse wie Zahnpasta aus der Tube herausflutschen und nichts dürfe verändert werden. Jedes Wort, so wie es aus der Maschine kam, war heilig. In Wirklichkeit schrieb er sehr wohl um, und er machte seine Sache gut.›[10]

Das Weihnachtsfest verbringt Kerouac bei seiner Mutter in Orlando, Florida. Er verspricht ihr, nach Erscheinen von On the Road ein Haus zu kaufen.

Ginsberg entfacht in Manhattan einen wilden Reklamewirbel für die Beat Generation. In Life und in der Village Voice erscheinen Berichte und Fotos über die Gruppe. Kerouac läßt sich eher zögerlich einspannen. Aus einem Hotel schreibt er an seine Ex-frau Edie Parker, die er seit 1949 nicht mehr gesehen hat, er wolle der Realität entkommen und in Einfachheit eintauchen. Das sei schwierig, denn wo immer er sich auch verberge, Ginsberg wisse ihn aufzuspüren. ‹Ich kann nicht Schritt halten mit der heftigen Jagd nach Berühmtheit, auf der er sich befindet.›[11]

Zwei kurzfristige Affären scheitern an den Vorbehalten, die Jack schon bei früheren Beziehungen gemacht hat: Eine Frau ist vor allem dazu da, für ihn zu sorgen, er will das enge Verhältnis zu seiner Mutter nicht aufgeben. Er will keine Kinder, denn er ist davon überzeugt, früh zu sterben – Ansichten, die kaum eine Frau zu einer festen Bindung verlocken können.

Jack beschließt, Burroughs in Tanger zu besuchen. Das Geld für die Überfahrt (200 Dollar) leiht er sich von Allen Ginsberg. Am 15. Februar 1957 geht Kerouac an Bord eines jugoslawischen

Frachters. In einem ausführlichen Brief an John Clellon Holmes schreibt er: ‹...All mein Buddhismus versank in einem Anfall grüner Angst, doch sah ich einen weißen Schein über der wütenden See, das heißt eine Vision der ewigen Zusicherung, daß Gottes schneeweiße Arme uns sicher aufnehmen würden, ein persönlicher Gott, wirst Du sagen, ich weiß nicht, aber jetzt bin ich ja in Sicherheit in diesem alten Schlafzimmer hier und muß logischerweise der Lankavatar-Behauptung zustimmen, die besagt, daß es nichts auf der Welt gibt außer dem Geist. Geist ist dabei großgeschrieben und man kann dafür wohl auch Gott einsetzen, oder, wie ich es tue, die «Goldene Ewigkeit des Geistes Gottes». – Jedenfalls flaute der Sturm schließlich ab, und die Jugos ließen ihre kleinen Schiffskatzen heraus, so daß im Mondlicht acht einander gegenübersaßen, ganz friedlich, und der Mond geht auf über dem Meer und bald schon sind wir in Afrika, und eines Nachmittags sehen wir dann die kleine weiße Stadt Tanger, eingehüllt in blauen Dunst...›[12]

Dieser Briefausschnitt führt wieder zu der Frage, was eigentlich von Kerouacs Buddhismus zu halten sei. Gertrude Betz kommt in ihrer Untersuchung ‹Die Beat Generation als literarische und soziale Bewegung› im Zusammenhang zu der Feststellung: ‹Für Kerouac markiert [*Dharma Bums*] den Anfang einer Phase, die – beschränkt auf die *Road Novels* und den Gedichtband *Mexico City Blues* – seine Auseinandersetzung mit dem Mahayana- und Zen-Buddhismus als eine Art der Identitätsfindung erklärt. Diese Auseinandersetzung wird wieder absorbiert von der starken katholischen Tradition seiner Familie, in die er resigniert und haltlos zurückfällt, ohne die Kraft des Glaubens [...]. Kerouac hat den Buddhismus zweifellos – möglicherweise unbewußt – als Therapie gesucht. Seine Abhängigkeit von verbaler Vermittlung und Bestätigung muß als Grund für den Mißerfolg dieser «Therapie» angesehen werden, denn nur in dem Maße könne er weiterleben, -schreiben, als seine *Legend of Duluoz* nicht in einem Dharma, einem *satori*, einem Buddha-Schweigen abschließbar wurde: sein Schreiben ist von Anfang an auch ein Reden gegen den Tod als die Steigerung der Isolation und Ohnmacht, ein Reden für eine Erlösung im christlichen Sinn›[13] – eine Feststellung, die nicht zuletzt durch die Äußerung Kerouacs in dem Brief an Holmes bestätigt wird.

Tanger-Connection II 5

> In the magical universe there are no
> coincidences and there are no accidents.
> Nothing happens unless someone wants it
> to happen. The dogma of science is that
> the will cannot possibly affect external
> forces, and I think that's just ridiculous.
> It's as bad as the church. My viewpoint is
> the exact contrary of the scientific
> viewpoint. I believe that if you run into
> somebody in the street it's for a reason.
> Among primitive people they say if
> someone was bitten by a snake he was
> murdered. I believe that.
>
> *William Burroughs* [1]

In Tanger bedenkt Burroughs seine Situation. Eine Fähigkeit, die ihn nie verlassen hat, ist die zu schonungsloser Selbstanalyse. Er hat in letzter Zeit häufiger das Verlangen verspürt zu schreiben. Teile eines Manuskripts sind entstanden. Aber er weiß auch: So lange er seiner Drogenabhängigkeit nicht Herr wird, kann er die Anstrengung zu einer längeren Arbeit nicht aufbringen. Und seine Sucht hat ihn an den Rand der völligen Apathie geführt. Immer öfter liegt er tagträumend im Vollrausch oder gepeinigt vom Entzug im Bett. Er ist zum Sklaven der synthetischen Drogen geworden.

‹Ich fand diesen Impfstoff am Ende der Opiatenstraße. Damals lebte ich in einem Zimmer im Eingeborenenviertel. Ein Jahr lang hatte ich kein Bad mehr genommen, meine Kleider weder gewechselt noch ausgezogen, außer um stündlich eine Nadel in das Fleisch, fasrig, grau und hölzern im Endstadium der Sucht, zu schieben.›[2]

Im Zimmer türmten sich Ampullenschachteln und Abfall bis an die Decke, Licht und Wasser hat man ihm längst abgestellt, weil er die Rechnung nicht bezahlt hat.

‹Ich tat absolut nichts. Acht Stunden konnte ich die Spitze meiner Schuhe betrachten. Zu einer Handlung raffte ich mich nur auf, wenn das Stundenglas auslief.

Wenn mich ein Freund besuchte, aber das kam seltener vor, denn wen oder was gab es da noch zu besuchen, saß ich da, und es berührte mich nicht, daß er in mein Gesichtsfeld trat, ein grauer Schirm, der immer leerer und matter wurde; es berührte mich nicht, wenn er mich wieder verließ. Wäre er auf der Stelle gestorben, hätte ich weiter dagesessen, meine Schuhe angesehen und darauf gelauert, seine Taschen zu durchsuchen.›[3]

Er gesteht sich ein, daß er dem Ende nahe ist. Er ist physisch und psychisch ein Wrack geworden, ein Gespenst.

Nicht selten hat er das Gefühl, im nächsten Augenblick zu Staub zu zerfallen, den der geringste Luftzug fortwehen könnte. Im Mai 1956 hat er sich einer Schlafkur von zwei Wochen unterzogen. Man hat ihm dabei Barbiturate, Chlorhydrate und Thorazine gegeben. Er hat dreißig Pfund abgenommen. Sein Schlafrhythmus ist völlig durcheinandergeraten. Er hat, obwohl ihm ein solches Vorgehen ziemlich sinnlos erschien, die Kur zu Ende gebracht. Seinen Zustand beschreibt er in einem Brief an Ginsberg:

‹Alles wirkt verändert, scharf und klar, als wäre es frisch abgespült. Sinneseindrücke treffen mich wie Leuchtspurgeschosse. Habe ein sehr intensives, aufbauendes Gefühl und gleichzeitig einen Schwächezustand, als könnte ich mich nur hier erhalten in diesem teigigen toten Fleisch, von dem ich seit Beginn der Sucht weg war. (Ein Gefühl, als käme ich nach Jahren aus einem KZ zurück.) Kein Sex. Kein Hunger. Bin einfach noch nicht richtig lebendig, aber ich fühle mich wie noch nie... Junk ist Tod. Will ihn nie mehr sehen oder nehmen oder damit handeln. So wie ich mich jetzt fühle, würde ich eher Lotteriescheine verkaufen, als mich nochmals auf das Business einzulassen.›[4]

Zwei Wochen später wird er von einer schmerzhaften Neuralgie im Rücken heimgesucht. Er hat wieder begonnen, Demerol zu spritzen. Alle Tricks, kein Rauschgift mehr zu kaufen – beispielsweise Kiki aufzufordern, seine Kleider zu verstecken oder wegzuschließen, damit er nicht ausgehen kann –, haben nicht verfangen. Das Verlangen hat sich jedesmal als stärker erwiesen als der von Vernunft gesteuerte Wille.

Anfang 1956 hört er von einem Arzt in London, der gute Erfolge bei der Behandlung Süchtiger erzielt hat. Er erbittet und bekommt von seinen Eltern 500 Dollar. Ehe das amerikanische Konsulat bereit ist, seinen Paß zu erneuern, deutet man diskret an, er möge doch bitte vor seiner Abreise die Schulden, die er hier und dort hat, begleichen.

Die Behandlungsmethode von Dr. John Dent in London geht davon aus, daß Drogensucht ein Problem im Stoffwechsel des Süchtigen darstellt. Er behandelt seine Patienten mit Apomorphin, einem Morphiumderivat. Es stimuliert das Kleinhirn und wirkt regulierend auf den Stoffwechsel. Dr. Dent läßt dem Süchtigen bei der Behandlung ein ungewöhnlich hohes Maß an Zuwendung zuteil werden. Deswegen kann er in seine Privatklinik nicht mehr als zwei Patienten gleichzeitig aufnehmen.

Die Behandlung beginnt mit 1,5 Gran Apomorphin, die innerhalb von zwei Minuten zum Erbrechen führen. Die Dosis wird dann auf 1/20 Gran abgesenkt, die man über sechs Tage hin alle zwei Stunden, Tag wie Nacht, spritzt. Gleichzeitig erhält Burroughs Morphium, ebenfalls in absinkenden Dosierungen, zunächst ein Viertel Gran alle sechs Stunden, später ein Achtel. Nach sechs Tagen erfolgen die Apomorphininjektionen nur noch alle vier Stunden. Morphium wird jetzt nur noch alle zwölf Stunden gespritzt. ‹Die gesamte Behandlung›, berichtet Ted Morgan, ‹zog sich über vierzehn Tage hin, und während der ersten vier Tage und Nächte schlief Burroughs überhaupt nicht. Es wurden aber auch keine Sedativa oder Schlafmittel benutzt. «Sie werden schlafen, wenn Ihr Körper zum Schlaf bereit ist», sagte Dr. Dent. Es war ziemlich schlimm, aber Dent kam auch jede Nacht um zwei Uhr nach Burroughs sehen und blieb bis fünf bei ihm. In dieser Zeit führten sie meist lange Gespräche über die Mayas. Diesmal, so schwor sich Burroughs, würde es keinen Rückfall geben, er würde weder Schmerzmittel nehmen noch Kodein oder Demerol. Dr. Dent gab ihm drei Röhrchen mit Apomorphin für Notfälle mit. Es stellte sich heraus, daß dies die erfolgreichste Behandlung war, der er sich je unterzogen hatte; über mehrere Jahre hin brauchte er keine Drogen mehr.›[5]

Als er von London nach Tanger zurückgekehrt ist, bessern sich seine Beziehungen zu seinem Kollegen Bowles, und mit dem Manuskript, das *Interzone* heißt, kommt er voran:

‹Ich habe den Prolog von *Interzone* – etwa fünfzig Seiten – in ein paar Wochen fertig… ich schreibe jetzt nicht mehr über *Interzone*, ich schreibe *Interzone* wirklich und wahrhaftig›, teilt er Ginsberg mit.[6]

Seine Einfälle werden immer bizarrer:

‹Das Ende ist, daß sie beim Feuerwerk am 4. Juli eine Atombombe zünden und die Erde zerstören.›[7]

Alles hat sich bereits über einen Punkt hinaus entwickelt, nach dem man nur noch mit Hohn, Blasphemie, Sarkasmus und Herabwürdigung reagieren kann.

Auf den Fremdenhaß der arabischen Unabhängigkeitsbewegung reagiert Burroughs beispielsweise so: ‹Ich rufe hiermit zum allgemeinen Massaker auf, jeder gegen jeden, ich meine, es sollte einmal pro Jahr einen Dschihad-Tag geben. Die Polizei bleibt weltweit von der Straße… sämtliche Grenzen offen… keine Feuerwaffen, nur Messer, Knüppel, Schlagringe und ähnliches Zeug. Möglicherweise werde ich mich beim Dschihad genötigt sehen, «Tod den amerikanischen Tunten!» zu schreien und Dave W. den Kopf abzuschlagen. Wenn ein Pavian von einem stärkeren angegriffen wird, organisiert er eine Attacke auf noch schwächere Artgenossen – und wer bin ich, daß ich unser glorreiches äffisches Erbe verleugne?›[8]

Er ist aus der muffigen Bude in der Medina in die Villa Mouneria umgezogen, eine Pension hoch über der vom Hafen bis zum Cap Malabata sich erstreckende Bucht… mit dem weiten Sandstrand, wo von morgens bis abends Hunderte von sonnengebräunten Jungen Fußball spielen.

Er schreibt jetzt jeden Tag und lebt gesund, treibt Frühsport und rudert.

Paul Bowles trifft ihn einmal in seinem Zimmer an. Der Boden ist übersät mit zahllosen gelben Manuskriptblättern, auf vielen sieht man Abdrücke von Schuhsohlen, auf anderen Mäusedreck. Bowles sieht, daß da ein merkwürdiger Kreislauf stattfindet. Die Hälfte der Zeit verwendet Burroughs darauf, mit großer Sorgfalt Texte auszuarbeiten, die andere Hälfte darauf, das Geschriebene zu zerstören.

Am 15. Februar trifft Kerouac in Tanger ein. Über seine Eindrücke schreibt er an John Clellon Holmes: ‹Nun, ich muß nicht in Einzelheiten gehen, denn ich werde ein Buch mit dem Titel *Ein Dharma-Bum in Europa* schreiben, aber ich blieb in Tanger an die sechs Wochen, vom Dach siehst du auf einen Patio, hast einen Blick auf das Meer, über Bill Burroughs' kleine Zelle zu ebener Erde hin... mit einem Garten voller Katzen und arabischen Jungen, die nachts über die Mauern gestiegen kommen – Burroughs ist ein völlig wahnwitzig-wütendes Genie geworden. Er hat DAS WORT geschrieben (ursprünglich sollte es WORTSCHATZ heißen, aber das erwies sich als ein alter Magazintitel der Avantgarde), es ist ein Buch, das Genet und de Sade und Aleister Crowley, ja selbst Allen und alle Sex-Schreiber übertrifft, es machte mir angst, auch nur hineinzusehen, ich muß es hier nicht beschreiben, aber es ist wahrlich apokalyptisch. NIEMAND will etwas damit zu tun haben, selbst Bernard Frechtmann nicht (der Übersetzer von Genet), zu dem ich es in meinem Rucksack nach Paris trug.›[9]

Jack gibt dann doch ein paar Kostproben von Inhalt und Stil:

‹Motel Motel Motel Einsamkeit stöhnt über den Kontinent hin wie Nebelhörner oder ruhige, ölverfärbte Gezeitengewässer von Flüssen› und ‹die Jungen befriedigten sich selbst in dem dunklen und staubigen Schlafzimmer an Sommernachmittagen und aßen die Beeren, die aus Haut und Knochen des alten Mannes wuchsen, ihre Münder wurden purpurn, wie die von Huren, aber das machte ihnen nichts aus.›[10]

Burroughs' Auftreten, während er Jack durch die Stadt führt, ist nicht weniger kurios-unheimlich:

‹In Restaurants, natürlich immer in den besten der Stadt, spuckt er Knochen aus. Flucht, heult, schimpft, wie Mr. Hyde ist er dann... Aber Bill und ich hatten auch lange nachdenkliche Spaziergänge im Gebirge unter Arabern und Berbern. Allein ging ich am Meer spazieren, beobachtete die alten Männer beim Fischen, Du wirst es ja dann alles in *Dharma Bums* nachlesen.›[11]

Wenn Bill mit Jack durch die Stadt streift, legt er einen Schritt vor, dem Kerouac nur schwer gewachsen ist.

‹Du *läufst* zu schnell›, reklamiert Jack. Und Burroughs antwortet verächtlich: ‹Ohne Saft und Kraft, diese fettarschigen Hipster!›[12]

Jack hilft Burroughs einigermaßen Ordnung in das Manuskript zu bringen, indem er es abtippt. Was er da liest, macht ihm angst und bange.

«Warum werden denn all diese Jungen in Kalksteinhöhlen aufgehängt?» fragt er Burroughs.

Der antwortete: ‹Das mußt du mich nicht fragen. Ich bekomme Botschaften von anderen Planeten. Ich bin für die offensichtlich eine Art Agent, aber ich konnte bis jetzt meine Befehle noch nicht ordnungsgemäß entschlüsseln. Ich muß erst mal meinen gebildeten Mittelwesten-Hintergrund ein für allemal aus mir herausscheißen. Es ist so ein Zustand der Katharsis, in dem ich die schrecklichsten Dinge, die mir einfallen, sage.›[13]

Burroughs erklärt Jack den Zusammenhang zwischen der Kultur einer Gesellschaft und den Mitteln, die ihre Angehörigen benutzen, um sich Befreiung oder Ekstase zu verschaffen.

Für Juden und Christen sei dieses Mittel von jeher der Alkohol gewesen, für den Islam das Cannabis. Die Wirkung von Hanf sei dynamisch, die von Alkohol statisch, wird Kerouac belehrt. Wenn ein orientalisches Land versuche, westlich zu werden, gäben seine Bewohner zuerst immer das Cannabis auf. Alles andere folge dann mehr oder minder von selbst. Und wenn sich umgekehrt ein Teil der Bevölkerung in einem westlichen Land aus Protest wogegen auch immer radikal von der Gesellschaft abwenden wolle – wie die Angehörigen der Beat Generation –, sei der schnellste und sicherste Weg der, den Alkohol durch Cannabis zu ersetzen.

Kerouac nimmt Amphetamine und Barbiturate, die man in Tanger in jeder Drogerie zu kaufen bekommt.

Jack probiert Opium und kommt sich dabei vor, als fasse er mit bloßen Händen an ein Zehntausend-Volt-Kabel. Er muß sich übergeben, starrt dann verzückt an die Zimmerdecke und kann sechsunddreißig Stunden lang kein Auge zutun. Schließlich holt er sich von schlechtem Haschisch eine Darminfektion.

Am Tag, ehe Kerouac nach Marseille abfährt, treffen Allen Ginsberg und Peter Orlovsky in Tanger ein.

Sie übernehmen das Zimmer, das Kerouac bewohnt hat. Sie gewöhnen sich daran, zeitig aufzustehen und fünf bis sechs Stunden täglich der Arbeit an Bills Manuskript zu widmen.

Zigaretten sind spottbillig, ägyptisches Haschisch gibt es in Hülle und Fülle. Opium bekommt man das Gramm für fünfzig Cent. Ende Mai liegen über zweihundert Seiten des Manuskripts vor, von dem Allen Lucien berichtet: ‹Es ist ein prächtiges Stück Schreibe... die ganze Energie Bills u. Prosakunst plus unsere Organisation und Säuberung u. Struktur, jetzt hat es Kontinuität, ist entzifferbar und leserlich.›[14]

Im Juli fährt Burroughs nach Kopenhagen, um dort seinen alten Freund Kells zu besuchen. Peter und Allen sind zu einer Bildungsreise durch Europa aufgebrochen. Die Reise nach Skandinavien verschafft Burroughs das Vorbild zu ‹Freeland› als Gegenstück zur ‹Interzone›. Er findet die Menschen im Norden viel unglücklicher als in Spanien oder Marokko, und Dänemark erscheint ihm als ein ‹Polizeistaat ohne Polizei, bevölkert von Robotern, die vom Staat konditioniert worden sind›[15].

Im September erwartet Burroughs in Tanger die Nachricht von zwei Todesfällen.

Sein Freund Kiki ist ihm 1956 mit einem anderen Mann davongelaufen, der den jungen Burschen mit einem Mädchen im Bett überrascht und in seiner rasenden Eifersucht erstochen hat. Der andere Tote ist Bill Garver; der alte Dieb ist in Mexico City dahingegangen, wie ihm Kerouac in einem Brief meldet.

Burroughs arbeitet konzentriert. Eine merkwürdige Veränderung geht mit ihm vor sich. Er interessiert sich plötzlich nicht mehr für Männer. Vielleicht hat der Verlust des geliebten Kiki diesen plötzlichen Wandel in seinen Neigungen bewirkt. Mag sein, daß ihn auch die Leidenschaften eines Bekannten abstoßen, der sich achtjährige Knaben kauft und dafür die Entschuldigung gebraucht, er fühle sich mit älteren Männern verunsichert. Solche Selbsttäuschungen würde Burroughs sich nie durchgehen lassen.

Bowles erklärt Burroughs die tieferen Wurzeln für die laxe Einstellung der Einheimischen gegenüber der Homophilie: Es werden übernatürliche Gaben aus dem homosexuellen Verkehr mit einer Person erwartet, die im Besitz von *baraka* ist. *Baraka* ist eine heilige Kraft, intellektuelles Vermögen, geistiges Sperma und männliche Potenz. Unter den arabisch sprechenden Bergbewohnern Nordmarokkos ist der Glauben verbreitet, daß ein Knabe den Koran nur gut lernen könne, wenn ein Schriftgelehrter mit ihm Päderastie begeht.

Trotz seiner ausgeprägten anthropologischen und ethnologischen Interessen bleibt Burroughs gegenüber der arabischen Kultur seltsam abweisend. In einem Brief – und seine Briefe sind sein Tagebuch – heißt es, typisch grob und direkt:

‹Man macht soviel Aufhebens mit all dem alten Moslem-Kultur-Scheiß. Eines hab ich gelernt. Ich weiß, was die Araber Tag und Nacht treiben. Sie sitzen herum, rauchen Kif und spielen irgendein törichtes Kartenspiel.›[16]

Mitte 1958 verläßt Burroughs nach dreijährigem Aufenthalt Tanger. Er geht nach Paris, um dort Allen Ginsberg wiederzusehen und um einen Verleger für sein Buch zu suchen.

Unterwegs erscheint 6

(1957) Kerouac – Cassady

> Nichts ist erfolgloser als der Erfolg.
> *Scott Fitzgerald im Gespräch*

> Ich fragte Jack: ‹Nun, wie gefällt dir
> der Ruhm?›
> Er sagte: ‹Ach, er ist wie eine alte
> Zeitung, die der Wind die Bleecker
> Street heruntertreibt.›
> *Irene May*

Ein Jahr der Unrast, des hektischen Reisens, ein Jahr, in dem der Tanz des Erfolges ihn unter die reißt, die da ewig tanzen müssen: Marathon.

Im Mai 1957 landet Jack Kerouac mit der *Nieuwe Amsterdam* in New York. Er besucht Joyce Glassman, mit der er im Vorjahr eine Affäre gehabt hat.

Er fährt nach Orlando, sucht dort seine Manuskripte zusammen, packt Mémères Seidenschlüpfer, Rosenkränze, Knopfschachteln, Garnrollen, Nadeln, Puderquasten und alte Hüte ein und nimmt den Bus nach Westen. In New Orleans schluckt Gabrielle Aspirintabletten und stürzt sich an der Seite ihres Sohnes ins Nachtleben des Vieux Carré – und siehe da, es gefällt ihr. Mitte Mai kommen sie in Berkeley, Kalifornien, an. Jack träumt davon, in Marin County nördlich von San Francisco einen Holzschuppen zu bauen und dort Thoreau nachzueifern. Ein neues *Leben in den Wäldern*.

Snyder ist Novize in einem buddhistischen Kloster in Japan. Allen und Peter Orlovsky sind kreuz und quer durch Europa unterwegs.

In Berkeley stellt sich bald heraus, daß es Mémère dort nicht gefällt. Sie fürchtet sich vor möglichen Erdbeben. Der Nebel macht sie nervös. Niemand kümmert sich um sie.

Jack nimmt Benzedrin, das er aus Tanger mitgebracht hat.

Er schreibt an seinem langen, verworrenen Gedicht *Old Angel*

Midnight. Joan Haverty hat eine Strafanzeige wegen unterlassener Unterhaltszahlung gegen ihn gestellt.

Mit Neal hat er Kontakt aufgenommen, aber der Freund zeigt sich reserviert.

Ein Vormittag Anfang Juli. Jack Kerouac wartet in einem Apartment in Berkeley auf Gabrielle, die einkaufen gegangen ist. Ein Bote liefert ein Paket ab. Jack öffnet es. Es enthält die Vorausexemplare seines Romans *On the Road*.

Er kniet nachdenklich vor dem Paket. Dieses merkwürdige Gefühl, das einen überkommt, wenn etwas Langersehntes erreicht ist, etwas, worum man hart hat kämpfen müssen und was nun, da es geschafft ist, die selbstverständlichste Sache von der Welt zu sein scheint. Mehr noch, man ist etwas enttäuscht, denn es verändert nicht alles, wie man sich das erträumt hat. Alte Ängste steigen wieder auf... mischen sich unter das Gefühl von Genugtuung und Stolz.

Eine Gruppe von Leuten tritt ein und schreckt Jack aus seinen Gedanken hoch.

Neal Cassady kommt mit LuAnne und Al Hinkle.

Jack stößt die Bücherkiste unter den Tisch, aber als Neal hört, was Jack ihnen da vorenthalten will, besteht er darauf, ein Exemplar des Romans zu sehen.

Kerouac setzt sich mit einem Buch an den Tisch, und die anderen schauen ihm über die Schulter. Offensichtlich verlegen blättert er in dem Exemplar und sagt: ‹Leute, ihr werdet mich hassen, wenn ihr das lest.›

Neal führt die Gruppe ins Freie. Er schlägt das Buch irgendwo auf, liest eine Seite vor und beginnt dann den Text mit verrückten Bemerkungen zu kommentieren.

Immer noch scheint Jack nicht wahrhaben zu wollen, daß sie sich über seinen Erfolg freuen.

So, als müsse er sich ihrer Zuneigung vergewissern, sagte er: ‹Ach, es spielt ja keine Rolle, was da steht. Ich weiß, ihr seid ja meine Freunde.› Leiser und traurig wiederholt er: ‹Ach, was soll's. Das wird euch alles gar nicht gefallen.›

So weit die Wirklichkeit nach dem Bericht eines der Beteiligten.

In seinem später erschienenen Roman *Passing Through (Desolation Angels)* fiktionalisiert er diesen Augenblick folgendermaßen:

‹Wir starren uns alle in dem goldenen Licht an. Außerdem bin ich sozusagen in flagranti ertappt (während wir alle grinsen) mit einem Exemplar von *Road* in der Hand, *noch ehe ich überhaupt einen Blick hineingeworfen habe!* Automatisch reiche ich eines Cody, der ja schließlich der Held des verrückten, armen, elenden Buches ist. Wieder einmal, wie schon öfter in meinem Leben, scheint ein Zusammensein mit Cody von stillem goldenen Licht übergossen zu sein... obwohl ich nicht mal weiß, was das zu bedeuten hat, es sei denn, daß Cody wirklich so etwas wie ein auf die Welt herabgekommener Engel oder Erzengel ist, und ich das erkenne.›[1]

Und über den Abschied von Cody/Neal – der Erzähler reist wie Jack zur offiziellen Veröffentlichung des Buches nach New York zurück – heißt es:

‹Begnügt euch also damit, wenn ich erzähle, daß Cody an dem Tag, als er uns auf Wiedersehen sagte, mir zum erstenmal in unserem Leben beim Abschied nicht in die Augen sah, sondern irgendwie schief wegschaute – Ich konnte es nicht begreifen und begreife es auch heute nicht –›[2]

Der Romantext ist nicht ganz ehrlich. Jack begreift, was Neal verstimmt, nämlich die Darstellung seiner Person in *On the Road*, die keineswegs nur schmeichelhaft ist. Neal wird in seiner Zerrissenheit und mitsamt seinen Gefährdungen dargestellt, und Jack weiß genau, daß Neal ihm seine Liebesbeziehung zu Carolyn nachträgt.

Nach dem Selbstmord von Natalie hat Carolyn Neal – zum wievieltenmal? – wieder daheim aufgenommen.

Er legt plötzlich ein geradezu hektisches Erwerbsstreben an den Tag, wohl um seine Wettverluste zu kompensieren, und entwickelt in diesen Monaten eine merkwürdige Frömmigkeit, die eine Art Selbstschutz ist. Aber nun mit dem Erscheinen von *On the Road* wird Neal endgültig dazu verdammt sein, eine Fiktion, einen Mythos zu leben. Er muß der wilde Mann sein und bleiben, als den ihn sein Freund geschildert hat.

Auch Jack ist in diesem Augenblick ein ihn beunruhigender Zusammenhang klargeworden: Er hat der Literatur das Literarische, ihre Versteinerung und Wirklichkeitsferne, ihren Mangel an Lebendigkeit austreiben wollen. Nun erlebt er, was geschieht, wenn man Menschen, die einem nahestehen, zu Helden von Geschichten macht. Eine unsichtbare Wand baut sich zwischen dem Autor und seinen Helden auf, eine Entfremdung stellt sich ein. Der Autor hat vor aller Welt kundgetan, was er von diesem oder jenem denkt, er hat sie als Personen auf eine bestimmte Art zu sein, zu leben, zu erscheinen festgelegt.

Tatsächlich geht mit dem Erscheinen von *On the Road* die Auflösung der Freundschaft zwischen Jack und Neal einher.

Jack bringt seine Mutter nach Orlando in Florida zurück. Er bricht sofort wieder auf nach Mexico City, um dort einen Zeitschriftenartikel über die Beat Generation zu schreiben, der allerdings nie erscheinen wird.

Ende August ist Jack in Orlando und nimmt die Arbeit an einem Buchmanuskript über Burroughs auf. Er denkt sich zu dieser Zeit ein weiteres Buch aus, das *Visions of Gary* heißen soll. Gary Snyder ist der Mensch, der ihn in den letzten Jahren am meisten beeindruckt hat. So wie Gary möchte er sein Leben einrichten. Aber er schafft es nicht, wie Gary ein wahrer Bhikku zu werden.

Von Florida fährt Jack schließlich nach New York, um dort beim Erscheinen von *On the Road* zur Stelle zu sein.

Am 5. September 1957 können die amerikanischen Leser das Buch für 3,95 Dollar in den Buchhandlungen kaufen.

Der Verlag Viking Press hat es für nötig befunden, eine Voranzeige herauszugeben, der man Vorbehalte gegen das Buch im Verlag oder zumindest eine gewisse Unsicherheit entnehmen kann. Man sei auf heftige und widersprüchliche Reaktionen beim Publikum gefaßt, heißt es darin, man glaube aber auch, daß der Leser in diesem Buch Wahrheit entdecken werde. ‹Auf einige mag diese Wahrheit schön wirken, auf andere häßlich. Aber jeder Leser wird von der Geschichte, die in diesem Buch erzählt wird, und der Art und Weise, wie sie erzählt wird, beeindruckt sein.›[3]

Die Ereignisse, die in *On the Road* geschildert werden, liegen zehn Jahre zurück. Die Helden des Romans müssen der Mehrzahl der Leser höchst bizarr vorgekommen sein.

Die USA der Jahrhundertmitte sind ein Land der Familie. Vater, Mutter, zwei bis drei Kinder, eine Familie, die im Fernsehen Familienserien vorgesetzt bekommt. Die Menschen in *On the Road* hingegen gehen locker und flüchtig Beziehungen ein, schlafen und leben miteinander, ohne sich groß um die von Kirche und Staat festgesetzten Regeln zu kümmern. Sie leben dynamisch, nicht statisch. Familie ist für sie kein besonderer Wert noch ein erstrebenswertes Ziel. In der Mehrzahl der amerikanischen Familien dieser Jahre verläßt der Vater das Haus am Morgen, arbeitet vierzig Stunden die Woche in einem Büro oder an einem Arbeitsplatz, an dem es eine Stechuhr gibt.

Für Dean Moriarty ist Arbeit nur der letzte Ausweg, und Sal Paradise wird kaum mehr arbeiten, als bis er das Geld, das er für seine Reise braucht, beisammen hat.

Präsident dieses Landes ist ein ehemaliger General, der wie ein gütiger Großvater den Stimmbürgern die Notwendigkeit von Aufrüstung und Luftschutzkellern erklärt.

Statussymbol des amerikanischen Mittelstandes in den städtischen Vororten in den fünfziger Jahren ist der Ford Hudson. Jeden Sonntag nach dem Besuch des Gottesdienstes fährt die Familie im Auto ins Grüne. Und jeder Junge in einer solchen Familie wartet auf den Tag, an dem er zum erstenmal seines Vaters Wagen bekommt, denn der bequeme Rücksitz des Wagens ist zumeist auch der Schauplatz seines ersten, vor den Eltern nie eingestandenen Liebesabenteuers. Dagegen Dean, der das Auto zu Wahnsinns-Sausen benutzt, immer unterwegs ist, sich mit Sal über Wünsche und Gelüste und die aus dem Unterbewußtsein aufsteigenden Bilder völlig unzensiert unterhält, der Marihuana raucht, trinkt, ohne Skrupel kriminelle Handlungen begeht!

Doch es sind gerade diese angepaßten jungen Leute aus dem amerikanischen Mittelstand, junge Männer und Frauen, die sich nicht für Literatur interessieren, wohl aber eine angestaute und heruntergewürgte Empörung über den Mief und die doppelte Moral dieser Gesellschaftsschicht, in der sie aufwachsen, mit sich herumtragen, die sich an dieser Geschichte begeistern.

Die heftige negative Reaktion der etablierten Literaturkritiker läßt sich retrospektiv vor allem aus zwei Motiven erklären: Furcht vor der Verführung der heranwachsenden Generation zu Aufgabe und Verachtung der Lebensnormen, auf denen das Funktionieren einer industriellen Massengesellschaft und die Rolle der USA als Weltmacht beruhen, und eine von Neid gefärbte Empörung des etablierten Literaturbetriebs über den Publikumserfolg eines unliterarischen Barbaren, dessen Schreibe man als primitiv, nihilistisch und zerstörerisch zu diskreditieren versucht.

Zunächst hat Kerouac Glück. Als erste Besprechung erscheint in der einflußreichen *New York Times* ein über zwei Spalten laufender Artikel von Gilbert Millstein, in dem es unter anderem heißt: ‹On the Road ist der zweite Roman von Jack Kerouac, und seine Veröffentlichung ist ein historisches Ereignis insofern, als die Hervorbringung eines authentischen Kunstwerks einen großen Augenblick in einer Zeit darstellt, in der die Aufmerksamkeit sich fragmentiert und die Wahrnehmungsfähigkeit für derartiges durch die modischen Superlative, multipliziert mit der Geschwindigkeit und dem Gewicht der Kommunikationsmittel, verfälscht wird.

Dieses Buch verlangt nach einer Exegese und genaueren Angaben über seinen Hintergrund. Es ist möglich, daß die Neoakademiker und die offizielle Avantgarde der Kritik darauf herablassend oder doch verunsichert reagieren werden, daß man sich nur oberflächlich damit auseinandersetzt, es mit einem Dutzend konventioneller Banalitäten wie «fesselnd», «interessant» oder «pikaresk», ja vielleicht sogar als «unzeitgemäß» bezeichnen wird. Tatsache aber ist, daß *On the Road* die beste, gelungenste, klarste und wichtigste Äußerung jener Generation darstellt, die Kerouac vor Jahren die Beat Generation genannt hat und deren wichtigster Sprecher er ist.

Ebenso wie mehr als jeder andere Roman der zwanziger Jahre *Fiesta* als das Testament der «Verlorenen Generation» betrachtet wurde, scheint gewiß, daß *On the Road* einmal das der «Beat Generation» sein wird.› […] ‹Es gibt Abschnitte in *On the Road*, die von einer atemberaubenden Schönheit sind. Es gibt die Beschreibung einer Autofahrt quer durch das Land, die der Bahnfahrt in Thomas Wolfes *Von Zeit und Strom* in nichts nachsteht. Es gibt Einzelheiten einer Reise nach Mexiko (und einen Aufenthalt in einem mexikanischen Bordell), die abwechselnd erschreckend, zärtlich und komisch sind. Und schließlich finden sich Passagen über Jazz, die in der amerikanischen Romanliteratur ihresgleichen suchen… *On the Road* ist ein Hauptwerk in der Romanliteratur.›[4]

Sich an diese Besprechung zu erinnern, mag für Kerouac tröstlich gewesen sein, denn was dann kommt, sind überwiegend Verrisse. Die *Herald Tribune* nennt das Buch ‹infantil, pervers, negativ›. Der *Encounter* spricht von ‹einer Serie von Grunzlauten eines Neandertalers›. Der *New Yorker* bezeichnet Dean Moriarty als einen ‹wilden, unverständlich handelnden Ex-Sträfling›, *Atlantic* nennt ihn ‹mehr überzeugend als Exzentriker als repräsentativ für irgendeine Gruppe der Menschheit›. Herbert Gold, ein Bekannter von Ginsberg aus den Zeiten an der Columbia University, ein Mann, der sich selbst den Hipsters zurechnet, feuert in *Nation* eine wütende Breitseite gegen *On the Road* ab. Er nennt das Buch ‹mehr einen Beweis für eine Krankheit als ein Kunstwerk, einen Roman›[5]. Viele Kritiker beten später Golds Vorwürfe nach und machen die Werke Kerouacs und Ginsbergs mitverantwortlich für den Verfall der Moral und die Zersetzung der nationalen Werte.

Typisch für aggressive Reaktionen dieser Art ist eine Besprechung von Art Cohn im *San Francisco Chronicle*, überschrieben ‹Kranke kleine Vagabunden›, die mit dem Absatz endet: ‹Dies also ist die neue Religion, der Jehova der Geschlagenen reicht sie ihnen vom Berg herab: Du sollst töten um des Tötens willen. Du sollst alles Fleisch entehren, einschließlich deines eigenen. Du sollst dein Geburtsrecht verleugnen und dich aus der Gesellschaft der Menschen zurückziehen. Du sollst der Welt nichts als Verachtung erweisen. Du sollst die Unschuldigen vernichten. Du sollst die Moral, die Justiz, das Gesetz, die allgemeine Fairness und vor allem die Liebe dem Gespött preisgeben. Du sollst deinen Vater und deine Mutter entehren und ihnen fluchen, daß sie dich in die Welt gesetzt haben. Amen, ihr pathetischen, selbstmitleidigen, degenerierten Vagabunden, amen!›[6]

Es gibt auch andere Stimmen. Der Romanautor Nelson Algren schickt Kerouac ein Glückwunschtelegramm. Der Lyriker Charles Olson bezeichnet gegenüber einem Freund Kerouac als den größten lebenden Schriftsteller Amerikas.

Jack wird nun in einen wilden Strudel der Publizität gestürzt. Er muß sich in Rundfunkprogrammen und Fernsehsendungen befragen lassen. Er wird von verrückten Fans bestürmt.

Fünf Wochen hält sich *On the Road* auf den Bestsellerlisten. Wie immer, wenn die Branche wittert, mit den Produkten einer aufkommenden Mode Geld machen zu können, hagelt es Aufträge zu Filmen, Theaterstücken und weiteren Büchern.

Noch ehe *On the Road* erschienen ist, hat Jack in Barney Rosset, dem Gründer der Grove Press und Herausgeber der *Evergreen Review*, einen zweiten Verleger gefunden und mit ihm einen Vertrag über die *Subterraneans* geschlossen. Jetzt kauft Rosset auch noch *Doctor Sax*. Jacks Reiseberichte wird er unter dem Titel *Lonesome Traveller* herausbringen.

Kerouacs literarischer Agent Sterling Lord hat unterdessen die von anderen Verlagen wiederholt zurückgewiesenen Manuskripte von *Tristessa* und *Maggie Cassidy* für Taschenbuchausgaben bei Avon Books plazieren können.

Abgesehen davon, daß Jack für *Visions of Cody*, das ihn auf der Höhe seines literarischen Könnens zeigt, keinen Verleger findet, muß die Ausbeutung des Aufsehens um *On the Road* mit der Veröffentlichung so vieler Kerouac-Titel zu einer Inflation führen.

Giroux will nun plötzlich möglichst rasch ein neues *The Town and the City*. Viking hingegen möchte bald ein ähnliches Buch wie *On the Road* nachschieben.

Joyce Glassman, die angesichts von soviel Sensationsgier Ekel überkam, berichtet: «Jack war in vielen Dingen herrlich unschuldig. Er traf jemanden, der ihn interviewen wollte. Er versuchte, ehrlich auf den Betreffenden einzugehen, in der Meinung, ihn als Person zu erreichen, aber dann wurde doch etwas völlig Entstelltes daraus. Man verdrehte ihm das Wort im Mund; das machte ihn fertig. Und die einzige Möglichkeit, das durchzustehen, war, viel zu trinken. Ich ging mit ihm auf die Partys. Die Partys waren ein Alptraum. Mal träumte ich von Jack. Wir waren auf einer Lesung im Brooklyn College gewesen, und die Studenten hatten ihn in der Luft zerfetzt. Ich träumte, wir gingen irgendwohin, und die Leute rissen ihm nacheinander Arme und Beine aus. Ich spürte eine Art Wut bei den Leuten. Sie waren von ihm fasziniert. Sie empfanden ihn aber auch als bedrohlich. Sie haßten ihn. Alle Männer wollten sich mit ihm prügeln. Und die Frauen wollten mit ihm vögeln, aber auf eine sehr aggressive Art. Es war schrecklich. Ich beschloß, nie berühmt zu werden.»[7]

Jack selbst hat am Tag nach dem Erscheinen des Buches einen merkwürdigen Traum gehabt. Er wird darin von der Polizei aus seiner Heimatstadt Lowell verjagt, aber schließlich von den Kindern gerettet, die einen Umzug durch die Straßen machen, seinen Namen schreien und ihm erlauben, sich zwischen den Reihen des Umzuges zu verstecken.[8]

Joyce Glassman wird immer wieder von Frauen telefonisch bestürmt, einen Kontakt zu Jack herzustellen. Eine der Frauen kreischt vorwurfsvoll: ‹Sie sind noch jung. Ich bin neunundzwanzig, und ich will jetzt mit ihm ficken.›[9]

Zwei Wochen nach Erscheinen von *On the Road* lädt der Rezensent Millstein halb New York zu einer Party ein, auf der sich auch Kerouac zeigen soll. Zuvor schon betrunken, versteckt Kerouac sich im Apartment von Joyce Glassman und begründet das damit, daß er, zum Teufel, schon nicht mehr wisse, wer er eigentlich sei. Schließlich sagt er alle schon getroffenen Verabredungen ab und flüchtet sich nach Orlando zu Mémère. Zehn Wochen schreibt er an einem Prosastück, das er zwei Jahre zuvor unter dem Einfluß der Lektüre von Proust begonnen und nach dem Spitznamen aus seiner Kindheit *Memory Babe* genannt hatte. Ebenfalls zu dieser Zeit entsteht *Visions of Gary*... um die 20 000 Worte, ähnlich wie die Urfassung von *On the Road* auf eine Papierrolle geschrieben, fertiggestellt in zehn Mammut-Schreibsitzungen, bei denen er sich mit Whiskey, Benzedrin und starkem Kaffee wachhält. Aus diesem Manuskript wird der Roman *Dharma Bums*.

Eine Woche vor Weihnachten des Jahres 1957 ist Kerouac wieder in New York, um dort einer Leseverpflichtung im Jazzclub Vanguard nachzukommen. Zu seiner Lesung spielen so bekannte Jazzmusiker wie Al Cohn und Zoot Sims. Ein Mann, den Jack sehr bewundert, der Saxophonist Lee Konitz, versichert ihm, seine Art der Lesung sei eigentlich Gesang. Tatsächlich ist er in seinen besten Zeiten zu einem eindrucksvollen ‹Scat› fähig. Jetzt aber zeigt der nahezu pausenlose Stress der letzten Monate seine Wirkung. Kerouac ist ausgelaugt, eingeschüchtert, seine Auftritte sind kein Erfolg. Die Gigs werden schon nach einer Woche wieder abgesetzt.

Kerouac kehrt abermals nach Florida zurück. Mit dem Schreiben kommt er nicht recht voran.

Im April 1958 kauft er in Northport an der Nordküste von Long Island ein Haus und organisiert seinen und Gabrielles Umzug dorthin. Mit bringt er eine Schar Katzen und einen Koffer voll Manuskripte. Hochfliegende Filmpläne zerschlagen sich. Das Gelübde, sich bei einem Filmvertrag über 150 000 Dollar, über den sein Agent Lord und Warner Brothers im Gespräch sind, für einen Monat aus der Welt zurückzuziehen, kein Fleisch zu essen und für die leidende Kreatur zu beten, muß Jack nicht einlösen. Ein Theaterstück, das er nach der Handlung von *On the Road* im Auftrag eines Broadwayproduzenten geschrieben hat, erweist sich als für die Bühne ungeeignet.

Immerhin bringen Prosastücke in *Esquire* 500-, in *Pageant* 300- und im *Playboy* 500-Dollar-Honorare. Jack erinnert sich angesichts solchen Segens an die heilige Thérèse, von der seine Mutter in seiner Kindheit Heiligenbilder aufzuhängen pflegte, und die jenen, die zu ihr beteten, Schauer von Rosen vom Himmel herabzuschicken versprach.

In einer Fernsehsendung kann man ihn sagen hören, er bete jede Nacht zu seinem kleinen Bruder, seinem Vater, Buddha, Christus und der Heiligen Jungfrau. In derselben Sendung verteidigt er seine Freunde, die Beats, als ‹Personen von besonderer Spiritualität›, die sich nicht, wie häufig behauptet werde, zu Banden zusammenrotteten. Sie zögen Glocken und Kerzen Springmessern und Schlagriemen vor, seien, ‹berauscht, ekstatisch, errettet und nicht mörderisch›.[10]

Das Erscheinen der *Subterraneans* im Februar 1958 löst wieder einen Hagel zorniger und abfälliger Kritiken aus. So erklärt der Rezensent der *New York Times Book Review*, die Geschichte tröpfele ‹wie Schlammwasser aus einem undichten Abflußrohr›, und empfiehlt dem Leser, ehe er das Buch zur Hand nehme, sich mit einer Sauerstoffmaske zu versehen.

Lobende Besprechungen wie die des *San Francisco Examiner* sind die Ausnahme. Allein Allen Ginsberg bewundert Jacks sicheres Gespür in diesem Text für die tatsächliche Redeweise der Amerikaner. Und Henry Miller schreibt in einem Vorwort zu der Taschenbuchausgabe von *The Subterraneans* verständnisvoll: ‹Wenn jemand fragt: wo hat er denn all das Zeug her, ist zu sagen: von euch. Mann, er lag nachts wach und horchte mit Augen und Ohren. Eine Nacht, die tausend Jahre dauerte. Hörte es im Schoß, hörte es in der Wiege, hörte es in der Schule, hörte es auf dem Fußboden der Börse, wo Träume gegen Gold eingetauscht werden. Und, Mann, er ist es leid, all das zu hören. Er will weiter.

Er will es herausschreien. Aber werdet ihr das zulassen? [...]
Fortschritt, wie! Übersetzt den einmal in einen lesbaren Roman,
wenn ihr könnt. Meckert nicht über Leben und Kunst, solange
ihr gierig darauf seid, Tod zu fressen. Kommt uns doch nicht mit
guter «sauberer» Literatur, Literatur ohne *fall out*. Laßt die
Dichter sprechen. Sie müssen geschlagen sein, denn sie reiten
nicht den atomkraftbetriebenen Juggernaut. Glaubt mir, es gibt
nichts Sauberes, nichts Gesundes, nichts Vielversprechendes in
diesem Zeitalter der Wunder – außer dem Erzählen. Und darin
werden die Kerouacs wahrscheinlich das letzte Wort haben.»[11]

Naked Lunch 7

(1959) Burroughs—Ginsberg

> The junk virus is public health problem
> number one of the world today.
> *William S. Burroughs* [1]

Burroughs trifft im Januar 1958 in Paris wieder mit Allen Ginsberg und Peter Orlovsky zusammen. Auch er zieht in das sogenannte Beat-Hotel, das später, eben weil viele Künstler der Beat Generation dort gewohnt haben, berühmt wird. Es liegt in der Rue Gît-le-Cœur 9, einer Straße, die im Quartier Latin in der Nähe der Place Saint-Michel zur Seine führt. Von der anderen Seite des Flusses grüßt das Polizeipräsidium herüber.

Das Hotel ist schäbig. Die Zimmer sind äußerst sparsam möbliert. Ein Badezimmer gibt es nur im Parterre. Auf jedem Zwischenstock befindet sich eine Toilette, die aus einem Loch besteht, davor zwei Trittstellen, um sich hinzustellen oder hinzukauern. Nutten, Frauen, die man immer nur mit Einkaufsnetz sieht, ein riesiger Neger aus Französisch-Guyana, der bei der Müllabfuhr arbeitet, wohnen hier neben Jazzmusikern und Dichtern.

Die Zimmer kosten dreißig Dollar im Monat, überall riecht es nach Staub und ausgedrückten Gauloises, niemand kommt, um die Betten zu machen, niemand hat aber auch etwas dagegen, daß man die Wände nach eigenem Gusto schmückt. An der Bar des Hauses ist der Wein erstaunlich billig und der Espresso unglaublich dünn. Im übrigen kann jeder machen, was er will, wenn er nicht gerade Feuer legt oder einen Mord begeht. Die Besitzerin, Madame Rachou, kocht preiswertes Mittagessen, ihre Spezialität ist Kaninchen. Auch Polizisten speisen bei ihr. Sie ist klein und energisch und verfährt nach dem Motto: leben und leben lassen. In der Auswahl ihrer Klientel ist sie unberechenbar. Wessen Gesicht ihr nicht gefällt, den weist sie ab. Am besten, man wird durch Gäste, die sie kennt, empfohlen.

Alles in allem ist es ein Etablissement, bei dem man sich, wie

Ted Morgan schreibt, nicht wundern würde, auf ein Schild mit der Inschrift zu stoßen: Bitte im Fahrstuhl kein Opium rauchen![2]

Burroughs gefällt die Atmosphäre dieses Hauses sehr.

Die besten Chancen, *Naked Lunch* zu verlegen, rechnen sich Burroughs und Ginsberg bei Maurice Girodias aus. Er ist der Sohn des aus Manchester stammenden Jack Kahane, eines wohlhabenden Juden, der eine Französin geheiratet hatte und in den dreißiger Jahren die Obelisk Press gründete. Als solcher war er unter anderem auch der erste Verleger von Henry Miller.

Sein Sohn Maurice, der den Mädchennamen seiner Mutter annahm, hat 1953 die Olympia Press eröffnet, einen Verlag, der sich zunächst auf maßgeschneiderte Pornographie spezialisiert, verfertigt von den zahlreichen englischen und amerikanischen Autoren, die in Paris leben und Geld brauchen; geschrieben für die amerikanischen Touristen, die im Sommer nach Frankreich kommen, für die Matrosen auf den Kriegsschiffen der amerikanischen Mittelmeerflotte und für ein Stammpublikum in England von etwa 2000 Kunden, die per Mail-order bestellen.

Girodias setzt von einem Titel um die 5000 Stück ab, und im Jahr erscheinen etwa zwanzig der Paperbacks in dem grünen Pappeinband. Kunden, die Pornographie suchen, sind mit jedem Band, unbesehen des jeweiligen Titels, gut bedient. Trotz des ziemlich hohen Preises der Bücher ist Girodias ständig in finanziellen Schwierigkeiten, und oft zahlt er erst mit den Schecks der Vorbestellungen Autor und Drucker des letzten Bandes.

Nun hat Girodias seit einiger Zeit auch damit begonnen, avantgardistische Literatur zu verlegen, so beispielsweise Jean Genets Texte (in englischer und deutscher Übersetzung), Henry Miller, Sir Roger Casements[3] *The Black Diaries*, Samuel Becketts Romane und Vladimir Nabokovs *Lolita*.

Zwar hat Girodias ob dieses Ausflugs in die hohe Literatur von vielen seiner Stammkunden wütende Protestbriefe bekommen – ‹Warum veröffentlichen Sie solchen Mist?›[4], aber eines dieser Bücher hat ihn schließlich, wenn auch nur vorübergehend, von seinen materiellen Sorgen befreit: Nabokovs *Lolita*.

Erstaunlicherweise wird ihm, nachdem er ein Exemplar des Romans bei der entsprechenden Zollbehörde in den USA zur

Prüfung vorgelegt hat, von dieser bestätigt, es bestünden über den Versand des Bandes mit der amerikanischen Post keine Bedenken.

Wahrscheinlich stammt diese Auskunft von einem kleinen Beamten, der das Buch höchstens angelesen hat und von seinem seriösen Stil gelangweilt worden ist. Für Girodias aber ist die Unbedenklichkeitserklärung Gold wert. Er kann nämlich nun auch ein Copyright für die USA erlangen. Er verkauft die amerikanischen Rechte an den Verlag Putnam's. Das Buch führt bald nach seinem Erscheinen in den USA die Bestsellerliste an, und in die Kasse der Olympia Press fließen 300 000 Dollar.

Das viele Geld verführt den Verleger dazu, in der Nähe des Beat-Hotels einen größeren Gebäudekomplex, das Saint-Séverin, zu kaufen und dort mehrere Bars und Restaurants zu eröffnen.

Schon im November 1957 hat Ginsberg versucht, Girodias für eine Veröffentlichung von *Naked Lunch* zu gewinnen – vergebens. Der Verleger sieht in dem unordentlichen Manuskript einen Hinweis auf den instabilen Geisteszustand des Autors.

Girodias ändert seine Meinung auch dann nicht, als er Burroughs persönlich kennenlernt, der auf andere Menschen zunächst meist einen seriösen Eindruck macht.

Dann aber druckt in Amerika die *Black Mountain Review* einen Auszug, und im Frühjahr 1958 erscheinen weitere Teile in der *Chicago Review*, einer literarischen Zeitschrift der dortigen Universitätsstudenten. Irving Rosenthal, der die Zeitschrift redigiert, ist nach Burroughs' eigenen Worten der einzige Redakteur, ‹der wirklich begreift, um was es mir geht›.

Rosenthal, der findet, der Text zerstöre endlich einmal die Klischeevorstellungen über Homosexuelle, wie sie auch unter Intellektuellen bestehen, will in der Herbstnummer noch einmal neun Episoden aus dem Manuskript drucken. Doch nun schlägt der Kanzler der Universität Alarm. Die Herbstnummer der Zeitschrift kann nicht mehr erscheinen. Rosenthal und sechs Redaktionsmitglieder treten zurück. Paul Carroll, der Redakteur für Lyrik, gründet eine neue Zeitschrift namens *Big Table*, die im März 1959 mit neun Episoden aus *Naked Lunch*, Kerouacs Gedicht *Old Angel Midnight* und drei Gedichten von Gregory Corso erscheint. Zwar werden etwa hundert Exemplare von der Post in

Chicago aufgehalten, aber 10000 Stück, die vorsorglich mit Lastzügen verschickt worden sind, erreichen New York und San Francisco.

Sehr bald ist die erste Ausgabe ausverkauft und die Zeitschrift in ganz Amerika sowie in literarisch interessierten Kreisen in Europa bekannt.

Im Juni 1960 hebt der Richter Julius Hoffmann das Verbot des Postversands wieder auf und erklärt in seinem Urteil in Hinblick auf die Auszüge aus Burroughs' Buch: ‹Das beherrschende Thema oder der Effekt sind die Schockierung der gegenwärtigen Gesellschaft, vielleicht, um so besser auf deren Fehler und Schwächen hinzuweisen; aber das geradezu klinische Vorgehen dabei ist nicht dazu angetan, lustvolle Gedanken zu erwecken.›

1959 begegnet Burroughs in Paris auf der Straße dem Maler und Restaurator Brion Gysin, der wie er lange in Tanger gelebt hat. Gysin ist 1916 geboren. Seine Lebensmaxime lautet: ‹Die Welt ist erst kürzlich erfunden worden, und sie dreht sich um MICH.› Er malt, schreibt, betätigt sich manchmal auch als Straßenmusikant. 1934 hatte er sich den Surrealisten angeschlossen. Seine Zeichnungen mußten aber auf Anweisung des autoritären André Breton aus der in diesem Jahr stattfindenden repräsentativen Ausstellung entfernt werden. Brion ist ein Frauenhasser. Man kann ihn sagen hören, in Amerika finde eine Hexenjagd der Frauen gegen Homosexuelle statt. Er ist selbst aber verheiratet gewesen, hatte einen Sohn, der sich als Jugendlicher umgebracht hat – angeblich, weil er von seiner Mutter mit Syphilis infiziert worden war. Nach Zwischenstationen in Athen, Paris, Marseille ist Brion nach Marokko gekommen, hat dort in Kreisen des Königshauses verkehrt.

Brion erzählt Burroughs auch von Hassan I. Sabbah, einem Zeitgenossen Omar Khayyáms und Gründer der Sekte der Ismailiten, der als religiöser Agitator in Persien in einer Bergfeste lebte und die Parole ausgab: ‹Nichts ist wahr, alles ist erlaubt› – eine Maxime, die bei Burroughs auf eine verwandte Seele stößt. Nicht weniger eindrucksvoll findet er, daß Hassan I. Sabbah Mordkommandos ausgebildet hat, deren Angehörige zur besseren Motivation Haschisch bekamen.

Im April 1959 wird Burroughs in eine Schmuggelaffäre verwickelt. Die ganze Geschichte klingt wie die Handlung eines Romans von Patricia Highsmith. Burroughs reist nach Tanger, um Ferien zu machen. Einige Monate zuvor hat er im Spaß in einem Brief an seinen dortigen Bekannten Paul Lund den Plan entwickelt, in einem Kamelsattel, wie sie in den Basars als Souvenirs an die Touristen verkauft werden, Rauschgift nach Frankreich zu schmuggeln. Ein Freund von Lund, ein Kapitän Stevens, hat sich in Gibraltar mit einem spanischen Polizisten geprügelt. Er ist nach Tanger zurückgesegelt, hat dort Opium gekauft und ist dabei von der Polizei geschnappt worden. Bei den Verhören hat Stevens Paul Lunds Namen genannt und einen Amerikaner mit Brille erwähnt. Als nun Burroughs bei Lund auftaucht, hält ihn die Polizei für die gesuchte Person und vermutet, er solle das Opium in Paris auf den Markt bringen. Zwar entgeht Burroughs der Verhaftung, aber er erfährt von Lund, daß dieser sich hat zwingen lassen, den Behörden seine Briefe auszuhändigen, darunter auch den mit dem Kamelsattel-Plan. Burroughs sind die Ferien verdorben. Er fährt wieder nach Paris zurück.

In Paris lädt ihn Girodias zum Essen in eines seiner Restaurants ein. Er hat sich entschlossen, *Naked Lunch* herauszubringen. Noch spricht Burroughs schlecht französisch, und ihre Unterhaltung bleibt reichlich fragmentarisch. Einige Tage später durchsucht die französische Polizei Burroughs' Zimmer im Beat-Hotel und findet dort ein Gramm Marihuana. Burroughs erlebt ein entnervendes Verhör in der Préfecture und wird durch die kafkaesken Labyrinthe der Justizbürokratie geschleppt. Er wird zwölf Stunden festgehalten und erst nach Unterzeichnung eines Geständnisses freigelassen. Girodias besorgt ihm einen guten Anwalt.

Anfang Juni 1959 wird der Vertrag für das Buch unterschrieben. Es stellt sich dann als nicht so einfach heraus, das Manuskript in einen satzfertigen Zustand zu bringen. Burroughs hat immer wieder Änderungen vorgenommen. Ende Juli 1959 erscheint bei Olympia Press *Naked Lunch* in einer Auflage von 10000 Exemplaren. Sehr bald können Auslandsrechte nach Deutschland, Italien und Amerika verkauft werden. In Frankreich publiziert Gallimard eine Übersetzung, die von Girodias' Bruder stammt.

Die Tatsache, daß Burroughs nun relativ viel Geld besitzt, bewirkt bei ihm sofort einen Rückfall. Er beginnt das Apomorphin zu spritzen, das ihm der inzwischen verstorbene Dr. Dent 1958 für Notfälle mitgegeben hat.

Im September wird die Anklage wegen des Besitzes von einem Gramm Marihuana vor einem französischen Gericht verhandelt. Burroughs' Verteidiger stellt seinen Mandanten als einen bekannten Literaten hin und hat mit dieser Taktik Erfolg. In Frankreich können Schriftsteller bei solchen Delikten immer auf Nachsicht hoffen. Von Künstlern erwartet man nicht, daß sie sich nach den Maßstäben der bürgerlichen Gesellschaft verhalten. Der Richter verurteilt Burroughs zu einer Buße von 80 Dollar und setzt die Strafe zur Bewährung aus.

Unangenehmer ist, daß inzwischen *Life* auf ihn aufmerksam geworden ist und in dem in den USA weitverbreiteten Magazin eine Reportage über seine Lebensumstände in Paris erscheint. Bekannte seiner Eltern lesen den Bericht und mokieren sich über den skandalumwitterten Sohn, was wiederum einen inquisitorischen Brief seiner Mutter zur Folge hat. Wenn er auch am liebsten grob werden möchte, bleibt ihm doch nichts anderes übrig, als sich eine besänftigende Antwort abzuringen, denn er will der 200 Dollar, die die Eltern ihm treu und brav jeden Monat überweisen, nicht verlustig gehen.

Naked Lunch ist ein Buch, über das viel geredet, das aber weit weniger gelesen worden ist. Sein ungewöhnlicher Stil, die rücksichtslose Darstellung sexueller Perversionen und die ekelerregenden Beschreibungen der Zustände von Rauschgiftsüchtigen bilden eine Schwelle, die viele Leser, denen das Buch in die Hände gerät, nicht überschreiten wollen.

Ehe wir vom Kampf um die freie Verbreitung von *Naked Lunch* in den USA berichten – dem letzten berühmten Fall in der Auseinandersetzung mit der Zensur –, soll andeutungsweise eine Beschreibung des Inhalts gegeben und eine Interpretation versucht werden.

Alles in allem stellt *Naked Lunch* zunächst die Aufzeichnungen eines Mannes dar, der von harten Drogen abhängig ist, sich einer Behandlung mit Apomorphin unterzieht und geheilt wird. Während des Entzugs tauchen unzusammenhängende Erinnerungen und Halluzinationen auf. Sie geben dem Erzähler Gelegenheit, seine individuelle Geschichte in einen allgemeineren Zusammenhang zu rücken.

Schon in der Einleitung wird klargemacht, daß Burroughs jene Ziele, mit denen der Autor früher den Konsum von Drogen vor sich und gegenüber anderen zu rechtfertigen versuchte – die Suche nach einem Nirwana, Freiheit von den Einschränkungen der physischen und sozialen Existenz –, nicht mehr glaubt, ja sie inzwischen als Selbstbetrug und selbstmörderischen Eskapismus verurteilt. Andererseits betrachtet er nun Sucht und Drogenabhängigkeit inzwischen als Metapher für den Zustand der Menschheit nach Einsatz der Atombombe schlechthin.

‹Die Theorie der Süchtigkeit fiel mir ein, als der Stoff in meinen Arm eintrat. Es war eine Metapher für die Gesellschaft. Man muß nur das Wort Sucht einmal in einen anderen Zusammenhang rücken, und man sieht erst, auf was es sich alles anwenden läßt. Man kann die Symptome des Entzugs beispielsweise auf dem Gesicht eines Mannes wie Nixon entdecken, wenn er keine Macht mehr hat. Sucht bedeutet, daß du etwas haben mußt, oder du wirst krank. Macht und Stoff verhalten sich symmetrisch zueinander und quantitativ: Wenn du ein CIA-Mann bist, willst du nicht mehr ein armes Schwein von Polizist sein.›[5]

Alle leiden in dieser Zeit, lautet die Botschaft des Buches, alle leiden an irgendeiner Art von Sucht.

Der menschliche Körper erscheint als eine Falle von Süchten. Die Gesellschaft wird von nach Macht und Kontrolle Süchtigen beherrscht, die den Hang oder die Neigung zur Sucht anderer schamlos ausbeuten. Gerade im Bereich der Politik sind die Dinge zu sehr entartet, als daß man sich von Reformen eine Besserung versprechen könnte. Wer sich um Politik kümmert, sagt Burroughs, gleiche im Grund einem Stier in der Arena, der sich dazu verleiten läßt, dem roten Tuch zu folgen, das man ihm hinhält. Politiker locken die Massen mit Bildern und Illusionen wie der Torero den Stier.

Als Metapher für die moderne Welt dient in *Naked Lunch* die ‹zusammengesetzte Stadt› in der Interzone, in der sich Eindrücke Burroughs' aus Panama und Tanger überblenden. Ein ungleich schrecklicheres Nachfolgebild zu dem der modernen Großstadt, das T. S. Eliot in *The Waste Land* entworfen hatte, ist Interzone: ein Tummelplatz von Geschäftemachern, Sexsüchtigen, Rauschgiftkonsumenten und Schmugglern, ein Ort politischer Manipulation und Machtkämpfe, der auch eine erschreckende Ähnlichkeit mit dem realen Gesicht der Zentren heutiger Großstädte hat.

Die Sexualität ist pornographisch, der Handel kriminell und lasterhaft, die neue Ideologie, mit der Burroughs gleichermaßen Kritik am Kapitalismus wie am Marxismus übt, ist die ‹Algebra des süchtigen Verlangens›. ‹Rauschgift ist das ideale Produkt, die perfekte Ware. Jedes Verkaufsgespräch erübrigt sich. Der Käufer wird durch eine Kloake kriechen und darum betteln, das Zeug kaufen zu dürfen…›[6]

Der geniale und ergiebige Einfall des Buches liegt darin, den Blick vom Rauschgift auf andere Süchte zu lenken – Süchtigkeit und ihre Ausbeutung werden als die grundlegende Struktur der modernen Welt erkannt. Von da aus entwirft Burroughs eine ‹Pop-Mythologie›[7], die er in seinen späteren Büchern weiter ausspinnen wird.

Da ist der *human virus*, der ‹Virus des Bösen›, der den Menschen befällt und über ihn, seinen Wirt, sein Verlangen nach Drogen, Sex oder Macht befriedigt.

Religionsstifter verwandeln sich unter Burroughs' halluzinatorischem Blick in manipulierte Marionetten der Werbung. Doktoren mit Kenntnissen in Wissenschaft und Technologie entwürdigen und kontrollieren den Menschen. Hier präsentiert sich im Buch eine wahre Horrorschau verrückt gewordener Wissenschaftler, für die der Mensch nur noch ein Experimentierobjekt ist und deren Sucht darin besteht, menschliches Verhalten zu kontrollieren und zu konditionieren. Gewiß mischen sich in diesen Vorstellungen Burroughs' eigene Erfahrungen mit Berichten über die Menschenversuche in den Konzentrationslagern Nazideutschlands.

Höhnisch-prophetisch ist auch die Charakterisierung der politischen Parteien, die sich in der Interzone tummeln. Die Liquefaktionisten planen jeden zu liquidieren, der bei ihnen nicht Mitglied ist. So ist diese Partei die Metapher für Totalitarismus und Rassismus. Sexuell ist ihr der Sadomasochismus zugeordnet. Die Divisionisten wollen die Welt mit Repliken ihrer selbst überschwemmen. Aus Herrschaftsgründen soll es auch nur noch ein Geschlecht geben. Die Kritik dieses Entwurfes zielt auf die Homosexualität und die Verschwörungstheorien in der realen zeitgenössischen Politik. (Es ist bezeichnend für Burroughs' Bewußtsein, daß er mit Kritik an eigenen Neigungen, Lastern und Illusionen nie hinter dem Berg hält.) Als dritte Partei tauchen die Sender auf, die alle Menschen auf telepathischem Weg zu kontrollieren versuchen und, so der Erzähler, in Zukunft die größte Gefahr darstellen.

Die drei vorgestellten Gruppen des Bösen haben auch Widersacher, die Mitglieder der Faktualistischen Partei. Faktualistische Agenten machen die Machination des Bösen zunichte, indem sie sie enthüllen. Sie tun also genau das, was Burroughs selbst mit dem Buch zu bewirken versucht.

‹In der Tat›, schreibt Jennie Skerl in ihrer Interpretation von Burroughs' Gesamtwerk, ‹stellen die beiden Faktualisten in der Geschichte – Lee, der Agent, und A. J. – Burroughs' Alter ego dar.›[8] Faktualistische Kampfmittel sind der Mord an einem Schurken oder die Apomorphinkur des Süchtigen. Der Denkfehler im Programm der Faktualistischen Partei, der dem Autor durchaus bewußt ist, besteht darin, daß ihre Agenten auch nur Menschen und infolgedessen potentielle Süchtige sind.

Zu einem nicht geringen Maße beruhen die Rezeptionsschwierigkeiten, die sich für viele Leser von *Naked Lunch* stellen, auf seiner experimentellen Form. Von einer fortlaufenden Handlung kann nicht die Rede sein. Der Leser sieht sich einer Art Kaleidoskop gegenüber, das er selbst erst zusammensetzen muß. Im Grunde überträgt Burroughs Prinzipien der Collage und Montage aus der bildenden Kunst auf eine Textstruktur. Er nennt die dabei entstehenden Einheiten *routines*. Sie sind ‹dramatisch realisierte Phantasien, die aus Monologen, Dialogen, Handlungsepisoden, Szenenbeschreibungen oder Collagenpassagen von assoziierten Bildern bestehen. Innerhalb der *routines* ist Burroughs' Technik die einer jazzähnlichen Improvisation. Zumeist beginnt er mit dem Auftritt einer Person, einer Unterhaltung, mit einem Ereignis, das tatsächlich ist oder zumindest glaubhaft erscheint und improvisiert dann über dieses Thema auf phantastisch-satirische Art und Weise.›[9]

Das Ungewohnte daran ist die völlige Gleichberechtigung des Realen und des Phantastischen. So entsteht beim Lesen zunächst Unsicherheit; der Boden wird einem unter den Füßen weggezogen, man hängt in der Luft, ehe man sich darüber klar wird, daß dies ein höchst wirkungsvoller Trick ist, um eine Bewußtseinserweiterung herzustellen.

Die Radikalität, mit der in *Naked Lunch* das Krankheitsbild der modernen Welt diagnostiziert wird, und die konsequent konstruierte offene Form machen das Buch zu einem Kunstwerk, dessen avantgardistischer Charakter vielleicht erst in künftigen Zeiten voll und ganz erkannt werden wird. In diesem Zusammenhang muß auch auf seine prophetische Tendenz hingewiesen werden. So schildert Burroughs das Auftreten von AIDS etwa zehn Jahre vor dem tatsächlichen Ausbrechen der Krankheit. Er spricht von einer Geschlechtskrankheit, deren Verbreitungsweg von Addis Abeba über New Orleans nach Capetown verläuft.

Daß *Naked Lunch* nichts für Leser ‹mit schwachen Mägen› und schwachen Nerven ist, hat der Autor vorausgesehen. In ‹Zu Protokoll. Aussagen über eine Krankheit›, Texten, die in das Umfeld des Buches gehören, schreibt er: ‹Da sich *Naked Lunch* mit diesem Gesundheitsproblem [dem der Süchtigkeit] befaßt, ist das Buch notwendigerweise brutal, obszön und abstoßend. Krankheit wird oft als ekelhaft empfunden… manche Passagen, die man als pornographisch bezeichnet hat, wurden in Wirklichkeit als Traktat gegen die Todesstrafe verfaßt, in Anlehnung an Jonathan Swifts *Bescheidenen Vorschlag*. Sie sollen die Todesstrafe als das bloßstellen, was sie ist: ein obszöner, barbarischer und widerwärtiger Anachronismus.›[10]

Seit seinem Erscheinen gilt *Naked Lunch* nicht zuletzt bei Autoren und fortschrittlich gesinnten Literaturwissenschaftlern als eines der wichtigsten literarischen Werke der zweiten Hälfte des 20. Jahrhunderts. Norman Mailer hat Burroughs als den einzigen lebenden amerikanischen Romanautor, in dem wahrnehmbar ein Genie walte, bezeichnet.

Zurück zur Publikationsgeschichte: Maurice Girodias, der sich von einer amerikanischen Ausgabe des Buches beträchtliche Einkünfte verspricht, sieht sich zunächst enttäuscht. Der Verleger der Grove Press, Barney Rosset, der in den USA eine ähnliche Rolle spielt wie Girodias in Europa, hat unterdessen einen regelrechten Feldzug gegen die Zensur in Amerika begonnen. Als erstes hat er die Aufhebung des Postversandverbots gegen den Originaltext von D. H. Lawrences *Lady Chatterley's Lover*, das seit 1928 bestand, eingeklagt und dabei gewonnen. Eine Klage beim Obersten Gericht, das Werk nicht länger als obszön einzustufen, hat keinen Erfolg. Das Gericht will das Verfahren nicht erneut eröffnen. Inzwischen ist das Copyright für den Roman ausgelaufen. Grove Press kann nun zwar einen unzensierten Text vertreiben, sieht sich aber sofort einer ganzen Anzahl von Raubdrucken gegenüber.

Schwierigkeiten hat der Verlag mit seinem Plan, Henry Millers *Wendekreis des Krebses* zu veröffentlichen. Miller selbst befürchtet, konservative Organisationen wie die American Legion könnten ihn überfallen oder sein Haus niederbrennen. Als im April 1961 Millers Roman bei Grove Press herauskommt, weigern sich zwar zwei bekannte Buchhandlungen in New York, das Buch zu führen, aber es kommt auf die Bestsellerliste. Allerdings wird der Verlag in einen Rattenschwanz von Prozessen verwickelt, weil Barney versprochen hat, alle Groß- und Einzelhändler, die wegen dem Verkauf des Buches in ihrem Laden belangt oder verhaftet würden, auf seine Kosten juristisch zu unterstützen. Um kein Buch in der Geschichte der amerikanischen Literatur sind mehr Prozesse geführt worden als um *Wendekreis des Krebses*.

Unterdessen drängt Girodias aus Paris zur Veröffentlichung der amerikanischen Ausgabe von *Naked Lunch*.

Am 20. November 1962, ermutigt durch die Diskussion über das Buch auf dem Internationalen Schriftstellerkongreß in Edinburgh, liefert Grove Press endlich aus. Innerhalb von nicht einem Monat werden 8000 Exemplare verkauft. Dann gibt es Schwierigkeiten. In Boston, in einem übel beleumundeten Viertel, verhaftet die Polizei einen Buchhändler, weil er *Naked Lunch* führt.

Durch Vermittlung des Anwalts Edward de Grazia gelingt ein Handel mit der Justiz. Der Buchhändler wird auf freien Fuß gesetzt und nicht weiter belangt; statt dessen wird ein Verfahren gegen das Buch wegen Obszönität eröffnet.

Die Verhandlung beginnt im Januar 1965 in Boston. Burroughs hält sich zu dieser Zeit in den USA auf und bietet an, vor Gericht auszusagen. Aber nicht er ist ja angeklagt, sondern das Buch. Der Verteidiger de Grazia befürchtet, das Gericht werde vielleicht auf Joans Erschießung zu sprechen kommen, und da es genügend andere Zeugen aus dem Bereich der Literatur gibt, kommt man überein, daß Burroughs nicht vor Gericht in Erscheinung treten soll.

Die originellste Zeugenaussage während des Prozesses macht der Lyrik-Redakteur der *Saturday Review* und Dante-Übersetzer John Cardi. Er weist darauf hin, daß es selbst in der *Göttlichen Komödie* vor unanständigen Wörtern nur so wimmele und daß dort der Vorschlag gemacht werde, aus dem Arsch eines bestimmten Heerführers eine Trompete zu formen. Auf die Frage des Anklägers, warum in Burroughs' Text so viele Affen mit roten Ärschen vorkämen, erklärt Cardi: ‹Burroughs findet sich in einer alptraumhaften Welt vor... in einer Art von Hieronymus-Bosch-Welt der Unwirklichkeit... natürlich tauchen da häufig die purpurroten Rümpfe von Pavianen auf. Sie sind Teil einer Piktographie besonderer Verrücktheit.›[11]

Mehrere Zeugen aus dem akademischen Bereich schildern Burroughs als einen geradezu moralischen Schriftsteller, dessen Ziel es weit eher sei, den Leser aufzuschrecken, als ihn sinnlich zu erregen.

Norman Mailer nennt im Zeugenstand *Naked Lunch* ein ‹außerordentlich genau durchgearbeitetes und geplantes Werk›[12]; wenn man es nicht mit Prousts *Auf der Suche nach der verlorenen Zeit* oder mit *Ulysses* vergleichen könne, so liege das nur an der Unvollkommenheit seiner Struktur; über das Talent des Verfassers könne es keinen Zweifel geben, auch wenn der Text von seiner Drogenabhängigkeit geprägt sei. ‹Ohne süchtig zu sein, wäre er vielleicht eines der größten Genies der englischen Sprache.›[13] Eine Äußerung, fügt Mailer noch hinzu, die aus seinem Mund deswegen besonderen Wert gewinne, weil sie von einem Schriftsteller komme, und man ja wohl wisse, daß alle Künstler auf begabtere Kollegen stets neidisch seien.

Manche Zeugenaussagen geraten in ihrem vehementen Einsatz für die Freiheit des Wortes in die Nähe unfreiwilliger Komik.

So nennt Professor Norman Holland *Naked Lunch* einen religiösen Roman über die Erbsünde. Wörtlich sagt er: ‹Lebte Augustinus noch und würde er heute schreiben, käme etwas ganz Ähnliches wie *Naked Lunch* dabei heraus.›[14] Der Richter, ein etwas steifer Mann irischer Abstammung und katholischen Glaubens, faßt darauf ein Exemplar des Buches vorsichtig mit Daumen und Zeigefinger, hält es hoch wie einen in Verwesung übergehenden Fisch und erwidert:

‹Wollen Sie damit wirklich sagen, Professor, daß der Heilige so etwas wie dieses Buch geschrieben hätte?›[15]

Als Allen Ginsberg in den Zeugenstand tritt, wird er vom Richter aufgefordert, den Kragen seines Hemdes zu ordnen. Er ist es, der darauf hinweist, daß das Buch nicht nur von Drogensucht, sondern auch von der Sucht nach Macht, von der Sucht nach materiellen Gütern und von der Sucht, andere zu kontrollieren, handelt.

Obwohl gerade Ginsbergs Aussage alle Anwesenden sehr nachdenklich zu stimmen scheint, folgt das Gericht dem Antrag der Staatsanwaltschaft und erklärt in seinem Urteil vom 23. März 1965 *Naked Lunch* für obszön.

Anders der Oberste Gerichtshof des Staates Massachusetts, bei dem der Verteidiger Berufung einlegt. Von diesem Gericht ergeht am 7. Juli 1966 der Spruch, *Naked Lunch* könne nicht als obszön betrachtet werden. Das Urteil fällt mit fünf gegen zwei Stimmen. Die Minderheit der Richter hält das Buch für einen ‹ekelerregenden Krankheitsherd unerlöster Perversion›, der nur allzu genau beschrieben werde, und versichert, es enthalte in Wahrheit eine ‹literarische Kloakenbrühe›.

Die Mehrheit aber entscheidet nach drei Gesichtspunkten, die sich bis dahin in der amerikanischen Rechtsprechung durchgesetzt haben, nämlich nach den Fragen: Ist das Material in seiner Gesamtheit dazu angetan, Lüsternheit zu erregen? Verletzt es in der Beschreibung oder Darstellung sexueller Tatbestände die in einer breiten Öffentlichkeit geltenden Maßstäbe? Ist es ohne jeglichen sozialen Wert?

Während die ersten beiden Fragen bejaht werden, sieht sich die Mehrheit des Richterkollegiums genötigt, die dritte Frage zu verneinen.

Damit endet – vielleicht ohne daß sich die Richter dessen bewußt sind – der lange Widerstreit zwischen Bestimmungen des Ersten Amendment der Verfassung der USA und der puritanischen Tradition des Landes mit einer Bestätigung des Vorranges der Meinungsfreiheit.

Durch die Zensur-Diskussion um *Naked Lunch* und die Berichterstattung, die sie in den Medien nach sich zieht, ist William S. Burroughs innerhalb weniger Jahre zu einem weltbekannten Autor geworden.

Neal im Gefängnis 8

(1958–1960) Cassady

Let's cut out let's go
into the interior of the country...
Lawrence Ferlinghetti [1]

Erregung und Bewegung, läßt in diesen Monaten des Jahres 1958 das *Time Magazine* in einem Bericht über die Beat Generation seine Leser wissen, bedeute für den *hipster* alles. Feste Jobs und ein Heim im Vorort seien etwas für den *square*.

Neal Cassady, obschon immer wieder von Ängsten und bösen Vorahnungen heimgesucht, scheint auf beiden Hochzeiten tanzen zu wollen. Er hat Erfahrung mit dem Doppelleben. Jetzt will er *hipster* und *square* zugleich sein. Es empört ihn, daß Bewunderer und Leute, die sich in Zeitungen kritisch mit der Gestalt des Dean Moriarty auseinandersetzen, diesen immer nur als Kriminellen oder Verrückten darstellen. Ist er etwa nicht einer der besten Bremser der Southern Pacific Railway? An den Wochenenden ist er zärtlich und rücksichtsvoll zu Carolyn, er geht auf die Kinder ein und spielt mit ihnen. Er studiert eifrig die Traktätchen der Cayce-Glaubensgemeinschaft und arbeitet an seiner moralischen Vervollkommnung.

Unter der Woche, zwischen seinen Dienststunden, besucht er seine neue Freundin Jacky oder durchstreift in San Francisco die Bars und Cafés des Viertels North Beach. Dort kennt man einen ganz anderen Cassady. Dort ist er der Mann, der *rap*-Vorstellungen gibt, halbstündige Improvisationen über irgendeinen Einfall, Kabarett-Monologe, die vor witzigen Wortspielen nur so sprühen und die Leute staunen lassen. Dort nennt man ihn Johnny Potseed, den Mann, der Marihuana in seinem Garten anbaut.

Vielleicht, daß er sich etwas zu locker gibt. Vielleicht, daß er den Mund manchmal etwas zu voll nimmt. Gewiß unterschätzt er die Gefahr, in die man sich begibt, wenn man Marihuana raucht und allzu laut darüber redet.

Im Februar 1958 erzählt Neal Al Hinkle, er habe mit einem

Drogen-Agenten einen Joint geteilt. Als Hinkle darauf meint, das sei doch ziemlich gefährlich, erwidert Neal, das mögliche Beweismittel sei ja in Rauch aufgegangen.

Offenbar ist er der Drogenfahndung ein Dorn im Auge, weil er eine ganze Anzahl ihrer *undercover*-Agenten enttarnt hat.

Einmal, in der Wohnung seiner Freundin Jacky, zeigt Neal ihr den Wagen der Drogenfahnder, die das Haus inzwischen rund um die Uhr bewachen. Die Schlinge zieht sich enger. Er ist von einer merkwürdigen Fahrlässigkeit.

Am 8. April 1958 wird er verhaftet. Er steht unter Verdacht, während seiner Eisenbahnfahrten große Mengen Marihuana von Mexiko nach San Francisco geschmuggelt zu haben. In der Verhandlung bleibt von diesen Anschuldigungen nicht viel übrig. Nachzuweisen ist ihm lediglich, daß er zwei Männern, die ihn von einer Party bei Bekannten zum Eisenbahndepot mitgenommen haben, zum Dank für ihre Gefälligkeit ein paar Joints geschenkt hat. Bei den beiden Männern handelt es sich, wie sich vor Gericht herausstellt, um *undercover*-Agenten der Drogenfahndung.

Neal sitzt eine Woche in Untersuchungshaft, dann wird er auf freien Fuß gesetzt. Aber nicht lange. Schon am nächsten Tag verhaftet man ihn abermals. Diesmal wird ihm zur Last gelegt, von jemandem vierzig Dollar erhalten zu haben, um Marihuana zu kaufen, aber dann soll er weder den Stoff geliefert noch das Geld zurückgegeben haben.

In dem Zeitungsartikel bleibt nicht unerwähnt, daß Cassady ein enger Freund des berüchtigten Allen Ginsberg ist, dessen Gedicht *Howl* kürzlich beinahe wegen Obszönität verboten worden wäre.

Das Gericht fordert als Kaution eine ungewöhnlich hohe Summe, nämlich 12 000 Dollar. Carolyn, die, um das Geld zu beschaffen, auf das Haus eine zweite Hypothek aufnehmen müßte, entschließt sich, die Kaution nicht zu stellen. Sie traut es Neal durchaus zu, daß er untertaucht oder sich ins Ausland absetzt. In diesem Fall stünde sie mit den Kindern völlig mittellos da. Neal beschwört sie in einem empörten Brief, dafür zu sorgen, daß er auf freien Fuß kommt, dann werde es ihm ein leichtes sein, seine Unschuld zu beweisen.

Diesmal, die Verantwortung für ihre drei Kinder vor Augen, bleibt Carolyn hart.

Bei der Verhandlung gibt sich der Angeklagte höflich, aber nicht reuevoll, weigert sich jedoch, seine angeblichen Komplizen zu nennen.

Cassady wird schuldig gesprochen und erhält zweimal fünf Jahre bis lebenslänglich, was nach den Gepflogenheiten des amerikanischen Rechtssystems zwei Jahre Zuchthaus bedeutet. Ironischerweise tritt er seine Strafe am Unabhängigkeitstag des Jahres 1958 an.

Neal kommt zunächst in das Gefängniskrankenhaus Vacaville, wo er relativ gut behandelt wird. Nachdem er sich über Carolyns Weigerung, die geforderte Kaution zu zahlen, einigermaßen beruhigt hat, sieht er sein Schicksal unter dem Spruch von Cayce: ‹Gott läßt seiner nicht spotten› und entwickelt einen für Außenstehende geradezu bestürzenden Eifer in Glaubensdingen. Er hofft auf diese Weise, wie es in einem seiner Briefe heißt, ‹das Ostern eines neuen Anfangs› rascher herbeizwingen zu können. Er liest das gesamte Alte und Neue Testament, die Schriften von Thomas Merton und von Cayce empfohlene religiöse Literatur. Besonderen Einfluß auf sein Denken übt ein Buch mit dem Titel *Bewohner zweier Planeten* aus.

Er versucht fast krampfhaft, seiner Inhaftierung einen Sinn abzugewinnen. In einem Brief an Carolyn heißt es:

‹Was meine Seele angeht, so weißt Du ja, daß wir beide Gefangenschaft als eine Gelegenheit sondergleichen betrachten können, größere Gnade zu erlangen, und ich spüre immer deutlicher, daß es mit diesen Aussagen seine Richtigkeit hat, je mehr ich mich in Meditationen und Gebete versenke.›[2]

Vacaville hat, wenn man seinen Briefen Glauben schenken will, nahezu etwas von einer Sommerfrische: ‹...täglich duschen, viel Ruhe, gute Lektüre, wöchentlich Kino, Sport, gutes Essen, und es ist uns sogar gestattet, Zigaretten zu rollen.›[3]

Allerdings fürchtet er, daheim könnten Carolyn und die Kinder in Schande und Armut gestürzt werden, Ängste, die nicht ganz unbegründet sind.

Zunächst schlägt Carolyn und den drei Kindern, die zu diesem Zeitpunkt zehn, neun und sieben Jahre alt sind, eine Welle von Sympathie und Solidarität entgegen. In Los Gatos kennt man die Cassadys, sie haben keine Feinde, viele der Einwohner des Ortes gehören einer Gesellschaftsschicht an, in der Rauchen von Marihuana als Kavaliersdelikt gilt. Man gönnt sich schon mal einen

Joint. Über Carolyn und die Kinder geht ein warmer Regen der Wohltätigkeit nieder. Freunde und Bekannte mähen den Rasen, helfen mit Geld aus, bieten an, auf die Kinder aufzupassen. Es kommt sogar vor, daß ein Geschäft am Ort die anstehende Rechnung für gelieferte Lebensmittel streicht. Cathy kann in ein Sommerlager fahren. Jamie erhält Schwimmunterricht.

Aber so bleibt es freilich nicht. Carolyn sieht sich bald in heftige Auseinandersetzungen mit dem Sozialamt verwickelt, wo man ihr andeutet, sie könne mit zusätzlichen Zahlungen rechnen, sofern sie sich von Neal scheiden lasse.

Freilich macht sie sich das Leben selber schwer, indem sie Neals Gefängnisaufenthalt vor den Kindern geheimhält. Wenn Neal den Kindern Briefe schreibt, trennt sie den Briefkopf mit der Anschrift des Gefängnisses ab. Tatsächlich erfahren die Kinder von der Gefängnisstrafe ihres Vaters erst, als das älteste Mädchen auf die High-School kommt.

Nach drei Monaten in Vacaville wird Neal nicht, wie er gehofft hat, nach Soledad verlegt, sondern kommt nach San Quentin, eine berüchtigte Anstalt, die mit 5000 Sträflingen belegt ist.

‹Um Dir vorzustellen, was es bedeutet, hier eingesperrt zu sein›, schreibt er an Carolyn, ‹kannst Du ja mal den Bodenbelag aus dem Auto in die Badewanne legen, so liegst Du auch weicher darin, wenn auch nicht so lange wie ich in meiner verwanzten Koje; dann hol Deine 200 Pfund wiegende Freundin Edna herein oder die aggressivere Pam. Verriegle die Tür, u. nachdem Du 11 rüpelhafte Kinder in unser Schlafzimmer gezerrt hast, damit sie die 1100 lärmenden Häftlinge spielen, die in diesem Block untergebracht sind, mußt Du noch den Toilettensitz, den Handtuchhalter und das Schränkchen an der Wand abnehmen... alles außer einem winzigen Spiegel und einem kleinen Regal... bleibe dann nahezu regungslos, damit Du das wegen bewaffnetem Raubüberfall sitzende Gegenstück zu Edna nicht unnötig irritierst, denke nun über Deine Fehler in der Vergangenheit, Deine gegenwärtigen Agonien und Deine zukünftigen Niederlagen im Licht der Einsichten nach, die Dir bei Deinem so beeinträchtigten Zustand kommen mögen, und Du weißt ziemlich genau, wie es um mich steht.›[4]

In San Quentin nehmen Neals religiöse Reflexionen endgültig wahnhafte Züge an. So, wenn er die Namen von 262 Päpsten von

Petrus bis Pius XII. auswendig lernt oder seine Zeit im Gefängnis in San Francisco mit dem Noviziat eines Mannes vergleicht, der in den Zisterzienserorden eintreten will.

Zur Arbeit wird er in die Textilwerkstatt des Gefängnisses geschickt. Während er bei dem Rattern der automatischen Webstühle arbeitet, brüllt er eine Folge von Gebeten, die sechzig Minuten währt, um dann wieder von vorn zu beginnen.

Alles bis hin zur kleinsten Einzelheit wird nun zur Allegorie und hat in seinen Augen karmische Bedeutung. Als er beim Hofgang mit anderen Sträflingen Hufeisen wirft, erinnert ihn das an seine Schwäche für Pferdewetten und an seine Schuld am Tod von Natalie. Als seine Tochter in einem Brief an ihn statt der im Amerikanischen üblichen Anrede *hey hay* (Heu, das ist Marihuana) schreibt, ist das kein Zufall, sondern das Wirken des scharfen Messers Erinnerung, das sich des unschuldigen Geistes eines Kindes bedient, um ihn zu strafen und ihm den Fluch des Unkrauts vor Augen zu rücken, das ihn ins Loch gebracht hat. Wie recht doch Cayce hat, wenn er sagt: ‹Der Mensch begegnet überall nur sich selbst.›[5]

Von seinem Vornamen und der Ähnlichkeit des Klanges der Worte Neal und *kneel* leitet er die Botschaft ab, er müsse sofort als ein Kniender, das heißt unterwürfig leben.

Für Carolyn und gewiß auch für Neal ist es sehr enttäuschend, daß sich seine besten Freunde kaum um ihn kümmern.

Jack soll gegenüber Freunden geäußert haben, wenn Neal so töricht sei, sich erwischen zu lassen, sei ihm nicht zu helfen, das müsse er schon selbst ausbaden. Allen beschafft schließlich eine Schreibmaschine für Neal, zu der Jack das Geld gestiftet hat. Aber als sich endlich eine Möglichkeit bietet, Neal im Gefängnis zu besuchen, kommen Allen Ginsberg und Gary Snyder, nicht aber Jack.

Kerouac ist inzwischen auch vom Literaturbetrieb zu heftig in Anspruch genommen, um dem alten Freund und seinem Schicksal mehr als beiläufige Aufmerksamkeit zuwenden zu können oder zu wollen.

Ginsberg ist da weniger egozentrisch, er ist einfühlsamer, verständnisvoller und ohne die bei Jack offenbar stark vorhandenen Berührungsängste, die aus seiner kleinbürgerlichen Kitschecke herrühren oder von der Sorge um seinen frisch gewonnenen Ruhm bestimmt sind.

Carolyn entwickelt den Plan, zusammen mit der Familie Hinkle nach Schottland auszuwandern. Für Neal ist das wenig verlockend, ganz davon abgesehen, daß, sofern er zur Bewährung vorzeitig entlassen würde, ihm die Ausreise verboten wäre.

Die Diskussion darüber bringt es mit sich, daß Neal und Carolyn ihr Verhältnis zueinander genauer überprüfen.

Immer wieder taucht in Neals Briefen der Gedanke auf, ‹ganz aus dem Bild zu verschwinden›[6].

All seinen Briefen ist eine tiefe Unsicherheit anzumerken:

‹Was ich wirklich und vor allem will, ist von mir selbst frei werden… ich will mich zu Tode schuften, ernsthaft, eine Art legitimer Selbstmord; warum? nun, weil ich nicht lieb bin, nicht fröhlich usw., weil ich die Leute nicht aushalte und die Welt, und weil das einzige, wozu ich noch tauge, darin besteht, Euch zu erhalten…›[7]

Besonders empört ihn, daß ihn die Eisenbahngesellschaft auf keinen Fall wieder einstellen will. Er findet das ungerecht und angesichts dessen, was er sich hat zuschulden kommen lassen, unangemessen.

Als Carolyn den Gedanken aufgibt, allein mit den Kindern nach Schottland zu gehen, jubelt er und fügt hinzu:

‹Meine inneren Spannungen verderben selbst hier (also im Gefängnis) meine guten Absichten, so weiß ich also nicht, in welche Tiefen mich meine schrecklichen Wünsche stoßen würden, wenn ich ein Jahr allein ohne Dich und die Kinder wäre…›[8]

Dann, nach zwei Jahren, am 3. Juni 1960, kommt Neal vorzeitig zur Bewährung auf freien Fuß.

Er findet Arbeit… nicht bei der Eisenbahngesellschaft, sondern bei einer Werkstatt in San Jose, die Autoreifen auswuchtet.

Daß er die Nachtschicht übernehmen muß, macht ihm nicht viel aus. Er hat sich einen neuen Ehering gekauft.

Daheim wirkt er zufrieden. Da er noch auf Bewährung ist, kann er das County nicht verlassen.

Das hindert ihn daran, wieder zu den Pferderennen zu fahren. Seiner Wettleidenschaft frönt er nur auf dem Papier.

Aber dann, Ende Juli 1960, steht eines schönen Tages wieder Jack Kerouac vor der Tür. Das wahnwitzige Karussell beginnt

sich von neuem zu drehen. Nein, er ist immer noch nicht erlöst...
Er springt wieder auf. Dieses Geräusch, diese Musik, dieses Leben, bei dem es einem schwindlig wird...!

Zweifellos ist Neal Cassady in seinem Leben zu so etwas wie einem amerikanischen Volkshelden geworden. Menschen, die ihn gut kannten, haben seine Faszination und Bestürzung hervorrufende Persönlichkeit höchst unterschiedlich gesehen und geschildert. Für Gary Snyder ist Neal ein Zu-spät-Geborener:
‹Mein Bild von Cassady ist das des 1890er Cowboys, des Typs von Menschen, der auf den Hochebenen zwischen 1880 und 1890 arbeitete... er ist der Enkel der 1880er Cowboys aus Denver, für den es keine Ranch mehr gibt, auf der er tätig sein kann. Cassady ist der Grenzertyp, reduziert auf Billardhallen und das Hin-und-her-Jagen im Land... Cassady besitzt die Energie des archetypischen Westens...›[9]
Cassadys Handlungen und Denkungsart stimmen aber auch auffällig mit dem Bild des ‹weißen Negers›[10] überein, das Norman Mailer in einem vielbeachteten Essay entworfen hat, in dem er die Hipster als ‹philosophische Psychopathen› bezeichnet.
In Kerouacs Romanen unterliegt Neals Bild einem Wandel. In *On the Road* verkörpert er als Dean Moriarty den unbeschwerten Optimismus des westlichen Amerika, er ist jemand, der das Leben bejaht und feiert. Recht pathetisch wird er ‹ein westlicher Verwandter der Sonne›[11] genannt. Ein andermal heißt es: ‹Er war einfach ein Junge, den das Leben furchtbar erregte, und wenn er auch ein Hochstapler war, so schwindelte er nur, weil er so heftig leben und mit Menschen zusammenkommen wollte, die ihm sonst keine Beachtung geschenkt hätten.›[12] Wenn Sal über ihn nachdenkt, wird er an die Unschuld von Kindern erinnert. Aber er ist auch davon überzeugt: ‹Er besitzt das Geheimnis, nach dem wir alle noch suchen.› Im *Book of Dreams* – wie der Titel sagt, eine Sammlung von Träumen Jacks, von denen manche auch im Sinn einer Selbststilisierung erfunden zu sein scheinen – hat Neals Gestalt, wenn sie auftaucht, immer etwas Erschreckendes, sie wirkt düster, schweigsam und kalt. In den späteren Romanen nennt Kerouac Cassady unter anderem ‹einen Märtyrer der amerikanischen Nacht›. In einer Szene in *Big Sur*[13], einem Buch, von dem noch die Rede sein wird, beobachtet ihn der Erzähler,

wie er wütend, aber wenig effektiv, Holz hackt, und diese Beobachtung wird ihm zur Metapher für die ‹gewaltige, aber sinnlos wirkende Stärke›, die im Leben des Freundes waltet. Dennoch bleibt Cody/Neal für ihn ein Engel, ‹der viel vom heiligen Michael› hat. Am stärksten überhöht wird seine Gestalt in *Visions of Cody*, wo ihn Kerouac als Helden vor allem wegen seiner Verbindung zum Kosmischen feiert. Kerouac versucht in diesem Roman, der ausschließlich um das Sein seines Freundes kreist und ihn facettenreich zu definieren trachtet, diesen zum Prototypen des amerikanischen Mannes zu erheben. ‹Der Faden der amerikanischen Geschichte windet sich durch jeden Abschnitt des Buches. In der frühen Beschreibung der Billardhalle hören wir zum Beispiel, daß Cody in die Fußstapfen solcher Curtis-Street-*habitués* wie Pesacola Kid, Willie Hoppe, Bat Masterson, Jelly Roll Morton und Theodore Dreiser getreten ist. Anspielungen auf den Bürgerkrieg gibt es in Hülle und Fülle, und im letzten Abschnitt wird Cody gleich zweimal mit einem Soldaten des Bürgerkriegs verglichen. Bezeichnenderweise als ein glückloser Rebell, seiner Heimat beraubt: «Der Bürgerkriegssoldat auf dem alten Foto steht neben einem Holzstoß im Regen und wartet darauf, gefangengenommen zu werden…» Cody hat auch solche amerikanischen Gestalten wie einen Cowboy, einen *hanging judge*, einen Reiter aus einem Aufgebot in Oklahoma […] Clark Gable, W. C. Fields und Franklin D. Roosevelt verkörpert. Und als das Buch endet, ist er eins geworden mit dem amerikanischen Kontinent: «Denver begann L. A. zu imitieren, es breitete sich über Meilen hin aus – und Cody wuchs hin über den ganzen Weg bis nach Kalifornien.»›[14]

Man könnte also sagen, daß bei Kerouac Cassady eine Gestalt ist, an der sich seine Phantasie abarbeitet, aber auch eine Projektionsfläche für vielerlei mehr als die reale Gestalt des Freundes. Wenn aber Cassady Amerika ist, dann werden in ihm auch die aktuellen Gefährdungen Amerikas sichtbar, und es ergibt sich, daß Kerouac sie bewundert und gefürchtet hat.

Auch Allen Ginsberg sieht in seinen zahlreichen Gedichten über Neal Cassady den Freund zweifellos idealisiert, wenn er ihn als Menschen zeichnet, bei dem spirituelle und sexuelle Energie sich harmonisch ergänzen.

In den Gedichten des Bandes *The Fall of America*[15] erscheint

Neal als ein Held des Bewußtseins und des Geistes, dessen Gedanken und Handlungen im Gegensatz gesehen werden zu ‹Maya›, den Illusionen, die sich in der modernen Welt als Tyrannei, Gewalt, Angst und Besitzgier manifestieren, während Cassady mit Zärtlichkeit, Leidenschaft und Hingabe in Zusammenhang gebracht wird.

Eine originelle Spekulation stellt Gregory Stephenson an. Er geht dabei aus von dem Jungschen Begriff des Schattens, der Personifizierung latenter Grundzüge des Unterbewußten.[16] In ihm sind Werte enthalten, die das Unterbewußte zwar braucht, welche aber in einer Form bestehen, die es ihm schwermacht, sie in das Leben der betreffenden Person zu integrieren. Stephenson schlägt vor, in Cassady/Cody nicht nur den Schatten von Paradise/Kerouac, sondern darüber hinaus die Schattengestalt der von Erfolg und Macht geprägten amerikanischen Nachkriegsgesellschaft zu sehen.

Das hat eine gewisse Entsprechung in einem Gedicht von Ginsberg mit dem Titel *The Names*, in dem der Tod der amerikanischen ‹Heiligen› beklagt wird, die eine materialistisch-militaristisch-rationalistische Gesellschaft zu Märtyrern macht. Cassady wird in diesem Zusammenhang ausdrücklich namentlich erwähnt, verurteilt zu einem Tod bei lebendigem Leib durch Frustrationen und Unterdrückung und zum allmählichen Erlöschen seiner natürlichen Energien und seiner Freude.

Einen ganz neuen Deutungsansatz zu Cassadys Persönlichkeit gibt dann Tom Wolfe in seinem Buch *The Electric Kool-Aid Acid Test*[17], das die Abenteuer Cassadys mit Ken Kesey und den Merry Pranksters erzählt. Wolfe sieht die Erfahrung dieser modernen Vaganten als eine religiöse Gruppenerfahrung, als die Begründung einer neuen Religion, in deren Mittelpunkt das *kairos*, die höchste Erfahrung, steht. Hier wird Cassady zum ‹heiligen Narren›, zum ‹heiligen Primitiven›, zur ‹lebendigen Parabel›, zum Mystagogen, zum Seelenführer, ‹zum heiligen Clown und mystischen Akrobaten›, dem es aufgrund seines gesteigerten Intuitionsvermögens gelingt, die unendliche Gegenwart und das ewige Jetzt zu leben.

Gewiß sind all das Eigenschaften und Wesenszüge, die Neal Cassady tatsächlich innegewohnt haben. Aber auch mit solchen Feststellungen läßt sich die Tragik dieses Lebens nicht rational erklären – eines Lebens, das vom Anfang bis zum schlimmen Ende von einem unaufhebbaren Hang zur Selbstzerstörung beherrscht ist.

Im Grund scheint Neal Cassady zu jenen Menschen gehört zu haben, denen auf Erden nicht zu helfen ist.

IV. BUCH

Endspiele

The method must be purest meat
and no symbolic dressing,
actual visions & actual prisons
as seen then and now.
Allen Ginsberg,
On Burroughs' Work *

Die Big-Sur-Depression 1

(1960) **Kerouac**

> I have no plans
> No dates
> No appointment with anybody
> So I leisurely explore
> Souls and Cities...
> *Jack Kerouac,*
> *Mexico City Blues,*
> *34th Chorus* [1]

Im Frühsommer 1960 gerät Kerouac in eine schwere Depression. Die äußeren Ursachen liegen auf der Hand. Verletzt hat ihn der Tenor der Besprechung von Kenneth Rexroth zu *Mexico City Blues* in der *New York Times Book Review*. Rexroth hatte Jacks Versuche im Bereich der Lyrik ‹mehr mitleiderregend als lächerlich› genannt. Hämisch und gezielt verletzend hatte es weiter geheißen: ‹Ich habe mich immer gefragt, was aus den Wachsfiguren in den alten Kaschemmen für alte Gummihälse in Chinatown würde. Nun wissen wir es, wenigstens eine von ihnen schreibt Bücher.›[2]

Bei Jack entwickelt sich langsam die Zwangsvorstellung, nicht nur die Kritiker, sogar seine alten Freunde hätten sich gegen ihn verschworen.

Auch der bei Grove Press veröffentlichte Roman *Doctor Sax* erhält fast ausschließlich schlechte Besprechungen. Lediglich die Zeitschrift *Time* bezeichnet ihn als Jacks bestes Buch, allerdings mit einer Begründung, die ihn kaum gefreut haben dürfte, der nämlich, daß darin alle Themen wieder vorkämen, die man aus seinen vorangegangenen Büchern schon kenne: Marihuana, Zen-Buddhismus und Frauengeschichten. Ein privates Problem ist Gabrielle.

‹Mémère›, schreibt Kerouacs erste Biographin Ann Charters, ‹ließ nun ihren Sohn nie vergessen, daß sie ihn in all den Jahren, da er die Bücher schrieb, ernährt hatte und um sechs Uhr morgens aufgestanden war, um in die Schuhfabrik zur Arbeit zu gehen. Die gesamten Einkünfte Jacks gingen auf ein gemeinsames Konto. Ohne Gabrielles Unterschrift konnte er keinen Scheck ausstellen. Mémère teilte ihm Geld für Zigaretten und Bier zu. Als sie nach Northport zogen, erklärte sie, es sei zu teuer, eine Telefonleitung legen zu lassen. Wenn Jack mit seinen Freunden in New York telefonieren wollte, mußte er eine Meile laufen.›[3]

Noch schlimmer ist vielleicht, daß die Mutter nichts unversucht läßt, um ihren Sohn von seinen alten Freunden zu trennen.

Als Allen Ende der fünfziger Jahre aus Paris an Jack schrieb, hat sie den Brief abgefangen und beantwortet. In ihrem Brief nennt sie Allen einen unmoralischen Rüpel, einen Juden, der es nicht wert sei, mit Christenmenschen wie Jack und ihr Umgang zu haben. Sie droht, Allen und Bill beim FBI anzuzeigen.

‹Ihr elenden Vagabunden habt nichts als schmutzigen Sex und Rauschgift im Sinn›, schreibt sie und: ‹Wenn Sie je wieder wagen, irgendwo Jacks Namen in einem Ihrer schmutzigen Bücher zu erwähnen, werde ich Sie verklagen und ins Gefängnis bringen.›[4]

Wahrscheinlich glaubt sie, so den Willen ihres toten Ehemannes zu vollstrecken.

Da der Brief unzureichend frankiert war, kam er erst an, als Allen schon nach Amerika zurückgefahren war.

Da Allen Burroughs gebeten hatte, alle für ihn noch eingehende Post zu öffnen, las Bill ihn.

Er hat ihn Allen mit einem Kommentar versehen nach New York geschickt: ‹Eine törichte, engstirnige, rachsüchtige Bäuerin, unfähig eines großzügigen Gedankens oder Gefühls... an Deiner Stelle würde ich Jack diesen Brief zeigen. Wenn er damit einverstanden ist, sich wie ein Kind behandeln zu lassen, und seiner Mutter erlaubt, seine Post zu öffnen und darüber zu befinden, wen er sehen und mit wem er korrespondieren darf, kann man ihn abschreiben.›[5]

Als Jack und Allen sich in New York treffen und sich über den Vorfall unterhalten, nimmt Kerouac seine Mutter in Schutz.

Allen ist großzügig genug, trotzdem den Kontakt nicht abreißen zu lassen. Burroughs, der in Paris weiterhin Drohbriefe von Gabrielle erhält, die er jeweils ungeöffnet im Bidet verbrennt, reagiert härter. Mehr als Jacks Abhängigkeit von seiner Mutter, die ihm nichts Neues ist, kritisiert er Kerouacs Verhalten gegenüber Neal während dessen Gefängnisaufenthalts.

Es ist Ginsberg, der Jack zuredet, nicht in eine ausbeuterische Verlagspolitik einzuwilligen, bei der die leicht verkäuflichen Bücher auf den Markt geworfen werden, die anspruchsvollen aber unveröffentlicht bleiben. Gegen Jacks Abhängigkeit von Mémère vermag er allerdings nichts auszurichten; sie nimmt in diesen Jahren immer mehr geradezu groteske Formen an. In Jacks Träumen taucht Gabrielle manchmal als Engel und Verkünderin der Wahrheit auf, dann wieder als gehaßte alte Frau, deren Grab er mit Marihuana bepflanzen will.

In dem Maße, in dem Kerouac eine Art Galionsfigur der Beat Generation wird, verschärft sich sein innerer Konflikt.

Das Foto des schönen dunkelhaarigen Mannes im offenen Hemd und mit einem silbernen Kreuz auf der Brust in der Zeitschrift *Mademoiselle* hat seine Wirkung nicht verfehlt. Mag die Kritik Kerouac in der Luft zerreißen, es gibt eine nicht kleine Gruppe unter den jungen Leuten, die ihn zu ihrem Idol erhoben haben.

Gewiß unterliegt Kerouac einer Selbsttäuschung, wenn er den Rummel um die Beat Generation dafür verantwortlich macht, daß er das Leben immer öfter nur noch betrunken erträgt. Seine Probleme rühren in viel stärkerem Maße von seiner Ich-Schwäche her. Er glaubt, in zwei Welten, in der bürgerlichen Welt der Familie und der durch Ginsberg, Burroughs und vor allem durch Neal verkörperten Welt einer aufsässigen, rebellisch-anarchistischen Boheme, zugleich bestehen zu können. Wenn Menschen aus einer der beiden Welten seine Loyalität fordern, reagiert er schwankend, unsicher, häufig feige. Vielleicht glaubt er, die Spießerwelt, wie sie seine Mutter verkörpert, als Schutzwall gegen Verletzungen nötig zu haben. Aber damit tötet er das Beste in sich selbst ab, wie sich an seinen Büchern erkennen läßt: Während Ginsberg und Burroughs gerade durch die immer radikalere literarische Form ihrer Gesellschaftskritik der öffentlichen Meinung Achtung abnötigen, wird Jack mehr und mehr zum sich selbst zerstörenden Säufer. Was er schreibt, ist mehr und mehr nur Phrase, erweist sich letztlich als verdünnter Aufguß früherer Bücher. Sein Zorn über seine Unfähigkeit schlägt in Selbstmitleid, Sentimentalitäten, Neid und Verfolgungswahn um... in

Aufbegehren gegen vermeintliche Ungerechtigkeit. Aus all dem erwachsen immer neue Depressionen, gegen die er kein anderes Mittel weiß als immer größere Mengen von Alkohol.

Die Niederschrift der Erfahrungen eines weiteren Besuchs an der Westküste wird zwar nicht sein letztes Buch überhaupt sein – es folgen, je nachdem, was man zählen will und was nicht, noch drei oder vier weitere –, aber es ist das letzte Buch von literarischer Bedeutung insofern, als der Autor darin seine eigene Krise und die Höllen, in die sie ihn stürzt, als exemplarisch erkennt, und es ihm gelingt, sie sprachlich angemessen und psychologisch ehrlich darzustellen.

Seit längerem hat Lawrence Ferlinghetti, der in San Francisco den City Lights Bookstore und den dazugehörigen Verlag betreibt, die Absicht gehabt, einen Text von Kerouac zu verlegen.

Im April 1960 kommt Ferlinghetti nach Northport. Die beiden Männer finden viele Gemeinsamkeiten in ihrem Leben und ihren literarischen Vorlieben; sie werden gute Freunde.

Journalisten belagern das Haus. Kerouac soll sich zu einem Jesus-Gedicht Ferlinghettis äußern, das eine heftige Diskussion ausgelöst und dem Dichter den Vorwurf eingetragen hatte, er sei antichristlich und unamerikanisch.

> Him just there
> on His Tree
> looking real petered out
> and real cool
> and also
> according to a roundup
> of late world news
> from the usual unreliable sources
> real dead.[6]

Jack verweigert eine Stellungnahme, aber typisch für seine eingeschüchterte Haltung ist die Bemerkung in einem Brief an Carolyn Cassady:

‹Ich hätte ihnen schließlich nur sagen können, daß ich über Jesus auf meine Weise geschrieben habe. Aber Du kannst sicher sein, das wäre in den Zeitungen völlig verdreht wiedergegeben worden.›[7]

Ferlinghetti erlebt bei seinem Besuch mit, wie Jack durch Neugierige, Schlaflosigkeit, Alpträume, Magenkrämpfe und die wieder auftretende Phlebitis an den Rand des Wahnsinns gerät.

Sie kommen überein, daß Ferlinghetti *Book of Dreams* veröffentlichen wird. An dem Manuskript ist noch einiges zu tun. Ferlinghetti bietet Kerouac an, den Sommer über zurückgezogen in seiner Blockhütte im Bixby Canyon bei Big Sur an der Pazifikküste in der Nähe von Monterey in Klausur zu gehen.

Jack ist begeistert; er stellt sich vor, wie Thoreau als Einsiedler in der Wildnis zu leben, ohne Alkohol auszukommen und mit sich selbst allein darüber nachzudenken, wie sich sein Leben neu ordnen ließe. Zudem könnte er endlich einmal Neal besuchen, der inzwischen wieder auf freiem Fuß ist.

Um nicht sofort in den Kreis alter und neuer Freunde und Saufkumpane zu geraten, hat Kerouac an Ferlinghetti geschrieben, er wolle in San Francisco inkognito ankommen.

Aber statt Ferlinghetti in San Francisco vom Bahnhof aus anzurufen, taucht Jack während der Hauptgeschäftszeit im City Lights Bookstore auf. Seine Anwesenheit in der Stadt spricht sich im Nu herum. Im Grunde sind sowohl die Mystifikation als auch die Enttarnung ganz in seinem Sinn, denn es wird damit wieder einmal bewiesen, daß wilde Ausschweifungen eben der Preis sind, den er für seine Berühmtheit zu zahlen hat. Nur zu gern begibt sich Jack am Wochenende zusammen mit Philip Whalen und dem Maler Robert LaVigne auf eine Sauftour, nach der er am Montag, dem 25. Juli 1960, neben Whalen auf dem Fußboden in einem schäbigen Hotelzimmer erwacht. Am Vormittag spazieren die beiden zum Hafen und haben ein intensives Gespräch. Aber als Kerouac immer noch verkatert in die miese Absteige zurückkommt, in der er aus alter Gewohnheit ein Zimmer genommen hat, wird es ihm angst und bange. Er greift sich seinen Rucksack und bricht nach Bixby Canyon auf.

Der Bus bringt ihn bis Monterey, von dort aus nimmt er ein Taxi und erreicht gegen drei Uhr morgens das Tor am US Highway 1, den Eingang zum Canyon.

Kerouac erschrickt, als er merkt, in was für eine höchst unheimliche Landschaft er da geraten ist. Die Küstenkette schirmt sie gegen den Ozean ab, die hereinwehende Feuchtigkeit verwandelt sich, wie häufig in Kalifornien, in Nebel.

Jack kommt sich verloren vor. Ängste und Wahnideen steigen in ihm auf. Selbst die Geräusche der an die Küstenfelsen schlagenden Wellen empfindet er als bedrohlich.

Eine optische Täuschung läßt es an einer Stelle scheinen, als liege der Ozean höher als das Land. Hohe schwarze Felsnadeln werden zu einem Monster mit verfaulten Zähnen. Ein Bild, das einige Monate zuvor in seinen Träumen aufgetaucht ist und das er ‹die fliegenden Pferde von Moien Mo› genannt hat, meint er jetzt wieder vor sich zu sehen. Ein gigantisches Gebirge, auf dessen Kamm Paläste und Tempel stehen, über denen sich im Halbkreis Flügelpferde mit ausdruckslosen, aber auch wieder schuldbewußt wirkenden Gesichtern versammelt haben. Angst macht ihm auch eine hohe, oberhalb des Strandes verlaufende, zum Selbstmord einladende Autobrücke und am Boden das Wrack eines herabgestürzten Wagens, das der Sand schon halb zugeweht hat.

Er sieht die Fahnen von *Book of Dreams* durch und liest das einzige Buch, das er im Blockhaus finden kann: Robert Stevensons Novelle *Doktor Jekyll und Mr. Hyde*, die Geschichte einer Bewußtseinsspaltung. Er entdeckt in der Erzählung unheimliche Parallelen zu seiner eigenen Situation.

Er beginnt ein ehrgeiziges Schreibprojekt, ein langes Gedicht mit dem Titel *Meer* – Assoziationen zu den Wellengeräuschen des Pazifischen Ozeans.

Er meditiert und versucht sich vorzustellen, daß einst die gesamte Oberfläche der Erde mit dem Schmutz von Billionen von Jahren bedeckt sein wird. Er baut ein Mühlrad an einem Bach und freundet sich mit einem halbwilden Maultier an. Ein Ausflug in das nächste Tal führt ihn in einen Wald mit riesigen Redwoods und schönen Farnen.

Dann überfallen ihn wieder trübe Gedanken, und im Wind wirbelnde Blätter geben ihm die Vorstellung ein: ‹Oh, mein Gott, wir werden alle im Meer vergehen, gleichgültig was wir sagen und tun.›

Aus dem Wasser scheint ihm eine alte Vettel mit giftiger Stimme zuzurufen: ‹Verschwinde zu deinen Gelüsten und häng nicht länger hier herum!›

Nachdem er in der Einsamkeit von Big Sur seinen Vorsatz, nicht zu trinken, vierzehn Tage lang durchgehalten hat, kapituliert er und versucht, per Autostop nach San Francisco zurückzukommen. Er, der erfahrene und berühmte Tramper, muß die enttäuschende Erfahrung machen, daß niemand bereit ist zu halten. Er legt die vierzehn Meilen auf dem Randstreifen des Highway 1 nach Monterey bei glühender Hitze und neben dem siedenden Asphalt zu Fuß zurück. Er holt sich Blasen und ist einem Sonnenstich nahe. Ein mitleidiger Trucker nimmt ihn schließlich wenigstens bis zur Busstation mit. Jack fährt nach San Francisco und mietet sich wieder in einem der ihm vertrauten Hotels im Rotlichtviertel ein.

Als Kerouac am nächsten Tag zu Ferlinghetti in den City Lights Bookstore kommt, erwartet ihn dort ein Brief von Mémère mit einer traurigen Nachricht. Das Kätzchen Tyke, sein Liebling unter der Familie ihrer Hauskatzen, ist plötzlich gestorben. Keiner seiner Kollegen kann begreifen, was der Verlust des geliebten Tieres für ihn bedeutet. Mit Whalen geht er auf ein paar Biere in Mike's Pool Hall. Es wird dann doch eine Nacht daraus, in der er allein eine ganze Flasche Pernod leert, und man beschließt, nach Los Gatos zu den Cassadys zu fahren. Betrunken wie er ist, gibt sich Jack gegenüber Carolyn grob und voller Selbstmitleid. Gegen Mitternacht fährt er mit dem Lyriker Lew Welch und Paul Smith, einem jungen Mann, der Jacks Bücher bewundert, zu der Werkstatt, in der Neal arbeitet. Es ist das erste Wiedersehen nach drei Jahren. Neal wirkt ausgeglichen, voller Energie. Jack fällt ein Stein vom Herzen. Seine Schuldgefühle müssen groß gewesen sein. Nein, kein Groll darüber, daß er Neal in St. Quentin nicht besucht hat. ‹Mann, wir können eine gute Zeit haben!› Ganz der alte Neal.

Am Morgen, als Jack nüchtern ist, hat er ein vernünftiges Gespräch mit Carolyn unter vier Augen, in dem er ihr eingesteht, völlig vom Alkohol abhängig zu sein.

Am folgenden Samstag verliert Neal überraschend seinen Job in der Reifenwerkstatt, weil der Inhaber in finanzielle Schwierigkeiten geraten ist.

Da außerdem eine Abschlagszahlung auf das Haus fällig wird, ruft Neal Jack in San Francisco an, und der ist auch sofort bereit, ihm mit der nötigen Summe auszuhelfen. Lew Welch soll das Geld hinaus nach Los Gatos bringen.

Zusammen mit Welch erscheinen dort Paul Smith, Ferlinghetti, Phil Whalen und Jack. Später stößt noch der Lyriker Michael McClure mit seiner Familie dazu. Sie entführen Neal, der sich am Montag einen neuen Arbeitsplatz suchen muß, zu einer Party nach Big Sur. Er findet eine Anstellung, und die Party in Big Sur wird am Wochenende darauf in noch größerem Kreis fortgesetzt.

In der Nacht liest man sich an einem großen Feuer auf dem Strand Gedichte vor. Jack liest Abschnitte aus *Dr. Jekyll und Mr. Hyde*. Michael McClure ist von der Intensität seines Vortrags außerordentlich beeindruckt. ‹Es waren Augenblicke wie dieser, in denen mir klar wurde, daß Jack tatsächlich ein Genie war›, erinnert er sich.[9]

In der nächsten Woche ist Jack mit Paul Smith allein. Alles geht so lange gut, wie Wein vorhanden ist. Als sie die letzte Flasche ausgetrunken haben, überkommen Kerouac Schreckensbilder. Er sieht sein Gesicht von Hautkrebs zerfressen und fällt schließlich auf die Knie nieder, um ein Stoßgebet zu sprechen, das er vor vierzehn Jahren seinen Vater hat sagen hören. Er flüchtet wieder in die Stadt.

In San Francisco lernt er Jacky Gibson kennen, Neals Geliebte in der Stadt, während Carolyn sich in Los Gatos wieder einmal in der Illusion wiegt, daß Neal sich im Gefängnis endlich doch zu einem Mustergatten und Bilderbuch-Familienvater geläutert habe. Jacky, die einen vierjährigen Sohn hat, drängt Neal, sich von Carolyn scheiden zu lassen. Neal möchte weder Carolyn noch Jacky verlieren. An einem Leben mit zwei Frauen hat er schon immer Gefallen gefunden. Vielleicht ist der Freund bereit, Jackys Bedürfnis nach einer festen Bindung zu befriedigen? Zunächst läuft alles nach Wunsch. Jack und Jacky verlieben sich ineinander, aber die junge Frau erinnert Kerouac an Lucien Carr. Bilder der Katastrophe von damals steigen in ihm auf... verstören und warnen ihn.

Und je länger er nachdenkt, desto mehr Zweifel und Ängste überkommen ihn. Er fühlt sich der Verantwortung nicht gewachsen, die Vaterrolle bei dem vierjährigen Eric zu übernehmen. Im Grund genommen – und das spricht er auch Jacky gegenüber offen aus – würde er lieber Carolyn heiraten. Jacky schlägt ihm vor, Carolyn zu einer Scheidung zu überreden.

Am Wochenende fährt Kerouac voller Unrast mit Lew Welch

und Leonore Kandel nach Big Sur hinaus. Natürlich ist Jacky auch dabei. Unter dem Vorwand, er müsse dort noch eines seiner Hemden abholen, tatsächlich aber, um einen Zusammenstoß zwischen den beiden Frauen zu provozieren und so vielleicht einen Vorwand zum Bruch mit Jacky geliefert zu bekommen, fahren sie in Los Gatos vorbei.

Carolyn erweist sich als diplomatisch genug, um einen offenen Konflikt zu vermeiden, aber Neal kann seine Eifersucht auf Jack nicht verbergen.

Im Blockhaus im Bixby Canyon wird Jacks Bedürfnis nach Alkohol bald wieder zu einem Problem. Seine Hände beginnen zu zittern. Ein heftiger Anfall von Delirium tremens überkommt ihn. Das kleine Kind macht ihn nervös und aggressiv. Er macht sich Vorwürfe, mit Jacky zu schlafen, ohne sie wirklich zu lieben. In der Nacht ist ihnen das Kind, das sich weinend an die Mutter klammert, beim Beischlaf im Weg. Am nächsten Morgen, bei ungewöhnlich schönem Wetter, regen ihn die Touristen auf, die in der sonst menschenleeren Gegend ausgeschwärmt sind. Er faselt von kommunistischen Spionen, überlegt, ob er sich umbringen solle.

In der folgenden Nacht erreicht seine Paranoia ihren Höhepunkt. Die Liege, auf der er mit Jacky nächtigt, bricht zusammen, im Schlafsack ist es ihm zu heiß, Moskitos quälen ihn... er rennt hinaus ins Freie, und Jacky hört, wie er auf das Geräusch des Baches, der in der Nähe dahinfließt, mit dem Aufschrei reagiert:

‹Aufhören, aufhören. Hört sofort mit diesem Gemurmel auf!›[10]

Es ist Vollmond, und er wimmert nach Mémère und seiner toten Katze Tyke. Teufel und Engel stürzen auf ihn herab. In seinem anhaltenden Alptraum spürt er Schnee und Eis auf sich niedergehen, sieht Monster, sich begattende Raubvögel und Wesen mit Gesichtern aus Teig, bis er schließlich ein leuchtendes Kreuz sieht, das er als Zeichen der Rettung deutet.

In einem Brief, den er zwei Jahre später an Carolyn Cassady schreibt, heißt es:

‹Es war diese Nacht, in der es mit meinem Glauben an das Nirwana zu Ende ging. Ich begriff, daß mein ganzer Buddhismus nur leere Worte waren, beruhigende Worte, und mir wurde klar, daß immer noch eine Masse von Teufeln hinter mir her war...›[11]

Am nächsten Tag bittet er Lew, ihn nach San Francisco zurückzufahren.

Ferlinghetti kümmert sich um ihn. Er rasiert ihn und rät ihm, wenigstens Burgunder statt ewig die billigen Süßweine zu trinken, die er gern mag. Er redet Jack zu, sich zu einer Kur in einem Sanatorium anzumelden. Weil Jacks Kleidung so abgerissen wirkt, schenkt ihm ein chinesischer Freund, Victor Wong, einen Kaschmirpullover.

Victors alter Vater gilt als weiser Mann. Als ihn Jack in seiner Bedrängnis um einen guten Rat bittet, sagt der alte Wong: ‹Es verlangt Sie danach zu schreiben, es verlangt Sie danach zu trinken. Am besten wäre es, Sie gingen nach Japan, würden dort ein Zen-Mönch, stiegen hinauf ins Gebirge und würden dort soviel trinken und soviel schreiben, wie Sie wollen.›

Ferlinghettis Vorschläge wären leichter durchführbar. Er führt Jacks Krise darauf zurück, daß er von seinen Wurzeln abgeschnitten ist. Warum sich nicht nach Lowell zurückziehen? Letztlich aber wissen alle, daß ihr gutes Zureden und ihre Ratschläge in den Wind gesprochen sind.

Kerouac fliegt zurück in den Osten, nach Northport, ins kuschelige Kleinbürgerheim, wo Mémère über ihn weiter das Zepter schwingen wird.

LSD, Indien und die Wende **2**

(1960–1963) **Ginsberg**

> Turning it from shit to roses
> *Allen Ginsberg,*
> *Interpretation des vierten*
> *Bodhisattva-Gebots*

Im Januar 1960 werden Ginsberg und Ferlinghetti zu einer Schriftstellerkonferenz in Santiago de Chile eingeladen. An Ort und Stelle wird ihnen klar, daß die Veranstaltung, an der siebenundzwanzig Schriftsteller aus fünfzehn Ländern Amerikas teilnehmen, von der Kommunistischen Partei des Landes finanziert wird. Beide sind durchaus keine *fellow travellers* des Kommunismus, aber sie trösten sich damit, daß es etwas anderes bedeutet, in Südamerika Kommunist zu sein als in den USA oder in Europa; ihrer Ansicht nach drückt es lediglich eine humanitäre Grundhaltung aus. Immerhin bringen die Berichte von den gesellschaftlichen Veränderungen in Kuba und das, was die lateinamerikanischen Autoren über die Zustände in ihren Ländern erzählen, Ginsberg dazu, über seinen politischen Standort nachzudenken. ‹Ich lebe›, heißt es in seinem Tagebuch, ‹als wären mir die Leiden der Tiere und Menschen, die sterben oder stöhnen, um mich zu ernähren und meine Wohnungen warm und hell zu machen, gleichgültig – als wäre ich von ihrem Leiden, von Wissen und Anteilnahme daran, durch meinen trickreichen Bart und meinen Verstand getrennt.›[1]

Er erinnert sich an seinen Schwur zu Beginn seines Studiums, auf der Fähre von Hoboken nach Manhattan, der leidenden Menschheit zu helfen. Damals hatte er Anwalt für Arbeitsrecht werden wollen. Und was ist daraus geworden?

Nach einer längeren Reise durch das südliche Chile fährt er über Bolivien nach Peru. Er besucht die Ruinen von Machu Picchu, die bei ihm ein Gefühl von Begeisterung auslösen.

Die wichtigste Erfahrung aber ist die Reaktion seiner Psyche auf das Halluzinogen der Amazonas-Indianer, auf Yage oder Ayahuasca. Nach einem ersten Versuch mit der Droge in Lima macht er in Pucallpa, einem kleinen Ort im Dschungel, die Bekanntschaft eines indianischen Zauberers, der ihm einen Trank bereitet, in dem die Wirkstoffe zweier Pflanzen miteinander gemischt sind. Die Wirkung ist diesmal weit stärker. Er tritt ein in das ‹große Sein›, wie er es nennt. Zuerst erscheinen ihm goldene Insekten, dann vermeint er die Geräusche von Tieren in einer Dschungellandschaft zu vernehmen. Er empfindet ein intensives Gefühl von Verbundenheit mit den vier Einheimischen, die mit ihm zusammen den Trank eingenommen haben.

Er schreibt Burroughs über seine Ängste bei den Halluzinationen. Ist das nicht ein zu gefährlicher Weg? Bill beruhigt ihn. Er hat Ähnliches erlebt und ihm davon erzählt, doch offenbar hat Allen nicht genau zugehört.

Wenn man versucht, die spirituelle Einsicht genauer zu bestimmen, zu der Ginsberg bei seinen Experimenten mit Yage gelangt, so ist da zunächst einmal das Vorstellungsvermögen der Grundsituationen von Geburt und Sterben. Er selbst sagt, er begreife nun den zurückliegenden Tod seiner Mutter und den zukünftigen seines Vaters und seines Bruders besser. Es drängt sich ihm die Vorstellung auf, daß es sein Fluch ist, weder Mann noch Frau zu sein. Er denkt an die fünf Frauen, mit denen er sexuell verkehrt hat, überlegt, daß sie ausgeschickt worden sein könnten, um ihn zu retten.

Als er die Droge zum drittenmal einnimmt, scheinen ihm das Angesicht Gottes und das des Todes zusammenzufallen. Gott ist der Tod. Der Tod ist Gott. Er unterhält sich lange mit dieser Erscheinung. Er fragt dieses Gegenüber, wie er sich gegenüber Frauen verhalten solle – offenbar ist das eines seiner Hauptprobleme – und erhält zur Antwort: ‹Liebe sie!›

Es gelingt ihm, in Lima von den Behörden Papiere ausgestellt zu bekommen, welche es ihm gestatten, die verschiedenen Bestandteile, die notwendig sind, um Yage herzustellen – Blätter und als Katalysatoren wirkende Pflanzen –, offiziell in die USA einzuführen.

Als er nach New York zurückkommt, wo er wieder zusammen mit Peter Orlovsky eine Wohnung nimmt, besitzt er eine Gallone Yage. Er liest mehrere Bücher, die sich von der Naturwissenschaft, der Mythologie oder der Mystik her mit Bewußtseinsveränderungen auseinandersetzen.

Im September 1960 schreibt er in über einunddreißig Stunden ununterbrochener Arbeit den Text von *Kaddish*, neben *Howl* sein wichtigstes Gedicht. Ja, aber ist das überhaupt noch ein Gedicht? Er hat Schallplatten mit Aufnahmen von Ray Charles gehört; er hat einem Freund Teile aus Shelleys Gedicht *Adonais* vorgelesen. Gegen drei Uhr am Morgen haben sie sich Morphium und Methamphetamine injiziert. Allen ist auf das Begräbnis seiner Mutter zu sprechen gekommen; der Bekannte hat ein Buch mit den jüdischen Ritualen hervorgeholt und daraus Teile des Kaddisch vorgelesen. Langsam hat Ginsberg den starken Rhythmus des Originals in sich aufgenommen. Allmählich haben sich seine eigenen Sätze nach diesem Rhythmus gestaltet.

Später bei der marathonhaften Schreibsitzung nimmt er ein paarmal Dexedrin-Tabletten, um sich munter zu halten. Er verläßt den Schreibtisch nur, wenn er auf die Toilette gehen muß. Peter Orlovsky bringt ihm zu essen und zu trinken: gekochte Eier... ab und an eine Tasse Kaffee.

Offenbar hat Ginsberg ohne Unterbrechung zunächst den gesamten Text hingeschrieben und dann auch noch die Kraft gehabt, um sogleich einen Korrekturdurchgang vorzunehmen.

Kaddish: Das ist die Elegie auf die wahnsinnige Naomi, seine Mutter. Der Text ist ein Zeugnis für Ginsbergs unerhört intensives Einfühlungsvermögen... eine Rekapitulation von Naomis Leiden, wie sie im ersten Buch erzählt worden sind... eine schonungslose Aufdeckung der Bindung Ginsbergs an seine Mutter... seiner Gefühle und Empfindungen, dessen, was er mit ihr erlebt hat. Es gibt kaum einen anderen lyrischen Text der modernen amerikanischen Literatur, in dem ein Autor zu solch rückhaltloser Ehrlichkeit fähig ist und den schwierigen und widersprüchlichen Charakter eines Menschen, der ihm nahesteht, so facettenreich darzustellen vermag.

Der Text ist Erzählung, Reinigung und der gelungene Versuch, zu einer neuen, die Widersprüche akzeptierenden Einstellung zur toten Mutter zu gelangen. Dabei ist die Spannweite der evozierten Gefühle erstaunlich. Sie reicht von Verwünschung und Verständnis bis zum Eingeständnis und der Beschreibung sexueller Wünsche zwischen Mutter und Sohn. Die unmittelbaren Reaktionen zweier Lyriker auf diesen Text sind überliefert.

Bei dem einen handelt es sich um Louis, Ginsbergs Vater, der Kaddish ‹herzzerreißend› und ‹überragend› nennt, aber Unbehagen über Anspielungen auf die Homosexualität seines Sohnes empfindet und dem manche Bilder als zu ‹vulgär-obszön› erscheinen. Zwar behauptet Louis Ginsberg, es gehe ihm darum zu verhindern, daß ein so bedeutendes Kunstwerk von einer sensationsgierigen Kritik falsch verstanden werde. Tatsächlich stehen sich hier aber auch zwei ästhetische Auffassungen gegenüber. Der Vater will einen bestimmten Intimbereich gewahrt wissen. Dem Sohn ist es gerade um das Eindringen in diesen Bereich zu tun. Nur von daher, so würde er argumentieren, kann das Wesen eines Menschen in Wahrheit verstanden werden.

An Lawrence Ferlinghetti schickt Ginsberg den Text mit einem Brief, der erkennen läßt, daß er nicht frei von Selbstzweifeln ist. Diese betreffen aber vor allem das Genre und die ungewöhnliche Struktur. Er schreibt an seinen Verleger:

‹Ich weiß nicht, wie es auf Dich wirken wird, Lyrik oder nicht – ein gewaltiger weißer Elefant vielleicht – Du mußt Dir ausdenken, was damit geschehen soll... laß mich wissen, wie es auf Dich wirkt – ich habe haufenweise Zweifel.›[2]

Ferlinghetti schlägt in seiner Antwort lediglich die Streichung einiger Wiederholungen vor. Er weist auf bestimmte Unklarheiten im erzählenden Teil hin und findet, das Gedicht könne noch weiter konzentriert werden. Das sind Anregungen, denen Ginsberg folgt. Im übrigen nimmt Ferlinghetti den Text sofort zur Veröffentlichung als Nr. 14 in seiner Pocket-Poets-Serie an.

Die Beschäftigung mit bewußtseinserweiternden Drogen bringt Allen zu dieser Zeit in Kontakt mit dem an der Harvard University lehrenden Timothy Leary, der an dieser berühmten Hochschule mit Billigung ihrer Leitung eine Versuchsreihe mit einem Halluzinogen durchführt, das nach einer chemischen Analyse des ‹göttlichen› Pilzes Psilocybe mexicana in den Laboratorien der Firma Sandoz in der Schweiz synthetisch hergestellt worden ist.

Leary, der 1961 vierzig Jahre alt wird, hat ein recht unruhiges Leben hinter sich. Geboren als Sohn eines Militärzahnarztes, der unter anderem Eisenhower behandelte, hatte er schon als Jugendlicher und junger Mann immer wieder gegen die Normen und Gebote der Gesellschaft verstoßen. Er hatte als Schüler gegen seine jesuitischen Lehrer rebelliert und war von den Eltern auf die Militärakademie Westpoint geschickt worden. Auf der Rückfahrt von einem der berühmten Football-Spiele zwischen Army und Navy hatte er Schnaps gekauft, im Zug getrunken und Kameraden dazu eingeladen. Alkohol war den Kadetten strikt verboten.

Er hatte sein Vergehen geleugnet und war daraufhin mit dem sogenannten *silent treatment*, also mit völliger Nichtbeachtung, bestraft worden. Niemand sprach mehr mit ihm, bei den Mahlzeiten mußte er schriftlich um sein Essen bitten. Diesem Druck war er auf die Dauer nicht gewachsen, aber die Erfahrungen während dieser Zeit als *Unperson* hatten in ihm ein hohes Maß an subversiver Energie geweckt. Nach einer Ehrenerklärung für ihn verließ er die Akademie und studierte dann an der University of Alabama, wo er eines Nachts im Schlafsaal der Studentinnen erwischt wurde, was wiederum einen Verweis zur Folge hatte. Er war also an drei Anstalten des Establishments gescheitert und hinausgeworfen worden. Aber als gelte es zu beweisen, daß die Gesellschaft an seiner hohen Intelligenz auf die Dauer dennoch nicht vorbeikommen werde, promovierte er in Berkeley in Philosophie und war zwischen 1954 und 1959 Direktor des psychologischen Versuchszentrums am Krankenhaus der Kaiser-Stiftung in Oakland. Danach wurde er als Dozent nach Harvard berufen. Er schrieb ein in Fachkreisen geschätztes Lehrbuch und galt bald als kommender Mann im Bereich der Verhaltenspsychologie. Der von ihm entwickelte ‹Leary-Test› wurde in großen Konzernen und bei der CIA zur psychologischen Einschätzung von Führungskräften benutzt. In Harvard hatten Professoren und Studenten seit mehreren Jahren dem Militär und der CIA als Versuchsobjekte für Experimente mit LSD gedient.

Die Wirkung des ‹heiligen Pilzes› hatte Leary durch einen Zufall entdeckt. Während eines Urlaubs in Cuernavaca in Mexiko bekam ein Freund Learys von einer Indianerin eine Handvoll getrockneter Pilze, die Leary und er mit ein paar Schluck Carta Blanca hinunterspülten. Die Wirkung war so überwältigend, daß er sich vornahm, mit dieser Droge die amerikanische Gesellschaft aus den Angeln zu heben.

‹Es war unbedingt und ohne Frage die tiefste religiöse Erfahrung meines Lebens. Ich entdeckte, daß Schönheit, Offenbarung,

Sinnlichkeit, die zelluläre Geschichte der Vergangenheit, Gott und Teufel – alle in meinem Körper liegen, außerhalb meines (normalen) Bewußtseins.›[3]

Zielvorstellung ist von nun an, die psychotische Kruste, die Amerika bedeckt, aufzubrechen. Den Baum der Erkenntnis interpretiert Leary als die erste Drogenerfahrung, ob deren Adam und Eva aus dem Paradies verjagt wurden. Die Bibel erzwinge Nahrungs- und Drogenverbote.

Der Zufall will es, daß sich zu diesem Zeitpunkt Aldous Huxley, der Verfasser zweier Bücher über bewußtseinsverändernde Drogen, zu einer Gastvorlesung am Massachusetts Institute of Technology aufhält. In jener Nacht, in der der Wahlsieg John F. Kennedys verkündet wird, unterhalten sich die beiden Männer. Huxley findet Leary in seinem grauen Anzug und mit seinem Bürstenhaarschnitt eher bieder, ermutigt ihn aber, sich weiter vorzuwagen.

Leary inszeniert das sogenannte Wunder von Marsh Chapel, einen Versuch, bei dem er und einer seiner Doktoranden am Karfreitag zehn Theologiestudenten und -professoren im Verlauf eines Gottesdienstes Psilocybin geben, während zehn andere Placebos bekommen. Neun der zehn Psilocybin-Rezipienten berichten von eindringlichen religiösen Erfahrungen, während von der Kontrollgruppe lediglich einer etwas Vergleichbares erlebt hat.

Im Dezember 1960 besuchen Allen Ginsberg und Peter Orlovsky Leary in seinem Haus in Newton.

Nachdem sie die Pilz-Pillen geschluckt haben, überfällt Ginsberg zunächst eine leichte Übelkeit, die aber sofort vergeht, als die Droge zu wirken beginnt. Er und Orlovsky sind einfach überwältigt. Sie ziehen sich nackt aus und laufen mit einem merkwürdig verklärten Blick durch das Haus.

Ginsberg überkommt ein Messiasgefühl. Er ruft: ‹Wir werden die Leute lehren, ihren Haß abzulegen. Beginnen wir mit einer Bewegung des Friedens und der Liebe.›[4]

Er steht in Learys Wohnzimmer, ein kurzsichtig blinzelnder Prophet, denn er hat seine Brille nicht auf.

Als die Wirkung der Droge nach sechs Stunden nachläßt, setzen sich Ginsberg und Orlovsky im Bademantel an den Küchentisch und trinken heiße Milch.

Ihre Meinung, die Leary nur zu gern hört: Psychedelische Drogen sind ein Mittel, um die Welt zu verändern. Während Huxley vorgeschlagen hat, man solle die Leute in Schlüsselstellungen und die Meinungsmacher antörnen, plädiert Ginsberg dafür, jeder müsse das Recht haben, Acid einzunehmen.

Mit dem experimentierfreudigen Leary entwickelt er den Plan, eine Anzahl bekannter Autoren, Maler und Jazzmusiker, darunter Willem de Kooning, Dizzy Gillespie, Jack Kerouac, den Pulitzer-Preisträger Robert Lowell und den Verleger Barney Rosset aufzufordern, ebenfalls Psilocybin zu nehmen. Die meisten der Angesprochenen stimmen zu, aber das Ergebnis ist eher verwirrend. Bei Kerouac steigert die Droge seine Großmannssucht und Weinerlichkeit. Seine Zukunftsvisionen sind pessimistisch. Robert Lowell verkündet, als die Droge wirkt, nun könne er überhaupt erst begreifen, wovon Blake und Johannes vom Kreuz geredet hätten. Barney Rosset findet sich von denselben Ängsten heimgesucht, die er sonst vor seinem Psychiater ausbreitet. Der Jazzpianist Thelonious Monk fragt: ‹Habt ihr nicht etwas Stärkeres?› Und als sich Ginsberg bei Dizzy Gillespie danach erkundigt, ob er sich wohl gefühlt habe, antwortet der: ‹O yeah... alles, was mich antörnt, macht mich glücklich.›[5]

Unterdessen ist es unter den Hipsters in New York Mode geworden, Methedrin zu spritzen. Ginsberg versucht auch das und schreibt unter Methedrin-Einfluß einen über zehn engbeschriebene Seiten laufenden Text, der gekürzt dann den Titel trägt ‹Fernsehen wurde zu einem Baby, das auf die Totenkammer zukroch›.[6] Leary ist mit seinen Versuchen, selbst sehr hochgestellte und einflußreiche Persönlichkeiten mit dem Pilz und später mit LSD anzutörnen, erstaunlich erfolgreich. Auch Leute auf wichtigen Posten in Politik und Wirtschaft wollen in diesen Monaten Drogen probieren. Leary verschafft Mary Pinchot, einer Malerin, die mit einem CIA-Beamten verheiratet ist, Halluzinogene und gibt ihr Ratschläge zu deren Benutzung.

Später wird sich herausstellen, daß Mary eine der vielen Gespielinnen des Präsidenten gewesen ist und daß sie John F. Kennedy mit bewußtseinsverändernden Drogen vertraut gemacht hat.

Ginsberg scheinen schon 1961 Zweifel gekommen zu sein, ob

er sich mit solchen Versuchen noch auf dem richtigen Weg befindet. Schon seit einiger Zeit planen er und Peter Orlovsky eine Indienreise. Dabei spielt die Erwartung eine Rolle, neue spirituelle Techniken kennenzulernen.

Es wird eine lange Reise werden. Sie beginnt mit der Überfahrt nach Europa auf der *America* im März 1961, führt ihn zunächst nach Paris und Tanger, wohin inzwischen Burroughs vorübergehend zurückgekehrt ist. Bill lebt mit zwei jungen Engländern zusammen, die ihn gegen homosexuelle Besucher am liebsten völlig abschirmen würden. Burroughs hat gerade eine Selbstheilung von seiner erneuten Abhängigkeit von Heroin versucht und dazu noch in Paris einen gewissen Ian Sommerfield, einen rothaarigen Mathematikstudenten aus Cambridge mit einem Vogelgesicht, den er in einer amerikanischen Buchhandlung kennengelernt hat, als Krankenpfleger angeworben. Der andere Knabe in seinem Anhang heißt Mickey Portman. Er ist schön wie ein Engel, gierig, selbstsüchtig, drogenabhängig und trinkt zuviel Gin. Er stammt aus einer sehr reichen Londoner Familie, der große Teile von Mayfair gehören. Burroughs selbst nennt Mickey ‹ungehobelt und zügellos› und vergleicht seinen Charakter mit dem des sowjetischen KGB-Chefs Berija, aber was macht man, wenn einer siebzehn Jahre jung ist und die Augen des Bacchus auf einem Gemälde von Caravaggio besitzt, in die man seit eh und je verliebt war!

Mit Erfindung der sogenannten *cutting-up*-Methode scheint Burroughs für Ginsberg ein anderer Mensch geworden zu sein. Er empfängt Allen mit der Frage: ‹Für wen trittst du hier als Agent auf?›[7] Burroughs sind das gedruckte Wort und das mehrdeutige Bild wegen ihrer Manipulierbarkeit suspekt geworden. Bill erklärt auch, die Lyrik sei am Ende, die Welt bewege sich auf ein neues Bewußtsein zu, in dem Worte und Ideen eliminiert werden würden. Allen sieht darin einen Angriff auf sein poetisches Universum. Hinzu kommen Spannungen zwischen Allen und Peter, der nach sieben Jahren auf einen Abbruch ihrer eheähnlichen Beziehung drängt.

Schließlich bricht Peter nach Istanbul auf. Timothy Leary kommt von Madrid herüber, um Burroughs zu einem Symposium über bewußtseinserweiternde Drogen einzuladen, das im September in Harvard stattfinden soll.

Der Gedanke, daß sich einflußreiche Leute in der Regierung

oder im Universitätsbetrieb gegen seine Menschheitsbeglückung durch Drogen aussprechen könnten, kommt Leary offenbar nie. In den USA tauchen um diese Zeit die ersten Buttons mit der Inschrift auf: ‹Leary ist Gott.›

Überhaupt findet dort ein kultureller Umschwung statt, zu dem die Entdeckung der künstlichen Drogen den Anstoß gibt. Die Hippies lösen die Beats ab. Acid tritt an die Stelle von Haschisch. Popmusik beginnt mehr und mehr die Rolle zu übernehmen, die zuvor Gedichte gespielt haben.

Wenn die Beats letztlich eine kleine Gruppe von Schriftstellern, Jazzmusikern und Malern waren, entsteht nun eine jugendliche Massenbewegung, in der sich Leute finden, die sich der Politik völlig verweigern, die aber auch Gegner des Vietnamkrieges, Bürgerrechtskämpfer, Aussteiger und Umweltschützer einschließt. Das Ende der Beat Generation ist eingeläutet, auch wenn es Beats wie Neal Cassady gibt, die sich nun den Hippies anschließen...

Nachdem Ginsberg Peter in Haifa vergebens gesucht hat, treffen sie sich in Tel Aviv wieder und söhnen sich soweit aus, daß sie die Indienreise zusammen antreten können.

Sie besuchen Martin Buber, der sie freundlich empfängt und darüber belehrt, daß nicht die Identität und die Konfrontation mit den Dingen, wie Allen meint, sondern die zwischenmenschlichen Beziehungen das wichtigste dem Menschen in seiner Lebenszeit zur Lösung aufgegebene Problem darstellen.

Ginsberg hat sich mit Gary Snyder für den 1. Januar 1962 in Bombay verabredet. Aber es ist schon Mitte Februar, als Peter und er dort eintreffen.

Was Allen in Indien am meisten beeindruckt, ist die zentrale Rolle, die die Religion auch im Alltagsleben spielt. An Kerouac berichtet er: ‹Jeder in Indien ist religiös, ist unheimlich, jeder hat irgendeine Saddhana [Methode], einen Familien-Guru oder brahmanischen Priester, der weiß, daß das Universum nichts als eine große Illusion ist; es ist völlig anders als im Westen – es ist wirklich eine andere Dimension von Zeit-Geschichte, die hier gilt... man geht davon aus, daß alle Götter unwirklich sind, also sollte man alle Gottheiten als rein subjektive Formen der Meditation respektieren, dazu bestimmt, das Bewußtsein auf ein Bild zu fixieren, und es ruhig und friedlich zu stimmen...›[8]

Für Ginsberg wird der Indienaufenthalt zu einer spirituellen Suchfahrt, während Peter Orlovsky immer stärker in die Abhängigkeit vom Opium gerät.

In Delhi treffen sie auf Gary Snyder und dessen Lebensgefährtin Joanna Kyger und besuchen zu viert den Ashram des Swami Shivananda in einer Schlucht am Ufer des Ganges. Ginsberg durchschaut die fragwürdige Einstellung der Anhänger, unter denen sich zahlreiche Amerikanerinnen befinden, und bezeichnet den Meister selbst als ‹einen Scharlatan aus der Massenproduktion der internationalen Scharlatan-Gilde›[9].

Den Betrieb des Ashram als weitgehend vordergründig, ja als faulen Zauber zu durchschauen, den Swami dennoch für einen gesetzten, ehrbaren alten Mann zu halten, von dem sich etwas lernen läßt, ist vielleicht nur jemandem möglich, der über ein so hohes Maß an Toleranz und Verständnis für religiöse Bedürfnisse verfügt wie Allen Ginsberg.

Einen Rat, den ihm der Swami gibt, wird Allen lange bedenken. Er lautet: ‹Der einzige Guru sitzt in deinem Herzen.›

Das nächste wichtige Ereignis ist ein Gespräch mit dem 1959 aus Tibet vor den rotchinesischen Invasoren geflohenen Dalai Lama in seinem indischen Exil. Ein Gesprächsthema unter anderen sind Allens Drogenerfahrungen. Der Dalai Lama hält von Drogen erzeugte Zustände deswegen für wenig nützlich, weil sie nicht durch eigenen Willen und eigene Anstrengung erreicht werden, räumt aber ein, sie könnten zur Auflockerung dienen. Er warnt vor den Gefahren der Abhängigkeit und betont, nur durch eigene Disziplin lasse sich die Persönlichkeitsstruktur im Sinn solcher Erfahrungen ändern.

In Bombay trennen sich Gary und Joanna von Allen und Peter und treten die Rückreise nach Japan an.

Die Zurückbleibenden treten in Kontakt mit jungen indischen Intellektuellen, diskutieren mit ihnen über die regionale Literatur und die Beat-Lyrik, werden von den indischen Freunden in Opiumhöhlen und in Häuser mitgenommen, in denen sie Hermaphroditen und Transvestiten treffen.

Ginsberg beobachtet an sich eine immer größer werdende Gleichgültigkeit gegenüber spirituellen Bedürfnissen. Mystizismus, Drogen, Gurus, die Frage nach Gott, aber auch die eigenen Ängste sind plötzlich nicht mehr so wichtig.

Im Mai besuchen sie einen tibetischen Rinpoche in einem der zahlreichen Klöster in den Vorbergen des Himalaya. Dessen Rat an Allen lautet: ‹Sieh auch die Räder in den Rädern, achte darauf, nicht an dem, was du siehst, zu kleben. Ob es nun schrecklich oder sehr schön ist, klebe nicht daran fest.›[10] Ein echt buddhistischer Rat, den Ginsberg schließlich, nachdem er zunächst mit den Sätzen nichts anfangen kann, auf seine Blake-Vision und seine von daher datierende jahrelange Suche nach Bewußtseinserweiterung bezieht.

Immer wieder hat Ginsberg während seiner Reise durch Indien in Briefen an Freunde die Toleranz in diesem Land gegenüber Menschen gerühmt, die anders sind als die Mehrzahl, die durch ihre Ansichten und durch ihre äußere Erscheinung von der Norm abweichen.

Immer wieder hat sich Ginsberg gewünscht, etwas von dieser Lässigkeit und Großzügigkeit bei Äußerlichkeiten würde sich auch in seinem Heimatland durchsetzen, denn dann hätten es die Beats gewiß einfacher.

Anfang Januar 1963 liest er aus seinen Gedichten an der englischen Fakultät der Universität von Benares. Nach seinem Vortrag äußert Professor O'Brien, der Dekan der englischen Fakultät, das, was er eben gehört habe, sei obszön und vulgär. Ginsberg verteidigt sich. Sie geraten in einen Wortwechsel. Sehr bald danach sehen sich Allen und Peter vom indischen Criminal Investigation Department und von der Ausländerbehörde bespitzelt. Die Kontrolleure der Behörde streuen unter den Anwohnern der Straße, in der sie in Benares wohnen, Gerüchte über sie aus. Schließlich fordert man sie bei Androhung einer Gefängnisstrafe von fünf Monaten auf, das Land innerhalb von drei Tagen zu verlassen. Allen schickt ein Protesttelegramm an Pandit Nehru und bittet diesen, ihn zum Tee einzuladen. Er reist nach Delhi und kann im Innenministerium durchsetzen, daß ihre Aufenthaltserlaubnis um sechs Monate verlängert wird. Am 20. März erfährt er aus dem *Time Magazine*, daß in den USA sein Lehrer und Mentor William Carlos Williams gestorben ist. Der Tod dieses Mannes, dem er für seine künstlerische Entwicklung so viel verdankt, geht ihm sehr nahe. Er schreibt ein Gedicht mit dem Titel *Death News*. Nein, Williams kann nicht tot sein. Er ist jetzt nur auf einem anderen Stern, im Gestirn des Großen Bären. Im

August 1963 erreicht Ginsberg eine Einladung für drei Wochen an die Universität von Vancouver, wo er an einem Workshop für moderne Lyrik mitwirken soll. Er nimmt an, und es kommt deswegen zu Streit mit Peter Orlovsky, der ihn daran erinnert, er habe geschworen, nie gegen Geld in der Öffentlichkeit Gedichte zu lesen.

Ginsberg reist nach Saigon, besucht in Kambodscha die Ruinen von Angkor. Es ist die Zeit, in der die US-Regierung ihre Bombenangriffe in Vietnam immer mehr verschärft und das korrupte Diem-Regime zu immer brutaleren Unterdrückungsmaßnahmen gegen buddhistische Mönche greift.

Von den Journalisten in Saigon hört Allen Fakten über das Kriegsgeschehen, die ihn, wie er schreibt, an einen üblen Meskalinrausch erinnern.

Nach einem Besuch in Kyoto bei Gary Snyder und Joanna Kyger kommt es auf der Rückreise zu jener Wende in Allens Bewußtsein, die einen Einschnitt in seinem Lebenslauf und seinem künstlerischen Schaffen darstellt. Und dies bedeutet die Wende: Ginsberg gibt die Queste nach Unsterblichkeit, nach Einsicht in das kosmische Bewußtsein auf. Er widerruft die Blake-Vision. Nach einer Wanderung durch die verschiedenartigsten metaphysischen Universen, die in Visionen erfahren worden sind, kehrt er in das Haus seines eigenen Körpers zurück.

Nun gilt der Satz: ‹Mein eigener Körper ist das Zentrum der Liebe.›

Als der große Kreis seiner Reise sich 1964 schließt, indem er nach New York zurückkehrt, beschreibt er die Veränderung, die in Japan mit ihm vor sich gegangen ist, in einem Interview so: ‹Wissen Sie, was ich jetzt möchte?... was für mich Paradies ist, möchte ich gern herausfinden. Meine Vision des irdischen Paradieses... an diesem Punkt, an dem ich zu meinem Körper zurückkomme und die Erde akzeptiere, meinen Körper akzeptiere und willens bin zu sterben... dies alles ist nun mein Lebenswunsch, mein Paradies. Das Problem ist jetzt, sich mit dem Selbst zu identifizieren, nachdem man zum Selbst zurückgekehrt ist. Ist es wirklich dein Selbst? Was ist dein Herz? Was ist dein Verlangen? Verlangen, Herz und Fühlen sind infinit. Also läuft es auf die Frage hinaus: Wonach verlangst du wirklich, wonach verlangen alle Menschen wirklich.›[11]

Hier, am Endpunkt einer Phase seiner geistigen Entwicklung, jener Phase, die eindeutig mit der Beat Generation verbunden war, verlassen wir Ginsberg.

In den kommenden Jahren wird er sich mehr und mehr nach Osten orientieren. Er wird in einer langen Sitzung beim Studium der Mantras das Singen als Ausdruck der Rückkehr in sich selbst und eines Lebens aus sich selbst heraus erfahren. *Mantra chanting*, so sagt er in den Gesprächen mit Paul Portugés, ist für ihn eine Möglichkeit, sich, aber auch andere zu beruhigen. Es hat etwas mit dem Öffnen der Chakras[12] im menschlichen Körper zu tun. Es zeigt einen körperlichen Weg zum Nirwana, oder, wie Ginsberg es vorsichtiger ausdrückt, dazu, ‹sich in das Unabänderliche wie Nacht und Tag und die Wahrnehmung anderer Menschen zu finden›. Sein politisches Engagement im Kampf für die Freiheit des Individuums, Drogen zu benutzen, sein Kampf gegen die schaurigen Vernichtungswaffen und gegen den Krieg in Vietnam ist immer begleitet und balanciert von Anstrengungen, sich zu ‹erden›. 1971 wird er ein Schüler des tibetischen Lamas Chögyam Trungpa, einer durchaus schillernden Persönlichkeit, deren menschlich-allzumenschliche Seiten Ginsberg bestimmt auch erkannt hat, aber in seiner großen Toleranz auch ertragen konnte.

Er hat das Bodhisattva-Gelübde abgelegt, aber damit nur bestätigt, was er zeit seines Lebens praktiziert hat. Der erste Satz des Bodhisattva-Gelübdes lautet: ‹Die empfindenden Wesen sind zahllos. Ich gelobe, sie alle zu befreien›, was er für die moderne Welt übersetzt mit: ‹Alle aufklären, allen helfen, mit allen auszukommen versuchen.› Der zweite Satz heißt: ‹Die Hindernisse sind unerschöpflich. Ich gelobe dennoch, sie alle zu überwinden.› Oder, wieder in Ginsbergs Worten: ‹Die eigene Aggression ist unerschöpflich, aber man verspricht, sie nicht aus den Augen zu verlieren und gegen sie anzukämpfen.› Der dritte Satz lautet: ‹Die Tore des Dharma sind zahllos. Ich gelobe, in jedes der Tore einzutreten.› Ginsberg interpretiert es mit: ‹Sich jeder Situation stellen, keine boykottieren. Nicht ausweichen, sondern versuchen, jede Situation zu alchemisieren, Bedrohungen, Ängste mit Überlegung in einen Vorteil zu verwandeln.›[13] Und schließlich der letzte Satz, der keiner Interpretation bedarf: ‹Der Buddha-Pfad ist endlos. Ich gelobe, ihm bis ans Ende zu folgen.›

Hinzufügen könnte man noch einen Satz aus den Lehren des Zen-Buddhismus: ‹Wenn du den Buddha suchen willst, mußt du erst Einsicht in deine wahre Natur gewinnen. Ohne eine solche Einsicht ist es müßig, die Sutras zu lesen. Das Wort «Buddha» bedeutet «Erwachter». Wenn du erwacht bist, ist dein eigenes Bewußtsein der Buddha. Wenn du aber anderswo als in deinem eigenen Bewußtsein nach dem Buddha suchst, bist du ein Narr.›[14]

Ginsberg ist den umgekehrten Weg gegangen: vom Universum zum Selbst. Die Einsichten seiner Beat-Jahre hat er nie verworfen, im Gegenteil, sie waren die Voraussetzung für die Wende, wie die Meditationstechniken des Mahayana-Buddhismus tibetanischer Prägung Werkzeuge waren, seine spirituelle Suche auf einer anderen Windung der Spirale fortzusetzen. Kosmische Außenwelt und der zu begreifende Kosmos der Innenwelt gehören zusammen.

Ginsbergs Gedichte sind gewissermaßen die Erfahrungsberichte dieser Suche. Sie als die wichtigste Aufgabe menschlichen Seins in einer an den Materialismus hingegebenen Welt erkannt, an ihr über alle Schwierigkeiten, Anfechtungen, Übersteigerungen, Enttäuschungen, Verirrungen hinweg festgehalten und über Glücksmomente wie Gefährdungen integer Auskunft gegeben zu haben, das macht Allen Ginsberg nicht nur zu einem bedeutenden Dichter, sondern auch zu einem in apokalyptischer Zeit eindrucksvoll der Sinnsuche treu bleibenden Menschen.

Cut-up oder Die Mythologie des Raumfahrtzeitalters 3

(1961–1964) Burroughs

I am acting as a mapmaker,
an explorer of psychic areas…
as a cosmonaut of inner space…
William Burroughs [1]

Im August 1961 fliegt Burroughs nach Boston. Er wohnt in Learys Haus in Newton, und hier geht gleich der Ärger los. Leary ist zum zweitenmal geschieden. Er hat seine Kinder bei sich, und diese Kinder, findet Burroughs, sind die Pest. Sie sind verwöhnt. Sie stopfen sich voll, lassen Lebensmittel angebissen liegen. Sie besitzen ganze Zimmer voller Schreibmaschinen, Plattenspieler, Sprechfunkgeräte, Tonbandgeräte und Fernseher. Diese Höllenkinder werden für ihn zum Paradigma der verwöhnten und langsam verrottenden Wohlstandsgesellschaft Amerikas.

Burroughs ist enttäuscht. Er hat erwartet, in Harvard gebe es Maschinen, die die Gehirnströme messen, Stroboskope, Submersionstanks.

Statt dessen ist er in eine endlose Cocktailparty von Intellektuellen geraten, die mit leuchtenden Augen von brüderlicher Liebe faseln. Leary sieht in Psilocybin die Pille zur Erleuchtung und das Heilmittel für alle Übel der Gesellschaft.

Burroughs ist dagegen der pessimistischen Meinung, daß wenn nicht Drogen, so Viren das Bewußtsein der Menschen zersetzen und sie zu willigen Marionetten der Herren über die Süchte machen.

Er denkt einen Schritt weiter als Leary. Er fürchtet, psychedelische Drogen könnten zur Kontrolle sich nach Visionen sehnender Massen benutzt werden, statt ihnen zur Emanzipation zu verhelfen.

‹Das kann ich nicht verlauten lassen, sonst klemmt mich Leary von $ ab›[2], schreibt er Paul Bowles nach Tanger.

Aber im zweiten Abschnitt von *Nova Express*, Sätzen, in denen er sich wie selten sonst direkt und unverschlüsselt zur Aufklärung bekennt, wird er zu Protokoll geben:

‹Auf die Gefahr hin, daß man mich prompt zur unpopulärsten Figur der gesamten Fiction erklärt – und Geschichte ist Fiction –, muß ich folgendes sagen: ‹Macht euch ein Bild von der Lage – Und dann fragt euch, wer sie verursacht hat. Wer hat das kosmische Bewußtsein monopolisiert? Wer hat Liebe, Sex und Träume monopolisiert? Wer hat das Time-Life-Fortune-Monopol? Wer hat euch genommen, was euch gehört? Und die wollen jetzt plötzlich alles wieder hergeben? Haben sie euch je etwas umsonst gegeben? Haben sie euch auch nur ein einziges Mal mehr hergegeben, als sie unbedingt mußten?›[3]

Und ein paar Sätze weiter heißt es: ‹Was sie an Unsterblichkeit, kosmischem Bewußtsein und Liebe zu bieten haben, ist der letzte Scheißdreck aus der Klamottenkiste – ihre Drogen sind pures Gift. [...] Ihr Drogenrausch hat ungefähr das gleiche Kaliber wie Abflußreiniger. – Sie versetzen die Halluzinogene mit Gift und klemmen sich das Monopol darauf – lernt, wie man es ohne diesen chemischen Humbug macht –, ihr ganzes Angebot ist nichts als Rauchschleier, hinter dem sie sich aus der Kolonie absetzen wollen, die sie so schändlich heruntergewirtschaftet haben...›[4]

Dann kommt die große Tagung der American Psychological Association im Stadler Hotel in New York. Der Saal für zweihundert Zuhörer ist im Nu überfüllt, ein größerer Raum ist so rasch nicht zu bekommen. Das Publikum besteht aus Publizisten, Intellektuellen, Leuten aus der Schickeria. Mal am neuen Wunder schnuppern.

Man kann sich vorstellen, wie Burroughs innerlich zusammenzuckt. Er fühlt sich benutzt. Das hat er nie mit sich machen lassen.

Er hält einen seriösen wissenschaftlichen Vortrag. Selbst gestärkt durch zwei Joints, warnt er darin vor dem Mischen von Drogen, das immer mehr in Mode kommt, vor Drogencocktails.

Diese Erweckungsbewegung, in die er da geraten ist, bereitet ihm mehr als Unbehagen. Sie ist eigentlich nur eine Variante des *square*-Glaubens, Glück lasse sich durch Besitz an Dingen und mehr und noch mehr Bequemlichkeit erlangen.

Leary hat in einem Gefängnis in Concord ein Programm laufen. Burroughs unterhält sich mit den Sträflingen, die daran teilnehmen, und die Haare stehen ihm zu Berge. Von einer exakten wissenschaftlichen Untersuchung kann keine Rede sein. Die Gefangenen sagen das, was Leary hören will. Leary erklärt ihnen, sie seien nur deshalb hinter Gittern, weil sie ein etwas altmodisches Spiel gespielt hätten: Räuber und Gendarm. Das neue Spiel hieße: Törn dich an mit dem Pilz. Na, warum nicht.

Leary dringt darauf, daß Sträflinge in seine Obhut entlassen werden. Dann findet einer, der auf Bewährung freigekommen ist, das alte Spiel eines Bankraubs doch wieder ganz lustig, und die schillernde Seifenblase einer Rehabilitierung durch bewußtseinserweiternde Drogen zerplatzt.

Burroughs steht mit seinem Skeptizismus nicht allein da. Der Schriftsteller Arthur Koestler erklärt Leary: ‹Ein Trip ist wundervoll. Aber es ist Täuschung, Ersatz, Instant-Mystizismus... Da ist keine Weisheit. Ich habe gestern abend das Geheimnis des Universums gelöst, aber bis zum Morgen hatte ich die Lösung wieder vergessen.›[5]

Lediglich das Geld für den Flug in die USA ist bei der ganzen Sache herausgesprungen. Den Rückflug muß Burroughs sogar selbst bezahlen. Sarkastisch schreibt er an Ginsberg: ‹Ich hoffe, ich werfe nie mehr ein Auge auf den Arsch dieses Pferdes. Wirklich eine Niete.›[6]

Bei Barney Rosset, seinem amerikanischen Verleger, hat er einen Vorschuß loseisen können. Ein paar Wochen verbringt er noch in einer Kellerwohnung in Brooklyn. Langsam wird ihm sein sich ausbreitender Ruf als Bürgerschreck lästig.

Er haßt das: Autoren, die zwanzig Prozent ihrer Zeit mit ihrer Arbeit verbringen und achtzig Prozent ihrer Zeit damit, sich bekannt zu machen, sind in seinen Augen einfach lächerlich und haben nicht begriffen, was die Uhr geschlagen hat. Er haßt Leute, ‹die deine Bücher loben, und du merkst eindeutig, sie haben nie ein Wort davon gelesen›.

In Paris trifft Burroughs Brion Gysin, der mit der Vermarktung der von ihm erfundenen ‹Traummaschine› beschäftigt ist.

Burroughs und Gysin sind in ihren künstlerischen Versuchen seit einem Tag im Oktober 1959 durch die Erfindung, Weiterentwicklung und Verwendung der sogenannten Cut-up-Methode eng miteinander verbunden.

An jenem Tag hat Gysin mit einem Brieföffner Zeitungen in Streifen geschnitten. Durch Burroughs' Überlegungen ist daraus ein Kunstmittel geworden, um das sich schnell eine weitreichende Theorie zu ranken begonnen hat.

Cut-up bedeutet nichts anderes, als Teile oder Ausschnitte von Texten oder Bildern anderer Urheber unter den eigenen literarischen Text zu mischen. Durch den Zusammenstoß von zwei verschiedenen Textsorten und Mitteilungssträngen ergeben sich merkwürdige Effekte. Der so entstehende neue Kontext mag dem ungeübten Leser ‹dunkel› erscheinen, aber die beiden Cut-up-Erfinder würden ihn als ‹erhellend› oder ‹befreiend› bezeichnen.

Burroughs ist bei seinen Reflexionen über die Drogen-, Sex- und Machtsucht darauf gekommen, daß unter anderem durch Wort und Bild mentale Kontrolle über den Menschen ausgeübt wird.

Das Bewußtsein, so argumentiert er, werde auf diese Weise gegen Bereiche des Denkens und der Wahrnehmung abgesperrt, die das Individuum zu einem nicht mehr an die Normen der Gesellschaft angepaßten Verhalten veranlassen könnten. Er spricht von Wort- und Bild-Schlössern, die es zu knacken gelte.

Cut-up biete die Möglichkeit, das Wort und das Image (also das Wortbild), aber auch die das Bewußtsein durch Leitsymbole dirigierende Fotografie ‹freizusetzen›.

Die Traummaschine, die Brion mit Ian Sommerville entwickelt hat, besteht aus einem Zylinder, der sich auf dem Plattenteller eines Grammophons bewegt. In diesem Zylinder befinden sich Schlitze, durch die dreizehnmal pro Sekunde Alphawellen austreten. Wenn sie auf das Auge treffen, sollen sie Visionen auslösen.

Die Traummaschine wird im Dezember 1962 im Musée des Arts Décoratifs ausgestellt. Sie erregt das Aufsehen von Patrick O'Higgins, dem Sekretär der Modeschöpferin Helena Rubinstein. Diese stellt sie zwar in das Schaufenster ihres Salons in der Rue du Faubourg St. Honoré, aber kaufen will sie sie dann doch nicht. Versuche, sie in Venedig an Peggy Guggenheim und in New York an Alfred Barr, den Direktor des Museum of Modern Art, zu veräußern, schlagen fehl.

Gysin hat viel Zeit und Geld in das Projekt investiert in der Erwartung, es zu den manchmal exorbitanten Preisen avantgardistischer Kunstobjekte verkaufen zu können. Burroughs, der von der Traummaschine immer begeistert war und Gysin ermuntert hat, bleibt nichts anderes übrig, als ihrem Erfinder finanziell unter die Arme zu greifen.

Sich aus einer immer bedrohlicher und hoffnungsloser werdenden Weltsituation fortzuträumen, dieses Bedürfnis muß Burroughs an vielen Menschen seiner Umgebung beobachtet haben. Mit den Errungenschaften der Technik zog es den Menschen vom Planeten Erde fort ins All. Und die künstlich hergestellten Drogen hatten Bereiche des menschlichen Bewußtseins zugänglich gemacht, die die Grenzen natürlicher Phantasie weit hinter sich ließen. Wenn Bewußtsein lediglich von einer chemischen Reaktion abhängig war, warum sollte dann mit der Welt und den Menschen im Zeit-Raum ‹Geschichte› nicht auch alles ganz anders gewesen sein, als es die alten Geschichten bisher glauben zu machen suchten?

Die Nova-Mythologie ist Burroughs' Versuch, eine moderne Mythe zu schaffen, die von dieser Überlegung ausgeht. In der Handlung kontrollieren nichtmenschliche Kräfte aus dem äußeren Weltraum (der Nova-Mob) die Menschen. Als Viren sind sie beim entscheidenden Sprung in der Evolution in den menschlichen Organismus eingedrungen.[7] Seitdem beherrscht der Nova-Mob die Erde, indem er bei den Menschen Süchte hervorruft. Im Grund sind die Menschen eine Replik ihrer *controller*, nämlich entweder Ausbeuter der Suchtverfallenheit oder Opfer der Abhängigkeit von Wort, Image, Drogen, Sex oder Macht.

Der Nova-Mob hat ein Kontrollsystem zu entwickeln gewußt, das Burroughs aus seinen Studien über die Maya-Kultur ableitete. Es finden sich aber darin auch Züge, die aus den Schreckenserfahrungen in den Konzentrationslagern, in Hiroshima und von den durch die Sekte der Scientology angewandten Methoden der Bewußtseinskontrolle abgeleitet worden sind.

Die Gegenkraft zum Nova-Mob stellt die Nova-Polizei dar, deren Beamte mehr oder minder Alter egos von Burroughs sind.

Festnahmen geschehen, indem man die Koordinatenpunkte, durch die die Viren den menschlichen Körper betreten, blockiert. Kadetten der Nova-Polizei werden im Denken und Schreiben trainiert, die als die wirksamsten Waffen gegen den Nova-Mob hingestellt werden. Sie müssen lernen, nicht in die Fallen von Genuß, Schmerz und Gefühl zu tappen.

Die Nova-Trilogie, auf deren umfangreiches Personeninventar und ausschweifende Katastrophenphantasien hier nicht im einzelnen eingegangen werden kann, umfaßt die Bände *The Soft Machine, The Ticket that Exploded* und *Nova Express*. Während in *The Soft Machine* vorwiegend Bilder aus Burroughs' Reisen in Südamerika auftauchen, die Annäherung an die Mythe von der Anthropologie her stattfindet, macht *The Ticket That Exploded* von der in der Science-fiction-Literatur üblichen Konvention Gebrauch, die Verhältnisse der Gegenwart durch einen Zukunftsentwurf zu kritisieren. Thematisch steht in diesem Band die Bewußtseinskontrolle durch Sprache im Mittelpunkt. Der Körper wird hier assoziativ mit der Zeit, das Bewußtsein mit dem Raum in Zusammenhang gebracht. Geht es in *The Soft Machine* um Reisen auf dieser Erde, so werden in *Ticket* häufig Weltraumfahrten dargestellt. Sexualität bleibt auch im zweiten Band ein wichtiges Thema: Da ist die Karnevalsstadt des sexuellen Betrugs, die als eine Mischung aus ‹Garten der Lüste›, Ausstellung und Rummelplatz dargestellt wird.

Ticket erzählt von den Auseinandersetzungen des Nova-Mob und der Nova-Polizei. Thematisiert wird vor allem die Operation ‹andere Hälfte›, in der das Wort dazu dient, Sexualität zu definieren und zu kontrollieren. Die Geschichte der Infiltration der Monster auf den Planeten Erde und auf ihm der menschlichen Physis wird zusammenhängend erzählt und erfährt insofern gegenüber dem ersten Band eine gewisse Abwandlung, als hier jetzt neben dem Virus die Film-Metapher wichtig wird. Es stellt sich nun heraus, daß es zwei Parasiten gibt; der eine wirkt sexuell, der andere zerebral. Unter der ‹anderen Hälfte› wird eine Krankheit der Bildspur verstanden, die die Menschen zwingt, am Wirklichkeitsfilm teilzunehmen. Der Wort-Virus hingegen kontrolliert das menschliche Konzept von Realität und zwingt ihm einen Dualismus auf, der es unmöglich macht, die Realität zu verändern. Hier polemisiert Burroughs abermals gegen das Entweder-Oder traditioneller Logik, wie er das bei Korzybski gelernt hat.

Die ‹andere Hälfte›, nach der jeder Mensch verlangt – sei es durch die physische Lust des Orgasmus, sei es durch sentimentale

Gefühle in der Liebe zum anderen Geschlecht –, ist eine Illusion, ein Image, geschaffen durch die Macht WORT, einen Teil des sich ständig wiederholenden Realitätsfilms, den äußere Kräfte in das menschliche Bewußtsein einspielen.

Die Möglichkeiten der Nova-Polizei liegen in einer Immunisierung, wie sie sich in der Metapher ‹Apomorphin als Mittel gegen den Virus› ausdrückt, oder in der Herstellung eines wortlosen Schweigens.

Wissen um die Illusion und darum, wie man sie zerbricht, führt zu der Schöpfung neuer Realitäten in der Umschreibeabteilung.

Während *The Soft Machine* und *The Ticket that Exploded* an den Leser beträchtliche formale Anforderungen stellen, ist der letzte Band, *Nova Express*, übersichtlich strukturiert. Über den acht *routines*-Texten stehen Untertitel, die die erzählenden Passagen von denen mit Cut-ups trennen. Damit werden dem Leser Verständigungshilfen gegeben, die in den beiden ersten Romanen nicht vorhanden sind.

Man hat das dahingehend gedeutet, daß *Nova Express* ‹eindeutig didaktisch› sei ‹in Form einer Serie von Warnungen, ausgehend von Burroughs' Vorstellung über sein früheres Werk und den Mißverständnissen und seiner Zurückweisung durch Publikum und die Kritik›.

Der lineare Verlauf der Handlung ist aber auch hier nur ein scheinbarer. Denn wenn man alles gelesen hat, merkt man, daß die Anordnung der *routines* auch eine ganz andere sein könnte, ohne daß sich dadurch der Sinn ändern würde. Es fällt keine Entscheidung, es gibt kein Ende im Kampf zwischen Nova-Mob und Nova-Polizei. Die kriminelle Verschwörung (Nova-Mob) ist eine Metapher für die menschliche Existenz überhaupt. Die Welt der Gegenwart ist eine Welt des Konflikts, der Süchte und der Leiden. Verändert werden kann sie nur durch die Wahrheit, die richtige Sicht der Dinge.

Eine solche Weltsicht aber stellt Burroughs in der Tat in die Tradition der Gnosis.[8] Die Welt ist demnach nicht eine Schöpfung Gottes, sondern das Werk der Kräfte der Finsternis, der Archons, deren Anführer Sammael, Gott der Blinden oder der blinde Gott, ist. Er wird auch Ialdabaoth oder der Demiurg genannt.

Abgetrennt und fern vom so geschaffenen Universum gibt es

eine andere völlig transzendente Gottheit, doch ein Teil ihrer Substanz, das *pneuma*, ist im Menschen vorhanden.

Die Situation der Welt wäre hoffnungslos, gäbe es nicht Botschafter aus dieser Welt des Licht. Sie durchbrechen die Sphären, mit denen die Archons ihre Schöpfung umgeben haben, stoßen den Geist an, infizieren den Menschen mit ihn befreiendem Wissen. Die das bewirkende Substanz heißt *gnosis*, zu übersetzen eben mit Wissen oder Einsicht. Dieses Wissen kann durch asketische Disziplin oder durch ungezügelte Freiheit (Anarchie) erworben werden. Wo immer die Illusion der falschen Schöpfung zerstört, das Verlangen der Archons, als Autorität aufzutreten, in Frage gestellt, das Pneuma bestärkt wird, handelt es sich um Wege der Gnosis. Genau dies aber, ausgedrückt durch Handlungselemente, die aus den Mustern der zeitgenössischen Trivialliteratur herrühren, und durch Metaphern aus der heutigen Welt, ist das zentrale Thema der Nova-Trilogie. Damit bestätigt Burroughs die Subversivität als grundsätzliche Aufgabe von Literatur.

Paris, London und Tanger sind die Aufenthaltsorte Burroughs' in den Jahren zwischen 1962 und 1965, in denen er die Nova-Trilogie beendet. Sie stellt den Höhepunkt in Burroughs' literarischem Schaffen dar, und sie ist letztlich wichtiger als *Junkie* und *The Naked Lunch*, die das Erfahrungsmaterial darstellen, aus dem die Nova-Romane abgeleitet sind. Nicht zufällig hat er *The Soft Machine* dreimal verändert.[9]

In Burroughs' Geschichte ist dies kein Zeitabschnitt großer Veränderungen. Tanger wird immer mehr zu einer Attraktion für Hippies. Auch ist es nicht länger das Drogenparadies, das es früher war. Es sind die Touristenschwärme, die Burroughs die Stadt zunehmend verleiden. Toleranz erwartet er sich in Paris, Anonymität von bestimmten Hotels in London. Ein prägendes und den Zyniker veränderndes Drama ereignet sich erst später, in den Jahren 1974 bis 1981, als Burroughs zum anteilnehmenden Zeugen am grausigen Schicksal seines Sohnes Billy wird, ohne die Selbstzerstörung des jungen Mannes verhindern zu können.

Auch die weiteren Werke – eine zweite Mythologie im Zeichen des Stichworts ‹Freiheit durch Phantasie› – sollen wenigstens erwähnt werden. Ausgesprochen unterhaltsam ist der Band *Die Städte der Roten Nacht*, ein relativ konventionell erzählter historischer Abenteuerroman. Burroughs muß selbst ein eifriger und kritischer Leser sein, denn gerade in seinem Alterswerk finden sich immer wieder Anspielungen, aber auch kritische Repliken fiktionaler Art auf Bücher wie *Das ägyptische Totenbuch, Das tibetische Totenbuch*, Carlos Castanedas *Geschichten der Macht*, John Fowles *Der Magus* und Norman Mailers *Frühe Nächte*.

Zu berichten wäre von der erstaunlichen Altersproduktivität des nun bald Achtzigjährigen, der unter anderem das Libretto zu einer Oper verfaßt und zu malen beginnt… Aber das ist – so ziehe ich meinen Kopf aus der Schlinge – eine andere Geschichte.

In der Abfassung der Nova-Trilogie im Leben Burroughs' eine Zäsur zu sehen und sie mit der Beat Generation in Zusammenhang zu bringen, scheint mir insofern gerechtfertigt, als mit diesen drei Romanen der ‹Wort-Schatz› aus der Epoche seiner engen Freundschaft und geistigen Verbundenheit mit Allen Ginsberg und Jack Kerouac aufgetaucht ist.

Wie wir gehört haben, fand Ginsberg bei seinem Besuch in Tanger vor dem Aufbruch zu seiner Indienreise Burroughs vom ersten Augenblick an merkwürdig verändert. Teil dieser Veränderung war gewiß das Bewußtsein, das sich aus der Schaffung einer eigenen Mythologie, die nicht nur erdacht, sondern erlebt war, ergeben hatte. Jetzt war es Burroughs gelungen, im wahrsten Sinn des Wortes seine ‹Weltanschauung› in einen Text einzuschließen. Wie intensiv er um diese Zeit in seiner Mythologie lebte, geht auch aus jener Frage hervor, die Allen Ginsberg offensichtlich so irritierte: ‹Als wessen Agent kommst du?›

Eine andere Episode, die sich geraume Zeit später abgespielt haben muß, ist durch einen *minor poet* aus dem Kreis der Bewohner des Beat-Hotels in Paris, Harold Norse, überliefert.

Burroughs erzählte Norse, Ginsberg spreche in einem Brief davon, er könne sich durch eine in Indien gelernte Meditationsmethode in einen Zustand der Ichlosigkeit versetzen.

Dazu Burroughs' Kommentar: ‹Was ist das schon. Das kann ich jederzeit auch.›

‹Wie meinen Sie das?› fragt ihn Norse.

‹Nun, Mann, deine Persönlichkeit verschwindet, und du bist nicht länger in deinem Körper anwesend. Paß mal auf ... so!›

Burroughs steht auf. Seine Augen verlieren jeglichen Glanz. Sein Gesicht wird ausdruckslos.

Norse kommt es vor, als stehe er einer ägyptischen Mumie gegenüber. Er ruft Burroughs an:

‹Bill, Bill!›

Aber es kommt keine Antwort.

Endlich wird Burroughs wieder lebendig und sagt: ‹Verstehst du jetzt, was ich meine?›[10]

Burroughs: der District Supervisor, der Techniker, der Agent K9, Burroughs als Inspektor Lee.

Die Polizisten der Nova-Polizei haben kaum individuelle Züge. Sie sind Funktionen, Träume.

Nie versucht die Nova-Polizei, eine neue Welt zu schaffen, die auf einer Wahrheit, auf einem Wort beruht.

Aber alle sprechen sie die letzten Worte Hassan I. Sabbahs wie eine Parole nach: ‹Nichts ist wahr. Alles ist erlaubt!›[11]

Schweigen soll sein, denn Schweigen bedeutet ein Feld des Zufalls, unkontrolliert von linearen Konzepten wie Satz, Handlung, Zeit, Ursache, Effekt.

Im Schweigen sind Formen und Identitäten aufgehoben.

‹Nach dem ersten Roman hatte er einen zweiten begonnen, aber nie beendet. Während er daran schrieb, erfüllten ihn seine Worte zunehmend mit Widerwillen, und schließlich fühlte er sich so angeekelt, daß er es nicht mehr ertragen konnte, seine Worte auf einem Blatt Papier zu lesen.›[12]

In der letzten *routine* des *Ticket* sagen die Figuren aus *Nova* ‹auf Wiedersehen›, und der Text selbst löst sich auf in die Kalligraphie Brion Gysins.

‹Er summte den Refrain des *Dead Man Blues* von Jelly Roll Morton. Er hatte ein altes Grammophon, auf dem er manchmal seine wenigen Schallplatten abspielte ...›[13]

Welch eine Welt im Kopf dieses alten Mannes, der in seinem Tirolerhut, seinem grauen Anzug mit unauffälligem Streifenmuster und dem schwarzgestreiften Schlips auf dem Umschlagbild der deutschsprachigen Ausgabe wie ein trauriger Rentner aus einer Kleinstadt des Mittelwestens aussieht.

Er ist mir ganz und gar nicht sympathisch.

Die Traurigkeit seines Gesichtsausdrucks erzählt von der desillusionierten Wirklichkeit unserer Welt.

Ich habe in seinem Gesicht und in seinem *outfit* ganz gut lesen können, stellte ich fest, als ich in *Western Lands*, geschrieben 1987, schaute: ‹Er lebte von einer bescheidenen Sozialrente, und einmal im Monat ging er eine Meile zu einem Lebensmittelgeschäft, wo er Tomaten- und Bohnenkonserven, Schmalz und Gemüse und billigen Whiskey kaufte.›[14] Gewisse Süchte sind geblieben: ‹Er hatte eine alte doppelläufige Schrotflinte, Kaliber 12, mit der er manchmal eine Wachtel oder einen Fasan schoß. Er hatte auch einen 38er Revolver mit kurzem Lauf, den er unter dem Kopfkissen verwahrte.›[15]

Ich bin William S. Burroughs nie begegnet.

Als ich ihn in den USA besuchen wollte, war er in Deutschland.

Er ist entschieden meine Lieblingsgestalt unter den Autoren der Beat Generation.

‹Etwa die Hälfte meines Materials beziehe ich aus Träumen.›[16]

Das ist bei einem exakt recherchierenden Biographen nicht anders.

Ich kenne ihn nicht.

Ich kenne ihn sehr genau. –

Ich hoffe, Sie jetzt auch…!

Immer weiter und Neals Ende

4

(1962–1968) Neal Cassady und Ken Kesey

> ... they drove from Wahoo to Lodgepole,
> Neb. when suddenly, whang – the blade
> of the fan tore loose (the same thing cut
> short Sterling Moss' great drive in a GT
> Ferrari in 1961 Le Mans 24 hr) ripped a
> hole in the hood & sob, sob, tore another
> hole in the radiator!! Here we were, on a
> Sunday afternoon with no fan, 2 blades
> had flown off, not opposing ones either,
> no money again, and worse, no Shell
> station to save our necks...
>
> *Brief Neal Cassadys an*
> *Ken Kesey, August 1965* [1]

Im Herbst 1962 fährt Carolyn Cassady mit den Kindern für eine Woche zu einer Konferenz der Cayce-Sekte an den Pazifischen Ozean. Neal hat sie dazu ermutigt.

Als sie mit den Kindern zurückkommt, ist Neal wieder einmal verschwunden. Das Haus sieht aus, als hätte ein Hurrikan darin gewütet.

Besonders betroffen ist das Kinderzimmer.

Johnny Cassady, der elfjährige Sohn, besitzt eine Autorennbahn, auf die er besonders stolz ist, weil sein Vater sie ihm geschenkt hat.

Die Bahnen sind völlig verbogen, die Rennwagen finden sich teilweise im Swimmingpool wieder.

Auch in den übrigen Räumen herrscht ein unbeschreibliches Tohuwabohu.

Offensichtlich hat Neal das Wochenende mit einer Frau und einem Kleinkind im Haus verbracht.

Diesmal ist Carolyn nicht bereit, alles zu vergessen und zu verzeihen. Anderthalb Jahre nach Neals Entlassung aus St. Quentin reicht sie zum zweitenmal die Scheidung ein.

Sie hat einen Freund, Besitzer einer Musikalienhandlung. Er ist zwölf Jahre älter als sie, ein Mann, der in der Lage wäre, ihr und den Kindern materielle Sicherheit zu bieten.

Carolyn stilisiert ihn im Sinne der Lehre Cayces zu einem ‹Werkzeug Gottes, vom Himmel gesandt›, um sie endlich von ihrer Heimsuchung durch Neal zu erlösen.

Neal ist mit allem einverstanden. Er kennt den anderen Mann und erklärt, daß es den Kindern bestimmt guttun würde, wenn Carolyn wieder heiratete.

Vier Tage vor Ablauf von Neals Bewährungsfrist findet die Verhandlung statt. Helen Hinkle sagt zugunsten von Carolyn aus.

Carolyn gesteht sich ein, daß sie mit ihrem Versuch, Neal zu domestizieren, endgültig gescheitert ist. Über ihre Empfindungen nach der Scheidung schreibt sie:

‹Ich hatte nun getan, was die Gesellschaft in einem solchen Fall erwartet [...] ich hatte verdammt [...] Vergeltung geübt mit der Scheidungsklage, aber es brachte mir wenig Trost.›[2]

Nachdem seine Bewährungsfrist abgelaufen ist, beginnt Cassady wieder, sich in North Beach herumzutreiben.

Manchmal fährt er nach Palo Alto, um auf dem Campus von Stanford Studentinnen aufzureißen.

Und in Stanford macht er die Bekanntschaft eines Menschen, mit dem er zu Ende seines Lebens eng verbunden sein wird.

Der junge Mann heißt Ken Kesey.

Ein amerikanischer Musterknabe.

... 1935 in Springfield, Oregon, geboren.

Stammt aus einer Holzfällerfamilie.

Während der Schulzeit: Sportler. American Football, Ringer.

... bringt es fast bis zur Aufnahme in die US-Olympiamannschaft.

Hat als Schuljunge wenig mit Büchern und Lesen am Hut,

fährt gerne schwere Motorräder,

führt sein Mädchen in Drive-in-Kinos aus,

tanzt gern Rock ’n’ Roll,

trinkt nie Alkohol.

Begeistert sich für Comic-Helden, vor allem für die der Serie *Captain Marvel*.

Ken besucht die Universität Oregon, spielt dort in der Theatergruppe, erringt als Ringer Ruhm und Pokale, heiratet 1956 seinen Schulschatz, Faye Haxby.

Eine Handvoll Kurzgeschichten verschafft ihm das Woodrow-Wilson-Stipendium für die Stanford University.

Er kommt in den Schreibkurs zu Professor Stegner, in dem unter anderem Malcolm Cowley und Frank O'Connor lehren und aus dem eine Handvoll bekannter Schriftsteller, die von da an ihr ganzes weiteres Leben über Kontakt miteinander halten, hervorgeht.

In Palo Alto wohnen er und seine junge Frau in Perry Lane, dem Künstlerviertel des Ortes.

Kesey schließt Freundschaft mit dem Psychologiestudenten Vik Lovell, der ihn mit der Lehre Freuds bekanntmacht.

Kesey, der während seiner ganzen Jugend nie einen Tropfen Alkohol angerührt hat, stellt sich als Versuchskaninchen für ‹psychomimetische [bewußtseinsverändernde] Drogen› zur Verfügung. Er nimmt im Dienst der Wissenschaft Psilocybin, Meskalin, IT-290, Ditran, LSD-25 und erhält dafür zwanzig Dollar pro Sitzung.

Danach ist er ein anderer Mensch.

Im Perry-Lane-Viertel entwickelt sich eine psychedelische Partyszene. Kesey kreiert sein berüchtigtes Wildfleisch-Chili mit einer Prise LSD.

Im Frühjahr 1960 nimmt Kesey für sechs Monate einen Job als Psychiatrie-Pfleger im Menlo Park V. A. Hospital an.

In der Klinik sind vor allem geistesgestörte Veteranen des Zweiten Weltkrieges, des Koreakrieges und des weiter eskalierenden Krieges in Vietnam untergebracht.

‹Ehe ich die Drogen nahm, wußte ich nicht, warum die Burschen in der Psychoabteilung des V. A.-Hospital saßen. Ich begriff sie nicht. Nachdem ich LSD genommen hatte, bekam ich den Durchblick. Ich hörte ihnen zu und beobachtete sie. Ich begriff, daß das, was sie sagten und taten, gar nicht so verrückt war› (Ken Kesey zum Autor).[3]

Kesey beginnt einen Roman zu schreiben, in den diese neuen Erfahrungen einfließen. ‹In dieser antiseptischen Wildnis des Menlo Park V. A. Hospital›, erzählt er, ‹säuberte ich ein Stück Gelände und richtete dort die Landebahn ein, auf der meine Muse kommen und die Kontrolle übernehmen konnte.›[4]

Einer flog übers Kuckucksnest ist die Geschichte des Randle Patrick McMurphy, der die Insassen der Psychiatriestation von der Knute der kontrollwütigen Stationsschwester Big Nurse befreit. Erzählt wird von einem Mann, der nicht irre ist, der vor Kraft und Lebendigkeit strotzt, zu dessen letztem Zufluchtsort die Irrenanstalt wird.

Randle Patrick McMurphy (dessen Initialen auch die Abkürzung für eine *speed*-Droge sind) ist ein fröhlicher Mensch, ein spielender Narr, ein liebenswerter Angeber und Betrüger, dem die Psychiater unter anderem seinen zu stark ausgeprägten Sexualtrieb ankreiden.

1961 hat Kesey das Manuskript vom *Kuckucksnest* fertig. Er kehrt vorübergehend nach Oregon zurück, um Material für seinen zweiten Roman, *Manchmal ein großes Verlangen*, zu sammeln und seinem Bruder beim Aufbau einer Molkerei zu helfen.

Manchmal ein großes Verlangen ist die Geschichte von zwei ungleichen Brüdern oder von zwei Seelen, die wohl beide auch in der Brust des Autors wohnen: dem unter seinen Psychosen und Traumata leidenden Intellektuellen Leland und Hank, dem letzten Sproß aus einer Reihe eisenharter Pioniere in der Stamper-Familie, die in Amerika immer weiterzieht, immer weiter nach Westen, einer verrückten Hoffnung vom Paradies auf Erden hinterdrein, bis der Pazifik dieser nimmermüden Suche ein Ende setzt.

Als Kesey im Sommer 1962 in sein altes Haus in Perry Lane zurückkehrt – nach dem Erfolg seines fast einhellig mit hervorragenden Kritiken bedachten Erstlings ist er nun ein berühmter Autor –, entdecken Fay und er eines Tages auf dem Rasen die athletische Gestalt eines Mannes von Ende dreißig, der herumtänzelt und ihm zuruft: ‹Ja, ja, ja, hallo, Chef.› Es ist Neal Cassady.

Die Ähnlichkeit zwischen Neal Cassady und Randle Patrick McMurphy wird von allen, die den Roman und Neal kennen, bestätigt.

Die Sache hat ihren unheimlichen Aspekt: Zum zweitenmal erkennt sich Neal in einer Romanfigur wieder.

Aber anders als Kerouac hat Kesey diese Figur frei erfunden, ehe sie sich kennenlernten, oder hat sie aus der Summe seiner Eindrücke in der Veteranenklinik zusammengesetzt.

In Neal erwachen alte Ängste, aber er meint auch, in Ken einen neuen Bruder gefunden zu haben.

Kurz nach der Begegnung der beiden Männer zieht Kesey in ein Blockhaus in La Honda, fünfzehn Meilen von Palo Alto entfernt, das er sich mit dem Vorschuß auf sein zweites Buch gekauft hat, und dort entsteht ein phantastischer Treffpunkt der Acidfreaks.

Neil Cassady wird zum Dauergast. Bekannte aus Perry Lane kommen hinzu. Allmählich bildet sich die Gruppe der Merry Pranksters, über deren Abenteuer Tom Wolfe später seinen Tatsachenroman *The Electric Kool-Aid Acid Test* schreiben wird.

Ken Kesey sagt über die Erfahrungen dieser Zeit:

‹Die ersten Drogentrips waren für die meisten von uns eine die Schutzschicht zerfetzende Heimsuchung, die uns knietief in der aufgesprungenen Kruste unserer utopischen Persönlichkeit zurückließ. Plötzlich standen wir alle nackt voreinander da, und siehe da, wir waren schön. Nackt und hilflos und empfindlich wie eine Schlange, die sich gehäutet hat, und weitaus menschlicher als die leuchtenden Alpträume von Rittern, die mit kreischenden Scharnieren nach der Parade und dem Befehl «Rührt euch» dastanden. Wir waren lebendig, und das Leben gehörte uns.›[5]

1964 kauft die Gruppe einen Schulbus, Baujahr 1939, malt ihn mit Leuchtfarbe an, staffiert ihn mit den verschiedensten Apparaturen zum Abspielen von Musik aus, lädt ihn voller Acid und bricht nach New York zur Weltausstellung und zu Keseys Agenten zwecks Ablieferung des Manuskriptes auf.

Unterwegs soll jedermann, dem man begegnet, mit Acid angetörnt werden.

Tim Learys Programm ist bei der Gruppe auf fruchtbaren Boden gefallen.

Am Steuer des Fahrzeugs, über dessen Frontscheiben ein Schild mit der Aufschrift FURTHUR prangt und an dessen Heck man ‹Vorsicht: Unheimliche Ladung› liest, sitzt Neal Cassady.

Für die Pranksters stellt Cassady einen Menschen dar, der aus seinem Leben ein Kunstwerk macht.

Es ist nicht anzunehmen, daß die Pranksters Bergsons Definition des Begriffs der reinen Dauer gekannt haben, nach der das Selbst, kommt es zu einer Vereinigung von Intellekt und Intuition, einen Zustand des Bewußtseins zu erreichen vermag, in dem seine eigene innere Essenz und seine Identität mit dem Kosmos zu einem Zustand verschmelzen, den der Philosoph ‹dauerndes Werden› nennt, aber auf der Fähigkeit, diesen Zustand zu leben, beruht Neals von vielen Menschen verbürgte Faszination.

Im Grunde genommen verkörpert er eine andere amerikanische Mythe, die Leslie Fiedler als die ‹Hoffnung des Durchbrechens aller Grenzen und aller Hindernisse und das Erreichen eines Punktes totaler Freiheit› beschreibt.

In New York treffen Ken Kesey, Cassady und die Pranksters mit Ginsberg und Kerouac zusammen. Kerouac ist konsterniert über die vermeintliche Würdelosigkeit, mit der Neals neue Freunde auftreten. Er fragt die Pranksters, ob sie Kommunisten seien.

Es zeigt sich bald, daß man sich gründlich mißversteht. Dabei spielen Bewußtseinsunterschiede zwischen dem Osten und dem Westen der USA eine Rolle, wie es Michael Hollingshead aus der Sicht der Ostküsten-Eierköpfe erklärt: ‹Sie [die Pranksters] hielten uns für bürgerlich, wir sie für verrückt.›

Auch die Begegnung zwischen den alten Freunden Neal und Jack verläuft eher frostig. Es ist das letzte Mal, daß sie einander begegnen. Aber haben sie sich noch etwas zu sagen? Kerouac ist mehr und mehr bestrebt, der vom Literaturbetrieb geforderten Anpassung nachzugeben und seine Spontaneität und damit auch seine Originalität abzulegen. Cassady ist auf der Fahrt voll und ganz in seinem Element. Er erlebt jetzt jene Existenzform, nach der er immer gesucht hat. Er lebt einen Traum.

Am 23. April 1965 dringen Beamte des Rauschgiftdezernats der Polizei von San Francisco in Keseys Haus in La Honda ein. Der Leiter der Drogenfahndung von San Francisco, William Wong, entwickelt den persönlichen Ehrgeiz, Ken Kesey, den er haßt, hinter Gitter zu bringen.

Gegen Kesey und Page Browning wird Anklage wegen Besitz von Marihuana erhoben, aber beide bleiben gegen Kaution auf freiem Fuß. Ungeachtet solcher Einschüchterungsversuche veranstalten Ken Kesey, Neal und die Merry Pranksters ein Trip-Festival, ‹ein Happening jubilante, an dem das Publikum mitwirkt, weil die Sache so weit mehr Spaß macht. Tanzendes Publikum ist Teil der Show, und die Besucher werden aufgefordert, ein möglichst ekstatisches Kostüm zu tragen und *gadgets* mitzubringen. Das Fest dauert drei Tage. Geboten werden Pantomime, Guerillatheater und ein Kongreß der Wunder›[6].

Bei Dutzenden von Acid-Tests, die in Privathäusern, Tanzsälen und Lagerhäusern stattfinden, entwickelt Neal seine unnachahmliche Mischung aus Balztanz und monologisierendem Sprechen, einen Vorläufer zum *rap* in der schwarzen Popmusik der 8oer Jahre, den man auch einen Veitstanz der Seele genannt hat. Die Themen von Neals Monologen sind Autos, die Psychologie des Autofahrens, Musik und Musiker, Edgar Cayce und dessen Lehre, Phänomene der Parapsychologie.

Diese Tanzerzählung, dieses Sprechkabarett, speist sich bei Cassady aus seiner enormen Neugierde und Wißbegier. Er selbst hat erzählt, wie er als Junge in der Schule immer wieder nach vorn gerannt ist, um den Lehrer zu fragen, ob diese oder jene Tatsache stimme oder nicht. Einer der Lehrer, der sein Verhalten nicht als Störung betrachtete, habe dann, von seiner Wißbegier beeindruckt, in der Mitte des Schuljahres seine Versetzung in die nächsthöhere Klasse durchgesetzt.

Noch deutlicher wird die Eigenart der von Neal entwickelten Kunstform, für die es eigentlich keinen Namen gibt, durch eine Bemerkung Keseys: ‹Ich sah, daß Cassady alles bewirkte, was ein Roman bewirken kann, nur besser, weil er es lebt und nicht nur darüber schreibt.›[7]

Wenn es bei Cassady darum geht, sich Frauen gefügig zu machen, setzt er diese Kunst, die man ein Bequatschen oder Überreden nennen könnte, rücksichtslos ein.

Ken Kesey wird am 17. Januar 1966 vom Gericht in Redwood City zu sechs Monaten Arbeitslager bei drei Monaten Bewährung verurteilt.

Ein paar Tage später überrascht die Polizei Kesey und seine Freundin Mountain Girl mit 3,54 Gramm Marihuana in einer Wohnung in North Beach.

Kesey täuscht einen Selbstmordversuch vor und flieht mit Cassady und Mountain Girl, die von ihm ein Kind erwartet, aber sich auch Neals Gunst erfreut, nach Südmexiko.

Am 6. Oktober 1966 verbietet das Landesparlament von Kalifornien den Besitz und die Benutzung von LSD.

Im Januar 1967 treten Allen Ginsberg und Gary Snyder, der seit kurzem aus Japan zurück ist, auf einem Human-Be-In im Golden Gate Park auf. Ginsberg rezitiert ein besonderes Mantra, das schlechte *vibrations* und Katastrophen abwenden soll.

Wenn damit die Polizei gemeint ist, hat die Beschwörung Erfolg.

Zur Überwachung der Veranstaltung erscheinen nur wenige Polizisten, und diese sehen geradezu demonstrativ weg, während Tausende junger Leute *pot* rauchen. Die Ordnungshüter wissen, daß sie unmöglich jeden zweiten der Anwesenden einsperren können. Selbst die Gefängnisse von ganz Kalifornien böten dazu nicht genügend Platz.

Bei Sonnenuntergang verkündet Ginsberg mit einem Signal aus seinem Muschelhorn das Ende des Festes.

In den Wochen darauf beginnt die Polizei, die alten, zuverlässigen Lieferwege für Acid und Marihuana systematisch zu unterbrechen.

1966 tauchen Ken Kesey und Neal Cassady plötzlich wieder bei Festen und Demonstrationen in Kalifornien auf. Da Kesey ohne jede Tarnung oder Vorsicht auf zahlreichen Trip-Festivals erscheint, ja sogar Interviews im Hörfunk und im Fernsehen gibt, bei denen er ankündigt, wann und wo er als nächstes auftauchen wird, hat die Polizei leichtes Spiel, ihn zu verhaften.

Er bleibt fünf Monate in einem Arbeitslager bei La Honda, wo er in der Schneiderei arbeitet.

Nicht zuletzt Neal Cassadys schlechter körperlicher Zustand, den er während ihres gemeinsamen Aufenthalts in Mexiko beobachtet, veranlaßt Kesey, aus dem Untergrund eine Warnung vor bestimmten Drogen verbreiten zu lassen:

Speed tötet
Es tötet dich wirklich
Amphetamine, Methedrine etc.
können und werden deine
Zähne ruinieren, dein Bewußtsein
zum Erfrieren bringen
deinen Körper zerstören. Die
Lebenserwartung des durchschnittlichen
Speed Freaks vom ersten Schuß
bis zum Leichenschauhaus beträgt weniger
als fünf Jahre.
Was ein Scheiß.[8]

Nach seiner Entlassung geht Kesey mit seiner Frau Faye nach Oregon. Er richtet sich südlich von Springfield auf der Ranch seines Bruders Chuck ein, die er von nun an bewirtschaften wird.

Für Neal beginnt ein Vagabundenleben. Er taucht hier und dort mal auf... an der Ostküste, in Denver... in Pleasant Hill.

1967 schickt er aus San Miguel de Allende in Mexiko eine verzweifelt klingende Nachricht an Allen Ginsberg: ‹Rettet mich... zähle auf euch alle.›

In dieser Zeit unternimmt er Experimente mit Barbituraten, einer Droge, die ihm noch nie gut bekommen ist.

Mountain Girl erinnert sich, daß er sich Sorgen über sein Alter zu machen begann und ihn Todesängste überkamen.

Immer noch sind seine Auftritte ein großer Erfolg, und es ist zu erkennen, daß sein Selbstvertrauen von solchen Erfolgen zehrt... Nach einer Rap-Tour mit den Grateful Dead ruft er von einem Freund in Larkspur aus bei Carolyn an und bittet sie, ihn nach Los Gatos heimzuholen.

Inzwischen ist sie von ihm geschieden, hat aber nicht wieder geheiratet.

Wieder überwiegt ihre Liebe zu ihm ihren Zorn und ihre Vorsicht. Sie holt ihn nach Los Gatos.

Al Hinkle rät ihm, es in seinem alten Beruf als Bremser oder Schaffner zu versuchen... Die Leute, die ihn aus der Zeit seiner Exzesse und der Drogendelikte als Dean Moriarty oder Johnny Potseed kennen, sitzen nicht mehr im Personalbüro der Eisenbahngesellschaft. Erfahrene Bremser sind gefragt. Er hat gute Chancen, wieder eingestellt zu werden, und scheint auch entschlossen, nach dem Vorbild von Ken Kesey ein neues Leben zu beginnen. Eines Morgens fährt er nach San Jose, um sich für einen Job zu bewerben – und bleibt verschwunden.

Vierzehn Tage später sehen ihn seine Tochter Jamie und sein Sohn John unter einer Gruppe von Pranksters im Golden Gate Park.

Kurz darauf taucht er in Los Gatos auf, nur um Carolyn Vorwürfe zu machen, daß die Kinder Marihuana rauchen. Seine älteste Tochter hat inzwischen geheiratet und einen Sohn zur Welt gebracht. An solchen Ereignissen nimmt er Anteil, wie ihn überhaupt die Kinder immer interessiert haben.

Wegen eines Verkehrsdelikts landet er für zwei Wochen im Gefängnis. Er verliert vorübergehend seinen Führerschein. Wieder auf freiem Fuß, setzt er sich trotzdem hinter das Steuer. Ohne Auto kann er nicht leben.

Am Jahreswechsel von 1967 auf 1968 sieht ihn Carolyn noch einmal bei Bekannten. Er hat offensichtlich Rauschgift genommen und erzählt ihr, er wolle zu einer jungen Freundin nach Mexiko. Zu einem Gespräch, das etwas über seinen Zustand verrät, kommt es nicht.

Seine neue Freundin beruhigt Carolyn, es gehe ihm besser, er wolle wieder schreiben, vom Rauschgift werde er loskommen.

Am 2. Februar 1968 reist er nach Mexiko ab. Er macht einen so verwahrlosten Eindruck, daß er an der Grenze zunächst zurückgewiesen wird. Er schließt sich einem Filmteam an, das ihn als Komparsen ausgibt.

Am 3. Februar verläßt er in Mexiko das Haus seiner dreiundzwanzigjährigen Freundin J. B., um zur Bahnstation in Celaya zurückzulaufen. Er will dort seinen Seesack abholen, der seine Bibel und andere Dinge enthält, die ihm wertvoll sind.

Er sagt J. B., er werde vom Bahnhof San Miguel aus über die Gleise nach Celaya laufen und dabei die Schwellen zählen.

Auf der Station San Miguel trifft er eine mexikanische Hochzeitsgesellschaft… feiert mit ihr. Er trinkt eine gehörige Portion Pulque und wirft darauf eine Handvoll Seconal ein. Dann macht er sich wie beabsichtigt über die Schienen auf den Weg. Am nächsten Morgen finden ihn Indianer neben dem Bahndamm, anderthalb Meilen von San Miguel entfernt.

Er lebt noch, wird ins Krankenhaus gebracht, erwacht aber nicht mehr aus dem Koma.

Er stirbt am 4. Februar 1968.

Die mexikanischen Ärzte geben als Todesursache ‹Kongestion› an. Es ist eine barmherzige Umschreibung für Tod durch eine Überdosis Drogen in Verbindung mit Alkohol.

Neal Cassady ist gestorben wie Janis Joplin und Jimi Hendrix, Musiker, zu denen durchaus auch eine innere Verwandtschaft besteht.

Der bekannte Journalist Ralph Gleason schreibt im *San Francisco Chronicle*:

‹Nur die Untergrundzeitungen trauerten um diesen bemerkenswerten Mann, der ein enger Freund zweier bedeutender Romanschriftsteller und eines erstklassigen Lyrikers war.›[9]

Die Leiche wird eingeäschert, die Urne der geschiedenen Ehefrau übergeben. Als Carolyn Jack Kerouac anruft, um ihm die Todesnachricht mitzuteilen, ist er offensichtlich schwer betrunken. Lallend sagt Jack am Telefon: ‹Nein, Neal ist nicht tot... tot, nein, das ist ausgeschlossen. Ach, er wollte nur mal abhauen...› Und dann: ‹Ach, Neal. Bald werde ich auch dort sein, wo er jetzt ist.›[10]

This Marxist critics...
their cocks covered with the blood of
Mayakovsky and Yessenin...

Jack Kerouac zu
Allen Ginsberg, Januar 1961

Buffalo Bill's
defunct
who used to
ride a watersmooth-silver
stallion
and break onetwothreefourfive pigeons
  just like that
he was a handsome man
and what I want to know is
how do you like your blueeyed boy
Mister Death

e. e. cummings [1]

Acht Jahre sind eine lange Zeit, um sich selbst zu zerstören. Acht Jahre sind eine lange Zeit, um sich im Alkohol zu ertränken. Acht Jahre im Verfolgungswahn, acht Jahre Tod auf Raten. Davon ist jetzt zu berichten. Bedrückend ist dabei, wie das Bewußtsein dieses Mannes, dem es einmal um die Befreiung des Individuums von repressiven Normen zu tun gewesen ist, die der Massengesellschaft von Politikern indoktrinierten Vorurteile selbst verinnerlicht.

Im Januar 1961 beteiligt sich Kerouac an den Experimenten Learys und Ginsbergs mit Acid. Aber Jack ist «ein Flüssigkeitsmensch», was besagen will, daß seine Sucht auf Trinken, auf Alkohol fixiert ist.

Die Pilzdroge läßt nur unangenehme Erinnerungen an seine Zeit bei der US-Navy in ihm aufsteigen. Erinnerungen an sein Versagen.

Seine schlechten Erfahrungen mit Acid liefern auch einen offenbar willkommenen Grund, sich als Opfer darzustellen. Mitte der sechziger Jahre wird Kerouac in Bargesprächen immer wieder verkünden, LSD sei von den Russen speziell entwickelt worden, um Amerika zu zerstören. In all seinen Äußerungen tauchen nun Anzeichen von Verfolgungswahn auf.

Book of Dreams, das Ende 1960 erscheint, erhält in den ganzen USA nur noch zwei Besprechungen – ein Grund mehr für ihn, an eine gegen ihn gerichtete, jüdisch-marxistische Verschwörung unter den Rezensenten zu glauben.

Seine geschiedene Frau, Joan Haverty, selbst wieder geschieden und genötigt, sich und ihre Kinder allein durchzubringen, behauptet in Interviews mit der Klatschpresse, Jack verdiene 50 000 Dollar im Jahr und lasse Exfrau und Tochter darben.

Im Mai 1961 gibt er Gabrielles Quengeln nach. Sie will näher bei ihrer Tochter wohnen. Also ziehen Jack und sie wieder nach Orlando und kaufen ein Haus nur zwei Türen entfernt von dem Nins.

Von Florida flieht Jack bald nach Mexico City.

Hier nerven ihn alte Bekannte. Sie wollen ausgehalten werden. Er soll ihnen Geld leihen.

Er schreibt 50 000 Worte, den zweiten Teil von *Passing Through (Desolation Angels)*. Dieses Manuskript betrachten Literaturwissenschaftler und Biographen als den Wendepunkt zwischen dem Werk ‹Kerouacs des Jüngeren› und dem ‹Kerouacs des Älteren›. Von diesem Zeitpunkt an ist es ihm ein Anliegen, auch die ‹Kehrseite des Paradieses›, die dunkleren Seiten des Erfolges, zu schildern.

Im Oktober leert er nach der Niederschrift von *Big Sur*, einem Text, über dem er lange gegrübelt, den er aber schließlich in zehn Tagen heruntergeschrieben hat, freilich nicht, ohne immer wieder Benzedrin einzuwerfen, eine ganze Kiste Cognac – mit dem Erfolg, daß er eine Magenblutung bekommt.

Im März 1962 findet die Verhandlung der Vaterschaftsklage statt. Zuvor ist er mit der kleinen Janet Michelle Hamburger essen gewesen.

Er hat zu ihr gesagt: ‹Du bist ein ganz reizendes kleines Mädchen, aber du bist nicht meine Tochter.›[2]

Und Jan hat geantwortet: ‹Jack, es ist mir egal, ob du mein Vater bist oder nicht... ich liebe dich.›

Die Befürchtungen, durch das Gerichtsurteil seiner Ersparnisse verlustig zu gehen, erweisen sich als Hirngespinste.

Der Bluttest ergibt, daß Janet mit hoher Wahrscheinlichkeit sein Kind ist. Er hat Glück mit dem Richter, vor dem der Fall verhandelt wird. In einem Gespräch unter vier Augen legt er Jack nahe, was immer seine Empfindungen gegenüber der Mutter sein mögen, dem Kind seinen Namen zu geben. Im Gegenzug erkennt das Gericht auf den niedrigsten Satz bei Unterhaltszahlungen für Kinder, nämlich wöchentlich 52 Dollar bis zu Jans einundzwanzigstem Geburtstag. Trotz dieses für ihn noch günstigen Ausgangs wird er behaupten, die Prozeßkosten hätten ihn ruiniert.[3]

Dabei hat er eben erst 10000 Dollar Vorschuß für *Big Sur* erhalten.

In Orlando braut sich familiäres Unheil zusammen. Nins Mann Paul hat eine Geliebte, bei der er manchmal monatelang lebt. Er hat sich in der Kerouac-Familie nicht recht heimisch gefühlt. Paul hat sich bei Jack 5000 Dollar für den Anbau seines Hauses geliehen, das Geld aber anderweitig ausgegeben und die Schulden nie zurückgezahlt.

In Briefen an Carolyn klagt Jack, er sei in Orlando ohne Freundinnen, ohne Freunde... niemand, mit dem man reden kann. Nichts. Langsam verändert der Alkohol sein Aussehen. Er hat vierzig Pfund Übergewicht und versucht, durch Rasenmähen abzuspecken.

Im September 1962 geht er wieder in den Norden, quartiert sich bei John Clellon Holmes in Connecticut ein.

Er will sich nach einem Grundstück oder einem Haus umsehen. Von Zeit zu Zeit taucht bei ihm immer wieder der alte Traum von einem einfachen Leben in den Wäldern auf.

Mit dem Taxi fährt Jack schließlich nach Lowell, seinem Geburtsort. Mitten in der Nacht steht er bei seinem Jugendfreund G. J. Apostolos, der ein wohlhabender Grundstücksmakler geworden ist, in der Tür. Er sucht den Kontakt zu Mary Carney, die verlobt ist und bald heiraten wird, und er trifft an der Theke des Sac Club, an der er als ‹Jacques Le Coq› hofhält, Paul Bourgeois, den selbsternannten ‹Häuptling der vier irokesischen Nationen›, einen Mann, der vier Jahre wegen Raubes im Gefängnis gesessen hat.

Es ist bezeichnend für Kerouacs zunehmenden Wirklichkeitsverlust, daß er dem ‹Indianerhäuptling› verspricht, wegen dessen Klagen persönlich beim US-Außenminister Dean Rusk zu intervenieren.

Kerouac nimmt Bourgeois mit nach Florida und stellt ihn Mémère als Verwandtschaft vor. Gabrielle, deren Alkoholbedarf inzwischen auch beträchtlich ist, hat sich etwas mehr Realitätssinn bewahrt als ihr Sohn. Sie macht Jack klar, daß Bourgeois weder ein Häuptling noch ein Verwandter ist, sondern nichts weiter als ein jugendlicher Straffälliger aus Lowell.

Die Kritiken zu *Big Sur* sind bestenfalls gemischt zu nennen. Im *Time Magazine* fragte der Rezensent höhnisch: ‹Was kann ein Beat tun, wenn er zu alt für die Straße wird? – Saufen.›

In der *Saturday Review* findet Herbert Gold schulterklopfend, nun sei Kerouac endlich auf dem richtigen Weg. Die *Herald Tribune* urteilt, sein Stil in diesem Buch gleiche dem einer Parfum-Anzeige in *Vogue*.

Wieder sieht sich Jack als verkanntes Genie: ‹Der größte amerikanische Prosastylist seit Melville, gleichrangig mit Joyce und Shakespeare…› In Briefen an Carolyn erklärt er die eher unfreundliche Aufnahme des Buches bei der Kritik damit, daß er eben im Unterschied zu Saul Bellow, Bernard Malmud und J. D. Salinger kein Jude sei.[4]

Während sich Peter Orlovsky und Allen Ginsberg immer energischer bei den Protesten gegen den Vietnamkrieg engagieren, driftet Jack zunehmend ins Lager der Erzkonservativen ab. In seinen Augen zeugt das Verhalten der Demonstranten gegen den Vernichtungskrieg in Ostasien von einem Mangel an Respekt gegenüber dem eigenen Land. Der provokanten Sprache der Jungen, die fürchten, in Vietnam verheizt zu werden, steht er verständnislos gegenüber. Er beschimpft Allen als Kommunisten und rät Peter Orlovsky, sich endlich einmal die Haare schneiden zu lassen.

Sachlich äußert sich William Burroughs zu Jacks viele seiner alten Freunde vor den Kopf stoßenden politischen Ansichten. Burroughs erklärt: ‹Man sagt allgemein, Jack habe eine Art von Veränderung durchgemacht und sei immer konservativer geworden. Tatsache ist: er war immer konservativ. Diese Vorstellungen bei ihm änderten sich nicht. Einerseits war er ein Buddhist mit einem entsprechend expansionistischen Blickwinkel, andererseits hatte er immer sehr konservative politische Ansichten. Er war ein Anhänger Eisenhowers und glaubte an die altmodischen Tugenden Amerikas und daran, daß Europäer dekadent seien, er war entschieden gegen den Kommunismus und gegen jede Art von linker Ideologie. Aber es gab da keine Veränderung. Das war immer da und nicht etwas, was erst in den letzten Jahren kam.›[5]

Mit der rassistischen Spielart von Jacks Verfolgungswahn hat sich Allen Ginsberg herumzuschlagen: die Verschwörung der jüdischen Kritiker. Ginsberg ist souverän genug, sich nicht provozieren zu lassen: ‹Er machte giftige antisemitische Bemerkungen, bis mir klar war, er tat das nur, um mich wütend zu machen und um zu sehen, wie ich reagieren und zurückschlagen würde. Und als ich sagte: «Ach, fick dich, Kerouac. Die Fotze deiner Mutter ist voller Shit, und du frißt ihn», mußte er lachen. Verstehen Sie, er spielte mit mir, er wollte sehen, ob ich ein Ego hätte, das man beleidigen konnte.›[6]

Ersparen wir dem Leser die Folge von Umzügen zwischen Norden und Süden und Berechnungen der Flüssigkeitsmenge in den Bächen von Whiskey, süßem Portwein und französischem Cognac, die in diesem Jahr fließen. Der häufige Wechsel des Wohnsitzes erscheint wie eine Aktivität, verbunden mit der Hoffnung, so der inneren Bedrängnis und Hilflosigkeit Herr zu werden.

Zu erwähnen ist vollständigkeitshalber eine Reise im Juli 1965 nach Paris.

Jack brauchte Geld und erzählte seinem Lektor den Handlungsumriß zu einer Geschichte in der Art von John Le Carrés *Der Spion, der aus der Kälte kam.* Heim brachte er von den zehn Tagen und Nächten in Paris und in Brest, in denen er nahezu ständig volltrunken gewesen war, Notizen zu einem seiner schwächsten Bücher, *Satori in Paris.*

Im September 1966 holt ihn der italienische Verlag Mondadori nach Mailand. Er kommt so betrunken an, daß er aus dem Flugzeug getragen werden muß. Im Hotel trinkt er weiter. Ein Arzt wird gerufen, der ihm eine Morphiumspritze gibt.

Bei einem Essen, das Mondadori ihm zu Ehren gibt, schläft er ein, und sein Kopf kippt vornüber auf den Teller. Verständlich, daß seine Gastgeber drei Kreuze machen, als sie ihn endlich los sind.

Im Mai 1968 tritt er abermals eine Reise nach Europa an, die ihn nach Lissabon, Madrid, Genf, München und Stuttgart führt. In anderthalb Wochen gibt er zweitausend Dollar aus, bei den damaligen Wechselkursen eine stolze Summe. Das meiste Geld geht dabei für Prostituierte und Alkohol drauf. Die Deutschen mißfallen ihm, weil sie immer noch alle wie SA-Leute daherkommen, wie er sagt. Es bringt ihn auf, daß man ihm in den Hotels wegen seiner Saufexzesse Vorhaltungen macht.

Einmal steht er in Stuttgart mit angefrorenen Schuhsohlen auf einer Straße, während das Überfallkommando vorbeijault.[7]

In Lissabon bezahlt er einer Prostituierten zehn Dollar die Stunde dafür, ihr die ganze Zeit über unverwandt in die Augen schauen zu dürfen.

Derweilen häufen sich die Katastrophen in der Familie. Paul eröffnet Nin, er wolle sich scheiden lassen.

Aus Aufregung und Verzweiflung erleidet sie einen Herzklappenverschluß und stirbt.

Nun ist Jack allein mit Gabrielle. Daß Leute über sein Verhältnis zu Mémère Bemerkungen machen, kann er nicht begreifen:

‹Ich war bei meiner Mutter immer gut aufgehoben. Sie erhielt mich, indem sie in der Schuhfabrik arbeitete. Sie war es, die es mir ermöglichte, daß ich in Ruhe meine Bücher schreiben konnte.›[8]

1966 schaut Jack eines Morgens in Gabrielles Schlafzimmer. Sie ist nackt, liegt mit Schaum vor dem Mund auf dem Boden, die Hände vor die Brüste gepreßt. Sie wird ins Krankenhaus gebracht, wo man feststellt, daß sie einen Schlaganfall erlitten hat. Sie bleibt an den Rollstuhl gefesselt.

Da Jack meint, es sich nicht leisten zu können, jemanden zu ihrer Pflege anzustellen, heiratet er Stella Sampas, die Schwester seines im Zweiten Weltkrieg umgekommenen Jugendfreundes Sammy. Unmittelbar nach der Hochzeit zieht das Paar zusammen mit Mémère nach Lowell.

Stella ist eine tüchtige, energische Frau, die die Nachfolge Mémères in deren Rolle als ‹Mädchen für alles› antritt. Gabrielle beaufsichtigt und schikaniert Stella. Stella beaufsichtigt Jack.

Stella versucht, Jacks Alkoholkonsum einzuschränken. Stella

verbrennt sein Telefonbuch, damit er keinen Kontakt zu alten Freunden aufnehmen kann.

Kommen Paare auf Besuch, die nicht verheiratet sind, müssen sie in getrennten Zimmern übernachten.

Als Allen Ginsberg ihn besuchen will, wird er nicht eingelassen.

Nicht erspart hat Stella hingegen Jack die Konfrontation mit seiner Tochter Jan, nun ein Teenager, die mit einem Freund auf Trampfahrt nach Mexiko unterwegs ist und sich ein Bild von ihrem berühmten Vater machen will, über den sie von ihrer Mutter nur haßerfüllte Tiraden hört. Sie trifft ihn in einem Schaukelstuhl vor dem Fernseher an... mit einer Flasche Whiskey in der Hand... ein zerstörter Mann, der große Sprüche macht, aber zwei Monate später in einem Fernsehinterview prompt bestreitet, eine Tochter zu haben.

Im Januar 1967 wird Kerouac zweimal wegen Trunkenheit und Erregung öffentlichen Ärgernisses festgenommen. Im Mai 1967 beendet er endlich nach wochenlangen Schreibhemmungen, die jedesmal seinen Alkoholverbrauch noch weiter ansteigen lassen, das Manuskript von *Vanity of Duluoz: An Adventurous Education*.

Der Roman erscheint im Frühherbst des Jahres 1967.

Sieht man von dem lediglich aus Geldnöten zu Ende geschriebenen *Pic* ab, so ist dies Kerouacs letzter Text erzählender Prosa. Der Roman beginnt mit einem Satz, der an den Anfang von *On the Road* erinnert. Er imitiert jetzt die langen Sätze von Marcel Prousts *Auf der Suche nach der verlorenen Zeit*: ‹Na schön, mein Weibchen, vielleicht bin ich tatsächlich ein Du-weißt-schon-Loch, aber wenn ich dir erst die Schwierigkeiten aufgezählt habe, die ich zu überwinden hatte, um von 1935 bis praktisch jetzt, 1967, in Amerika, zu überleben, wenngleich ich natürlich weiß, daß jeder auf dieser Welt seine eigenen Schwierigkeiten hatte, dann wirst du verstehen, daß meine ganz speziellen Qualen daher rühren, daß ich gegen all die Trottel überempfindlich bin, mit denen ich mich herumschlagen mußte...›[9] Der Roman ist vor allem autobiographisch interessant. Der Stil wirkt angestrengt. Die Handlung greift noch einmal auf Kindheitserlebnisse in Lowell zurück. Der Szene über das Essen am Erntedankfest merkt man an, daß hier die Episode über das Weihnachtsessen im Hause Daedalus in *Stephen Hero* von James Joyce Pate gestanden hat.

Ein Blick fällt auf die Welt der Griechen in Lowell. Kerouac berichtet von seinen Erfahrungen als Matrose, als Football spielender Student. Mit allerdings beträchtlichen fiktionalen Veränderungen wird die Kammerer-Carr-Affäre noch einmal dargestellt. Alles in allem ist das Buch tatsächlich, wie der Untertitel ausweist, ein abenteuerlicher Erziehungsroman, aber auch eine facettenreiche Fabel über die Erfolglosigkeit von Erfolg:

‹Was ist schon Erfolg? Du bringst dich selbst um, und ein paar andere kommen in deinem Beruf an die Spitze... so ist das, wenn man ins mittlere Alter kommt... man kann daheim bleiben und seinen Garten in Ruhe bestellen, aber dann kommt der Mob, trampelt durch den Garten und legt all deine Bäume nieder. Wie steht es damit?›[10]

Das Stichwort ‹Eitelkeiten› im Titel verweist auf den Gedanken, daß viele Beschäftigungen des Helden, denen er zeitweilig so große Bedeutung beigemessen hat, ihn letztlich enttäuscht haben. Wichtig ist für Jack retrospektiv mehr als alles andere die Frage, wer die Schuld trägt am Tod seines Vaters. Der Roman ist der Bericht über eine Bewußtseinsveränderung, und diese Veränderung ist religiös besetzt. Nicht Erfolg, der sich immer als fragwürdig erweist, ist wichtig, sondern das Eingeständnis von Schuld und deren Sühne.

Aber selbst diese Einsicht wird schließlich als eitel abgetan. Was bleibt, ist die Bitte um Vergebung, die an François Villons Ballade unter dem Galgen erinnert, nur daß der Roman ungleich sentimentaler ist als das selbst angesichts der drohenden Hinrichtung aufsässige Gedicht des französischen Dichter-Vagabunden.

Jack Kerouac ist nun fünfundvierzig Jahre alt. Die Kritik gibt ihm nach Erscheinen dieses Buches den Rat, endlich erwachsen und seriös zu werden.

Tatsächlich sind es die Unentschlossenheit in der Erzählhaltung – schwankend zwischen trotzigem Bekenntnis zur Beat Generation und Anpassung an die kleinbürgerliche Vorstellungswelt der Mutter und der dritten Ehefrau, an die der Roman hinerzählt wird – und jenes atmosphärische Dunstgemisch aus katholischem Weihrauch und buddhistischen Räucherstäbchen, was den Leser mit Unbehagen erfüllt.

Als biographisches Dokument spiegelt *Vanity of Duluoz* Kerouacs Zustand am Rand des Abgrunds freilich überzeugend wider.

Inzwischen ist seine finanzielle Lage prekär geworden. In der ersten Hälfte des Jahres 1968 hat er lediglich 1770 Dollar verdient. Er entschließt sich, seinen Briefwechsel mit Allen Ginsberg und Neal Cassady der Universität von Texas, den mit Burroughs Columbia zu verkaufen.

Eine Steuernachzahlung ist zu entrichten, und sein Agent Sterling Lord lehnt es bei einem Telefongespräch, in dessen Verlauf Jack in Tränen ausbricht, ab, ihm die Summe vorzuschießen. Schließlich leiht sich Stella von ihrem Bruder Nick das Geld. Um es zurückzahlen zu können, nimmt sie einen Job als Näherin an, bei dem sie zwei Dollar in der Stunde verdient.

Anfang Februar 1968 hat Carolyn Kerouac von Neals tragischem Ende verständigt. Sie würde Jack jetzt gern an ihrer Seite haben. Trotz vieler Enttäuschungen ist ihre Liebe zu ihm so ganz immer noch nicht erloschen. Sie bittet ihn, an die Westküste zu kommen. ‹Ich kann mich gerade bis auf die Toilette schleppen›, ist seine weinerliche Antwort am Telefon.[11]

Als es weder neue noch alte Manuskripte oder Briefschaften zu verkaufen gibt, verkauft Jack seine ‹Gesinnung›. Da ist zunächst einmal sein Auftritt in William F. Buckleys Talkshow.

Er kommt dazu nach New York... will sich bei dieser Gelegenheit von seinem Agenten Sterling Lord trennen, läßt sich dann doch wieder beschwatzen, wohl weil er einsehen muß, daß auch kein anderer mehr für ihn herausholen könnte.

Jack trifft vor der Fernsehsendung im Hotel Delmonico Burroughs, Ginsberg und Lucien Carr.

Noch einmal vergleichen die alten Freunde ihre Ansichten.

Burroughs sagt, er wolle den Lesern die wahren Wurzeln der Kriminalität in unserer Zeit bewußtmachen und sie *high* stimmen, so *high*, wie es der Zenmeister ist, dessen Pfeil in völliger Dunkelheit seinen Weg ins Ziel findet.

Allen Ginsberg sieht die Aufgabe des Dichters in ‹Aufzeichnungen über die Zeiten... nützlich, indem sie helfen, sich über die gegenwärtige Situation klar zu werden›.[12]

Burroughs warnt Kerouac, noch ins Fernsehstudio zu gehen.

Jack ist stark betrunken.

Kerouac bittet Ginsberg, ihn zu begleiten.

Unterwegs schüttet Kerouac noch einmal Scotch nach.

Während der Sendung selbst schläft er mehrmals ein, nennt dann die Beat Generation eine ‹Art dionysische Bewegung›, die Hippies ‹gute Kids› und wirft Ferlinghetti vor, durch Frömmigkeit und Zärtlichkeit die Beat-Meuterei, den Beat-Aufstand gezähmt zu haben. Den ebenfalls eingeladenen Soziologen Yablosky nennt er mit Bedacht ‹Abramowitz›. Zu den Demonstrationen während des Parteikonvents der Demokraten in Chicago befragt, an denen sowohl Burroughs als auch Ginsberg teilgenommen haben, sagt er: ‹Diese Leute machen es sich zur Regel, das Chaos zu stiften, und wenn das Chaos endlich da ist, wählt man sie, damit sie sich um das Chaos kümmern.›[13]

Vollends peinlich wird es, als ihn Ed Sanders, ein weiterer Schriftsteller in der Runde, auf Allen Ginsberg anspricht.

Noch knapp zwei Stunden zuvor hat Jack Ginsberg flehentlich gebeten, mit ins Studio zu kommen, weil er sich fürchte. Jetzt erwidert er: ‹Mit Ginsberg habe ich nichts zu tun. Und bringen Sie seinen Namen nicht mit meinem in Zusammenhang.›[14]

Der alte Freund kann selbst das mit Nachsicht ertragen. Draußen vor dem Gebäude der Fernsehgesellschaft macht er zum Abschied eine zärtliche Geste und sagt mit einem Lächeln: ‹Auf Wiedersehen, betrunkener Geist.›[14]

Nicht anders denn als eine geistige Bankrotterklärung läßt sich der Aufsatz bezeichnen, den Kerouac für 1500 Dollar unter dem Titel ‹Nach mir die Sintflut› im September 1969 für die Sonntagsbeilage der *Chicago Tribune* verfaßt und der in mehreren anderen Zeitungen und Zeitschriften nachgedruckt wird.

Unter anderem heißt es darin:

‹Ich bin proamerikanisch, und die radikal-politischen Bemühungen zielen anderswohin... in diesem Land hat es meine kanadische Familie zu etwas gebracht – mehr oder weniger –, und wir sehen deshalb keinen Grund, dieses Land herabzusetzen.›[16]

Dokumentiert dieser Aufsatz vor allem seinen Weltekel und seine Orientierungslosigkeit, so finden sich in anderen Zeitungsaufsätzen und Interviews noch bestürzendere Ansichten und Feindbilder: ‹Ich mag Ken Kesey nicht, denn er hat Cassady ruiniert...›

Oder geradezu faschistisch: ‹Der Kommunist ist der Hauptfeind – danach kommen die Juden.›[17]

Längst ist Jack Kerouac zu einem Krüppel geworden. In der Kleinstadt St. Petersburg in Florida, einem Ort, in dessen Lokalblatt die Todesanzeigen etwa doppelt soviel Platz einnehmen wie die Geburtsanzeigen, ist er völlig isoliert: ein Mensch, der nur noch über das Telefon kommuniziert, trinkt und auf den Bildschirm glotzt, vom Selbstmord redet, zu dem er doch nicht den Mut hat... sich über Bestattungsinstitute informiert... eine Nachbarin, die einen alten Baum fällen läßt, aus dessen Zweigen der Wind zu ihm redet, als Mörderin beschimpft... der seine erste Frau Edie Parker am Telefon bittet, zu ihm zu kommen, und ihr anvertraut, er wolle sich von Stella scheiden lassen... der Edie sogar eine Flugkarte schicken will, um sie zum Besuch in St. Petersburg zu bewegen... der sein Testament macht und Gabrielle darin zu seiner Alleinerbin einsetzt... den die Mutter aus dem Hinterzimmer an ihr Bett ruft und fragt, was sie wohl verbrochen habe, daß Gott sie so hart strafe... der eine Nacht lang im abgedunkelten Schlafzimmer ‹nur so zum Vergnügen› schreibt.

Der 20. Oktober 1969 ist ein Montag. Der Himmel ist bedeckt, es ist schwül. Vom Golf von Mexiko her ist ein Hurrikan im Anzug.

Mit einer Büchse Thunfisch, einer Flasche Whiskey und seinem Notizbuch sitzt Kerouac vor dem Fernsehapparat und skizziert einen Roman, dessen Handlung um die Druckwerkstatt seines Vaters kreisen soll.

Starke Schmerzen überkommen ihn. Er geht ins Badezimmer und erbricht sich dort. Die Kloschüssel füllt sich mit Blut.

Stella findet ihn auf den Knien hockend, halb bewußtlos.

Sie ruft einen Krankenwagen, der ihn ins St. Antony Hospital bringt.

Ein Leberversagen hat die Blutung durch die Hals- und Brustarterien ausgelöst.

Ohne noch einmal das Bewußtsein wiedererlangt zu haben, stirbt Kerouac achtzehn Stunden später nach sechsundzwanzig Bluttransfusionen an den inneren Blutungen.

Am offenen Sarg ruft Gabrielle, nachdem sie geklagt hat, wie grau und eingefallen das Gesicht ihres toten Sohnes aussehe:

‹Ach, mein kleiner Junge. Ist er nicht hübsch? Was soll ich nur ohne ihn tun?›

In der Nähe von New York geht Allen Ginsberg, kurz nachdem er die Todesnachricht erhalten hat, mit Gregory Corso spazieren. Er schneidet Jacks Namen in die Rinde eines Baumes. Einem Reporter sagt er später: ‹He was very sweet... und er war einfach unglücklich.›[18]

Allen will einen Vers von Blake zitieren – ‹The days of my youth rise fresh in my mind› –, aber ein Würgen im Hals setzt dem Zitat ein Ende.

Jack Kerouac selbst hat viel über das Sterben und den Tod nachgedacht.

Was seine Erwartung gewesen sein mag, steht in diesem Vers:

> ‹Vow... when I start falling
> in that inhuman pit
> of dizzy death
> I'll know (if smart enough to remember)
> that all the black
> tunnels of hate
> or love I'm falling
> through, are
> really radiant
> right eternities for me.›[19]

Der Trauergottesdienst findet in Lowell in der St. Jean Baptiste Church, dieser ‹pompösen Chartres-Kathedrale der Slums›, wie Kerouac selbst sie genannt hat, statt. Als der Sarg die Kirche verläßt, fragt ein ortsansässiger Frankokanadier einen anderen Passanten: ‹Wer war das eigentlich?›

‹Jack Kerouac.›

‹Und wer ist Jack Kerouac?›

In *Visions of Gerard*, der Totenklage für den geliebten Bruder, heißt es: ‹Begrab mich im süßen Indien oder auf dem alten Tahiti, ich will nicht auf ihrem Friedhof liegen – ich möchte eingeäschert werden, und dann bringt meine Asche nach *les Indes*.›[20]

Im November 1976 begleitet Allen Ginsberg Bob Dylan auf seiner improvisierten *Rolling Thunder Revue* durch Neuengland. Es werden dabei auch Filmaufnahmen gemacht.

Am 3. November stehen Allen Ginsberg, Bob Dylan, Sam Shepard vor einer Steinplatte auf dem Friedhof von Lowell. Sie ist halb überwuchert von Gras und bestreut mit welken Blättern. Dylan liest:

> ‹TI JEAN› JOHN L. KEROUAC
> MAR. 12 1922 – OCT. 12 1969
> HE HONORED LIFE

Allen rezitiert Jacks Lieblingszeilen bei Shakespeare: ‹How like a winter hath my absence been... What freezing have I felt, what dark days seen! What old December's bareness everywhere!›[21]

Allen und Bob Dylan setzen sich vor dem Grabstein mit untergeschlagenen Beinen ins Gras. Dylan stimmt seine Gitarre, Allen packt sein Harmonium aus. Wechselseitig sprechen sie Verse aus dem *Mexico City Blues*, zu denen Bob Dylan einen Blues improvisiert. Als sie zu Ende gekommen sind, hebt Dylan ein verwelktes Blatt auf und steckt es in seine Brusttasche.

Anmerkungen

Folgende Werke werden mit Abkürzungen zitiert:

Be   *Beat. Eine Anthologie*, herausgegeben von Kurt O. Paetel. Reinbek bei Hamburg, 1962 (Rowohlt).

Col   Allen Ginsberg: *Collected Poems 1947–1980*. New York, 1988 (Harper & Row).

Com   Allen Ginsberg: *Composed on the Tongue, Literary Conversation, 1967–1977*. San Francisco, 1983 (Grey Fox Press).

Aco   Lawrence Ferlinghetti: *A Coney Island of the Mind*. London, 1959 (Hutchinson).

Des   Dennis McNally: *Desolate Angel – Jack Kerouac, the Beat Generation, and America*. New York, 1990 (Dell Books).

Es   Gregory Stephenson: *Essay on the Literature of the Beat Generation*. Carbondale und Edwardsville, 1990 (Southern Illinois University Press).

Ge   Allen Ginsberg: *Das Geheul und andere Gedichte*. Wiesbaden, 1959, 6. Aufl. 1979, Neuübertragung Carl Weissner (Limes Verlag).

Gin   Barry Miles: *Ginsberg, A Biography*. New York, 1989 (Simon and Schuster).

HoGo   William Plummer: *The Holy Goof. A Biography of Neal Cassady*. New York, 1990 (Paragon House).

Jac   Tom Clark: *Jack Kerouac*. Orlando, Florida, 1984 (Harcourt Brace Jovanovich).

Lit   Ted Morgan: *Literary Outlaw – The Life and Times of William S. Burroughs*. New York, 1988 (Henry Holt).

Mem   Gerald Nicosia: *Memory Babe. A Critical Biography of Jack Kerouac*. New York, 1983 (Grove).

Off   Carolyn Cassady: *Off the Road – My Years with Cassady, Kerouac, and Ginsberg*. New York, 1990 (William Morrow).

Sofern nicht anders angegeben, stammen alle Übersetzungen vom Autor und wurden speziell für dieses Buch angefertigt. Sofern aus urheberrechtlichen Gründen auf schon vorliegende Übersetzungen zurückgegriffen werden mußte, ist dies ausdrücklich vermerkt.

Motto

* ‹Ständig Absurdität wagend
  und Tod wann immer er auftritt
  über den Köpfen seines Publikums
  klettert der Dichter über Reime wie ein Akrobat
  auf ein hohes Seil eigener Herstellung
  und balanciert auf Blicken
  über einer See von Gesichtern
  schreitet
  auf die andere Seite des Tages
  vollführt entrechats
  Gleitfuß-Tricks
  und andere Kunststücke der Hohen Schule…›
  Aco, S. 30.

I. BUCH
Die Kinder der großen
amerikanischen Wüste

1. Kapitel

1 ‹…und ich warte
  auf eine Wiedergeburt des Wunders
  und ich warte darauf daß jemand
  wirklich Amerika entdeckt
  und klage
  und ich warte
  auf die Entdeckung
  einer neuen symbolischen Grenze des Westens
  und ich warte darauf
  daß der amerikanische Adler
  wirklich seine Schwingen ausbreitet
  sich aufrichtet und geradewegs fliegt…›
  Aco, S. 30.

2 Neal Cassady: *Der Flügel des Engels.* Fischer Taschenbuch Nr. 5264,
  S. 42. Die vorliegende Übersetzung wurde mit dem Original verglichen und leicht korrigiert.

3 Ebd., S. 75.

4 Ebd., S. 78.

5 Barry Gifford and Lawrence Lee: *Jack's Book – An Oral Biography of
  Jack Kerouac.* New York, 1978 (St. Martin's Press), S. 90.

6 Ebd.

2. Kapitel

1 ‹Stadt des Schreckens, New York, der Hölle so ähnlich…› Col, S. 5.
2 Ge, S. 58 f. In der amerikanischen Originalausgabe wie auch in den *Collected Poems* steht ‹1835›, was aber als Druckfehler anzusehen ist.
3 Gin, S. 20.
4 Ebd., S. 27.
5 Allen Ginsberg: *Kaddish and Other Poems 1958–1960*. San Francisco, 1961 (City Lights Books), S. 21.
6 Gin, S. 29.
7 Allen Ginsberg: *Kaddish and Other Poems*. A. a. O., S. 22.
8 *Being the Notebook of Allen Ginsberg*, Butler Library, Columbia University, New York.
9 Gib, S. 41.

3. Kapitel

1 ‹Ich brach einst auf
  um rund um die Welt zu laufen
  ich kam nur bis Brooklyn
  die Brücke war einfach zu viel für mich
  Ich bin beschäftigt mit Schweigen
  Exil und List…›
  Aco, S. 62.
2 Lit, S. 20.
3 Ebd., S. 35.
4 Ebd., S. 37.
5 William S. Burroughs: *IV – Exterminator – Die letzten Worte des Dutch Schultz*. Herausgegeben und übersetzt von Carl Weissner, Frankfurt/Main, 1987 (Zweitausendeins). S. 14.
6 Ebd., S. 16.
7 Ebd., S. 17.
8 Ebd., S. 14.
9 Aco, S. 40.
10 Ebd., S. 43.
11 Ebd., S. 50.
12 Ebd., S. 55.
13 Ebd., S. 57.
14 Ebd., S. 68.
15 Ebd., S. 70.

4. Kapitel

1 ‹Ich war ein American Boy
   Ich las das American Boy Magazine
   Ich wurde ein Boy-Scout in den Vorstädten
   Ich dachte ich sei Tom Sawyer
   und fischte Krebse im Bronx River
   Ich bildete mir ein
   es sei der Mississippi...›
   Aco, S. 60.

2 Jack Kerouac: *Doctor Sax*. München, 1987 (Heyne), S. 12f.

3 Ebd., S. 20f.

4 Des, S. 8.

5 «Lieben, arbeiten und leiden.»
   Ann Charters: *Kerouac – A Biography*. London, 1973 (André Deutsch), S. 16.

6 Jack Kerouac: *Book of Dreams*. San Francisco, 1967 (City Lights), S. 96.

7 Jack Kerouac: *Visions of Cody*. New York, 1972 (McGraw-Hill), S. 270.

8 Lit, S. 61.

9 Ebd., S. 267.

10 Jac, S. 26.

11 Jack Kerouac: *Doctor Sax*. A. a. O., S. 168.

12 Jack Kerouac: *Maggie Cassidy*. Reinbek b. Hamburg, 1980 (Rowohlt Taschenbuch), S. 32.

13 Jack Kerouac: ‹A Real Solid Drop Beat Riffs.› *Horace Mann Record*, 23. März 1940, S. 4

14 *Paris Review*, 4. Serie, New York, 1974, S. 378.

15 Jack Kerouac: *Maggie Cassidy*. A. a. O., S. 150.

16 Des, S. 40.

17 Des, S. 41.

18 Barry Gifford an Lawrence Lee: *Jack's Book*. A. a. O., S. 26.

19 Jack Kerouac: *Book of Dreams*. A. a. O., S. 72.

20 Des, S. 54.

21 Barry Gifford and Lawrence Lee: *Jack's Book*. A. a. O., S. 32.

22 Ebd., S. 55.

23 Jack Kerouac: *Big Sur*. New York, 1963 (Bantam), Vorsatz.

24 Ebd.

25 Jac, S. 88.

26 Ebd., S. 59.

27 Mem, S. 125.
28 Jac, S. 62.
29 Ebd., S. 62.

II. BUCH
Die Unterirdischen

1. Kapitel

1 ‹Und es gibt immer Komplikationen derart, daß sie
   ihn nicht liebt oder er nicht sie oder sie nicht
   sie oder er nicht ihn oder der oder jener
   ist im Weg wie seine Mutter oder ihr Vater...›
   Aco, S. 44.
2 Lit, S. 93.
3 Der Darstellung der Ereignisse liegen die Polizeiprotokolle zu-
   grunde.
4 Lit, S. 109.
5 Gin, S. 53.
6 Ebd.
7 Lit, S. 109.

2. Kapitel

1 ‹Willst du dein Gefühlsleben von Time Magazine dirigieren lassen?
   Ich bin besessen von Time Magazine.
   Ich lese es jede Woche
   [...]
   Es erzählt mir dauernd was von Verantwortung. Geschäftsleute nehmen es ernst. Filmproduzenten nehmen es ernst. Alle nehmen es
   ernst, bloß ich nicht.›
   Ge, S. 61.
2 Mem, S. 130.
3 Ebd.
4 Lit, S. 111.
5 Mem, S. 30.
6 Ebd., S. 135.
7 Ebd.
8 Mem, S. 164.
9 Gin, S. 55.
10 Mem, S. 134.
11 Nach mündlicher Überlieferung.

12 Com, S. 82.

13 Ebd.

14 Mem, S. 155.

15 Ebd., S. 155.

16 Com, S. 69.

17 Com, S. 70.

18 Es, S. 19.

19 Jack Kerouac: *The Town and the City.* Reinbek bei Hamburg, 1984 (Rowohlt Taschenbuch), S. 478.

20 Es, S. 20.

21 Com, S. 73.

22 Com, S. 74.

23 Ebd.

3. Kapitel

1 ‹In Torwegen rumlungern
es mit Huren aus dritter Hand treiben
nachdem die anderen fertig sind
besoffen gegen Sonnenuntergänge über dem East River hintaumeln
In Telefonzellen pennen
In Leihhäusern kotzen...›
Aco, S. 55.

2 Nach Angaben von Allen Ginsberg befindet sich das Manuskript in den Händen des literarischen Agenten Sterling Lord, der Jack Kerouac und später auch Ken Kesey vertrat.

3 Herbert Huncke: *Bickfords Cafeteria.* Berlin, 1990 (Metro), S. 151.

4 Lit, S. 221.

5 Com, S. 71.

6 Lit, S. 125.

7 Ebd., S. 131.

4. Kapitel

1 ‹Amerika wann wirst du engelhaft?
Wann ziehst du dich nackt aus?›
Ge, S. 59.

2 Jack Kerouac: *Unterwegs.* Hamburg, 1959 (Rowohlt), zit. nach der Taschenbuchausgabe, Reinbek 1994 (rororo), S. 9.

3 Ebd., S. 8.

4 Ebd., S. 16.

5 Com, S. 84.

6 Jack Kerouac: *Visions of Cody.* New York, 1974 (McGraw-Hill), S. 10.

7 Jack Kerouac: *Unterwegs* A. a. O., S. 11.

8 Möglicherweise, weil er annahm, daß nur für diese Bundesstaaten ein Suchbefehl vorliege.

9 Wie sich aus anderen Quellen erschließen läßt, waren es nicht drei Wochen, sondern drei Tage.

10 Barry Gifford and Lawrence Lee: *Jack's Book*. A. a. O., S. 106.

11 Com, S. 84.

12 Neal Cassady: *Der Flügel des Engels*. A. a. O., S. 134.

13 HoGo, S. 80.

14 Off, S. 19.

15 Ebd.

16 Ebd.

17 Ebd.

18 Des, S. 94.

19 Gin, S. 85.

5. Kapitel

1 ‹Das Selbst sei deine Laterne
Das Selbst sei dein Guide –
Also sprach Tathagata,
warnend vor Radios,
die kommen würden
eines Tages
Und die Menschen
verleiten würden
automatisch zuzuhören
den Worten anderer.›
Jack Kerouac: *Heaven & Other Poems*. San Francisco, 1977 (Grey Fox Press), S. 32.

2 Jack Kerouac: *Unterwegs*. A. a. O., S. 26.

3 Ebd., S. 22.

4 Mem, S. 195.

5 Jack Kerouac: *Unterwegs*. A. a. O., S. 106.

6 Ebd., S. 131.

7 HoGo, S. 48.

8 Ebd.

9 Ebd.

6. Kapitel

1 ⟨O Sonnenblume! Zeitenmüd,
   Die du der Sonne Schritte zählst
   Und suchst das milde, goldne Gefild,
   Wo sich des Wanderers Weg erfüllt.⟩
   William Blake: *Songs of Experience*. (Übersetzung: M. Walz).
2 Gin, S. 93.
3 Ebd., S. 95.
4 Ebd., S. 96.
5 Ebd., S. 102.
6 Paul Portugés: *The Visionary Poetics of Allen Ginsberg*. Santa Barbara, 1978 Ross-Erikson), S. 23.
7 Gin, S. 105
8 Ebd.

7. Kapitel

1 Richard Brautigan: *Die Pille gegen das Grubenunglück von Spring Hill
   & 104 andere Gedichte*. Übertragung von Günter Ohnemus, Frank-
   furt/Main 1987 (Eichborn), S. 37.
2 Off, S. 73.
3 Ebd.
4 Ebd., S. 80
5 Lit, S. 150.
6 Off, S. 81.
7 Jack Kerouac: *Unterwegs*. A. a. O., S. 211 f.
8 Off, S. 93.

8. Kapitel

1 ⟨Hipster mit Engelsköpfen, süchtig nach dem alten himmlischen
   Kontakt zum Sterndynamo in der Maschinerie der Nacht…⟩
   Ge, S. 11.
2 Myschkin ist der heilige Idiot in Dostojewskijs Roman *Der Idiot*, Kirilow ein Nihilist aus *Die Dämonen*.
3 John Tytell: *Naked Angels*. New York, 1986 (Grove Press), S. 96.
4 Com, S. 118 ff.
5 Gin, S. 126.
6 Ebd.
7 Ebd.
8 Ebd., S. 128.
9 Tall Tale: ein bestimmter Typ von Geschichten der amerikanischen

Folklore, die die Weite und die Größe der Naturphänomene ins Lächerliche zieht und so den Zuhörern die Furcht vor ihnen zu nehmen trachtet.

10 HoGo, S. 63 f.

11 Off, S. 100.

12 Ebd.

9. Kapitel

1 ‹...die zweiundsiebzig Stunden quer durchs Land fuhren, um zu sehen, ob ich eine Vision hatte oder du oder er, um die Ewigkeit zu finden...›
Ge, S. 23.

2 Off, S. 102.

3 Jack Kerouac: *Visions of Cody*. A. a. O., S. 357.

4 Ebd., S. 357 f.

5 Ebd., S. 358 f.

6 Jack Kerouac: *Unterwegs*. A. a. O., S. 20.

7 Albert Murrey: *Stomping the Blues*. New York, 1976, S. 96.

8 Mem, S. 207.

9 Ebd., S. 298.

10 Ebd. Offenbar handelt es sich um eine Vorstudie zu seinem späteren Roman *The Horn*, in deutscher Fassung *Der Saxophonist*, übersetzt von Horst Dölvers und Werner Burkhardt, Augsburg, 1993 (Maro Verlag).

11 Off, S. 116.

12 Jack Kerouac: *Unterwegs*. A. a. O., S. 350.

13 Jack Kerouac: *Visions of Cody*. A. a. O., S. 8.

14 Off, S. 126.

15 Ebd., S. 139.

16 Ebd.

17 John Clellon Holmes an Jack Kerouac, 21.12.1950. *The Beat Diary*, S. 122.

18 Des, S. 131.

19 Barry Gifford an Lawrence Lee: *Jack's Book*. A. a. O., S. 156.

20 Mem, S. 336.

21 Die Ansichten über den Inhalt des Andersons-Briefes, dessen Original nicht mehr existiert, gehen bei den verschiedenen Biographen auseinander. Die einen vermuten, die von Cassady in seinem Buch *The First Third* (*Der Flügel des Engels*) enthaltenen Fragmente ‹Einen Geist gesehen zu haben› und ‹Ich ging in die Spielhalle› seien zumindest Teile des Briefes. Andere sind der Meinung, daß in die

Seiten 57 – 70 in *Visions of Cody* große Teile des Briefes eingegangen sind.

22 Jac, S. 95.

23 Der Zeitpunkt, bis zu dem in *Unterwegs* Erfahrungsmaterial aus der realen Zeit und der sich in ihr abspielenden Ereignisse benutzt wird, läßt sich ziemlich genau bestimmen. Er liegt im Frühjahr bzw. Herbst 1950.

24 *Belief & Technique for Modern Prose. A Casebook on Beat.* Ed.: Thomas Parkinsson, New York, 1961 (Creowell), S. 67 – 68.

25 *Essentials of Spontaneous Prose. A Casebook on Beat.* A. a. O., S. 65 – 67.

26 Am ausführlichsten vielleicht in Gabriele Spengemanns *Jack Kerouac's Spontaneous Prose* (Ein Beitrag zur Theorie und Praxis der Textgestaltung von *On the Road* und *Visions of Cody*). Frankfurt/Main, 1980.

27 Des, S. 134.

28 Wörtlich: ‹Blase so tief, wie du willst.› Zu übersetzen mit: ‹Nimm keine Rücksicht auf irgendwelche Konventionen!›

29 Jac, S. 102.

30 Brief an Ginsberg vom 18. Mai 1952: In ‹The Beat Journey›, *Tuvoti* 8, 1978, S. 142.

31 Abschnitte, die aus dem *sketching* hervorgegangen sind, sind die Wortskizzen über New York und Long Island, die sich auf den Seiten 3 – 38 von *Visions of Cody* finden.

10. Kapitel

1 ‹Amerika ich habe dir alles gegeben und jetzt bin ich nichts.›
Ge, S. 59.

2 William Burroughs: *Homo & Briefe an Allen Ginsberg, 1953 – 1957.* Frankfurt/Main, 1989, übersetzt von Carl Weissner (Zweitausendeins), S. 7.

3 Ebd., S. 8.

4 Ebd., S. 9.

5 Lit, S. 193.

6 Ebd., S. 196.

7 Es gibt Spekulationen, Joan habe sich mit Absicht bewegt, also die Tötung provoziert. Wenn man sich an ihre Bemerkung gegenüber Hal Chase erinnert, gewinnt diese These eine gewisse Wahrscheinlichkeit. Die These ließe sich so erweitern: Joan, todkrank, bewegt den Kopf, damit Bill sie erschießt, der in den Augen der anderen dann als ihr Mörder dasteht. So wäre Joans Tod ihre späte Rache an Bill: Er selbst hat diese Version offenbar nie erwogen.

8 Jennie Skerl: *William S. Burroughs*. Boston, 1985 (Twayne Publishers), S. 22.

9 Jack Kerouac: *Visions of Cody*. A. a. O., S. 115 – 116.

10 Ebd., S. 115.

11 Off, S. 160.

12 Ebd.

13 Ebd., S. 167.

14 Des, S. 52.

15 Carolyn Cassady: *Heart Beat*. Reinbek bei Hamburg, 1980 (Rowohlt Taschenbuch), S. 56.

16 John Tytell: *Naked Angels*. S. 70.

17 Es, S. 29.

18 Jac, S. 116.

19 William Burroughs: *Homo*. A. a. O., S. 13.

11. Kapitel

1 ‹... Technik ist das Resultat von Bedürfnis
neue Bedürfnisse verlangen neue Techniken...›
Des, S. 148 f.

2 *Visions of Cody* ist zu Lebzeiten des Autors nur in einer Auswahl erschienen. Der gesamte Text wurde erst 1974 vom Verlag McGraw-Hill herausgebracht.

3 Salvatore Paradise – Der Name spielt an auf ‹Errettung› und ‹Paradies›; Dean Moriarty, hat im Vornamen Anklang zur Kultfigur dieser Jahre, dem Filmschauspieler James Dean, spielt aber auch an auf ‹Dekan›, denn er ist der Dekan einer Straßenuniversität. Möglicherweise ist er auch von dem Namen des Filmschauspielers Dean Martin inspiriert. Der Familienname ist der des Gegenspielers von Sherlock Holmes.

4 Diese Ehrlichkeit hat ihre Grenzen. Das Phänomen der Homosexualität, das in Wahrheit in der dargestellten Gruppe eine wichtige Rolle spielt, wird in *On the Road* nicht erwähnt. Gabriele Spengemann zeigt in ihrer Arbeit *Jack Kerouac's Spontaneous Prose* durch Vergleich der unterschiedlichen Darstellungsweisen analoger Ereignisse, wie in *Visions of Cody* gewisse Tabus abgebaut sind, die in *On the Road* noch bestanden.
Beispiel: *On the Road* (Am. ed., S. 153): ‹We sat in the front seat all three. Marylou took out cold cream and applied it to us for kicks.›
Dieselbe Szene in *Visions of Cody* (Am. ed., S. 340): ‹... she [Joanna] sat between us golden bare in the front seat of the '49 Hudson as we drove across the State of Texas in 1949 and she applied cold cream to

our respective organs [...] gorgeous Joanna with her yellow cunt in
the sun [...] her squashy delicious cunt, vow, that Cody repeatedly
penetrated and lubricated with his finger.›
On the Road (Am. ed., S. 153): ‹... Dean only wanted to dig the street
of El Paso with kid and get his kicks. Marylou and I waited in the car.
She put her arms around me.›
Visions of Cody (Am. ed., S. 341): ‹... at El Paso she squeezed my balls
through my pants as we waited for Cody and a young crazy reformary
hepcat...›

5 Mem, S. 345.
6 Es, S. 22.
7 Aco, S. 49 – 53.
8 Ebd.
9 Ebd.
10 Ebd.
11 Com, S. 86.
12 Regina Weinreich: *The Spontaneous Poetics of Jack Kerouac.* Carbondale and Edwardsville, 1987 (Southern Illinois Press), S. 57.
13 Des, S. 145.
14 Ebd.
15 Mem, S. 371.
16 Es, S. 25.
17 Mem, S. 381.
18 Jack Kerouac: *Visions of Cody.* A. a. O., S. 249.
19 Ebd., S. 274.
20 Viele Freunde des Jazz wandten sich beim Aufkommen des Bebop ab.
   Sie erklärten, das habe mit der Musik, die sie liebten, nichts mehr zu
   tun. In der Behandlung des sprachlichen Materials vollzieht sich von
   On the Road zu *Visions of Cody* ein ähnlicher Sprung. Wenn es heißt,
   Musiker wie Charlie Parker hätten eigentlich gar keinen neuen Stil
   geprägt, sondern lediglich sich ‹ausgesetzt› oder gewissermaßen
   nackt dargestellt und damit ‹Amerika aufgebrochen›, wie es Dennis
   McNally nennt, so läßt sich genau dies auch auf *Visions of Cody* beziehen. Es ist kein Zufall, daß in der bildenden Kunst der Maler Jackson
   Pollock etwa zur selben Zeit ganz ähnliches versucht: Bekenntnisse,
   romantischer Ausdruck des Selbst, sich nackt hinstellen, nackt mit
   Körper und Seele.

III. BUCH
Rebellen, Mystiker
und Exilanten

* ‹Fülle die Luft mit einem willkürlichen Traum
Wenn sich kein Wunsch erhebt, ist es das ursprüngliche
Gefühl des Friedens in Wirklichkeit Natur –
Es ist keine müßige Frage wie ein Traum endet
Wenn er nur endet –›
Jack Kerouac: *Mexico City Blues*. New York, 1959 (Grove), S. 217,
Übersetzung Willi Anders.

1. Kapitel

1 William S. Burroughs: *Junkie – Auf der Suche nach Yage – Naked
Lunch – Nova Express*. Übersetzung nach Carl Weissner. Frankfurt /
Main, 1978 (Zweitausendeins), S. 211.
2 Ebd., S. 215.
3 Lit, S. 224.
4 Daß das Ehepaar Rosenberg tatsächlich unschuldig war, scheint im
Licht der heutigen Einsichten eher fraglich. Wahrscheinlicher ist,
daß es Atomgeheimnisse an die Sowjetunion verriet in der Hoffnung, so ein Gleichgewicht der Kräfte zwischen den Großmächten
herzustellen. In diesem Sinn können die Rosenbergs als Märtyrer betrachtet werden, die, um einen Atomkrieg zu verhindern, ihr Leben
aufs Spiel setzten und es verloren. Ohne Zweifel ist das Verfahren
gegen sie vorurteilsvoll geführt worden, und das grausame Urteil lö-
ste mit Recht auch in den USA selbst eine Protestwelle aus.
5 Gin, S. 133.
6 Williams S. Burroughs: *Homo*. A. a. O., S. 131.
7 Ebd., S. 133.
8 Ebd., S. 134.
9 Ebd., S. 174.
10 Ebd.
11 Ebd., S. 172.
12 Ebd., S. 177.
13 Ebd., S. 178.
14 Ebd., S. 159.
15 Ebd.

2. Kapitel

1 ‹Merde und Misere.
Ich bin ganz im Schmerz
Warte ohn Erbarmen
Auf das Schlimmste
Ich bin ganz ratlos,
Es gibt keine Hoffnung.›
Jack Kerouac: *Mexico City Blues*. New York, 1959 (Grove), S. 229, Übersetzung Willi Anders.

2 Jack Kerouac: *Lonesome Traveller*. Reinbek bei Hamburg, 1981 (Rowohlt Taschenbuch), S. 50.

3 Jack Kerouac: *Dear Carolyn. Letters to Carolyn Cassady*. Ed. by Arthur and Kit Knight, P. O. Box 439, Calif., S. 5.

4 Ebd., S. 13.

5 Off, S. 232.

6 HoGo, S. 99.

7 Jack Kerouac: *The Subterraneans*. New York, 1958 (Avon Book), S. 124.

8 Ebd., S. 126.

9 Off, S. 247f.

10 Gin, S. 180.

11 Off, S. 271.

13 Ebd., S. 273.

3. Kapitel

1 ‹Welche Sphinx aus Zement und Aluminium schlug ihnen die Schädel auf und fraß ihnen das Hirn und die Phantasie heraus?›
Ge, S. 31.

2 Gin, S. 184.

3 Bruce Cook: *The Beat Generation*. New York, 1971 (Scribner's), S. 55.

4 From the record jacket of *Allen Ginsberg Reads Howl and Other Poems*. Fantasy Records 1005 (1959).

5 Ge, S. 19/21.

6 Ge, S. 11.

7 Ge, S. 35.

8 Ge, S. 39.

9 Satori: der Ausdruck für ‹Erleuchtung› im Zen-Buddhismus.

10 Gin, S. 195.

11 Gin, S. 197.

12 Ge, S. 9.

13 ‹The People of the State of California vs. Lawrence Ferlinghetti›, Decision October 3, 1957.

14 Ebd., S. 213.

15 Gin, S. 212.

16 Ge, S. 19.

17 HoGo, S. 103.

4. Kapitel

1 ‹Ist all dies verloren? war es je wirklich? Eine
Welt, in der Männer und Frauen, Bäume, Gräser, Tiere,
der Wind entspannt dem Leid des anderen lauschten.›
Nach Gary Snyder: *Dimensions of A Life*. Edited by H. Halper, San Francisco, 1991 (Sierra Club), S. 340.

2 Des, S. 207.
Kerouac selbst gibt in seinem Roman *The Dharma Bums* (deutscher Titel: *Gammler, Zen und hohe Berge*) Garys Lebensweg bis zum Jahr 1956 ziemlich genau wieder, wenn er schreibt:
‹... ein Junge aus dem Wald, ein Holzfäller, ein Farmer, der sich für Tiere und Indianer-Folklore interessierte. Deshalb war er schon gut mit Vorkenntnissen ausgerüstet, als er schließlich – keiner weiß wie – aufs College kam und sich dem Studium der Anthropologie und dann später der indianischen Sagenwelt und der indianischen Mythologie im Urtext widmete. Schließlich lernte er Chinesisch und Japanisch und studierte Orientalik und entdeckte die größten Dharma-Gammler von allen, die wahnwitzigen Zen-Buddhisten aus Japan und China.›
Jack Kerouac: *Gammler, Zen und hohe Berge*. Reinbek bei Hamburg, 1963 (Rowohlt), S. 12, übersetzt von Werner Burkhardt.

3 *Literary Times* (Chicago), Dezember 1964.

4 Jack Kerouac: *Dharma Bums*. New York, 1969 (Signet Books), S. 6.

5 Ebd., S. 45.

6 Ebd., S. 78.

7 So in Ernest Callenbachs *Ökotopia* und *Ein Weg nach Ökotopia* (1981 in den USA und 1983 in einer deutschsprachigen Ausgabe). In den beiden Romanen wird erzählt, wie sich das westliche Amerika von den USA lossagt und ausgehend von Kalifornien eine fortschrittliche ökologisch-feministisch orientierte Gesellschaft entsteht.

8 Jack Kerouac: *The Scripture of the Golden Eternity*. New York, 1970 (Totem / Corinth). In seiner Einleitung schreibt Eric Mottram: ‹Persönlichen Frieden zu finden und tätige Freude, bedeutet in diesem Jahrhundert mehr als zu anderen Zeiten. Man muß dazu aus den

Machtstrukturen aussteigen. Seit dem Zweiten Weltkrieg hat das für viele Menschen bedeutet, eine zu verwirklichende Alternative zu dem sich hinschleppenden Verfall der christlich-kapitalistischen Demokratie und den Enttäuschungen der linken Reformen, verbunden mit der Depression in den dreißiger Jahren, zu suchen. In den vierziger und fünfziger Jahren bestand eine solche Alternative in Formen der ideologischen Verweigerung, sich als Gefangene der Geschichte des Westens zu betrachten. *Die Schrift der Goldenen Ewigkeit* ist Jack Kerouacs Äußerung über sein Vertrauen in seine Offenheit gegenüber dem Universum von Energie und Form, ein Vertrauen, das seine ganze Persönlichkeit durchdrang. Er war nicht auf der Suche nach einer mystischen oder psychedelischen Ekstase oder nach einer Artaud-Verrücktheit. Er suchte nach einer Bestätigung seiner frühen Einsicht, daß sein Körper an den universalen Formen von Energie mit einer Qualität von Überschwang teilhabe – diesem «seriösen Überschwang», den er so treffend Jazz nannte…›

9 Jack Kerouac: *Passing Through (Desolation Angels)*. London 1966 (André Deutsch), S. 1 – 56.
10 Barry Gifford and Lawrence Lee: *Jack's Book*. A. a. O., S. 206.
11 *Detroit News*, 19. August 1979, Brief vom 28. Januar 1957 von Jack Kerouac an Edie Parker.
12 Barry Gifford and Lawrence Lee: *Jack's Book*. A. a. O., S. 136.
13 Gertrude Betz: *Die Beat-Generation als literarische und soziale Bewegung*. Frankfurt a. M., 1977 (Peter Lang), S. 97.

5. Kapitel

1 ‹In einem magischen Universum gibt es keine Zufälle und keine Unfälle. Nichts geschieht, ohne daß jemand will, daß es geschieht. Das Dogma der Wissenschaft besagt, daß der Wille Ereignisse außerhalb von uns nicht beeinflussen kann. Ich halte diesen Standpunkt für lächerlich. Das ist schlimmer als die Haltung der Kirche. Mein Standpunkt ist dem der Wissenschaft genau entgegengesetzt. Ich glaube, daß es einen Grund hat, wenn man jemanden auf der Straße anrempelt. Naturvölker sagen von jemandem, der von einer Schlange gebissen wird, er sei ermordet worden. Der Meinung bin ich auch…›
Lit, S. 236.
2 William Burroughs: *Junkie – Auf der suche nach Yage – Naked Lunch – Nova Express*. Frankfurt/Main, 1978 (Zweitausendeins), S. 544.
3 Ebd.
4 William Burroughs: *Homo*. A. a. O., S. 228.

5 Lit, S. 258.

6 William Burroughs: *Homo.* A. a. O., S. 302.

7 Ebd., S. 291.

8 Ebd., S. 306.

9 Barry Gifford and Lawrence Lee: *Jack's Book.* A. a. O., S. 136. ·

10 Ebd., S. 137.

11 Ebd.

12 Jack Kerouac: *Engel, Kif und Neue Länder.* Reinbek bei Hamburg, 1971 (Rowohlt Taschenbuch), S. 122.

13 Lit, S. 263 f.

14 Gin, S. 224.

15 Lit, S. 268.

16 William Burroughs: *Homo.* A. a.O.

6. Kapitel

1 Jack Kerouac: *Engel, Kif und Neue Länder.* A. a. O., S. 181.

2 Ebd., S. 183.

3 Beilage zum Leseexemplar, Jac, S. 162.

4 *New York Times*, 5. September 1957.

5 Mem, S. 557.

6 Off, S. 291.

7 Barry Gifford and Lawrence Lee: *Jack's Book,* A. a. O., S. 241.

8 Des, S. 242.

9 Des, S. 243.
   Die Nachrichten vom Aufsehen, das das Buch hervorruft, dringen bis nach Europa, von wo Allen Ginsberg an Jack schreibt: ‹Jetzt mußt Du Dich nicht mehr grämen, daß Du nur in einer Widmung von mir existierst, vielmehr werde ich jetzt in Deinem großen Schatten weinen.› *Howl* erwähnt in der Widmung Jack Kerouac als ‹neuen Buddha der amerikanischen Prosa, der sein Wissen hinausschleuderte in elf Büchern, die er in halb so vielen Jahren schrieb (1951–1956) [...] womit er eine spontane Bop-Prosodie schuf und eine originale klassische Literatur. Der Titel *Das Geheul* und einige Passagen im Gedicht selbst stammen von ihm.›

10 Des, S. 248.

11 Jack Kerouac: *The Subterraneans.* A. a. O. (Preface by Henry Miller).

7. Kapitel

1 ‹Der Suchtvirus ist das öffentliche Gesundheitsproblem Nummer eins unserer Zeit.›
   In: William Burroughs: *Naked Lunch*. Paris, 1959, S. XII.
2 Lit, S. 275.
3 Casement war Engländer, engagierte sich aber für die Unabhängigkeit Irlands und wurde 1916 kurz vor dem Osteraufstand festgenommen, nachdem ihn ein deutschen U-Boot in Kerry abgesetzt hatte. Bei dem Hochverratsprozeß, der mit seiner Hinrichtung endete, spielte seine Homosexualität bei der vorurteilsvollen Urteilsverkündung eine entscheidende Rolle.
4 Lit, S. 278.
5 Ebd., S. 351.
6 William Burroughs: *Junkie – Auf der Suche nach Yage – Naked Lunch – Nova Express*. A. a. O., S. 542.
7 Jennie Skerl: *William S. Burroughs*. Boston, 1985 (Twayne), S. 71.
8 Ebd., S. 51.
9 Ebd., S. 43.
10 William Burroughs: *Junkie*. A. a. O., S. 547.
11 Lit, S. 344.
12 Ebd., S. 345.
13 Ebd.
14 Ebd.
15 Ebd.

8. Kapitel

1 ‹Komm wir hauen ab und verschwinden ins wahre Innere des Landes...›
   Aco, S. 56.
2 HoGo, S. 107.
3 Ebd.
4 Off, S. 318.
5 HoGo, S. 110.
6 Off, S. 338.
7 Off, S. 337.
8 Ebd., S. 339.
9 Es, S. 159.
10 Norman Mailer: *The White Negro*. Dissent, IV (Sommer 1957, S. 276 – 293). Dort fällt das Stichwort ‹ein philosophischer Psychopath›, als solcher wird der Hipster charakterisiert.

11 Jack Kerouac: *Unterwegs*. A. a. O., S. 16.
12 Ebd., S. 11.
13 Es, S. 160.
14 Mem, S. 380.
15 Es, S. 162.
16 Ebd., S. 158.
17 Ebd., S. 166.

IV. BUCH
Endspiele

* ‹Die Methode muß reinstes Fleisch sein
  Ganz ohne symbolische Verzierung
  tatsächliche Vision und tatsächliche Gefängnisse
  wie dann und wann gesehen…›
  Col, S. 114.

1. Kapitel

1 ‹Hab keine Pläne,
  Keine Verabredungen,
  Treff mich mit niemandem.
  So erkunde ich flanierend
  Seelen und Städte…›
  Jack Kerouac: *Mexico City Blues*. A. a. O., S. 101.
2 Des, S. 274.
  ‹Gummihälse› spielt wohl an auf die faltige Haut von langjährigen
  Alkoholikern.
3 Ann Charters: *Kerouac*. London, 1974 (André Deutsch), S. 281.
4 Jac, S. 172.
5 Gin, S. 251.
6 ‹…hängt da
  an Seinem Baum
  sieht ganz schön geschafft aus
  aber unbedingt cool
  und ist
  nach neuesten Meldungen
  der Tagesschau
  wie aus gewöhnlich unzuverlässiger Quelle verlautet
  tatsächlich tot.›
  Aco, S. 15.

7 Jac, S. 184.
8 Jack Kerouac: *The Dharma Bums*. New York, 1969 (Signet Books), S. 6.
9 Des, S. 283.
10 Jack Kerouac: *The Dharma Bums*. A. a. O., S. 45.
11 *Dear Carolyn*. A. a. O., S. 29.

2. Kapitel

1 Gin, S. 267.
2 Gin, S. 274.
3 Martin A. Lee and Bruce Shlain: *Acid Dreams, The CIA, LSD and the Sixties Rebellion*. New York, 1985 (Grove Press), S. 73.
4 Ebd., S. 77.
5 Ebd., S. 79.
6 Gin, S. 282.
7 Lit, S. 372.
8 Gin, S. 299.
9 Ebd., S. 301.
10 Ebd., S. 309.
11 Paul Portugés: *The Visionary Poetics of Allen Ginsberg*. A. a. O., S. 99.
12 Chakras sind Zentren im menschlichen Körper, die lebenswichtige Energien aus dem Kosmos kanalisieren und diese auf dem Weg über die Drüsen in den Körper übertragen.
13 Gin, S. 446.
14 In Isshu Miura / Ruth Fuller Sasaki: *The Zen Koan*. Kyoto, 1965 (The First Zen Institute of America in Japan), S. 41.

3. Kapitel

1 ‹Ich bin tätig als ein Kartenzeichner, ein Entdecker psychischer Bereiche... als ein Kosmonaut des inneren Weltraums...›
   William Burroughs in *Transatlantic Review*, II, Winter 1962 (‹The Future of the Novel›).
2 Lit, S. 381.
3 William Burroughs, *Junkie*. A. a. O., S. 579.
4 Ebd.
5 Martin A. Lee and Bruce Shlain: *Acid Dreams*. A. a. O., S. 81.
6 Lit, S. 382.
7 ‹Quer durch verwundete Galaxien›, die letzte der *routines* in *The Soft Machine*, enthält die Geschichte der biologischen Katastrophe. Aus den Affen werden gerade durch die Virusinfektion, die viele andere Spezies und Mutanten tötet, Menschen. Die Überlebenden spüren

das schmerzhafte Eindringen der Viren in ihren Körper durch eine äußere Gewalt. Auf diesen Prozeß bezieht sich übrigens auch der Titel. Die Affen als unschuldige Opfer machen eine qualvolle Mutation durch und werden zu ‹weichen Maschinen›.

8 Wenn ich es recht sehe, hat als erster Gregory Stephenson in seinen *Essays on the Literature of Beat Generation* den Zusammenhang mit der Gnosis hergestellt.

9 Erste Ausgabe: Olympia Press 1961, zweite Ausgabe mit Auslassungen und Zusätzen: Grove Press, New York, 1966, dritte Ausgabe bei Calder & Boyar 1968 mit dreißig Seiten neuem Text und zusätzlichem Material im Anhang.

10 Lit, S. 394.

11 William Burroughs: *Soft Machine*, S. 61.

12 William Burroughs: *Western Lands*. Frankfurt/Main–Berlin, 1988 (Limes), S. 9.

13 Ebd.

14 Ebd.

15 Ebd., S. 10.

4. Kapitel

1 ‹…sie fuhren von Wahoo nach Lodgepole, Nebraska – als plötzlich wumm – der Flügel des Ventilators abbrach (dieselbe Sache beendete die Superfahrt von Sterling Moss in einem GT Ferrari 1961 beim 24-Stunden-Rennen von Le Mans), ein Loch in die Kühlerhaube riß und, schluchz, schluchz, ein weiteres Loch in den Kühler bohrte. Da standen wir also an einem Sonntagvormittag, ohne Ventilator, zwei Flügel weggeflogen und nicht einmal die einander gegenüberliegenden, wieder kein Geld und, was schlimmer war, keine Shell-Tankstelle, um unseren Kopf zu retten…›
Neal Cassady: *The First Third*. A. a. O., S. 217.

2 HoGo, S. 121.

3 Martin A. Lee u. Bruce Shlain: *Acid Dreams*. A. a. O., S. 119.

4 HoGo, S. 117.

5 Martin A. Lee u. Bruce Shlain: *Acid Dreams*. A. a. O., S. 120.

6 Ebd., S. 143.

7 Ken Kesey zum Autor mündlich.

8 HoGo, S. 150.

9 Off, S. 422.

10 Ebd.

5. Kapitel

1 ‹Diese marxistischen Kritiker... an ihren Schwänzen klebt das Blut
von Majakowski und Jessenin.›
Allen Ginsberg: *Journals – Early Sixties*. New York, 1977, S. 178.
‹Buffalo Bill is
hinüber
der auf einem
wasserglatten Silber-
hengst
ritt und einzweidreivierfünf Tauben einfach
so zerbrach
Jesses
er war ein stattlicher Mann
und was ich wissen möchte
ist
wie Ihnen ihr blauäugiger Knabe gefällt
Mister Tod.›
e. e. cummings: *a selection of poems*. New York, 1963, S. 34 (Übersetzung: Alfred Andersch, in: *Der Tod des James Dean*. Sankt Gallen,
1960, S. 44).
2 Mem, S. 631.
Bluttests gaben zu dieser Zeit keine letzte Sicherheit über eine Vater-
schaft.
3 Die Prozeßkosten betrugen 2500 Dollar.
4 *Dear Carolyn*. A. a. O., S. 31.
5 Barry Gifford and Lawrence Lee: *Jack's Book*. A. a. O., S. 303.
6 Ebd., S. 311.
7 Mem, S. 688.
8 Pressemitteilung des Verlages Farrar, Straus zu *Visions of Gerard*,
New York, 1963.
9 Jack Kerouac: *Die Verblendung des Duluoz – Eine abenteuerliche Erziehung, 1935 – 46*. Darmstadt, 1969 (Melzer), S. 7.
10 Ebd., S. 39.
11 Off, S. 422.
12 Des, S. 337.
13 Des, S. 338.
14 Des, S. 338.
15 Ebd.
16 *Chicago Tribune*, 28. September 1969.
17 Jac, S. 216.

18 Ebd.

19 ‹Vow... wenn ich zu fallen beginne
in diese unmenschliche Grube
benommen vom Tod
werde ich wissen (falls ich schlau genug bin,
um mich zu erinnern)
daß all die schwarzen
Tunnel des Hasses
oder der Liebe durch die ich
falle
in Wirklichkeit
strahlend sind
für mich
wahre Ewigkeiten.›

20 Jack Kerouac: *Visions of Gerard.* A. a. O., S. 17.

21 Sonett XCVII. In der Nachdichtung von Karl Kraus:
‹Wie war es Winter mir und alles alt [...].
Der Tag war tot, grau war die Luft,
und kalt umfing Dezember die Verlassenheit.›

Zeittafel

1914   William Seward Burroughs II in St. Louis, Missouri, geboren.

1915   Januar: Herbert Huncke in Greenfield, Massachusetts, geboren.

1919   Lawrence Ferlinghetti in Yonkers, New York, geboren.

1922   Jean-Louis Lebris de Kerouac am 12. März in Lowell, Massachusetts, geboren.

1926   Neal Cassady am 8. Februar 1926 in Salt Lake City, Utah, geboren.
        Jack Kerouacs Bruder, Gerard, stirbt neunjährig.

1926   Irwin Allen Ginsberg am 3. Juni in Newark, New Jersey, geboren.

1929   September: Burroughs kommt auf die Schule in Los Alamos, New Mexico.

1931   Burroughs verläßt Los Alamos.

1932   September: Burroughs beginnt sein Studium in Harvard.

1934   Burroughs in Harvard graduiert (B. A.). Er geht nach Wien, Budapest und Dubrovnik.

1935   Hochwasserkatastrophe in Lowell.
        Beginn von Jack Kerouacs Football-Karriere an der High-School.
        Ken Kesey in Springfield, Oregon, geboren.

1937   Frühjahr: Burroughs heiratet die deutsche Jüdin Ilse Hertzfeld Klapper in Athen.

1938   Burroughs wieder in Harvard.
        Kerouac trifft die siebzehnjährige Mary Carney.

1939   Burroughs in Chicago.
        Kerouac schließt die Lowell High-School ab und besucht die Horace Mann School in New York.

1940   Jack Kerouac beginnt sein Studium an der Columbia University in New York. Er hört die ersten Jazzmusiker in Harlem.

1942   Burroughs zum Militär eingezogen (St. Louis).
        Kerouac fährt auf der S. S. *Dorchester* zur See.
        September: Burroughs vom Militär entlassen, lebt in Chicago und ist unter anderem als Kammerjäger tätig.
        Cassadys Billardhallenerlebnis.
        Ginsberg kommt an die Columbia University.

1943   Lucien Carr, David Kammerer und Willima Burroughs kommen nach New York.
        Kerouac als geistesgestört aus der Marine entlassen, fährt als Matrose auf der S. S. *George Weems*.

1944	Beginn der Drogensucht bei Burroughs.
	Kerouac, Carr, Burroughs und Ginsberg treffen sich in New York.
	August: David Kammerer von Lucien Carr ermordet. Kerouac als Tatzeuge in Haft, heiratet Edie Parker und trennt sich bald wieder von ihr.
1945	März: Allen Ginsberg muß Columbia vorläufig verlassen.
	Sommer: Neal Cassady aus dem Jugendgefängnis Buena Vista entlassen.
	August: Ginsberg beginnt eine Ausbildung als Seemann.
	Kerouac und Burroughs schreiben *And the Hippos were Boiled in Their Tanks.*
	Kerouacs Vater Leo stirbt an Magenkrebs. Kerouac beginnt *The Town and the City.*
1946	Neal Cassady kommt mit LuAnn nach New York.
	Burroughs wird von Ilse Hertzfeld Klapper geschieden und zieht mit Joan Vollmer nach New Waverly in Texas.
1947	Sommer: Ginsberg kommt zu Cassady nach Denver.
	Neal Cassady lernt Carolyn Robinson (geb. 1924) kennen. William Burroughs junior am 21. Juli in Monroe, Texas, geboren.
	Kerouac reist nach Denver und Kalifornien.
1948	Februar: Allen Ginsbergs Vision.
	Kerouac trifft John Clellon Holmes. Er schließt *The Town and the City* ab, beginnt mit der frühesten Version von *On the Road.*
	6. September: Cathleen Joanne Cassady geboren.
	Burroughs zieht nach Algiers, Louisiana.
1949	Ginsberg wird durch Huncke in eine Diebstahlaffäre verwickelt. Einer Verurteilung entgeht er durch die Einweisung in das Columbia Presbyterian Psychiatric Institute. Dort lernt er Carl Solomon (geb. 1928) kennen.
	Oktober: Burroughs übersiedelt nach Mexico City.
1950	27. Februar: Allen aus der Nervenheilanstalt entlassen.
	Er arbeitet als Reporter in Paterson.
	10. Juli: Neal begeht Bigamie und heiratet Diana Hansen.
	Oktober: Tod Bill Cannastras.
	Begegnung Ginsbergs mit Gregory Corso.
	7. November: Neals Kind mit Diana Hansen wird geboren.
	Dezember: Ginsberg als Marktforscher nach New York.
	Jack Kerouacs *The Town and the City* erscheint. Er reist mit Cassady von Denver nach Mexiko.
	In New York heiratet er Joan Haverty.

1951	April: Kerouac schreibt neue Version von *On the Road* auf Endlospapier.
	Er trennt sich von Joan Haverty. Krankenhausaufenthalt. Beginn des *sketching*.
1951	Sommer: Allen und Lucien Carr in Mexiko bei Joan Burroughs. Burroughs selbst in Südamerika auf der Suche nach Yage.
	6. September: Burroughs tötet seine Ehefrau bei einem sogenannten Wilhelm-Tell-Spiel.
	Burroughs beginnt das Manuskript von *Queer*.
1952	John Clellon Holmes' Roman *Go* erscheint.
	Allan Ginsberg nimmt Kontakt zu William Carlos Williams auf.
	Kerouac schreibt im Haus der Cassadys *Visions of Cody*. Er reist nach Mexico City, kehrt nach Kalifornien zurück, geht wieder nach Mexiko und schließlich nach New York.
1953	Kerouac arbeitet bei der Eisenbahn, fährt wieder zur See.
	Mitte Januar: Burroughs in Panama City und Bogotá.
	April: Cassadys Unfall auf der Eisenbahn.
	Burroughs' *Junkie* erscheint.
	Neal Cassady stößt auf das Buch über Edgar Cayce.
	Mitte Dezember: Burroughs reist nach Aufenthalt in New York nach Rom.
1954	Burroughs in Tanger
	Februar: Kerouac kommt in Cassadys neues Haus in Los Gatos bei San Jose. Zuvor intensive Beschäftigung mit dem Buddhismus in New York.
	Juni: Ginsberg aus Mexiko zurück, besucht die Cassadys.
	August: Carolyn überrascht Neal und Allen im Bett und weist Ginsberg aus dem Haus.
	Cassadys in San Jose, Kalifornien.
	Ginsberg in Berkeley und San Francisco, lernt Peter Orlovsky kennen.
	Burroughs, der in den USA an der Ostküste war, kehrt nach Tanger zurück.
1955	13. Oktober: Lesung in der Six Gallery in San Francisco, unter anderem aus Ginsbergs *Howl*.
1956	Ginsberg beendet *Kaddish* in New York.
	Kerouac als Feuerwächter im Mt. Baker National Forest, Washington. Danach Reise über San Francisco nach Mexico City. Dann Rückkehr nach New York.
1956	Burroughs geht zu einer Entziehungskur nach London.
1957	Januar: Kerouac besucht Burroughs in Tanger.

Ginsbergs *Howl* erscheint im Verlag City Lights Books. Anklage wegen Obszönität.

22. August: Gerichtsverfahren über *Howl*. Der Richter W. J. Clayton Horn erkennt auf nicht obszön.

5. September: *On the Road* erscheint.

1958 Mitte Januar: Burroughs kommt nach Paris.

April: Neal Cassady wegen Drogenbesitz verhaftet. In einem späteren Verfahren wird er zu zweimal fünf Jahren Haft verurteilt.

4. Juli: Cassady tritt seine Gefängnisstrafe an.

Jack Kerouacs *The Subterraneans* und *The Dharma Bums* erscheinen. Er kauft ein Haus in Northport, Long Island. Von Lawrence Ferlinghetti erscheint *A Coney Island of the Mind*.

1959 Verfilmung von *Pull My Daisy* (Gedicht von Ginsberg und Kerouac) durch Robert Frank und Al Leslie.

Burroughs' *Naked Lunch* erscheint in Paris. Jack Kerouacs *Doctor Sax* und *Maggie Cassidy* erscheinen.

Entwicklung der Cut-up-Methode mit Gysin.

1960 Januar: Ginsberg reist nach Chile und von dort nach La Paz und Lima. Er macht Erfahrungen mit Yage.

Juli: Cassady aus dem Gefängnis entlassen.

November: Ginsberg besucht Timothy Leary in Harvard.

Kerouacs Aufenthalt in Bixby Canyon in Kalifornien.

Von William Burroughs erscheint in den USA *The Exterminator*. Jack Kerouacs *Lonesome Traveller, Tristessa* und *Mexico City Blues* erscheinen.

1961 Zahlreiche Künstler in den USA nehmen Psilocybin.

John Clellon Holmes' *The Horn* erscheint.

Ginsberg und Orlovsky bei Burroughs in Tanger.

Ende Juli: Timothy Leary in Tanger.

Ginsbergs *Kaddish and other Poems* erscheint.

Jack Kerouacs *Book of Dreams* erscheint. Er zieht mit seiner Mutter nach Orlando, Florida. Er reist nach Mexico City und kehrt von dort aus nach Florida zurück. Ginsberg reist über Athen und Tel Aviv nach Indien.

1962 *Naked Lunch* erscheint in den USA.

Ken Keseys *One Flew Over the Cuckoo's Nest* erscheint.

Von W. Burroughs erscheinen *The Yage Letters*.

Beginn der Indienreise von Allen Ginsberg.

Jack Kerouacs *Big Sur* erscheint. Kerouac zieht mit der Mutter wieder nach Northport.

1963   Erstes Gerichtsverfahren um *Naked Lunch* in Boston.
        Ginsbergs Gedichtband *Reality Sandwiches* und Kerouacs *Visions of Gerard* erscheinen.
        Allen Ginsberg in Tokio.
        Allen Ginsberg in Vancouver.
1964   Neal Cassady und Ken Kesey fahren mit dem Bus *Furthur* von San Francisco nach New York.
        Ken Keseys *Sometimes a Great Notion* erscheint.
        Kerouac zieht mit der Mutter nach St. Petersburg, Florida.
        Seine Schwester Caroline (Nin) stirbt.
        Von William Burroughs erscheint *Nova Express*.
1965   *Naked Lunch* wird in Boston für obszön erklärt. Gegen das Urteil wird Revision eingelegt.
        Frankreichreise Kerouacs.
        Kerouacs *Passing Through (Desolation Angels)* erscheint.
        Burroughs entwickelt mehrere experimentelle Filme mit Antony Balch und Brion Gysin.
1966   Januar: Ken Kesey zu sechs Monaten Arbeitslager verurteilt.
        Massachusetts Supreme Court erkennt *Naked Lunch* für nicht obszön.
        J. C. Holmes' Roman *Get Home Free* erscheint.
        Jack Kerouacs *Satori in Paris* erscheint.
        Kerouac zieht nach Hyannis, Massachusetts, mit seiner Mutter, die einen Schlaganfall erleidet.
        Dritte Ehe mit Stella Sampas.
        The Soft Machine erscheint in den USA.
1967   *The Ticket That Exploded* erscheint in den USA.
1968   3. Februar: Neal Cassady stirbt in Mexiko.
        Ginsbergs Lyrikband *Planet News* erscheint.
        Burroughs berichtet vom Parteikonvent der Demokratischen Partei für *Esquire*.
        Kerouac zieht mit Mutter und Ehefrau nach St. Petersburg, Florida, um.
        Kerouacs *Vanity of Duluoz* erscheint.
1969   Am 21. Oktober stirbt Jack Kerouac in St. Petersburg, Florida.

Bibliographie
(Eine Auswahl)

1. Originalwerke

William S. Burroughs:
Junkie (by ‹William Lee› with Narcotic Agent by Mauricy Helbrant), New York, 1957 (Ace Books).
The Naked Lunch, Paris, 1959 (Olympia Press). New York, 1962 (Grove).
The Soft Machine, Paris 1961 (Olympia Press). New York, 1962 (Grove).
The Ticket That Exploded, Paris, 1962 (Olympia Press). New York, 1967 (Grove).
Dead Finger Talk, London, 1963 (John Calder).
Nova Express, New York, 1964 (Grove). London, 1966 (Jonathan Cape).
The Wild Boys, New York, 1971. London, 1972 (Calder & Boyars).
Exterminator, New York, 1973 (Viking).
Port of Saints, London, 1975 (Covent Garden). Berkely, 1980 (Blue Wind).
Cities of the Red Night, New York, 1981 (Holt, Rinehart & Winston). London 1981 (Calder).
Western Lands, New York, 1987 (Viking Penguin).

Neal Cassady:
The First Third – A Partial Autobiography & Other Writings, San Francisco, 1981.

Lawrence Ferlinghetti:
A Coney Island of the Mind, London, 1959 (Hutchinson). (Enthält: *A Coney Island of the Mind, Oral Messages, Poems from the Gone World.)*
Endless Life: Selected Poems, New York, 1981 (New Directions).
Love in the Days of Rage, New York, 1988 (Dutton).

Allen Ginsberg:
Indian Journals, San Francisco, 1970 (City Lights).
Allen Verbatim: Lectures on Poetry, Politics, Consciousness, New York, 1974 (McGraw Hill).
Chicago Trial Testimony, San Francisco, 1975 (City Lights).
Journals of the Early Sixties, New York, 1977 (Grove).
Composed on the Tongue, Bolinas, Calif., 1980 (Grey Fox).

Straight Hearts' Delight, Love Poems and Selected Letters 1947–1980
  (with Peter Orlovsky), San Francisco, 1980 (Gay Sunshine)
Collected Poems 1947–1980, New York, 1984 (Harper & Row).
Howl, Original Draft Facsimile (hg. von Barry Miles), New York, 1987
  (Viking).

Jack Kerouac:
The Town and the City, New York, 1950 (Hartcourt, Brace).
On the Road, New York, 1957 (Viking Press).
The Dharma Bums, New York, 1958 (Viking Press).
The Subterraneans, New York, 1958 (Grove Press).
Mexico City Blues, New York, 1959.
Maggie Cassidy, New York, 1959 (Avon Books).
Doctor Sax: Faust Part Three, New York, 1959 (Grove Press).
Lonesome Traveller, New York, 1960 (Totem / Corinth).
The Scripture of Golden Eternity, New York, 1960 (Totem / Corinth).
Tristessa, New York, 1960 (Avon Books).
Book of Dreams, San Francisco, 1961 (City Lights).
Pull my Daisy, New York, 1961 (Grove Press).
Big Sur, New York, 1962 (Farrar, Straus).
Visions of Gerard, New York, 1963 (Farrar, Straus).
Satori in Paris, New York, 1966 (Grove).
Passing Through (Desolation Angels), New York, 1965 (Coward-
  McCann).
Vanity of Duluoz – An Adventurous Education, New York, 1968 (Coward-
  McCann).
Scattered Poems, San Francisco, 1971 (City Lights).
Pic, New York, 1971 (Grove Press).
Visions of Cody, New York, 1972 (McGraw Hill).
Two Early Stories, New York, 1973 (Aloe Editions).
Heaven & Other Poems, Bolinas, Calif., 1977 (Grey Fox Press).
Dear Carolyn. Letter to Carolyn Cassady (hg. von Arthur und Kit Knight,
  P. O. Box 439, CA 15419).

2. Deutsche Übersetzungen

William S. Burroughs: *Ausgewählte Werke*
  I. /Junkie – Auf der Suche nach Yage – Naked Lunch – Nova Express,
  II. u. III /Die wilden Boys – Port of Saints – Arbeitsjournal zu Die wil-
  den Boys – Die Stadt der Roten Nacht, IV. /Exterminator – Die letzten

Worte des Dutch Schultz, V. /Homo – Brief an Allen Ginsberg 1953 bis 1957.
Alle Bände dieser Ausgabe bei Zweitausendeins, Frankfurt / Main 1978 bis 1989, jeweils übersetzt von Carl Weissner.

Neal Cassady: *Der Flügel des Engels* – Autobiographie, Selbstzeugnisse, Briefe an Jack Kerouac, übersetzt von Liesl Nürenberger-Körbler und Andreas Christian Körbler, Fischer Taschenbuch 5264.

Lawrence Ferlinghetti; *Ein Coney Island des inneren Karussells*, übersetzt von Erika Gütermann, Wiesbaden, 1962 (Limes).
Gedichte, München / Wien, 1980 (Carl Hanser).
Mexikanische Nacht, übersetzt von Hans-Ruedi Peter, Udo Breger, Susanne Rickli, Annemarie Bänziger, Zürich, 1981 (Eco-Verlag).
Liebe in der Zeit der Revolution, Goldmann Taschenbuch Nr. 9587.

Allen Ginsberg: *Das Geheul und andere Gedichte*, übersetzt von Wolfgang Fleischmann und Rudolf Wittkopf, Wiesbaden, 1959 (Limes).
Planet News, Gedichte, übersetzt von Heiner Bastian, München, 1969 (Hanser).
Reality Sandwiches, Berlin, 1989 (Nishen).

Jack Kerouac: *The Town and the City*, rororo 4971.
Unterwegs, rororo 1035.
Maggie Cassidy, rororo 4561.
Tristessa, rororo 725.
Engel, Kif und neue Länder, rororo 1391.
Lonesome Traveller, rororo 4809.
Be-Bop, Bars und weißes Pulver, rororo 4415.
Die Verblendung des Duluoz – Eine abenteuerliche Erziehung 1935–46, rororo 1839.
Gammler, Zen und Hohe Berge, rororo 1417.
Satori in Paris, übersetzt von Hans Hermann, dtv 750.
Traumtagebuch, übersetzt von Werner Waldhoff, Fischer Taschenbuch 5136.
Big Sur, übersetzt von Uschi Gnade, Heyne Buch 18 / 14.
Doctor Sax, übersetzt von Lutz Bormann, Heyne Buch 18 / 59.

3. Über die Autoren der Beat Generation

(Es wurden ausschließlich Titel aufgenommen, die für die Arbeit am vorliegenden Buch benutzt worden sind.)

Beat – Eine Anthologie, herausgegeben von Karl O. Paetel, übersetzt von Willi Anders, Reinbek bei Hamburg, 1962 (Rowohlt).

Gertrud Betz: *Die Beat-Generation als literarische und soziale Bewegung*, Frankfurt/Main, 1977 (Peter Lang).

Carolyn Cassady: *Off the Road – My Years with Cassady, Kerouac, and Ginsberg*, New York, 1990 (William Morrow).

Ann Charters: *Kerouac – A Biography*, London, 1973 (André Deutsch).

Ann Charters (Hg.): *The Penguin Book of the Beats*, New York, 1992 (Viking/Penguin).

Tom Clark: *Jack Kerouac*, San Diego/New York/London, 1984 (Hartcourt Brace Jovanovich).

Bruce Cook: *The Beat Generation – The Tumultuous '50s Movement and Its Impact on Today*, New York, 1971 (Scribner's).

Gene Feldman und Max Gartenberg: *The Beat Generation and the Angry Young Men*, New York, 1959 (Dell).

Barry Gifford und Lawrence Lee: *Jack's Book – An Oral Biography of Jack Kerouac*, New York, 1978 (St. Martin's Press).

John Halper (Hg.): *Gary Snyder – Dimensions of A Life*, San Francisco, 1991 (Sierra Club).

John Clellon Holmes: *Go*, New York, 1988 (Thunder's Mouth Press).

John Clellon Holmes: *Der Saxophonist*, übersetzt von Werner Burkhardt, Augsburg, 1989 (Maro).

Herbert Huncke: *Bickford's Cafeteria*, übersetzt von Tamara Domentat, Berlin, 1980 (Metro).

Lewis Hyde: *On the Poetry of Allen Ginsberg*, Ann Arbour, 1984 (The University of Michigan Press).

Charles E. Jarvis: *Visions of Kerouac – The Life of Jack Kerouac*, Lowell, 1973 (Ithaca Press).

Ken Kesey: *The Further Inquiry*, New York, 1990 (Viking).

Seymour Krim (Hg.): *The Beats*, Greenwich, Conn., 1960 (Fawcett Publications).

Martin A. Lee und Bruce Shlain: *Acid Dreams – The CIA, LSD and the Sixties Rebellion*.

Arthur und Kit Knight (Hg.): *Kerouac and the Beats – A Primary Sourcebook*, New York, 1988 (Paragon House).

Dennis McNally: *Desolate Angel – A Biography, Jack Kerouac, the Beat Generation, and America*, New York, 1989 (Dell).

Barry Miles: *Ginsberg – A Biography*, New York, 1989 (Simon and Schuster).

Ted Morgan: *Literary Outlaw – The Life and Times of William S. Burroughs*, New York, 1988 (Henry Holt).

Gerald Nicosia: *Memory Baby – A Critical Biography of Jack Kerouac.*

Harold Norse: *Beat Hotel*, Augsburg, 1975 (Maro).

Thomas Parkinson (Hg.): *A Casebook on the Beat*, New York, 1961 (Thomas Y. Crowell).

Paul Portugés: *The Visionary Poetics of Allen Ginsberg*, Santa Barbara, 1978 (Ross-Erikson).

Jennie Skerl: *William S. Burroughs*, Boston, 1985 (Twayne).

Gabriele Spengemann: *Jack Kerouac: Spontaneous Prose – Ein Beitrag zur Theorie und Praxis der Textgestaltung von* On the Road *und* Visions of Cody.

Gregory Stephenson: *The Daybreak Boys – Essays on the Literature of the Beat Generation*, Carbondale and Edwardsville, 1990 (Southern Illinois University Press).

John Tytell: *Naked Angels – The Lives and Literature of the Beat Generation – Kerouac, Ginsberg, Burroughs. The Now-Classic Account of the Three Who Changed America's Literature*, New York, 1976 (Grove).

Regina Weinreich: *The Spontaneous Poetics of Jack Kerouac – A Study of the Fiction*, Carbondale and Edwardsville, 1987 (Southern Illinois University Press).